K. W. Nitzsch

Die römische Annalistik

Kritische Untersuchungen

K. W. Nitzsch

Die römische Annalistik
Kritische Untersuchungen

ISBN/EAN: 9783741157790

Hergestellt in Europa, USA, Kanada, Australien, Japan

Cover: Foto ©Lupo / pixelio.de

Manufactured and distributed by brebook publishing software
(www.brebook.com)

K. W. Nitzsch

Die römische Annalistik

DIE ANN

von

ersten Anfängen bis auf Valerius

Kritische Untersuchungen

schichte der älteren Repu

von

K. W. Nitzsch

Professor der Geschichte an der Universität Königsberg.

— ⚮ —

Berlin 1873.

der Borntraeger

Seinen verehrten Freunden

Professor K. Lehrs

und

Provinzialschulrath W. Schrader

widmet dieses Buch

bei seinem Weggang von Königsberg

in dankbarer Erinnerung mancher schönen Stunde

der Verfasser.

Vorrede.

Die Untersuchungen, welche der Verfasser hier zusammen
veröffentlicht, sind keineswegs in der Reihenfolge entstanden,
in welche sie hier gestellt sind. Abschnitt I ward schon früher
in drei Artikeln im Rheinischen Museum publicirt, erst später
wurden Abschnitt IV, dann die Einleitung und Abschnitt II,
endlich zuletzt der dritte ausgearbeitet. • Jetzt, wo das Ganze
sich zu einem Versuch gestaltet hat, die Geschichte der Römischen Annalistik von den ältesten Jahrbüchern bis zu dem
offenbar epochemachenden Werk des Valerius Antias klar zu
legen, schliesse ich die Arbeit mit der immer mehr befestigten
Ueberzeugung, dass der hier eingeschlagene Weg zu diesem
Ziele jedenfalls derjenige ist, der am nächsten und sichersten
zu einem festen Resultat führen kann. Es wird sicherlich nicht
an Arbeitern fehlen, welche von anderen Ausgangspuncten und
auf anderen Bahnen die hier gegebenen Untersuchungen und
Resultate angreifen oder wenigstens einer eingehenden kritischen
Controle unterziehen werden. Wie diese kritischen Unternehmungen auch angelegt und durchgeführt werden mögen, es wird
bei ihnen immer hauptsächlich die eine oder die andere der
beiden kritischen Methoden angewandt werden, die gerade für
die Geschichte der älteren Römischen Republik jede eine besondere Berechtigung zu haben scheinen.

Es ist allgemein anerkannt, dass wir jenseits der Anfänge
der Republik nur eine rein sagenhafte Ueberlieferung vor uns
haben, dass dagegen gleich nach jenen Anfängen sowol der allgemeine Charakter der erzählten Ereignisse, wie die Form der
noch erhaltenen Berichte die Annahme einer frühen gleichzeitigen Fixirung nahe legt. Andrerseits sind eine Reihe von
Instituten und Grundbegriffen des Römischen Staatsrechts
wenigstens nach der erhaltnen Ueberlieferung von da an bis
zum Schluss der Republik wesentlich dieselben geblieben. Aber
weder diese letztere noch jene erstere Beobachtung genügt an

und für sich zu einer stichhaltigen Orientirung über die Sachlage. Es sind zwei Wege, die zu diesem Zweck der historischen
Kritik offen stehen. Der Verfasser glaubt im Interesse der ganzen wissenschaftlichen Aufgabe hier noch einmal, bei dem Rückblick auf die
eigene Arbeit, diese verschiednen Wege charakterisiren zu
müssen.

Bei einem Quellenmaterial, wie das für die Geschichte der
älteren Römischen Republik für uns vorliegende, tritt neben die
äussere Kritik, welche durch einfache, aber möglichst umfassende
Vergleichung Zusammenhang, Veränderung und Herkunft der
verschiedenen Erzählungen constatirt, die innere, welche für die
Geschichte des Staatslebens das Leben der Verfassung in den
einzelnen Instituten und ihrer Wechselwirkung als ein organi-
sches und in seinen Zwecken und Mitteln vernünftiges auch für
die Prüfung der Ueberlieferung verwerthet.

Wo wie auf dem Gebiet z. B. unseres deutschen Mittelalters der Bestand der schriftlichen Ueberlieferung so reich, ist
es möglich und deshalb auch allein richtig, zunächst nur die
äussere Kritik zur Anwendung zu bringen, ganz anders gestaltet
sich die Aufgabe, wo. wie bei unserem Stoff die Geschichte der
Tradition so unendlich lückenhaft ist und bleibt und wo dagegen der Eindruck eines unerhört mächtigen Verfassungslebens
immer von Neuem die kritischen Bedenken über die Realität
seiner eignen Ueberlieferung zurückdrängt.

Es ist bei dieser Sachlage nur zu leicht möglich, entweder,
wie Cornwall Lewis, Alles zu verwerfen, weil wir nicht wissen,
wie es berichtet wurde, oder aber wie Bröcker eine vollkommen
zuverlässige Ueberlieferung anzunehmen, weil das Bild der berichteten Thatsachen uns scheinbar so fest und mächtig entgegen tritt.

Und doch werden solche Fehlgriffe nur dann möglich sein,
wenn man der grossen Entwicklung der modernen historischen
Kritik in jenen beiden methodischen Richtungen so fern steht,
wie jene beiden sonst so fleissigen und gewissenhaften Arbeiter.

Niebuhr suchte hier auf beiden Wegen, gleichsam durch
die gegenseitige Unterstützung beider Methoden vorwärts zu
kommen.

Soll man den Gegensatz, in den sich erst Rubino und dann
Mommsen zu ihm stellten, bezeichnen, so ist es der, dass sie,
von der Unsicherheit und Unergiebigkeit der äusseren Kritik
immer mehr überzeugt, das ganze Gewicht auf die innere warfen,
d. h. dass sie die Grundbegriffe und Grundnormen der späteren
unzweifelhaft erkennbaren Verfassung als das bestimmende und
entscheidende Maass an die gesammte Ueberlieferung über die
frühere Geschichte legten. Niemand wird die ausserordentlichen Ergebnisse verkennen, die so auf diesem Wege durch

Niebuhrs ebenbürtigen Nachfolger erreicht warden, sie liegen in
seiner neusten und vielleicht vollendetsten Arbeit, der syste-
matischen Darstellung des Römischen Verfassungs- und Verwaltungsrechts in ihrer ganzen Klarheit, Reinheit und ihrem ge-
schlossnen Zusammenhang vor. Um so mehr aber tritt nun doch
auch zu Tage, dass eben diese innere Methode an vielen und den
wichtigsten Puncten mit Thatsachen operirt, die nur und allein
aus den Erzählungen entnommen sind, für deren Zuverlässigkeit oder Unzuverlässigkeit wir eben keine anderen Kriterien
als die der äusseren Kritik haben.

Es drängen sich uns gerade jetzt in diesem Zusammenhang
eigenthümliche Analogien auf. Wir überschauen durch eine
Reihe kritischer Arbeiten, wie das heutige System der Römischen
Hierarchie in all seiner wunderbaren und scheinbar so orga-
nischen Consequenz das historische Resultat einer verhältnissmässig späten Entwicklung war. Wir erkennen, dass diese Bildungen dann bewusst und unbewusst die frühere Ueberlieferung
beeinflussten oder gar vollständig umgestalteten. Wir erkennen
eben so auf einem ganz anderen Gebiet, wie die modernen Ideen
des 17. und 18. Jahrhunderts die alten Grundbegriffe der Englischen Verfassung für die Gesammtanschauung der politisch
gebildeten Welt fast zur Unkenntlichkeit umgestaltet hatten.
Ist es nicht wenigstens denkbar, dass das System des Römischen
Verfassungs- und Verwaltungsrechts vor dem Zeitalter Ciceros
eine ähnliche Metamorphose erfahren hatte?

Mit dieser Frage werden wir aber, wie mir scheint, den
Aufgaben der äusseren Kritik von Neuem zugedrängt. Und von
diesem Gesichtspunct aus hat der Verfasser es für angezeigt
gehalten, die hier vorliegenden Untersuchungen möglichst nur
eben auf die äussere Geschichte der Tradition zu beschränken.

Wie weit er diesem Grundsatz wirklich gerecht geworden,
muss er seinen Lesern zu beurtheilen überlassen, aber freilich
auch von vornherein bekennen, dass er mit seiner Grundansicht
über den Charakter und die Entwicklung der älteren Republik
sich zu vielen Ausführungen Mommsens stets in einem entschiednen Gegensatz befindet. Diese seine Ansichten hat er vor
langen Jahren in seinem Buche über die Gracchen, dann später
bei dem Erscheinen der ersten Ausgabe der bewundernswerthen
Darstellung der Römischen Geschichte in einer eingehenden
Kritik offen ausgesprochen. Um so mehr durfte er sich berechtigt halten, hier von einer Ausführung dieser Fragen abzusehen.
Der Gegensatz der verschiedenen Ansichten darf hier, bei der
ganzen Beschaffenheit der Ueberlieferung um so erklärlicher
erscheinen, wenn wir auf einem Gebiet wie dem des deutschen
Mittelalters trotz der Fülle des vorhandnen Materials immer
neue tief gehende Controversen zu Tage treten sehen. Wenn
Lessing in jenem wunderbaren Ausspruch den Zweifel als das

Grundbedürfniss seines geistigen Daseins bezeichnete, so dürfen
wir Epigonen nach einem Jahrhundert des reichsten wissenschaftlichen Lebens uns der Erfahrung getrösten, dass die inneren
Gegensätze der Forschung und der Anschauung immer noch in
ungebrochner Stärke den Blutumlauf desselben in rastloser
Wirksamkeit erhalten.

———————

Wenn das vorliegende Buch die Untersuchung nicht über
Valerius Antias hinaus führt, so wird das dadurch erklärlich,
dass eben nach den Untersuchungen des ersten Abschnitts mit
diesem Schriftsteller die Umarbeitung der ursprünglichen Ueberlieferung abschloss und, soweit es der Verfasser constatiren
konnte, Licinius Macer ein wesentlich Neues zu dem so gewonnenen Bestand ebensowenig hinzufügte wie Diodor, Livius
und Dionys. Der Verfasser braucht aber überhaupt hier kaum
ausdrücklich zu erklären, dass er selbst es fühlt, wie in dem
ganzen Bereich dieser Forschungen überall neue Aufgaben und
Lösungen gleichsam unter unseren Füssen hervortauchen und
sich entwickeln. Er bereut es nicht, trotzdem abgeschlossen zu
haben und sieht mit freudiger Zuversicht den Resultaten entgegen, die das hier Gegebne berichtigen oder ergänzen werden.

Diese Fülle productiver Arbeit ist um so erfreulicher, wenn
man die äusseren Schwierigkeiten erwägt, mit welchen jede derartige Publication auf unserem buchhändlerischen Markt und
gerade bei den grössten und glänzendsten Firmen zu kämpfen
hat. Je entmuthigendere Erfahrungen der Verfasser nach dieser
Richtung gemacht hat, um so mehr fühlt er sich verpflichtet,
die entgegenkommende Humanität und Umsicht der Verlags-
handlung dankend anzuerkennen, die mit den Werken Lobecks
und Drumanns auch den Sinn einer grösser und feiner fühlenden
Zeit überkommen hat.

Den 23. August 1872.

Nitzsch.

Inhaltsverzeichniss.

Einleitung.

Die Aufgabe, welche Niebuhr sich in der Einleitung zu dem
zweiten Theil der Römischen Geschichte in der zweiten Ausgabe stellte, war die Herstellung der ältesten Ueberlieferung,
als deren Träger er Fabius Pictor bezeichnete. „Sein Zeitalter war nach der dort ausgeführten Ansicht im Besitz einer
wirklichen, obwol in vielen Theilen fabelhaft gewordenen Geschichte seit dem Aufstande der Gemeinde: und wenn diese auch
nur sehr mangelhaft, entstellt, willkürlich bearbeitet auf uns
gekommen, so ist es doch von dieser Zeit,“ fügt er hinzu „mein
erfreulicher Beruf die Herstellung einer ächten, zusammenhängenden, im Wesentlichen vollständigen zu unternehmen.“ Als
„das höchste Ziel“ seiner Kritik bezeichnet er ebenso, „dem Begriff, welchen Fabius und Gracchomus von der Verfassung
hatten, nahe zu kommen, ganz gewiss sahen sie unbedingt
richtig. — Auch ist es kein vermessenes Unterfangen, in den
Erzählungen der Geschichtschreiber erkennen zu wollen, was
ihren Missverständnissen, Vorurtheilen oder willkürlicher Darstellung gehört, „was urkundlich und in dem Stoff, welchen sie
in den Annalisten fanden, was aus jeder der vorhin gedachten
Quellen kommt.“

Diesen Ansichten lag die Anschauung zu Grunde, welche
Niebuhr sich von dem Gang der historischen Ueberlieferung
im Allgemeinen gebildet hatte: wie die ältesten Aufzeichnungen
von den Nachfolgenden benutzt und zum Theil unverstanden
fortgepflanzt werden, wie bei diesem Prozess die Züge der

ältesten Darstellungen zum Theil verschoben und verwischt
werden, zum Theil zertrümmert stehen bleiben und wie sich
bei diesem Gang der Tradition das Verständniss der alten Institute und Begriffe der Verfassung vollständig verliert.
Mit Einem Worte: er erkannte schon damals mit vollständiger Lebendigkeit die Entwicklungsgesetze aller Historiographie,
wie sie jetzt durch die Forschungen der folgenden 40 Jahre
für die Geschichte der modernen Völker als die unbedingt maassgebenden anerkannt sind. Merkwürdig genug folgte ihm gerade auf dem Gebiete der Römischen Geschichte die Forschung
nicht auf diesen klar gewiesenen Weg.

Allerdings gestand auch Rubino zu: „Wenn die Forschung
wieder anknüpfen soll, wo sie aufgelöst hat, so kann dies nur
auf jenem Wege geschehen, auf welchem Niebuhr mit grossem
Beispiel vorangegangen ist, durch Eindringen in die Natur der
vorhandenen Ueberlieferungen, durch die Sonderung derselben
je nach ihrem Ursprung und durch das Streben, die hier-
durch gewonnenen festen Punkte zu einem Ganzen zu ver-
einigen. „Ueber das Ziel" fügt er dann aber hinzu, „ist es indessen leichter sich zu verständigen als über die Wege, die dahin führen können." Nach diesen Bemerkungen stellt er sofort
als Grundsatz eine Scheidung zwischen den Bestandtheilen
unserer Ueberlieferung auf, d. h. zwischen „den Traditionen
über die Verfassung" und den „Erzählungen von Kriegen, von
Verhältnissen zu den benachbarten Völkern, von Schicksalen
berühmter Personen. „Bei aufmerksamer Beobachtung" behauptet er „nimmt man nun bald wahr, dass die ersteren einen
ganz anderen Grad von Glaubwürdigkeit haben als die letzteren:
jene schon frühe zum Theil schriftlich aufgezeichnet, knüpf-
ten sich auch da, wo sie durch bloss mündliche Lehren überliefert wurden, an fortbestehende Institutionen an, wurden
durch die Verhandlungen vor dem Senat, den Gerichten
und der Volksversammlung lebendig erhalten und von den
Staatsmännern und Priestern mit Sorgfalt überwacht — während
diese lange Zeit der Volkssage überlassen und schon ihrer
Natur nach den Ausschmückungen der Phantasie und der Ent-
stellung durch nationale wie durch Familien-Eitelkeit ausgesetzt
waren. Daher treffen denn die Beweisgründe, wonach den späteren Römern eine zuverlässige Kenntniss von den Vorgängen und

Zuständen ihrer Verfassung abgesprochen werden muss, fast allein den anderen Theil der Nachrichten, nicht die über das Staatsrecht." Man wird den folgenden Ausführungen allerdings darin Recht geben müssen, dass Niebuhrs Behauptungen über die Herkunft, den Werth und Sinn der einzelnen Nachricht zum Theil reine und unbegründete Hypothesen sind, hat er sich doch selbst wiederholt über das Gewagte in den Einzelheiten seiner Darstellung offen ausgesprochen; aber anderer Seits kann man heute ebenso sicher behaupten, dass, wäre Rubino's Grundansicht von jenen zwei verschiedenen Bestandtheilen der Römischen Ueberlieferung begründet, diese sich dann von der aller übrigen Völker unterscheide, sowie sie jetzt bei der eingehenden Durchforschung eines immer wachsenden Materials deutlich vorliegt.

Ueberall umfasst die Sage sowol wie die Annalistik in ihrer frühsten Gestalt schon das innere und das äussere Leben des Volks, überall pflanzt sich die älteste Ueberlieferung auf beiden Gebieten in gleicher Weise fort, überall gehen die einfachen und wahren Zügen derselben für die Verfassungsgeschichte ebenso sehr wie für die der äusseren Verhältnisse zum Theil verloren. Von einer besonderen verfassungsgeschichtlichen Ueberlieferung, welche in sich fester und sicherer, der der äusseren Verhältnisse gegenüber stände, treffen wir nirgends eine Spur. Damit aber hängt es natürlich zusammen, dass bei allen anderen Nationen jedenfalls seit der Reformation bis zur Zeit der ·Französischen Revolution über die Institute und Begriffe ihrer älteren und ältesten Verfassung eine grosse Unklarheit und Unsicherheit herrscht. Eine massenhafte, immer anwachsende Gelehrsamkeit, eine Fülle philologisch-juristischer Kenntnisse und Studien entwickelt sich im Zusammenhang mit der gerichtlichen und staatsmännischen Praxis, getragen und gefördert durch den literarischen Ehrgeiz hochgebildeter Aristokratien: auf einem solchen Boden erwächst gleichzeitig eine politische und religiöse Unbefangenheit, ein Geist rücksichtloser Kritik und Skepsis, dem des Ciceronianischen Zeitalters wenigstens ebenbürtig, und doch ist weder diese Kritik noch jene wohlgeschulte Gelehrsamkeit im Stande, die historischen Ausgangspunkte und die Entwicklungsstadien der eigenen Verfassungsgeschichte klar festzustellen.

1 *

Erst der ungeheure Geisteskampf, der sich während der Revolutionskriege vollzog, der Kampf jener Prinzipien, deren Gegensatz noch heute unsere Kultur bedingt, gab der historischen Kritik die Klarheit des Blicks und die Sicherheit der Methode, welche sie in keinem früheren Zeitalter zu erreichen vermochte.

Wer die Römische Cultur der untergehenden Republik im sicheren Besitz einer nur annähernden historischen Erkenntniss ihrer eigenen Verfassungsgeschichte glaubt, der muss die grossen Thatsachen übersehn, welche heut zu Tage im diametralen Gegensatz zu jener Periode dem Gefühl für die Erscheinungen alles nationalen Lebens eine neue und schöpferische Frische verliehen.

Der Riesenkampf gegen die Universalmonarchie des Gallischen Cäsar endigte nicht mit der ertödtenden Gleichheit einer hochgebildeten Welt von Provinzen, die wie die Römische das schleichende Gift des Kosmopolitismus in sich trug, sondern mit der gegenseitigen Anerkennung derjenigen Nationen, denen Religion, politische und militärische Bildung ihre eigene Unabhängigkeit und die Leitung der Weltcultur sicherten. Der Gegensatz zweier religiöser Bekenntnisse und einer Reihe gleichberechtigter nationaler Culturen gab diesem System unseres Völkerlebens jene instinctive Sicherheit der geschichtlichen Forschung und Anschauung, wie sie in diesem Grade aus diesen Gründen kein früheres Zeitalter empfand. Die Rivalität der Europäischen Völker, eben · weil sie auch auf allen Meeren ausgefochten ward, trug den Frieden ihrer Flaggen an die fernsten Gebiete und eröffnete dem neugeschärften Blicke eine Fülle von neuem und anregendem Material, wie selbst die Züge Alexanders sie nicht für die Beobachtung des Aristoteles und Eratosthenes blossgelegt hatten.

Man entschuldige diese Betrachtungen; sie scheinen doch nicht überflüssig, wenn es darauf ankommt, für die historische Kritik und Erkenntniss des Ciceronianischen und Augusteischen Zeitalters gegenüber dem unsrigen das richtige Maass zu finden und die innere Berechtigung jener Grundanschauung zu würdigen, auf welcher in den angeführten Aeusserungen Rubino's die Reaction gegen Niebuhr's Hypothesen begann.

Diese Grundanschauung Rubino's, indem sie für die Römische
Verfassungsgeschichte in der Römischen Ueberlieferung allen
übrigen Völkern gegenüber das Privilegium einer relativen Un-
trüglichkeit beanspruchte, konnte füglich absehn von einer
Kritik der Quellen, wie Niebuhr sie mit tiefem historischen
Blick gefordert, mit der Verwegenheit eines ersten Entdeckers
auszuführen versucht hatte. Sie konnte dies um so eher, da —
man darf dies nicht übersehn — auf den Gebieten, wo eine
solche Kritik ungleich sichrer zu arbeiten vermochte, erst im
Verlauf der nächsten Jahrzehnte alle die Resultate gewonnen
·wurden, welche die Wahrheit der Niebuhrschen Anschauungen
unzweifelhaft bis ins kleinste Detail feststellten. Die Herausgabe der Monumenta Germaniae historica mit den zusammenhängenden Untersuchungen entwickelte ihre bahnbrechende Wirksamkeit in voller Mächtigkeit erst gleichzeitig oder nach
Rubino's Untersuchungen. Und hier floss mit jedem Schritte
vorwärts eine Fülle neuen Materials zu: die lange Reihe der
verschiednen Ueberlieferungen vervollständigte sich Glied für Glied
oft zurück bis zu dem codex antographus des ersten Erzählers.
Für das Gebiet, das Niebuhr durchforscht, ist der Zuwachs
neuen Materials, verglichen mit der für die deutsche Geschichte
gewonnenen Denkmälermasse, unglaublich gering. Im Grossen
und Ganzen ist der Bestand der vorciceronianischen Ueberlieferung so fragmentarisch und dürftig geblieben, wie ihn Niebuhr antrat.

Wenn aber zu diesen Umständen noch dazu kam, dass
durch einzelne Untersuchungen die Hinfälligkeit gerade sehr
wichtiger Niebuhrscher Hypothesen ausser Frage gestellt ward,
so wird es vollkommen verständlich, dass in dem grössten
Theil der nachrubino'schen Arbeiten die Quellenfrage vollständig
oder fast vollständig zurücktrat.

Auf diesem Wege ist es gekommen, dass gegenwärtig auf
den beiden grossen Gebieten historischer Forschung, dem des
Mittelalters und dem der alten Geschichte der classischen Völker jene merkwürdige Differenz der herrschenden Methode vorhanden ist: auf mittelalterlichem Gebiet geschieht kaum ein
Schritt, ohne dass der Quellenbestand vorher minutiös darge-
legt ist, auf jenem der alten Geschichte werden nur sehr wenige,
keine einzige grössere Arbeit genannt werden können, welche

auf Grund einer irgendwie ausreichenden Quellenanalyse vor-
gegangen ist. Einem Schriftsteller von der colossalen und man
möchte sagen eisernen Gelehrsamkeit Drumann's fehlte, wie sich
bisweilen schlagend zeigt, überhaupt das Bewusstsein der ganzen Aufgabe.

Wenn nun aber auch die möglichst scharfe Abgränzung
der verschiedenen Gebiete gegen einander der Grundtrieb des
wissenschaftlichen Lebens in den letzten Jahrzehnten ist, so
wird doch bei so nahe sich berührenden Feldern ein und derselben Disciplin eine so mächtige und erfolgreiche Bewegung
der Methode, welche dem einen eine ganz neue Gestalt gegeben, auch das andere allmälig immer mehr berühren.

Die so überaus fleissige und umsichtige Untersuchung F.
Lachmanns über die Quellen des Livius nahm allerdings die
Fragen, welche Niebuhr gestellt, nicht in seinem Sinne wieder
auf, sie schloss sich vielmehr den älteren Arbeiten an, welche
über die äusseren Spuren der namentlichen Citate oder der
wörtlichen Uebereinstimmungen nicht hinausgingen, weil ihnen
die Analogie einer anderen Tradition für den ganzen inneren
Zusammenhang fehlte. Sehr schlagend tritt das Resultat einer
solchen Methode hervor, wenn Peter noch 1841 von Niebuhrs
Bemühen, die Spuren der ältesten Quellen blosszulegen bemerkt,
„glücklicher Weise habe er diesen Grundsatz selbst nicht mit
Consequenz durchgeführt", dann aber Livius gegenüber von sich
selbst ganz unbefangen behauptet „man kann es bei einiger
Aufmerksamkeit und bei einiger Uebung im Nachempfinden des
Gelesenen sehr wohl bemerken, wo er (Livius) freiere und kühnere
Schritte macht und — seine Leser auf den Flügeln seiner
Phantasie mit sich fortzureissen sucht." Man war eben damals
auf den Standpunkt zurückgegangen, auf dem die Quellenfrage
vor Niebuhr sich befand, nur dass man dieselbe Sicherheit des
subjectiven Gefühls, welche man an dem „grossen Vorgänger"
verurtheilte, ohne Scheu für die Nachfolger als Richtschnur in
Anspruch nahm.

So weit ich sehe waren Schmidts Untersuchungen über die
Quellen des Zonaras und Cauers über die der Griechischen und
Sicilischen Geschichte Diodors die ersten, die die Methode, welche
Niebuhr angedeutet, wirklich für eine ältere Quelle zur Anwen-
dung brachten. Es ist bezeichnend, dass die letzteren im Ganzen

bis in die neuste Zeit fast unbeachtet bleiben. Eine andere
Frage, die über das Verhältniss des Livius zum Polybius, neuerdings öfter behandelt und in verschiedenem Sinne entschieden,
drängte nothwendig zu Versuchen, welche eine ähnliche Richtung
einschlagen mussten. Gleichzeitig stellte Peter in seiner Arbeit
über das Verhältniss des Livius und Dionys zu einander und zu
den älteren Annalisten eine Reihe von Stellen zusammen, deren
Vergleichung allerdings geeignet war, die Untersuchung aus den
Regionen subjectiver Divination wirklich auf festere Standpunkte
zu führen. Die verdienstlichen Arbeiten Mörners über Orosius,
Hirzels und Wiedemanns über die Quellen f. die Geschichte
Galba's und Otho's, Thilo's über die Varronische Grundlage von
Ptutarchs Römischen Untersuchungen waren, so weit ich sehe,
unmittelbar angeregt durch die immer sicherer fortschreitende
Richtung der mittelalterlichen Forschungen.

So wenig Schwegler selbst für die Blosslegung der ursprünglichen Quellen geleistet hat, so entschieden geht er doch überall von der Voraussetzung aus, dass uns in den späteren nur
die älteren Ueberlieferungen in mehr oder weniger geschickten
Ueberarbeitungen vorliegen. Wie seine Römische Geschichte
vor allem die ganze Masse der bisherigen Untersuchungen und
Resultate übersichtlich und abschliessend zusammenzufassen versuchte, so hat er, ohne die Niebuhr'schen Gesichtspunkte aus
dem Auge zu verlieren, doch eben hier nur eine Reihe von
Andeutungen und kaum ein sicheres Resultat in seine Darstellung eintragen können.

Mommsens Stellung war von Anfang an eine andere. Von
seinen ersten Arbeiten an hat er die eigentlichen Stützpunkte
seiner kritischen Arbeiten in den Urkunden gesehn; sowie Niebuhr zunächst von den Schriftstellern, ging er von den Denk-
mälern im engern Sinne aus. Die Resultate dieser staunenswerthen Untersuchungen haben unsrer Auffassung der Römischen
Geschichte ihre jetzige Gestalt gegeben. Ein Blick auf dieselbe
zeigt uns aber sofort die eigenthümliche Lage des Materials
und der Forschung gerade auf diesem Gebiete.

Während für die Geschichte des Mittelalters überall Urkunden und Geschichtschreiber jetzt in gleicher fast nicht zu
bewältigender Fülle zußiessen, ist für die Römische Geschichte
das Material viel ungleicher vertheilt. Für die Periode der

Republik bieten die Denkmäler, Inschriften und Münzen zusammen eine so dürftige Grundlage der Forschung, dass von hier aus eine Controlle der eigentlich historischen Ueberlieferung nur an wenigen Punkten bis zu genügender Tiefe und Sicherheit vordringen kann. Ganz anders, wie bekannt, gestaltet sich das Verhältniss für die späteren Perioden. Wir stehen daher in jener früheren Periode auf den von Mommsen urkundlich gewonnenen Resultaten am letzten Ende immer noch häufig in der Mitte, ebenso oft am Saum eines weiten Gebiets aufeinandergeschichteter Ueberlieferungen, jeder weitere Schritt vorwärts ist ebenso unsicher, wie der vom anstehenden Gestein — man erlaube das Bild — auf einen noch weichen und ungekannten Diluvial- oder Alluvialboden.

Mommsen hat sich allerdings von Anfang an in der Behandlung der republikanischen Ueberlieferung entschieden den Ansichten Rubino's angeschlossen; man kann seine Darstellung der älteren Verfassung in der Römischen Geschichte als die scharfsinnigste und lebendigste Ausführung derselben bezeichnen, aber der Inhalt und eine der Schlussbetrachtungen seiner Römischen Forschungen zeigt im Gegensatz gegen jene, dass er selbst bei weitrer Betrachtung dieser Dinge unwillkürlich an die Niebuhrsche Auffassung zurückgelenkt wurde[*].

Weder hier noch dort aber geht die Untersuchung von einer eingehenden Sichtung der Ueberlieferung aus und einzelne Streifzüge dieser Richtung wie z. B. die kurze Kritik der Geschichte des ersten Samniterkriegs (R. G. I A. 4 p. 358 A.) od. die Ausführungen über das Interregnum (R. Forsch. I, p. 218 f., stehen den entsprechenden kritischen Ausführungen Niebuhrs an Umsicht und eingehendem Verständniss, wie es scheint, entschieden nach. Auch bei Mommsen wechseln hier wie bei seinem eben so grossen Vorgänger blitzhelle und unwiderstehliche Intuitionen mit kühnen Folgerungen, die bei nährer Betrachtung jeder sicheren Grundlage entbehren. Er hat noch neuerdings Hermes V. p. 228 seine Ansicht

---

[*] S. R. F. I, p. 284: Es wird für die richtige Würdigung dieses grossen historischen Prozesses nicht ohne Werth sein das in seiner Bedeutung bisher von mir selbst und ich glaube von den meisten der Mitforscher unterschätzte aristokratische Element in dem ältesten römischen Gemeinwesen deutlicher ins Licht gestellt und schärfer aufgefasst zu haben.

dahin ausgesprochen, dass „bei so verwickelten Untersuchungen, wie die über die Glaubwürdigkeit der Geschichte der früheren Römischen Republik sind, kaum anders verfahren werden kann als die sich aus den einzelnen Untersuchungen ergebenden Zweifel zunächst hinzustellen, bis weitere Specialforschung sie entweder bestätigt oder beseitigt."

Das unleidliche Gefühl eines solchen Zustands einer so gewaltigen Reihe historischer Thatsachen gegenüber wie die ältere Geschichte der Republik immer für unsere Cultur bleiben muss, wächst gerade bei der Betrachtung der Sachlage von dieser Seite. Wie mit einem unwiderstehlichen Zuge drängen die Resultate, die auf andern Gebieten historischen Wissens von Tag zu Tage an Sicherheit und Zusammenhang zunehmen, auch hier dazu, die Schichten unsrer Ueberlieferung endlich festzustellen und, soweit möglich, ihre unterste Grundlage aufzudecken.

Schon die eben angedeutete Geschichte dieser Untersuchungen seit Niebuhr zeigt, dass die Aufgabe allerdings ihre besondern Schwierigkeiten hat. Auf die Länge jedoch ist sie nicht zu umgehen; wie in einer unbewussten Bewegung drängen sich die Untersuchungen, allmälig weniger kühn und weniger schüchtern dem gefährlichen Gebiete zu.

Zu thun aber ist noch überall.

Man wird zugeben, dass unter den in Betracht kommenden Arbeiten Nissens Untersuchungen über die Quellen der 4. u. 5. Dekade des Livius eine hervorragende Stelle einnehmen. Nirgend sonst im ganzen Umfang der Geschichte der Republik ist das Material so verhältnissmässig vollständig wie hier, und eine Untersuchung nach Niebuhrs Angaben bis ins Detail vorzunehmen. Der Verfasser hat sich dieser Aufgabe mit grosser Sorgfalt und Umsicht unterzogen und wir stehen auf seinen Resultaten wie auf einem ersten festen Boden, von dem aus nun weitere Schritte versucht werden dürfen.

Einen solchen Versuch habe ich in einer Reihe von Erörterungen im Rhein. Museum Bnd. XXIII, XXIV und XXV vorzulegen gewagt. Die darin aufgestellten Schlüsse und Resultate haben bisher nur an einzelnen Punkten, wie durch Mommsen (Hermes IV p. 10 ff.) oder ganz im Allgemeinen wie durch Peter (Hist. Rom. relliquiae vol. I. p. CCCXI n. 1) Entgegnungen gefunden. Um so mehr finde ich mich veraulasst, dieselben hier in ununterbrochner Reihenfolge nochmals vorzulegen und die in der Specialuntersuchung für mich gewonnenen Resultate zunächst weiter zu fixiren und in ihrer Bedeutung auszuprägen. Die allgemeine Ansicht, die dann von ihnen aus die Römische Historiographie der Geschichte der ältesten Republik von Fabius bis Antias gewann, schien mir endlich geeignet, die Bedeutung und die Zuverlässigkeit meiner Behauptungen in ein weiteres Licht zu stellen.

Ich lasse also zunächst die Specialuntersuchung folgen.

Erste Abtheilung.

Die annalistischen Quellen bei Livius und Dionys.

————

Erster Abschnitt.

Quellenanalyse von Livius II, 1—IV, 8 und Dionysius
Halicarnassensis V, 1—XI, 63.

Cap. I. Ausgangspunkte und Grundlagen der Untersuchung.

§. 1. Die Quellenbenutzung in der vierten und fünften Dekade.

Die Untersuchung über die Quellen der ersten Dekade des
Livius hat zuvörderst zu constatiren, in welcher Weise Livius seine
Quellen benutzte und in wie weit er sich unmittelbar denselben
anschloss. Zu diesem Zwecke empfiehlt es sich, von demjenigen
Theile seines Werkes auszugehen, für welchen eine bedeutende
Originalquelle noch erhalten, und die genaue Vergleichung seines
Textes mit derselben daher in grösserem Umfang möglich ist.
Dies ist bekanntlich die Sachlage für die vierte und fünfte
Dekade. Die Untersuchung hier ist schon gemacht, und wir
brauchen daher nur die Hauptresultate, welche Nissen [1]) ge-
wonnen, kurz zusammen zu stellen.

Es sind folgende:

1) Es ist durchstehend immer für grössere Strecken eine
Quelle benutzt, und zwar für die orientalisch-hellenischen Er-

————

[1]) Kritische Untersuchungen über die Quellen der vierten und fünften
Dekade des Livius. Berlin 1863.

eignisse Polybius, für die occidentalischen und römischen ein
römischer Annalist.

2) Das namentliche Citat beweist nur für die Benutzung
der genannten Quelle in der betreffenden Periode, keineswegs
aber für die Benutzung an der Stelle, wo es sich findet. Sehr
häufig wird die verworfene Quelle neben der benutzten citirt.

3) Der Uebergang von der einen zur andern findet meistens
ohne jede Andeutung seitens des Verfassers statt. Die Erzählung geht oft in demselben Satz unmittelbar von der einen
Quelle zur andern über. An anderen Stellen stossen die beiden
Quellen Satz an Satz aneinander.

4) In diese zusammenhängenden Texte sind bisweilen, aber
nicht häufig Stücke aus den andern Quellen eingeschoben.

Es ergiebt sich schon aus diesen Thatsachen, dass eine
Bearbeitung dieses verschiedenen Materials im modernen Sinne
nicht vorausgesetzt werden kann. Dies beweist auch die Art
und Weise, in der Livius den Polybianischen Text zu dem seinigen
gemacht hat. Er hat nämlich

5) aus seinem Texte weggelassen Alles, was Polybius für
den hellenischen Leser und seine Interessen berechnete, während
er umgekehrt für den römischen Leser die Erklärung hellenischer Dinge und Institute ex suo gab. Diese Veränderungen
waren einfach durch das Verhältniss zu dem Leser bedingt.
Dagegen

6) hat er aber auch für die Römer ungünstige Thatsachen
übergangen, andere nur aus Fahrlässigkeit, selbst in Urkunden.
Was er dagegen

7) sonst hinzugefügt hat, gehört wesentlich der rhetorischen
Ausschmückung an, sowohl die übertreibenden Schilderungen,
wie auch namentlich die Erweiterung der Reden.

Es ist also bei dieser Bearbeitung des Polybius nicht
allein im Ganzen, sondern auch im Einzelnen der Verlauf und
Zusammenhang der Darstellung vollständig beibehalten. Was
die nicht Polybianischen Theile betrifft, so zeigen die eigenthümlichen Züge, welche sie von jenen unterscheiden, ganz deutlich,
dass auch hier die dem Verfasser vorliegenden Originale wenig
verändert aufgenommen worden. Dies tritt vor Allem hervor
in den ganz annalistischen Angaben bestimmter, namentlich
gottesdienstlicher Ereignisse, mit welchen die einzelnen Jahres-

erzählungen der beiden Dekaden regelmässig schliessen. Hier
ist die Auswahl und Zusammenstellung der Thatsachen eine so
specifisch priesterliche, dass wir nicht umhin können, als die
Originalquelle dieser Stücke die annales maximi anzunehmen.
Da nun aber Livius nicht selbst die annales maximi benutzte,
so ergiebt sich aus der angeführten Thatsache, dass diejenigen
Schriftsteller, welche er benutzte, gerade so die annales maximi
ausschrieben, wie er es wieder mit diesen Ausschreibern that.

§. 2. Die Quellenbenutzung in der dritten Dekade.

Wir wenden uns von den so gewonnenen Resultaten rückwärts zu der Betrachtung der dritten Dekade. Nur kann es
hier nicht unsere Aufgabe sein, Schritt für Schritt das Quellenverhältniss blosszulegen. Es kommt vielmehr nur darauf an,
im Grossen und Ganzen unsere Ansicht darzulegen und soweit
möglich zu begründen. Fassen wir zunächst wieder das Verhältniss des Livius zum Polybius ins Auge, so drängt sich folgende Erwägung zuvörderst auf:
Eine wörtliche oder fast wörtliche Uebereinstimmung
zwischen den beiden Schriftstellern findet sich unzweifelhaft
auch hier an vielen Stellen und zwar in allen Büchern. Wie
sehr man über die Erklärung dieser Erscheinung streitet, dass
man darüber streitet, beweist hinreichend ihr Vorhandensein.
Diese Uebereinstimmung zeigt sich nun aber nicht etwa nur in
den ausseritalischen oder gar nur den hellenischen Verhältnissen,
wie das in den folgenden Dekaden der Fall ist, sondern sie
findet sich in den italischen, den spanischen, afrikanischen Ereignissen gerade so wie in den hellenischen. Es muss daher zunächst sich die Frage aufdrängen: wie ist es denkbar, dass
Livius, der doch unzweifelhaft Polybius Vortrefflichkeit anerkannte, ihn erst zehn Bücher hindurch für die verschiedensten
Theile seiner Arbeit benutzte, ihn aber später nur über die
hellenischen und hellenistischen Begebenheiten gebrauchte? Man
wird zugestehen, dass ein solches Verhältniss nicht wahrscheinlich, und dass es viel natürlicher sein würde, wenn Livius von
einer beschränkteren Benutzung seiner ausgezeichneten Quelle
allmälig zu einer ausführlicheren übergegangen wäre. Ist es
so schon nicht wahrscheinlich, dass die erwähnte Uebereinstimmung zwischen beiden Schriftstellern das Resultat unmittel-

barer Benutzung des einen durch den andern ist, so kommt ein
zweiter Einwurf gegen diese Annahme hinzu. In der ganzen
dritten Dekade ist Polybius nur an einer einzigen Stelle namentlich angeführt und zwar ganz gegen das Ende derselben 30, 45.
Allerdings hat Livius ihn z. B. in den 5 Büchern 40—44 fort-
während benutzt aber niemals genannt. Jedoch wäre die Strecke
vom einundzwanzigsten bis zum dreissigsten Buch noch viel
länger, in der er trotz wiederholter Veranlassung, ihn zu nennen,
seinen Namen immer bei Seite gelassen haben sollte.

Ein dritter und besonders gewichtiger Grund gegen die
Annahme einer unmittelbaren Benutzung des Polybius scheint
mir aber durch folgende Betrachtung sich zu ergeben. Gerade
in denjenigen Theilen, wo die erwähnte Uebereinstimmung stattfindet, polemisirt Polybius wiederholentlich gegen bestimmte
Ausdrücke oder Auffassungen derjenigen Schriftsteller, die ihm
vorlagen. Diese Ausdrücke und eben diese Wendungen finden
sich nun in der Erzählung des Livius. Ganz unzweifelhaft zeigt
sich z. B. dies Verhältniss Polybius 3, 47 und Livius 21, 36.
Der erstere tadelt die Schriftsteller, welche die Alpenpässe so
eng und steil schilderten, ὥστε μηδὲ πεζοὺς εὐζώνους εὐχερῶς
ἂν διελθεῖν, der letztere schildert eine Passage *ut aegre ex-
peditus miles tentabundus demittere se possit.* Ebenso zeigt
sich dasselbe Verhältniss Polybius 7, 7 und Livius 24, 5. Jener
beschuldigt seine Quellen, den Hieronymus viel zu schwarz geschildert und ihn mit den früheren Tyrannen zusammengestellt
zu haben. Er behauptet, der Enkel Hieros habe die Regierung
viel zu jung angetreten und zu kurz regiert, als dass er ein
solches Uebermaass von gottlosem Frevel habe entwickeln können.
Livius, dessen Darstellung der betreffenden Ereignisse sonst
wörtlich mit Polybius stimmt, vergleicht schon das äussere Auftreten des Hieronymus mit dem des Dionys und führt dann
fort *hunc tam superbum apparatum convenientes sequebantur con-
temptus omnium hominum, superbae aures, contumeliosa dicta —
libidines novae, inhumana crudelitas. Itaque tantus terror omnes
invaserat etc.* Ein drittes Beispiel, das auch hierher gehört,
bietet die kritische Betrachtung Polybius 3, 20 über die Quellen,
welche nach der Nachricht vom Fall Sagunts τὴν στυγνότητα
τοῦ συνεδρίου παρεισάγουσι θαυμάσιον. Livius nämlich 21, 16
hebt gerade hervor „*tantus simul maeror patres misericordiaque*

sociorum peremtorum indigne et pudor non lati auxilii et ira in Carthaginienses metusque de summa rerum cepit, velut si iam ad portas hostis esset, ut tot uno tempore motibus animi turbati trepidarent magis quam consulerent. Es ist unzweifelhaft dies eine Schilderung, wie sie Polybius eben verwirft. Erwähnen können wir noch, dass wir die *ϑεοὺς καὶ ϑεῶν παῖδας* Polybius 3, 47 auf das Traumgesicht Hannibals werden beziehen müssen, dass nach Cic. *de div.* 1, 24 Coelius dem Silenos nacherzählte, dass also Polybius verwirft, das Livius 21, 22 aber hat.

Schon nach diesen Stellen kann es meiner Meinung nicht zweifelhaft sein, dass beide Schriftsteller allerdings mittelbar oder unmittelbar dieselbe Quelle benutzten, keineswegs aber einer den andern. Noch unumgänglicher drängt sich diese Annahme an einer andern Stelle, auf einem andern Wege uns auf. Wir finden nämlich Livius 22, 24, wo er auffallend mit Polybius 3, 100 ff. stimmt, dass eine Erklärung, die Livius vermisst, sich bei Polybius ausführlich findet. Der erste Sieg des M. Minucius wird dort mit den vorhergehenden Bewegungen von Livius ganz so wie von Polybius erzählt, ja die italischen Ereignisse folgen hier bei beiden in derselben chronologischen Oxdnung auf fast wörtlich übereinstimmende Stücke spanischer Kriegsgeschichte. Man sollte denken, Livius sei hier der Polybianischen Erzählung von dem einen zu dem andern Kriegstheater gefolgt. Doch müssen wir dies entschieden in Abrede stellen. Wo er nämlich Hannibals starke Fouragirungen bei Geronium erwähnt, gebraucht er die Worte *ipse autem, quod minime quis crederet, cum hostis propius esset tertiam partem militum frumentatum duabus in castris retentis dimisit.* Gerade dies erklärt Polybius 3, 101 a. E. ausführlich durch die Betrachtung, wie grosses Gewicht H. auf die Cavallerie gelegt, und wie er deshalb die Beschaffung grosser Futtervorräthe für seine unumgängliche Hauptaufgabe gehalten habe. Mit einem Worte, Polybius wusste die Sache zu erklären und that es, Livius wusste sie nicht zu erklären, obgleich er fühlte, dass sie einer Erklärung bedürfe. Entweder also liess die Quelle des Livius, die hier nicht Polybius war, jene Polybianische Erklärung aus, oder aber Polybius schob seine Motivirung in dieselbe Originalquelle ein, deren Unvollständigkeit Livius fühlte.

Steht es nun aber auch, wie mir scheint, unzweifelhaft fest,

dass von einer unmittelbaren Benutzung des Polybius in der
dritten Dekade des Livius nicht die Rede sein kann, dass vielmehr die Uebereinstimmung zwischen den beiden Erzählungen
nur aus der Benutzung gemeinsamer Quellen zu erklären ist,
so fragt sich, ob wir über diese Quellen und ihre Verwendung
eine stichhaltige Ansicht gewinnen können.

Eine Vergleichung ergiebt zunächst in den ersten Büchern
der Dekade, soweit namentlich Polybius drittes Buch reicht, dass
die Uebereinstimmung keineswegs in so grossen zusammenhängenden Strecken stattfindet wie in den folgenden Dekaden.
Während die Erzählung der Schlachten von Kynoskephalae,
Thermopylae und Magnesia in der vierten Dekade ganz polybianisch ist, finden sich in der Beschreibung der Schlachten am
trasimenischen See[1]) und bei Cannae[2]) Stücke, die zu den
Polybianischen hinzugesetzt sind. Eine solche Mosaikarbeit mit
so kleinen Stücken entspricht schon der Livianischen Manier,
wie sie sich Dekade 4 und 6 zeigt, keineswegs. Gehen wir von
den dort gewonnenen Resultaten aus, so müssen wir vermuthen, dass die Schlachtbeschreibungen auch hier ganz Einer
Quelle entnommen wurden, ja dass überhaupt auch dieser
ganze Text aus grösseren Stücken zusammengesetzt wurde,
und dass uns auf die Herkunft dieser grösseren Stücke
die am meisten citirten Autorennamen führen müssen. Dies
sind nun in dem ersten Theil der Dekade Coelius Antipater,
im zweiten namentlich Valerius Antias. Abgesehen von den
Citaten führen eine Reihe anderer Angaben auf die Benutzung
dieser Quellen. Bei Coelius finden sich sonst citirte Fragmente,
die eben bei anderen Autoren erhalten sind, in der Livianischen
Erzählung[3]) Ebenso gewiss tritt in den späteren Abschnitten

---

[1]) Nicht Polybianisch ist 22, 1. das ganze Stück *constat. perculsis
omnibus — sese immergunt,* eine dreistündige Schlacht, an deren Ende
erst C. Flaminius fällt. s. Pol. 6, 84.

[2]) 22, 48 findet sich die ganze Erzählung vom Hinterhalt der numidi-
schen Reiter nicht bei Pol. 3, 115.

[3]) Cic. de div. 1, 24 a. Liv. 21, 22. Cic. a. O. 35 a. Liv. 22, 6 a. E.
Gell. 10, 24 s. Liv. 22, 51. Priscian 8, 4. 23 s. ebd. 50. Das ansprechende
Resultat *Soltaus De fontibus Plutarchi in secundo bello Pun. enarrando*
Bonn 1870, dass bei Plutarch Fab. Coelius noch vollständiger als in
Liv. vorliege, wird vielleicht diese ganze Untersuchung wesentlich weiter
fördern.

Antias als zweite Hauptquelle hinzu. Allerdings sind ausser-
livianische Citate aus diesem Schriftsteller, deren Inhalt sich
bei Livius findet, kaum nachzuweisen, und nur etwa Plin. *hist.*
nat. 2, 107 zu vergleichen mit Livius 25, 39.
  Er verwirft ihn oder bezweifelt wenigstens seine Autorität[1])
an manchen Stellen, aber wiederholentlich nennt er ihn neben
Coelius[2]). Diesen letztern sieht er sich am Schluss der Dekade
gezwungen bei Seite zu legen wegen einer ausschweifend poetischen Darstellung[3]). Dagegen zeigen die wiederholten Auffüh-
rungen des Valerius im dreissigsten Buch, dass er ihn jedenfalls hier unmittelbar zur Hand gehabt und gebraucht hat. Und
nun kommt noch eine andere Thatsache in Betracht. Die
übertriebenen Zahlen, durch welche sich die Schlachtberichte
des Valerius auszeichneten, sind bekannt genug. Bei den schon
erwähnten polybianischen Berichten über die Schlachten von
Kynoskephalae, Thermopylae und Magnesia notirt Livius jedes
Mal die Angaben des Valerius als übertrieben 33, 10 und 36,
19 im ausgesprochenen Gegensatz gegen Polybius. An diesen
Stellen, wie auch 33, 36 und 36, 38 wird immer allein aus Valerius die Zahl der erbeuteten *signa militaria* angegeben, wie sich
solche Angaben aus ihm auch schon in der ersten Dekade
finden.[4]) Gerade diese genauen Aufzählungen genommener oder
verlorener *signa* finden sich 30, 6, 35 und 36 d. h. genau da,
wo sich die Citate aus Antias häufen, und zwar ohne dass ein
kritisches Bedenken geäussert wird. Eben solche Angaben, einfach aufgenommen und vorgetragen, finden sich aber auch vom
dreiundzwanzigsten Buche an an noch acht Stellen[5]). Dagegen
fehlen sie bei den Schlachten vom Anfang des Krieges bis
Cannae, sowie bei allen Schlachten in Spanien. Bei dieser
Sachlage wird man zu der Annahme geführt, dass die scheinbar

---

[1]) 20, 49. 80, 3. 19. 29.
[2]) 28, 46 und 29, 35.
[3]) 29, 25 und 27.
[4]) Wenn man die Stelle 3, 5 mit ebd. 6 vergleicht, dort: *audet Antias
concipere summas — interfecta quattuor milia et exequendo subtiliter numerum, ducentos aii et triginta* hier: 13470 gefallen, 1750 gefangen, 27 Feldzeichen *in quibusdam annalibus invenio, ubi etsi adiectum aliquid numero
sit, magna certe caedes fuit.*
[5]) 23, 35. 37. 40. 24, 42 bis 26, 6. 27, 13. 42.

polybianischen Partien in dem letzten Theil der Dekade, namentlich die des afrikanischen Krieges, nicht direkt aus Polybius stammen, sondern von Livius in der Bearbeitung des Antias benutzt wurden[1]. Damit stimmt die Beobachtung Nissen's, dass die Ausdrücke *nares tectae* oder *constratae*, in den polybianischen Stücken der vierten und fünften Dekade fast immer gebraucht werden, in der dritten nicht vorkommen, dass dagegen die Bezeichnung *nares longae* für Kriegsschiffe, die dort nur in den annalistischen Partien vorkommt, sich hier selbst in Stücken findet, welche auch Nissen unmittelbar auf Polybius zurückführen will.

Immer dringender tritt somit die Annahme an uns heran, dass Polybius in der dritten Dekade nicht unmittelbar benutzt ist. Welche weiteren Fragen ergeben sich daraus für uns?

Vor allem werden wir auf folgende Betrachtung geführt. Polybius spricht wiederholentlich den Gedanken aus[2]), dass seine universalhistorische Arbeit sich eben dadurch dem Leser empfehlen werde, dass sie einen wirklichen Gesammtüberblick über die Entwicklung der römischen Weltherrschaft auf den verschiedenen Schauplätzen gebe, was die bisher herausgekommenen Specialgeschichten unmöglich leisten könnten. Gerade diese Specialhistoriker beschuldigt er der Uebertreibungen, durch welche sie ihre begrenzte Darstellung pikant zu machen suchten[3]). Es liegt nun aber gerade eine solche specielle Darstellung der Geschichte Siciliens zur Zeit Hannibals uns bei Livius vor, die mit Polybius übereinstimmt, nur dass sie gerade jene Uebertreibungen hat, welche Polybius tadelte und deshalb wegliess.

Polybius sagt also ausdrücklich, seine Gesammtgeschichte

---

[1] Liv. 30, 35 am Schluss der sonst ganz polybianischen Beschreibung der Schlacht bei Zama findet sich eine ganz detailirte und hoch gegriflene Angabe der Verluste, auch der *signa*, ohne dass die viel bescheldneren Zahlen des Pol. 15, 14 auch nur angedeutet werden.

[2]) 1, 4: Νῦν δ᾽ ὁρῶν τοὶς μὲν κατὰ μέρος πολέμους καί τινας τῶν ἅμα τούτοις πράξεων καὶ πλείους πραγματευομένους, τὴν δὲ σύλλήβδην οἰκονομίαν τῶν γεγονότων — οὐδ᾽ ἐπιβαλόμενον οὐδένα βασανίζειν, ὅσον γε καὶ ἡμᾶς εἰδέναι παντελῶς ὑπέλαβον ἀναγκαῖον εἶναι τὸ μὴ — ἐᾶσαι παρελθεῖν ἀνεπιστάτως τὸ κάλλιστον — ἐπιτήδευμα τῆς τύχης vgl. 8, 8.

[3]) 7, 7 οἱ τὰς ἐπὶ μέρους γράφοντες πράξεις.

des zweiten punischen Krieges und der folgenden Ereignisse sei
die erste, bisher habe es nur Specialgeschichten der verschiedenen Kriege gegeben, des spanischen, sicilischen, italischen und
der damit zusammenhängenden Ereignisse [1]. Wir gelangten
oben zu dem Resultat, dass die Uebereinstimmung zwischen
Polybius und Livius in den früheren Theilen der dritten Dekade
jedenfalls nur daher stamme, dass Polybius und die Quelle des
Livius dieselben Originalquellen zum Theil im engsten Anschluss
benutzten. Hält man diese beiden eben angeführten Thatsachen
fest, so ergiebt sich daraus die auffallende Beobachtung, dass
auch die Quelle des Livius gerade dieselben verschiedenen
Schriften für denselben Zweck, wie Polybius, wenn auch mit
weniger Kritik zusammenarbeitete. Eine genauere Betrachtung
nimmt aber dieser Annahme ihr Auffallendes um so eher, je
älter die Gesammtdarstellung ist, die wir als Livius Quelle annehmen dürfen. Gab es nämlich zu Polybius Zeit keine genügende Universalgeschichte der hannibalischen Zeit, sondern
nur Specialgeschichten, gab es überhaupt, wie wir wissen, kaum
einen bedeutenden lateinischen Historiker (Cato zählte kaum
mit), so lag die Aufgabe, eine solche zusammenfassende Gesammtdarstellung zu versuchen, eben so wohl im Interesse des
römischen wie des hellenischen Lesepublikums, d. h. sie lag
ebenso nahe für Coelius Antipater wie für Polybius. Dass beide
wesentlich dieselben Quellen erwählten, würde also nur dafür
zeugen, dass entweder die Auswahl unter den Specialhistorikern
für die einzelnen Theile des Krieges nicht gross, oder aber, dass
unter ihnen eine kleinere Zahl für die Zwecke der betreffenden
Darstellungen sich besonders empfahl. Und hier macht sich besonders eine Betrachtung geltend.
Polybius sagt [2], dass Fabius Pictor mit seinem Geschichtswerk

---

[1] 8, 4: δι' ὧν ὑπολαμβάνω τὸ πολλάκις ἐν ἀρχαῖς ἡμῖν τῆς πραγ-
ματείας εἰρημένον νῦν δι' αὐτῶν τῶν ἔργων ἀληθινὴν λαμβάνειν πίστιν.
τοῦτο δ' ἦν ὡς οὐχ οἷόν τε διὰ τῶν τὰς κατὰ μέρος ἱστορίας γραφόντων
συνθεάσασθαι τὴν τῶν ὅλων οἰκονομίαν. πῶς γὰρ ἐνδέχεται ψιλῶς
αὐτὰς καθ' αὑτὰς ἀναγνόντα τὰς Σικ. ἢ τὰς Ἰβηρ. πράξεις γνῶναι καὶ
μαθεῖν ἢ τὸ μέγεθος τῶν γεγονότων ἢ τὸ συνέχον, τίνι τρόπῳ καὶ τίνι
γένει πολιτείας τὸ παραδοξότατον καθ' ἡμᾶς ἔργον ἡ τύχη συνετέλεσεν
τοῦτο δ' ἔστι τὸ πάντα τὰ γνωριζόμενα μέρη τῆς οἰκουμένης ὑπὸ μίαν
ἀρχὴν ἀγαγεῖν, ὃ πρότερον οὐχ εὑρίσκεται γεγονός, κ. τ. λ.
[2] 3, 9 schliesst er seine Ausführung gegen F. mit den Worten:

bei dem damaligen Lesepublikum eine besonders hervorragende
Stellung einnahm. Er opponirt gegen dessen Darstellung wiederholentlich und bezeichnet namentlich die Geschichte des älteren
Scipio als eine Partie, die in den bisherigen Darstellungen nicht
richtig aufgefasst sei [1].
Coelius hat, wie Cic. *de div.* 1, 24 ausdrücklich sagt, sich
möglichst eng an die Darstellung des Silen über die Geschichte
Hannibals angeschlossen. Er hat also einer karthagischen Quelle
eine grosse Autorität eingeräumt. Charakteristische Züge der
bei Polybius und Livius übereinstimmenden Stellen führen ebenfalls zu der Annahme, dass Polybius meistens einer karthagischen Quelle folgte. Dazu kamen dann für ihn die mündlichen
Nachrichten aus den scipionischen Kreisen, auf die er sich 10, 3
ausdrücklich bezieht. Wir erkennen also in beiden Arbeiten,
sowohl in der Hauptquelle für den ersten Theil der dritten
livianischen Dekade wie in Polybius, eine kritische Reaction
gegen die bisher in Rom geltenden Darstellungen und den Versuch, zuerst aus zum Theil nicht römischen Specialgeschichten
eine umfassendere Darstellung des hannibalischen Krieges zu
geben. Coelius ging wahrscheinlich schon früh mit C. Gracchus
um, und so würde auch vielleicht bei ihm ein Einfluss scipio-
nischer Anschauung angenommen werden können, ein Einfluss
eben desjenigen litterarischen Geschmacks und Urtheils, das vom
Polybius entweder ausging oder ihn bestimmte [2].
Mit jedem Jahrzehnt später wird es bedenklicher, ein solches merkwürdiges Zusammentreffen zwischen zwei Schriftstellern
bei der Wahl ihrer Quellen zu erklären. Es liegt auf der
Hand, dass im Fortgang der Geschichte des hannibalischen
Krieges die Darstellung eines so bedeutenden Militärs wie
Polybius, welcher dem jüngeren Africanus so nahe stand, an
Gewicht und Zuverlässigkeit die Arbeit des Coelius immer mehr
in Schatten stellen musste, je mehr der ältere Africanus in den

---

ἔνιοι γὰρ οὖν ἐπὶ τὰ λεγόμενα συνεπιστήσαντες· ἀλλ' ἐπ' αὐτὸν τὸν
λέγοντα, καὶ λαβόντες ἐν νῷ διότι κατὰ τοὺς καιροὺς ὁ γράφων γέγονε
καὶ τοῦ συνεδρίου μετεῖχε τῶν Ρωμαίων, πᾶν εὐθέως ἡγοῦνται τὸ λεγό-
μενον ὑπὸ τούτου πιστήν. κ. τ. λ.
[1] 10, 2 f.
[2] S. Böttcher Krit. Unters. ü. d. Quellen des Liv. im XXI. u. XXII B.
Fleckeisen Jahrb. Supplb. V p. 354 ff. u. p. 370.

Vordergrund der Ereignisse tritt, und wir wissen bestimmt,
dass Coelius in den letzten Partien seiner Arbeit zu poetischen
Quellen griff[1]. Vergegenwärtigt man sich diesen Umstand, so
begreift man, dass ein Schriftsteller wie Valerius Antias hier
den Polybius benutzte, und dass Livius, nachdem er an der
Hand des Coelius den hannibalischen Krieg zu erzählen begonnen hatte, im Verlauf seiner Darstellung es vorzog, jenen
andern Schriftsteller zu benutzen, den er jedenfalls schon bei
der ersten Dekade zur Hand gehabt[2].

§. 8. Ausgangspunkte für die Untersuchung der ersten Dekade. Die bisherigen allgemeinen Resultate. Wie weit schloss sich Dionys seinen Quellen an?

Wir gehen jetzt über zu der kritischen Untersuchung der
älteren Geschichte der Republik, wie sie bei Livius vorliegt.
Zunächst erinnern wir an folgende Grundsätze, die sich uns aus
der kritischen Betrachtung der späteren Dekaden zur Anwendung für die erste Dekade ergeben haben,

1) Livius hat sich überall an eine bestimmte Quelle möglichst eng angeschlossen,

2) der Kreis von Quellen, den er für jede einzelne Dekade
benutzte, ist ein verhältnissmässig enger,

3) seine Citate deuten allerdings an, welche Schriftsteller
er im Ganzen benutzte, aber keineswegs ist aus denselben für
die Stelle, an der sie sich finden, auf eine eingehendere Benutzung des gerade genannten Autors zu schliessen;

4) auch für die von ihm benutzten Schriftsteller gilt dieselbe Beobachtung, d. h. sie haben unzweifelhaft in ähnlicher
Weise die Darstellungen ihrer Vorgänger mehr oder weniger
vollständig in die ihrigen aufgenommen. Wir dürfen also nicht
sofort auf einen unmittelbaren Zusammenhang der Ueberlieferung

---

[1] Wenn H. Peter in seiner Ausg. der Fragmente der Röm. Hist.
Proleg. p. 233, A. 3 diese Behauptung bezweifelt, so halten wir sie doch
mit Bezug auf Liv. 29, 25 und 27 aufrecht. Die dort citirten Schilderungen
können nur aus Dichtern entnommen sein.

[2] Friedersdorff: Liv. et Polybius *Scipionis rerum scriptores diss.*
Götting. 1869 hat für die Geschichte des Scipio eine selbständige Monographie
als die gemeinsame Urquelle beider Erzählungen wahrscheinlich gemacht,
aber auch dafür würde ich bei Liv. als Zwischenglied Antias annehmen.

schliessen, wenn wir auch dieselbe Thatsache, ja dieselbe Form
der Erzählung, die wir bei ihm finden, bei einem anderen
früheren Historiker treffen; denn dieser kann sie ebenso wie Livius
einer ältern Quelle entlehnt haben, oder aber Livius kann ganz
dieselbe Thatsache aus einer jüngeren genommen haben, welche
sie aus jenem entlehnte. Erkennt man diese Sätze an, so ergiebt sich, dass gerade die Untersuchung der ersten Dekade
mit besondern Schwierigkeiten zu kämpfen haben wird.

Wir haben keine originale ältere Darstellung, die wir der
Erzählung der ersten Dekade so gegenüber stellen könnten, wie
die betreffenden Theile des Polybius in den späteren Dekaden.
Diodor und Dionys schrieben ungefähr gleichzeitig mit Livius
und wenn wir daher daran gehen, die drei unter sich zu vergleichen, so sind es wesentlich innere Merkmale, aus denen wir
auf das relativ höhere oder niedere Alter ihrer Originalquellen
schliessen mögen. Es kommt noch ein Anderes dazu. Es steht
hinreichend fest, dass Diodor seine griechischen Quellen ausschrieb wie Livius die seinigen[1]), so dass wir auch bei den
Notizen der ältern römischen Geschichte ein ähnliches Verfahren
bei ihm voraussetzen dürfen. Bei Dionys fehlt uns zunächst
ein ähnlicher sicherer Ausgangspunkt. Im Grossen und Ganzen
stimmt zwar der Verlauf seiner Erzählung mit der des Livius,
namentlich wenn wir beide mit den kurzen Angaben Diodors
vergleichen, aber doch treten andererseits bei ihm so specifische
Grundanschauungen zu Tage, dass eine Differenz von der livianischen Darstellung nicht zu verkennen ist, ja diese Anschauungen selbst werden von ihm keineswegs durch den ganzen Verlauf der Darstellung festgehalten. So grosse Bedeutung er
z. B. auf das Recht des προβούλευμα für den Senat legt, von
Anfang an findet sich diese Ansicht keineswegs. Ebenso widerspricht sich seine Auffassung des Bundesverhältnisses zwischen
Rom und Latium in den verschiedenen Theilen der Erzählung.
Diese Grundanschauungen werden zum Theil in jenen lang ausgesponnenen Reden vorgetragen, die wir als Product freier
Composition zu betrachten nur zu sehr geneigt sind.

Es lag also sehr nahe, den Dionys im Gegensatz gegen

---

[1]) Volquardsen, Untersuchungen über die Quellen Diordors. Kiel
1868. Nissen a. O. Th. L Cap. 6.

Livius einer selbständigen Pragmatik zu beschuldigen, wie dies
noch neuerdings von Schwegler geschehen ist, und demgemäss
besonders seine verfassungsgeschichtlichen Angaben mit dem
entschiedenen Misstrauen zu behandeln, dem zuletzt Mommsen
Ausdruck gegeben hat. Allerdings haben die Untersuchungen
Kiesslings seine Beziehungen zu Valerius Antias oder Licinius
weiter aufgedeckt, als es bisher geschehen war, damit aber ist
die Frage, wie eng er sich seinen Quellen anschloss, noch
immer nicht definitiv gelöst. Müssten wir die bisherige Ansicht
festhalten, so würde dadurch für die ohnehin schon missliche
Untersuchung der ersten livianischen Dekade die Aussicht auf
ein irgend erhebliches Resultat noch zweifelhafter. Hätte dieser
griechische Rhetor seine so fleissig zusammengebrachten Ma-
terialien ganz nach seinen eigenen Phantasien zugeschnitten,
so würden sie in einer solchen Bearbeitung für uns ganz un-
tauglich sein, um durch eine Vergleichung mit ihnen wenigstens
bis auf einen gewissen Punkt zu controliren, was Livius bietet.

Man begreift daher wohl, wenn wir hier zunächst eine Betrachtung versuchen, die diese Vorfrage vielleicht in einem
andern Lichte erscheinen lässt. Es sind unzweifelhaft die
Reden, die der Darstellung des Dionys einen so überwiegend, man
möchte sagen beängstigend rhetorischen Anstrich geben. Eben
in Bezug auf sie bemerkt schon Schwegler 19, 6, dass die hier
unerträgliche Breite seiner Darstellung aus der Benutzung des
Licinius Macer und Gellius erklärt werden könne. Wir behaupten, dass Dionys aus solchen Quellen nicht nur den allgemeinen Ton, sondern den detaillirten Gang und die einzelnen
Redner jener langgesponnenen Debatten entlehnte. Dass er
Reden in grosser Anzahl in seinen spätern Quellen fand, erhellt
aus seiner Aeusserung 6, 83, die Rede des Menenius Agrippa
auf dem *mons sacer* sei ihrer Bedeutung wegen allgemein anerkannt und finde sich in allen alten Historikern[1]. Diese
Bemerkung berechtigt uns zu dem Schluss, dass nicht in allen
alten Historikern viele Reden vorkommen, dass dagegen zwischen
ihnen eben darin ein Unterschied war, dass die einen wenig,
die andern viel Reden gaben. An das reiche und detaillirte

---

[1] ὅθεν καὶ μνήμης ἐξιοῦται ὁ λόγος καὶ φέρεται ἐν ἁπάσαις ταῖς
ἀρχαίαις ἱστορίαις.

Material, wie es Dionys in den spätern Historikern fand, hielt
er sich aber auch unzweifelhaft gebunden. In der Geschichte
Coriolans an dem Punkte, wo der Senat sich entschieden gegen
den Widerruf der Verbannung erklärt (8, 21), bemerkt er ausdrücklich, über die Motive zu diesem auffallenden Beschluss
sei es schwer eine Meinung auszusprechen, da die Verhandlung
geheim gewesen sei. Bei einer rein rhetorischen Behandlung
hätte er gerade hier vollkommen freie Hand gehabt, die interessan-
testen Debatten einzufügen. Neben diesen Stellen erscheint es
mehr als wahrscheinlich, dass er auch 7, 66 an römische Originale denkt, wenn er einerseits die Schriftsteller tadelt, die die
Kriegsgeschichte und die Reden der Feldherren besonders ausführlich behandeln, dagegen selbst andererseits auf die inneren
Verhandlungen das Hauptgewicht legt und die Römer schildert,
wie sie als Brüder mit ihren Brüdern, als Kinder mit ihren
Aeltern gleichsam in einer verständigen Familie sich über das
Rechte und Billige verständigen.

Dass Dionys zunächst die Namen seiner Debatter und ihre
Aufeinanderfolge sich nicht erdachte, sondern aus Quellen entlehnte, die auch Livius offen standen, zeigt die Vergleichung
mit Liv. an mehreren Stellen. Dahin gehört namentlich die
Verhandlung über das Militairtribunat (Liv. 4, 6), wo Livius
drei Sprecher und eine kurze Charakteristik ihrer vota giebt,
Dionys 11, 55 dagegen nur zwei von den Namen nennt, aber
in seiner etwas ausführlicheren Angabe der vota genau mit
Livius stimmt. Wir wollen hier gleich beiläufig bemerken, dass
ihre gemeinsame Quelle unzweifelhaft Licinius Macer war. Liv.
4, 7 führt ihn als seine Quelle für die Geschichte des nächsten
Jahres an, Dionys 11, 62 hat ihn ganz an derselben Stelle der
Erzählung nicht genannt aber unzweifelhaft benutzt. In ähnlicher Weise, wie bei den Verhandlungen über das Militairtribunat, ergiebt sich eine Uebereinstimmung zwischen beiden bei
dem Process des Kaeso Quinctius. Liv. 3, 12 hat eine ganze
Reihe von Vertheidigungsreden d. h. die Namen der Sprecher
und eine kurze Inhaltangabe ihrer vota, Dionys 10, 5 nur die
letzte Rede, die des Vaters, und diese zwar ausführlicher aber
so, dass sie sehr wol zu Livius kurzer Epitome stimmt. Vergleicht man endlich diejenige Senatsverhandlung, die Livius 3,
39 ff. aus der betreffenden Periode mit der grössten Ausführ-

lichkeit erhalten hat, mit Dionys 11, 4 ff., so kann kein Zweifel
darüber sein, dass beiden hier dieselbe Quelle vorlag. Aber
in Livius Darstellung sind Abkürzungen z. B. gleich bei der
ersten Rede des Valerius und von der des C. Claudius; die
Reden, die er giebt, stimmen in einzelnen Theilen mit denen
bei Dionys, so die des Horatius im Anfang mit dem Anfang
der dionysischen, die des C. Claudius mit dem Schluss der
langen Rede bei Dionys. Einzelne Wendungen dieser Reden
finden sich bei beiden, auch der weitere Verlauf der Debatte
ist wesentlich derselbe. Es kommt hier zunächst nicht auf
eine Kritik der beiden Redactionen an, sondern allein auf die
Thatsache, dass wir nur zwei verschiedene Redactionen ein und
derselben Originalerzählung vor uns haben. Nach den vor-
gelegten einzelnen Fällen wird man annehmen müssen, dass
sich Dionys auch in der Darstellung der innern Verhandlungen
an vorliegende römische Quellen anschloss, ja dass ihm diese
sogar häufig zu ausführlich waren, so dass er keineswegs alle
Reden seines Originals, ja häufig nicht einmal die Namen aller
genannten Sprecher in seine Darstellung hinübernahm[1]. Hält
man dazu die Uebereinstimmung der einfachen Erzählung wie
sie so häufig zwischen ihm und Livius und den Fragmenten
älterer Annalisten hervortritt[2], so werden wir mit einiger
Sicherheit behaupten dürfen, dass die Abhängigkeit von seinen
Quellen grösser und seine selbständige Pragmatik geringer sei,
als man gewöhnlich angenommen.

Wir werden danach also berechtigt sein, die Darstellung
des Dionys zur Controle der livianischen Darstellung zu ge-
brauchen und wenigstens den Versuch zu machen, ob sich aus
der Vergleichung der beiden Erzählungen der Charakter ihrer
gemeinsamen Quelle herstellen lasse. Dabei ist freilich hervor-

---

[1] Mommsen Hermes IV p. 11 widerlegt unsere Ausführung durch die
Bemerkung, dass in den Reden bei Dion. nichts vorkommt „als die nur
zu wohlbekannten staatsrechtlichen Klügeleien und Hypothesen des Schriftstellers selbst." Die dabei zu Grunde liegende Voraussetzung, dass
Dion. diese Klügeleien selbst erfunden habe, ist aber eben erst zu beweisen. Auch die oben aus der Stelle VI, 69 gezogenen Folgerungen
glaube ich aufrecht halten zu müssen, da Dion. I, 6 so bestimmt die
älteren Quellen wegen ihrer Einsilbigkeit von den jüngeren unterscheidet.
[2] S. Peter. Das Verhältniss des Liv. und Dion. zu einander und den
ältern Annalisten. Halle 1853.

zuheben, dass nach unserer bisherigen Erörterung offenbar
diese gemeinsame Quelle eine sehr ausführliche war, eine so
ausführliche, dass keiner von beiden Schriftstellern es zweck-
mässig fand, sie in ihrer Ausdehnung zur seinigen zu machen.
Wir können daher schon hier bestimmt behaupten, dass beide
Schriftsteller hier ihrer Quelle nicht so vollständig folgten, wie
Livius das in der vierten und fünften Dekade nachweislich mit
Polybius gethan hat.

**§. 4. Allgemeine Differenzen zwischen der parallelen Erzählung
des Liv. und Dion. 1. Aeltere Quellen bei Liv. neuere bei Dion.
2. Cognomina und Jahresanfänge.**

Gehen wir nun zunächst daran, die Unterschiede, die eine
allgemeine Betrachtung zwischen der Darstellung des Dionys
und Livius wahrzunehmen vermag, festzustellen. Auf zwei ist
man schon länger aufmerksam geworden:

Es finden sich bei Livius namentlich vom zweiten Buche
an, in den ersten Jahrzehnten der Republik, kurze, streng annn-
listisch gefasste Notizen. Sie entsprechen in ihrer Form auffallend jenen annalistischen Sätzen, die, wie oben bemerkt, die
Jahreserzählungen der vierten und fünften Dekade zu schliessen
pflegen.[1] Solche Notizen so gefasst fehlen überhaupt ganz
bei Dionys. Mit dieser Thatsache hat man ebenfalls schon
längst eine andere in Zusammenhang gebracht. Livius beruft
sich wiederholentlich auf die *scriptores antiqui, antiquiores* oder
antiquissimi; von ihnen nennt er namentlich Fabius[2]. Dionys
dagegen erklärt in einer oft behandelten Stelle, dass Fabius
und Cincius die ältere römische Geschichte nur oberflächlich
behandelt hätten, und dass daher eine ausführlichere Darstellung

---

[1] Vgl. z. B. Liv. 2, 19: *his consulibus Fidenae obsessae, Crustumeria
capta, Praeneste ab Latinis ad Romanos descivit* od. 2, 21 : *his consulibus
aedis Saturno dedicata. Saturnalia institutus festus dies* mit Liv. 39, 44 f.
*Eodem anno coloniae duae, Potentia in Picenum, Pisaurum in Gallicum
agrum deductae sunt; sena iugera in singulos data. diviserunt agrum co-
loniasque deduxerunt iidem triumviri* etc. *eos eius anni nec domi nec mi-
litiae quicquam memorabile egerunt.* od. 40, 84: *Hacc in citeriore Hisp.
eo anno gesta, in ulteriore P. Manlius praetor secunda aliquot proelia cum
Lusitanis fecit. Aquileia colonia eodem anno in agro Gallor. est deducta* etc.

[2] S. Schwegler R. G. 19, 5.

nur bei den Spätern zu finden sei[1]. Es liegt daher die Vermuthung nahe, dass Livius im Anfang des zweiten Buches jedenfalls jene mit kurzen annalistischen Bemerkungen durchsetzte
Darstellung eben deu angeführten älteren Quellen entlehnte und
erst später einer Darstellung folgte, die keine solche Kürzen
hatte und welche Dionys deshalb schon früher vorgezogen.

Zu diesen Beobachtungen kommen aber zwei andere hinzu,
die für eine Beantwortung unserer Frage besonders ausgiebig
erscheinen. Die erste ist folgende.

Von dem dritten Consulat des P. Valerius Publicola bis
zu dem des Anlus Postumius Albus und Spurius Furius Fusus
d. h. in 39 oder bei Livius in 37 Consulaten ist in den von
Livius gebrauchten Fasten ein einziges Mal 2, 63 dem *nomen*
ein *cognomen* hinzugefügt, während bei Dionys in derselben
Zeit 34 Mal die *cognomina* erwähnt werden. Derselbe Unterschied findet sich ausser bei den Consulnamen auch bei den
Namen der ersten Volkstribunen. Liv. 2, 33 fehlen die *cognomina*, die Dionys 6, 89 giebt. Dagegen finden sich von jenem
zuletzt genannten Consulate an bis zum zweiten Decemvirat
bei Livius 13, bei Dionys nur 7 *cognomina* in den Fasten. In
derselben Strecke nennt Dionys 10, 36 den Siccius *Ιεντάτος
ἐπικαλούμενος*, wie 10, 5 Lucius Quinctius als *ὁ καλούμενος
Κινκιννᾶτος*; angeführt wird, ganz entsprechend Livius 3, 12
cui Cincinnato nomen erat. Derselbe Livius nennt aber a. O.
den Titus Quinctius, dem er vorher nie sein *cognomen* gegeben
hat, einfach Capitolinus wie auch ebendaselbst 25, Dionys aber,
der ihn in allen seinen drei Consulaten Capitolinus nannte,
lässt 10, 23 das *cognomen* weg. Ebenso nennt Liv. 3, 9 C.
Terentilius Arsa, Dionys 10, 1 denselben Mann ohne *cognomen*.
Dem Volscius Fictor Liv. 3, 13 wird Dionys 10, 7 kein *cognomen*
gegeben, eben so wenig den drei Gesandten nach Athen ebd.
25, deren zweien Livius 3, 31 *cognomina* giebt. Den Augur
Verginius Rutilius Liv. 3, 7, den Tribunen Claudius Cicero ebd.
31, den Augur Horatius Pulvillus ebd. 32 erwähnt Dionys nicht,
wir führen sie aber an um zu beweisen, wie häufig überhaupt
der Gebrauch der *cognomina* bei Livius in diesem Abschnitt ist.

---

[1] I 6: τούτων δὲ τῶν ἀνδρῶν ἑκάτερος, οἱ μὲν αὐτὸ; ἔργοις παρε-
γίνετο διὰ τὴν ἐμπειρίαν ἀκριβῶς; ἀνέγραψε· τὰ δὲ ἀρχαῖα τα μετὰ
τὴν κτίσιν τῆς πόλεως γενόμενα κεφαλαιωδῶς ἐπέδραμεν.

Die zweite Beobachtung ist folgende. Wir besitzen über
den veränderlichen Anfang des römischen Amtsjahrs eine Reihe
von Angaben bei Dionys und Livius, welche Mommsen Röm.
Chronol. ed I p. 81 ff. zusammengestellt hat. Bei einer näheren
Betrachtung derselben ergiebt sich, dass in demselben Theil,
wo wir bei Livius und Dionys die *cognomina* reichlicher als
sonst gebraucht sehen, sich auch die betreffenden chronologischen
Notizen finden. Wo die reichlicheren *cognomina* fehlen, fehlt
auch die Angabe der Jahresanfänge.

§. 5. Constatirung einer von Liv. und Dion. gebrauchten jüngeren Quelle. Aufgabe bei deren Analyse.

Es liegt nach dem Angeführten auf der Hand, dass der
Wechsel in den angegebenen Erscheinungen unzweifelhaft mit
einem Wechsel der gebrauchten Quellen in Zusammenhang steht.
Mommsen sagt in der Abhandlung über die römischen·Eigen-
namen R. F. p. 48 in Betreff der *cognomina* „sehr wahrscheinlich sind alle genealogischen Notizen so wie sämmtliche *cognomina*
erst in der spätern republikanischen Zeit aus den Stammbäumen
der einzelnen Geschlechter in die uralte Liste eingetragen worden. Die Schriftmässigkeit der *cognomina* also reicht zwar an
sich bis wenigstens in das fünfte Jahrhundert Roms zurück,
hat sich aber anfänglich nicht erstreckt auf die öffentlichen
Urkunden im engsten Sinne des Worts, auf Volks- und Senats-
beschlüsse“. Es werden also jedenfalls spätere Quellen sein,
denen oder der wir bei den beiden Schriftstellern jene grössere
Menge vollständiger Namen verdanken. Angaben, in denen der
Beiname wie bei Cincinnatus besonders hervorgehoben wird,
wie bei den Heroen der Königszeit und der ersten Jahre der
Republik mögen älter sein. Hier finden sich die *cognomina* bei
beiden. Wo dagegen die angegebene Differenz zwischen Livius
und Dionys hierin hervortritt, beginnt die Spur jener spätern
Quelle.

Dass Piso für die früheren Tribunate keine *cognomina* gab,
scheint Livius 2, 58 zu beweisen. Aus der Mitte des fünften
Jahrhunderts gab er Aedilennamen in dieser Vollständigkeit
Liv. 10, 9. Dass Valerius Antias *cognomina* für die Namen
seines Geschlechts schon früh, für andere seit dem Anfang des
fünften Jahrhunderts gebrauchte, zeigen die Fragmente Roth

hist. Rom. rel. fr. 16 ff. Dagegen scheint mir nach Liv. 4, 7 nicht zweifelhaft, dass Licinius Macer Magistratsnamen mit den *cognomina* schon für den Anfang des vierten Jahrhunderts aus seiner Lieblingsquelle den *libri lintei* des Monetatempels gab. Bei ihm können wir also diesen Gebrauch in die nächste Nähe des betreffenden Abschnittes verfolgen. Dazu kommt der eigenthümliche Umstand, dass bei Dionys das letzte namentliche Citat des Licinius, das letzte von sieben 7, 1 steht, und dass Kiessling weitere Spuren desselben Autors mit Recht zunächst 8, 72 und 9, 86 nachzuweisen geglaubt hat. Erst im Anfang von Dionys 10. Buch nimmt der Gebrauch der *cognomina* plötzlich in der angeführten auffallenden Weise ab. Dagegen findet sich bei Livius das erste namentliche Citat des Licinius eben 4, 7 sechs Jahre nach dem zweiten Decemvirat, und von hier an sind die Citate häufiger. Die Uebereinstimmung zwischen Livius a. O. und Dionys 11, 62 hat schon längst als Beweis gegolten, dass Dionys hier den Licinius benutzte, wir sagen wieder benutzte. Wir fügen hinzu, dass beim zweiten Decemvirat bei beiden Schriftstellern Liv. 3, 36 und Dionys 10, 59 sich die Angabe eines Jahresanfangs findet, und wir haben oben gesehen[1]), dass gerade die Debatten des zweiten Decemvirats von beiden in derselben Ausdehnung und nach derselben Originalquelle gegeben worden.

Wir kommen demnach vorläufig zu dem allgemeinen Resultat, 1) dass die ältere Geschichte der Republik bei Dionys bis zum Schluss des 9. Buchs, also bis zur Rogation des Terentilius, aus einer verhältnissmässig späten Quelle stammt, als die wir Licinius Macer zu bezeichnen jetzt schon geneigt sind; 2) dass Dionys diese Quelle von hier ab mit einer andern vertauschte, während Livius, der früher eine oder mehrere relativ ältere benutzte, gerade hier zu jener jüngern Quelle griff und ihr folgte; 3) dass aber für das zweite Decemvirat jedenfalls beide die schon früher gebrauchte jüngere Quelle benutzt haben.

Es ergiebt sich aus der hier angestellten Betrachtung, und wir müssen dies nochmals wiederholen, dass wo die erwähnten Symptome der jüngern Quelle sich finden, diese von dem betreffenden Schriftsteller nur entweder allein oder doch mit un-

---

[1]) S. 24 l.

bedeutenden Einschiebseln benutzt sein kann. Bei grössern
anders woher genommenen Einschiebseln würden jene äusseren
Kennzeichen schon nicht so schlagend hervortreten. Allerdings
müssen wir auch immer wieder daran erinnern, dass diese spätere
Quelle, wie wir oben ausführten, sehr ausführlich, namentlich
sehr reich an Reden war, und dass daher Livius und Dionys
sich nicht vollständig der ganzen Erzählung anschlossen.
Weiter wird es hier zweckmässig sein, bestimmt zu urgiren,
dass es von vornherein viel schwerer ist, über diejenigen Abschnitte eine Ansicht auszusprechen, die nicht auf jene spätere
Quelle zurückzuführen sind. Hier liegt die Möglichkeit vor,
dass unsere Schriftsteller ihre Darstellung aus verschiedenen
Bestandtheilen zusammensetzten, ja wir haben für Livius schon
darauf aufmerksam gemacht, dass er gerade in dem Abschnitt,
wo er noch nicht mit Dionys die Quelle getauscht hatte, wahrscheinlich von ältern Quellen zu solchen überging, welche der
von Dionys gebrauchten Erzählung wesentlich näher standen.
    Es kommt zunächst darauf an, uns über den innern Cha-
rakter jener spätern Quelle zu orientiren, und bei dieser Untersuchung wieder auf zweierlei
    1) die älteren Quellen nachzuweisen, welche sie benutzte und
    2) die Art und Weise, in welcher das geschah.
    Was die erste Frage betrifft, so scheint ihre Beantwortung
nicht zu fern zu liegen. Wenn nämlich, wie wir annahmen,
Dionys und Livius gleichsam in der Benutzung jener späteren
Quelle abwechselten, so macht die trotzdem durchstehende
Aehnlichkeit ihrer Erzählungen unter einander, namentlich im
Vergleich zu Diodor wahrscheinlich, dass beide, wo sie die
jüngere Quelle nicht benutzten, immer eine ihr noch verwandte
brauchten. Freilich aber, immer nur Eine. Nun könnte man
glauben, dass die jüngere Quelle, mit ihrer meist ausführlicheren Darstellung, diese andere Quelle aus freier Hand erweitert. Wir würden dann für unsere zweite Frage nur einfach
die Zusätze oder Umstellungen der jüngeren Quelle zu verzeich-
nen haben.
    Aber ein günstiges Geschick hat gerade für den Anfang
unserer Untersuchung uns die Möglichkeit gegeben, tiefer ein-
zudringen. Für den Anfang der Geschichte der Republik, also
in einem Abschnitt, in dem Dionys die jüngere Erzählung giebt,

besitzen wir neben der einfachen und unzweifelhaft ältern livia-
nischen Erzählung an Plutarchs Leben des Valerius Publicola
eine dritte Darstellung, welche den Apparat für eine solche
Analyse wesentlich vervollständigt. Die Ansicht, die zuerst
Kiessling und dann Hermann Peter ausgesprochen, dass diese
Biographie wesentlich nach den Annalen des Valerius Antias
gearbeitet sei, muss sich eigentlich unserm Gefühl nach jedem
Leser sofort aufdrängen. Die sonderbar detaillirten Zahlenangaben, das auffallende Hervortreten der Valerier in der ältern
Geschichte der Republik würden für uns schon genügen, ein
genaues Verhältniss zu dem hinreichend bekannten Annalisten
anzunehmen. Dazu kommen aber noch zwei von Kiessling, ein
von Peter in der plutarchischen Erzählung nachgewiesenes vale-
risches Fragment. Es kann danach als bewiesen angenommen
werden, dass wir in der plutarchischen Biographie ein werth-
volles Stück des Valerius Antias in einer wenn auch nur plutarchischen Bearbeitung besitzen.

Mit dieser Thatsache ergiebt sich aber gleichzeitig bei einer
auch nur oberflächlichen Vergleichung, dass weder die Erzählung
des Livius, noch die des Dionys unmittelbar auf Valerius Antias zurückgeführt werden kann. Das Resultat einer genaueren
Betrachtung wollen wir hier gleich in der Erklärung zusammenfassen, dass

1) die livianische Darstellung unzweifelhaft älter, einfacher
und wie günstig auch für Valerius Publicola, so doch von den
valerischen Uebertreibungen, die sich bei Plutarch finden, vollkommen frei ist,

2) dass die Darstellung des Dionys in merkwürdiger Weise
die beiden eben genannten Darstellungen durch einander arbeitet und zur Emendation der einen durch die andere benutzt.

**Kap. 2. Die Analyse der Liv. und Dion. Erzählung mit Hinzu-
ziehung der Plutarchischen Biographie des Publicola; vom Anfang
der Republik bis zum Tode des M. Valerius.**

§. 1. Livius und seine Quelle.

Die nähere Untersuchung dieser ganzen Partie ist für unsere kritische Aufgabe überhaupt von der höchsten Wichtigkeit.
Ist es hier thunlich, die oft erwähnte jüngste Quelle des Dionys

in ihre Bestandtheile aufzulösen, so müssen wir uns dieser Arbeit möglichst im Detail unterziehen. Es kommt dabei einmal darauf an, den Charakter der beiden Bestandtheile uns klar zu machen, d. h. den der livianischen Erzählung und den der plutarchisch-valerischen. Dann erst werden wir weiter constatiren können, wie diese beiden in der Erzählung des Dionys benutzt und zu einer dritten Redaction verarbeitet sind.

Wir übergehen die einleitenden Betrachtungen, mit welchen Livius sein 2. Buch eröffnet. An dieselben schliesst sich die Aufzählung einiger wichtiger Facta aus den Anfängen der Republik. Es sind folgende:

1) der Wechsel der *fasces* zwischen den Consuln *ne si ambo fasces haberent duplicatus terror videretur. Brutus prior concedente collega fasces habuit.* Decker Handb. 2, 2, A. 246 hat schon hervorgehoben, dass hier die Vorstellung zu Grunde liegt, dass überhaupt nur zwölf Lictoren waren und diese zwischen beiden Consuln wechselten, dass dagegen lange vor Cäsar und sicher schon zu Polybius Zeit 24 Lictoren, je 12 bei jedem Consul und zwar immer wechselnd einen Monat vor, einen hinter ihm herschreitend vorkommen. Wenn an unserer Stelle Dionys 5, 2 jene spätere Sitte im Auge hat[1]), so weist die Notiz des Liv. unzweifelhaft auf eine ältere, jedenfalls vorpolybianische Quelle zurück.

2) folgt bei Liv. a. O. die Notiz über den Eid des Volkes *neminem Romae passuros regnare.*

3) die Ergänzung des Senats, d. h. Aufnahme neuer Mitglieder, so dass zu den alten patricischen Senatoren, den *patres*, plebejische hinzutraten. Mommsen hat neuerdings R. Forsch. p. 227 ff. ausgeführt, dass die Bedeutung des Wortes *patres* als patricischer Senat im Gegensatz zu den plebejischen Mitgliedern, wie Liv. sie hier braucht, die entschieden ältere

---

1) δείσαντες, μὴ δόξα τοῖς πολλοῖς ἐγγίνηται περὶ τῆς καινῆς πολιτείας οὐκ ἀληθής, ὅτι δύο βασιλεῖς κύριοι γεγόνασι τῆς πόλεως· ἀνθ' ἑνὸς, ἑκατέρου τῶν ὑπάτων τοὺς δώδεκα πελέκεις ἔχοντο; — ἔκριναν τό τε δέος ἀφελέσθαι τῶν πολιτῶν — — τοῦ μὲν ἑτέρου τῶν ὑπάτων τοὺς δώδεκα κατατάξαντες ἡγεῖσθαι πελέκεις, τοῦ δ' ἑτέρου δώδεκα ὑπηρέτας ῥάβδους ἔχοντα; μόνον. γίνεσθαι δὲ τῶν πελέκεων τὴν παράληψιν ἐκ περιτροπῆς, ἵνα μῆνα κατέχοντο; αὐτοὺς παραλλὰξ ἑκατέρου. Liegt hier nicht schon die Absicht zu Grunde, die livianische Angabe mit der Auffassung späterer Quellen zu verschmelzen?

sei. So zeigt sich denn auch hier im Gegensatz zu Dionys und selbst zu Plutarch *Popl.* 11 eine ältere Fassung als die Grundlage der livianischen Darstellung. Bei beiden fehlt der Gegensatz der *patres* und *conscripti*, dagegen giebt Plutarch echt valerisch die genaue Zahl der Aufgenommenen, und Dionys hat die Notiz, dass die Betreffenden unter die Patricier aufgenommen seien.

4) die Einsetzung des *rex sacrificulus*; dieser Name des neuen Priesterthums findet sich Liv. 2, 2, ausserdem Gell. 10, 15 aus einem Citat, wahrscheinlich des Massurius Sabinus, aus Fabius und Fest. *p.* 318, dagegen Dion. 4, 74 offenbar die Bezeichnung *rex sacrorum*[1]) übersetzt, wie sie sich auch in der Rede *de har. resp.* als die gewöhnliche gebraucht findet.

5) die Abdankung des Collatinus. Es ist schon von Lachmann bemerkt, dass ein Fragment aus Calpurnius Pisos zweitem Buch Gell. 15, 28 genau mit unserer Stelle stimmt, aber darin darf man doch keineswegs den Beweis sehen, das Livius hier dem Piso folgte. Bewiesen ist dadurch nur, dass wir für die Herleitung dieser Notiz nicht zu späteren Quellen hinabzusteigen brauchen. Dass wir dagegen gerade hier auf solche nicht zurückgehen können, ergiebt sich erst aus dem Umstand, dass bei Plutarch, also Valerius, und auch bei Dionys die Abdankung des Collatinus mit der Geschichte der tarquinisch-junischen Verschwörung in einen Zusammenhang gebracht ist, den Livius und wahrscheinlich auch Piso nicht kannten.

Ohne diesen Zusammenhang mit dem Vorhergehenden folgt dann bei Liv. a. O. 3 die Geschichte jener Verschwörung, unzweifelhaft in der einfachsten Redaction, die uns erhalten ist. Erst am Ende seiner Darstellung nimmt Liv. 5 a. E.[2]) auf

---

[1]) *ἱερῶν ἀποδεικνύσθω τις βασιλεύς.*

[2]) *quidam vindictae quoque nomen tractum ab illo putant. Vindicio ipsi nomen fuisse. post illum observatum, ut qui ita liberati essent, in civitatem accepti viderentur.* Dion 5, 7: *ἐν τούτῳ δὲ τῷ χρόνῳ τῶν θεραπόντων τις οἰνοχόος, ἐκ πόλεως Καινίνης αἰχμάλωτος, ὄνομα Οὐϊνδίκης ὑποπτεύσας τι τοὺς ἄνδρας βουλεύειν — ἔμεινε μόνος ἔξω* — Liv. 4: *sermonem eorum ex servis unus excepit, qui iam antea id agi senserat.* Gerade dies fehlt bei Plut., der den Namen hat: *ἔλαθεν οὖν αὐτοὺς οἰκέτης ὄνομα οὔϊρδ. ἔνδον καταχρύψας ἑαυτόν, οὐ κατ' ἐπιβουλὴν ἢ προαίσθησίν τινα τοῦ μέλλοντος κ. τ. λ.* Man sieht also Dion. hat die Planmässigkeit mit Liv., den Namen mit Plut. gemein.

andere Quellen Rücksicht, die den Namen des Angebers Vindicius nannten, d. h. auf Darstellungen, wie sie Plutarch a. O.
4 und Dionys kannten, und nach denen sie von Anfang an
erzählten.

**§. 2. Plutarch-Valerius und das Verhältniss des Dionys zu den beiden
andern Darstellungen. Charakter der drei Darstellungen, unter
einander verglichen.**

In der plutarchischen Darstellung ist Vieles anders, einmal,
so zu sagen, valerischer. In der Geschichte der tarquinischen
Gesandschaften, der Entdeckung und Unterdrückung der Verschwörung fällt das Hauptverdienst dem Poplicola zu, ja wir
erfahren von einer ersten Gesandtschaft Plut. 2, von der Livius
in seinen Quellen nichts fand, die aber um so leichter unp
bequemer erfunden werden konnte, da es eben das Verdienst
jenes Valeriers sein sollte, dass sie ohne alles Resultat blieb.
Durch diese entschiedene Absicht, seine Verdienste zu heben,
ist die Abdankung des Collatinus in die Unterdrückung der
Verschwörung hineingerathen Plut. 7.

Daneben zeigt sich das Bemühen, die Darstellung überhaupt
frappanter, und, ich möchte sagen, handgreiflicher zu machen:
aus dem einfachen Mahl bei Livius[1], wo die Entdeckung erfolgt, wird Plut. 3 ein Menschenopfer, mit dessen Blut die Verschworenen sich besprengen, ganz im Geschmacke jenes späteren
Rom, das auch unter den Verschworenen Catilinas einen Becher
Menschenblut kreisen liess.

Bei allen Dreien ist erzählt, wie man von der Flur des
vertriebenen Königshauses die Ernte in die Tiber schüttete und
daraus die Tiberinsel entstand. So genau bei allen der Tenor
der Erzählung derselbe ist, so ist doch auch hier Livius einfacher[2]; man schneidet erst die Frucht und schüttet sie so in

---

[1] Liv. cum — cenatum forte apud Vitellios esset, dagegen Plut. ὡς
δ' οὖν συνεπείσθη τὰ μειράκια καὶ τοῖς Ἀκυλίοις εἰς λόγους ἦλθεν,
ὅρκον ὁμόσαι μέγαν ἔδοξεν πᾶσι καὶ δεινόν, ἀνθρώπου σφαγέντος
ἐπισπείσαντας αἷμα καὶ τῶν σπλάγχνων θιγόντας κ. τ. λ.

[2] campi fructum quia religiosum erat consumere, dejectam cum stra-
mento magna vis hominum simul immissa corbibus fudere in Tiberim tenui
fluentem [qua etc., dagegen Plut. πεμίνων ἔτι τῶν δραγμάτων — συν-
δρα μόντες ἐφόρουν τὰς ἁμίλλας εἰς τὸν ποταμόν. ὡς δ' αὕτως καὶ τὰ
δένδρα κόπτοντες ἐνέβαλλον κ. τ. λ.

die Tiber. ‹ Die plutarchisch-valerische Darstellung 8 stiess sich
offenbar an dem Gedanken, wie doch aus den los dahin schwimmenden Halmen sich ein Eiland habe bilden können, sie erzählt
daher, man habe die Garben schon gebunden und dazu auch
Bäume damals in den Fluss geworfen.   ‹
   Hier wird der Ort sein, das Verhältniss des Dionys zunächst einmal uns klar zu machen. Man wird es so bezeichnen
können, dass wir bei ihm diese beiden Darstellungen, die uns
Livius und Plutarch bieten, zusammengearbeitet finden.
   Folgen sich in der livianischen Erzählung die einfachen
Thatsachen, in noch erkennbar älterer Fassung, gleichsam ohne
Zusammenhang hinter einander, sind sie dagegen in der valerischen Erzählung lebendig in einander geschoben und dadurch
namentlich der grosse Ahn des valerischen Geschlechts entschieden in den Vordergrund gebracht, so hat offenbar für den
Autor der dionysischen Darstellung dieser dramatische Zusammenhang einen entschiedenen Reiz. Wenn er ihm nicht ganz nachgab, so war es wohl die zu valerische Färbung jener Vorlage
die ihn abschreckte, und die ihn veranlasste, auch einer anderen
Darstellung zu folgen, die der Quelle des Livius zum wenigsten
sehr nahe stand.
   Die Abdankung des Collatinus ist auch hier mit der Geschichte der Verschwörung zu einem grossen Drama verwoben.
Die Anzeige — Vindicius wird namentlich genannt — erfolgt
auch hier wie bei Plutarch an Poplicola, und dieser geht —
der Ausdruck ist wörtlich derselbe — mit „vielen Clienten und
Freunden" Dion. 5, 7 zum Haus der Aquillier und führt die
Verhaftung aus. Aber aus dem Process der Verschworenen
ist der Antheil des Valerius gestrichen, ebenso wie früher jene
erste Gesandtschaft der Tarquinier, die Valerius vereitelt haben sollte.
   Trotz dieser Veränderung hat man doch jene valerische
Darstellung bis auf einen gewissen Punkt benutzt. Jene selbstständige Gesandtschaft fehlt, aber statt ihrer findet sich ein
erster Antrag der Gesandten a. O. 4, der abgelehnt wird, worauf dann der zweite der zweiten Gesandschaft bei Plut., der
einzigen bei Livius entspricht. Ist in dem Process das Eingreifen des Valerius gestrichen, so trennt doch Dion. wie Plutarch den Prozess der Junier von dem der Aquillier und lässt

3*

Collatinus durch seine gefährliche Milde gegen die letzteren so verdächtig werden, dass dies der Grund zu seiner Abdankung wird. Aber in der valerischen Darstellung Plutarchs ist, nachdem er erzählt, wie Valerius den Brutus gegen Collatinus Schwäche aufrief, nur einfach die Geschichte der Abdankung dann hier eingeschoben. Ganz anders bei Dionys 9 ff., wo Brutus durch des Collatinus eifrige Opposition gegen ein zweites Blutgericht unmittelbar und sofort zum Antrag auf seine Absetzung fortgerissen wird. So bedeutend diese Veränderungen sind, so zeigt doch eine genauere Betrachtung, dass bei dieser Redaction der ganzen Erzählung zum Theil das vorliegende verschiedene Material gleichmässig benutzt und verschmolzen ist.

In der livianischen Erzählung nimmt die Rede eine bedeutende Stelle ein, durch die Collatinus Schwiegervater Lucretius nach vielen andern *primores civitatis* ihn zur Abdankung bewog. Plutarch 3 erwähnt als die erste Rede, die überhaupt von einem Privatmann vor dem Volk gehalten, die des L. Minucius gegen die Auslieferung der tarquinischen Güter, also jedenfalls nicht die Rede des Lucretius, den dagegen Dion. 11 bei seinen Quellen ausdrücklich als den ersten bezeichnet[1] fand, der mit Erlaubniss der Consuln als Privatmann in der Volksversammlung das Wort ergriff und seine Versöhnungsrede hielt. Diese Quellen liessen also früher die Rede des Minucius aus und erwähnten auch hier die vorhergehenden Ansprachen der *primores civitatis* des Liv. nicht, gaben dadurch aber der Rede des Lucretius, die sie aus Liv. Quelle nahmen, die grössere Bedeutung für die Verfassungsgeschichte, welche bei Valerius die Rede des Minucius hatte.

In ähnlicher Weise hat dann dieselbe Redaction das einfache Gastmahl der Aquillier Liv. 4 und ihr Menschenopfer Plut. 4 zu einem Opfer, dem das gewöhnliche Opfermahl folgt[2],

---

[1] Plut. πρῶτος ἰδιώτης ἀνὴρ εἶπεν ἐν δήμῳ τότε Γάιος Μινύκιος, dagegen Dion. Σ. πορ. Λουκρήτιος ἀνὴρ τῷ δήμῳ τίμιος — λόγον αἰτησάμενος παρ' ἀμφοτέρων τῶν ὑπάτων, καὶ τυχὼν τῆς ἐξουσίας ταύτης πρῶτος, ὥς φασιν οἱ Ῥωμαίων συγγραφεῖς, οὔπω τότε Ῥωμ. ὄντος ἐν ἔθει δημηγορεῖν ἰδιώτην ἐν ἐκκλησίᾳ κ. τ. λ.

[2] παραχληθέντες ὡς ἐφ' ἱερὰ καὶ θυσίαν μετὰ δὲ τὴν ἑστίασιν ἐξελθεῖν ἐκ τοῦ συμποσίου κελεύσαντες τοὺς διακόνους κ. τ. λ. Vgl. oben p. 81 A. 1.

verschmolzen Dion. 7 und ebenso bei der Vernichtung der tarquinischen Feldfrüchte diese halb erst schneiden lassen, wie
Liv., halb aber in Garben in den Fluss werfen, wie die plu-
tarchische Darstellung Dion. 13[1].

Ich glaube somit aus der bisherigen Betrachtung das Resultat ziehen zu dürfen, dass von den drei hier vorliegenden
Redactionen die livianische entschieden die älteste, die plutarchisch-valerische die zweite, die des Dionys, für welche er sich
auf römische Quellen beruft c. 11, unzweifelhaft die jüngste ist
und also jünger als Valerius Antias. Selbst aus diesem verhältnissmässig kurzen Abschnitt treten uns gewisse charakteristische Züge der drei Darstellungen entgegen. Bis zum Ende
der Schlacht am See Regillus bleibt das Verhältniss der drei
Erzählungen und bleibt einer jeden Charakter wesentlich derselbe. Ich führe nur Einzelnes an:

Liv. Erzählung von der Schlacht an der *silva Arsia* endigt
mit der für beide Heere bangen Nacht noch einem unentschie-
denen Kampf, bis eine Götterstimme aus dem Walde, dass ein
Etrusker mehr gefallen, diese zum Rückzug bestimmt *postquam
illuxit nec quisquam hostium in conspectu erat, P. Valerius cons.
spolia legit triumphansque inde Romam rediit.* Es ist fast ko-
misch zu sehen, wie in der Erzählung bei Plut. 9 die beiden
Passionen des Valerius Antias, die für die Ehre seines Hauses
und die für Zahlendetail sich gestritten haben. Unzweifelhaft
liegt in der Unbestimmtheit jener göttlichen Zählung das Anziehende der livianischen Erzählung, gerade dies Exempel hat
offenbar den Valerius unwiderstehlich angezogen: er giebt die
Zahl der Todten für die Etrusker 11300, die Römer eben so
viel. Aber ebenso musste Valerius doch ein weiteres militäri-
sches Verdienst gewinnen: am Abend wird seine sorgliche Stimmung besonders hervorgehoben, die Götterstimme giebt vor
allen andern ihm neuen Muth, aber — das lag auf der Hand
— weitere Verluste konnte er dem Feinde nicht beibringen,
wenn jene göttliche Zählung der Todten des vorigen Tags noch
nachgerechnet werden sollte, er nimmt also nur 5000 Mann

---

[1] τὸν σῖτον τὸν μὲν ἐπὶ ταῖς ἅλωσιν ἔτι κείμενον τὸν δ' ἐπὶ ταῖς
καλάμαις καὶ τὸν ἤδη κατειργασμένον — εἰς τὸν ποταμὸν καταβαλεῖν
ἐψηφίσαντο. Vergl. oben S. 34.

gefangen, die bei dem Rückzug der Etrusker im Lager geblieben.
Unzweifelhaft wird Liv. einfacher Schluss durch alles dies ungeschickt übertüncht. Die Erzählung des Dionys 16 geht
keineswegs auf jene schöne einfache Darstellung zurück. Die
lächerliche und ungeschickte Verlustangabe lässt er weg, aber
dadurch erhält er nun auch freie Hand aus der unblutigen
Eroberung des Lagers einen Sturm auf dasselbe zu machen,
der den Etruskern viel Leute kostet und mit dessen Eroberung endet. Von Brutus Bestattung sagt Liv. nur *collegae fuuus quanto
tunc potuit apparatu fecit* (eine *laudatio* wird nicht erwähnt).
Sed multo maius morti decus publica fuit macstitia etc. Gegen
die misstrauische Stimmung des Volks nach Brutus Tod, das
an seiner Verwaltung ohne Collegen und an der festen Lage
seines Hauses Anstoss nimmt, hält dann Valerius eine Rede
*laudarc fortunam collegae quod liberata patria in summo honore
pro republica dimicans matura gloria necdum se vertente in invidiam mortem occiduisset. Se superstitem gloriae etc.* Diese Rede
findet sich bei Plutarch nicht, aber, sehe ich recht, ihre erste
Hälfte zur Vervollständigung der Leichenfeier verwandt. Plut. 9
führt nämlich Poplicolas *laudatio* auf Brutus an als die erste,
die dann von den folgenden Römern nachgeahmt sei. Dion. 17
erwähnt sie auch, entscheidet sich aber nicht, ob der Gebrauch
hier erst eingeführt oder von der Königszeit überkommen. Aus
der letzten Hälfte jener ältern Rede bei Liv. giebt er dann 19,
wie es scheint nicht wie Livius einen Auszug, sondern eine
wörtliche Wendung[1].

Von den *leges Valeriae* nennt Liv. 8 nur die populärsten
*de provocatione adversus magistratus ad populum sacrandoque
cum bonis capite eius qui regni occupandi consilia inisset.* Man
könnte meinen, dass seine Quelle auch den Inhalt der andern

---

[1] Den Worten bei Dion. *ἵνα ἐξείη Ῥωμαίοις, ὡς αὐτὸς ἐκκλησιάζων
ἔφη, βάλλειν αὐτὸν ἄνωθεν ἀπὸ τοῦ μετεώρου τοῖς λίθοις, εἴ τι λάβωσιν
ἀδικοῦντα* entspricht keineswegs wörtlich die Stelle bei Liv. *deferam non
in planum modo aedes sed colli etiam subiiciam ut ros supra suspectum
me civem habitetis*, aber unzweifelhaft hätte Plutarch eine solche Rede
anfgenommen, wenn er sie in seiner Quelle gefunden. Nur ist in Ihr gar
kein Platz dafür, es heisst vielmehr *ἀκούσας γὰρ ὅτι τοῖς πολλοῖς ἁμαρ-
τάνειν ἐδόκει — οὐκ ἐμιλενείκησεν οὐδ' ἠγανάκτησεν, ἀλλά ταχὺ πολλοὺς
συναγαγὼν τεχνίτας ἔτι πεκτὸς οἴσης κ. τ. λ.*

angegeben, er ihn nur übergangen. Aber die populären Maassregeln, die Plut. 11 hinzufügt, sind die Ergänzung des Senats,
die Liv. Brutus zuschrieb, eine Steuererleichterung, die eben
derselbe später 9 dem Senat zuschreibt und eine Ergänzung
der consularischen Mulcten auf bestimmte Sätze von Rindern
und Schafen, die sehr entschieden an die auch unhistorische *lex
Aternia Tarpeia* erinnert. Dion. 19 schweigt denn auch von
allen diesen Zusätzen und geht noch einen Schritt über Liv.
Darstellung hinaus, indem er dem Valerius allein diejenigen
beiden Gesetze zuschreibt, die, wie sich aus dem Gesagten ergiebt, auch Liv. allein bestimmt angeführt fand[1].

Es ist nicht meine Absicht, die drei verschiedenen Darstellungen des Porsennakrieges im Detail zu vergleichen. Nur
auf Eins will ich aufmerksam machen. Liv. 2, 13 erzählt den
Friedensabschluss und führt als Hauptbedingung die Abtretung
des früher den Vejentern abgenommenen transtiberinischen Ge-
bietes an. Diese Angabe nähert sich unzweifelhaft jener andern
von der vollständigen Unterwerfung Roms in den bekannten
Stellen Plin. *hist. n.* 34, 39 und Tac. *hist.* 3, 72. Hierauf folgt
14 der Etruskerkrieg gegen Aricia und die damit in Verbindung stehende Gründung des *vicus Tuscus.* Wenn aber darauf
Liv. a. O. 15 eine nochmalige Verhandlung Seitens Porsenna,
deren Veranlassung man gar nicht einsieht, erzählt wird, die
mit der Herausgabe jenes transtiberinischen Gebiets und der
Herausgabe der *obsidum quod reliquum erat* endet, so liegen
hier deutlich zwei verschiedene Nachrichten über denselben
Friedensschluss vor, eine Rom weniger, eine mehr günstige, die
sehr oberflächlich mit einander verknüpft wurden. Valerius,
wie er die Absetzung des Collatinus mit der Verurtheilung der
Verschworenen verschmolz, schob diesen zweiten Friedensbericht
ganz in die vorhergehende ausführlichere Sage hinein: so ist
es nicht sowohl der Eindruck von Scävolas Kühnheit, wie Liv.
13, sondern die politische Berechnung Poplicolas Plut. 18, die
zu den ersten Verhandlungen führt, und die Tapferkeit der

---

[1] Liv. *lutae deinde leges, non solum quae regni suspicione consulem
absolverent sed quae adeo in contrarium verterent, ut etiam popularem fuce-
rent — ante omnes etc.* Dion. νόμους τε φιλανθρωποτάτους ἔθετο —
ἵνα μὲν — ἕτερον δὲ — ἐκ τούτων γίγνεται τῶν πολιτευμάτων τίμιος
τοῖς δημοτικοῖς.

römischen Geiseln, darunter der Valeria, welche den zweiten
günstigen Vertrag veranlasst ἄλλην τε ἑαυτοῦ πολλὴν μεγαλο-
φροσύνην ἐπεδείξατο τῇ πόλει κ. τ. λ. Plut. 19, cf. Liv. a. O. 15.
Dionys giebt die Geschichte des ersten Vertrags wesentlich
nach Valerius, die Geschichte der Valeria und Clölia und ihrer
Gefährtinnen ebenso, aber der Vertrag ist nur ein Stillstand
5, 32, der zweite Frieden und Bündniss (τὰ περὶ εἰρήνης καὶ
φιλίας ὅρκια 34). An diese Darstellung ist dann aber der
zweite livianische Bericht 36 so gefügt, dass dieser zweite
Friedensschluss als eine Erkenntlichkeit für die Ansiedelung
seiner flüchtigen Krieger im vicus Tuscus erscheint, und hier
erst erwähnt Dion. die Zurückgabe der transtiberinischen sieben
pagi, die er, wo er Valerius folgte, ganz übergangen.

§. 8. Der Charakter der Dionysischen Erzählung im Besondern.

Wir könnten diese Vergleichung noch weiter fortsetzen.
Doch das, was wir bisher im Detail notirt, wird genügen: man
erkennt die natürliche Einfachheit, die Livius zu seiner Quelle
hinzog und das lebendige Gefühl dafür, das ihn leitete, Valerius
Bestreben nach concreteren Angaben, drastischerer Entwickelung
und der möglichsten Glorificirung seines Hauses, dann jene
scheinbar kritische Darstellung, der Dionys folgte. Eine gewisse
Besonneuheit Valerius gegenüber ist ihr nicht abzusprechen,
aber eben, dass sie ihren Standpunkt zwischen den verschiedenen Quellen nimmt, setzt sie der Gefahr aus, unzweifelhafte
Erdichtungen mit wenn auch nicht mehr historischen, so doch
älteren Angaben zu einem neuen und noch confuseren Ganzen
zu combiniren.

Es liegt auf der Hand, dass diese kritische Methode auch
bemüht sein musste, chronologisch das ihr vorliegende Material
möglichst zusammenhängend und übersichtlich zu ordnen. Kiessling hat die für unsere Partie vorliegenden chronologischen
Differenzen festgestellt und zu erklären versucht. Ich halte es
nach ihm für erwiesen, dass Liv. Quelle die erste Dictatur in
das neunte, die zweite in das zwölfte Jahr nach der Einweihung
des capitolinischen Tempels setzte (de Dion. H. antiq. auctorib.
Lat. p. 31 ff.) und diese Einweihung in das erste Jahr der
Republik, in das erste Consulat des Valerius und Horatius.

Valerius Antias, den wir hier gerade als Quelle des Plutarch bestimmt belegen können (Kiessl. *p.* 21) setzte die Einweihung ebenfalls in das erste Jahr der Republik Plut. 14, wo entschieden auf die Quelle des Livius 2, 8 in den Worten ἔνιοι δέ φασι hingedeutet wird. Aber wie er zu den *leges Valeriae* in dieses Jahr solche hinzuschob, die in Livius Quelle anderswo vorkommen, so hat er in dieses erste Jahr auch·die Einrichtung des Saturntempels als Schatzhaus, der Quästur als Schatzamt und die Abhaltung des ersten republikanischen Census zusammengetragen. Der Saturntempel wurde aber nach Liv. 2, 21 erst im 13. Jahr der Republik geweiht, die andern Data können wir leider aus Liv. gar nicht belegen. Dagegen ,steht es fest (Kiessl. *p.* 28), dass Valerius Antias die Einführung der Säcularspiele von M. Valerius Lastuca auf Poplicola übertrug, ich entscheide lieber nicht, ob in sein zweites (Censorin. 17) oder viertes Consulat (Plut. 21).

Von der Einweihung des capitolinischen Tempels an war die chronologische Ordnung bei beiden folgende:

Quellen des Livius:	Valerius:
1. Jun. Brutus Collatinus. Valerius. Sp. Lucret. (*ap. quosd. rel.*) M. Horatius. Einweih. des capit. Tempels.	1. dieselb. Cons. Einweih. des capit. Temp. Der Saturnt. Schatzhaus. Census.
2. Valerius II, T. Lucretius. Porsennas Krieg. Erster Vertrag. Angriff auf Aricia.	2. dslb Cons. Feldzug des Poplic. Pl. 14. Krieg des Porsenna.
3. Valerius III, Sp. Lucretius 2. Verhandl. mit Porsenna. 2. Vertrag. Rückgabe des eroberten Gebiets.	3. Valerius III Pl. 17. Sieg des Poplic. Muc. Scaevola. Verhandlung mit Porsenna. Clölia. Friede.
4. Sp. Larcius, T. Herminius (Niebuhr 1 *p.* 596).	
5. M. Valerius, P. Postumius Sieg und Triumph über die Sabiner.	5. M. Valerius, Postum. Tubertus Sieg und Triumph über die Sabiner.
6. P. Valerius IV, T. Lucretius Einwanderung des Atta Clausus. Sabinersieg.	6. P. Valerius IV *omina* Jupiter. Dasselbe was Livius.
7. Agrippa Menenius. P. Postumius. Poplicola †.	7. Poplicola †

Dieses Material und diese Anordnung fand unserer Ansicht
nach die Quelle des Dion. jedenfalls auch vor. Die Hauptdiffe-
renzen, die sich bei ihm hier finden, sind *a*) dass Valerius erst
nach der Wahl des Horatius die *leges Valeriae* giebt, 5, 19, *b*)
dass die Einweihung des Jupitertempels erst nach dem Frieden
mit Porsenna stattfindet, *c*) dass der Krieg des Porsenna nicht
in das zweite Consulat des Valerius wie bei Livius, noch in
das zweite und dritte wie bei Plutarch, sondern nur in das
dritte gelegt ist 5, 21 *cf.* 36, *d*) dass aber als sein College für
dieses Consulat nicht ein Lucretius, sondern M. Horatius erscheint, dessen Sohn neben Valerius Tochter unter den Geiseln
genannt wird 32, und der nun eben nach geschlossenem Frieden
den Tempel weiht.

Es springt in die Augen, dass durch alle diese auffallenden
Abweichungen von jenen anderen Darstellungen vor allen und,
ich möchte sagen, allein M. Horatius gewinnt. In der Tradition,
der Liv. und Plut. nacherzählten, haben wir von ihm allein den
festen und jedenfalls alten sagenhaften Zug, dass er, als ihm
die Dedication des Jupitertempels zugefallen, sich in ihr nicht
durch die Trauerkunde beirren liess, durch welche die neidi-
schen Valerier ihn zu stören und den heiligen Act zu unter-
brechen suchten. Sie zeigt ihn als den beneideten und bei
Plut. den unverdient begünstigten Rivalen des Valerius. In
der Darstellung des Dionys fällt ihm dagegen die Autorschaft
der *leges Valeriae* und die Ehre des etruskischen Krieges mit
zu. Erst nach dessen Vollendung erfolgt die Dedication, die
ganz ohne jeden alten Zusatz erzählt wird 5, 35.

**§. 4. Die dionysische Erzählung und ihre Eigenthümlichkeiten stam-
men nicht von Dionys, sondern der jüngeren Quelle.**

Der Charakter dieser Erzählung des Dionys ist allerdings
auffallend. Die beiden Erzählungen, welche sie benutzte, sind
bunt durch einander gemischt, man könnte daher wohl auf den
Gedanken kommen, dass Dionys selbst hier bald da, bald dort
seine Quelle benutzt in einer Weise, wie sie uns etwa in den
mannigfachen Citaten seiner allgemeinen Einleitung entgegentritt. Dieser Annahme ist aber von vorn herein zu widersprechen; es ist unzweifelhaft, dass die Erzählung, die uns
Dionys giebt, ihren Ursprung demselben Verfasser verdankt,

der die Urquelle für die späteren Partien des Livius und Dionys
war, welche sich uns oben durch die *cognomina* ihrer Fasten
und die Jahresanfänge charakterisirten. Zunächst nämlich entspricht die so hervorragende Stellung, welche hier dem Consul
Horatius eingeräumt ist, der Auffassung der ersten Jahre der
Republik, welche sich bei Livius und Dionys in der Geschichte
des zweiten Decemvirats findet. Die betreffenden Stellen gehören der Itéde des Horatius Barbatus Liv. 3, 39 und Dionys
11, 5 an. Dort werden die Valerier und Horatier als die
eigentlichen Gründer der republikanischen Freiheit bezeichnet[1]),
und diese Stellen setzen nothwendig eine Darstellung der Anfänge der Republik voraus, welche neben Valerius Poplicola
als Mitgesetzgeber und Mitfeldherr denjenigen Horatius hinstellte, der in den Fasten schon als sein Mitconsul vorkam.

Eine zweite Beobachtung, die hier in Betracht kommt, ist
folgende. Wie Kiessl. *p.* 31 entwickelt hat, verschoben sich
mit der capitolinischen Tempelweihe auch die Jahre der ersten
und zweiten Dictatur in die Jahre, welche Dionys ihnen giebt,
und welche er ihnen, darüber kann kein Zweifel sein, nach
Licinius Macer giebt (Kiessl. a. O.). In einem anderen Punkt
hat die bisherige Untersuchung noch eine offene Frage gelassen.
Sieht man die Stelle Plut. *Poplic.* 21[2]) über die Einrichtung der
dort genannten Spiele genau, so kann man kaum glauben, dass
Plutarch sie in ein falsches Jahr verschoben habe. Dionys hat
über solche Spiele gar nichts, er hat nur die Censuszahlen, die
Plut. 12 in Valerius erstes Consulat stellte, ins zweite gebracht
als die einzige historische Thatsache, welche er 5, 20 für dies
Jahr hatte, wenn er den ganzen Etruskerkrieg dem dritten
Consulate zuschob. Von hier ab stimmt, wie Kiessl. *p.* 28 bemerkt, die Reihe der Censusjahre bei Dionys[3]) sehr gut, ebenso

---

[1]) Liv. *Valeriis et Horatiis ducibus pulsos reges.* Dion. σώζονται μὲν
οἱ Οὐαλερίου ἀπόγονοι τῶν ἐξελασάντων τὴν τυραννίδα, λείπεται δὲ
διαδοχὴ τῆς Ὁρατίων οἰκίας, οἷς πάτριόν ἐστιν ὁμόσε χωρεῖν τοῖς κατα-
δουλουμένοις τὴν πατρίδα καὶ μετὰ τῶν ἄλλων καὶ μόνοις.

[2]) τῷ δ' ἐξῆς ἔτει πάλιν ὑπάτευε Ποπλ. τὸ τέταρτον — καί τις ἅμα
δεισιδαιμονία τῆς πόλεως ἥψατο (lauter zu frühe Geburten). ὅθεν ἐκ
τῶν Σιβυλλείων ὁ Ποπλ. ἱλασάμενος τῷ Ἅιδῃ καί τινας ἀγῶνας πυ-
θοχρήστους ἀναλαβὼν κ. τ. λ.

[3]) Dion. 6, 20. 75. 6, 96. 9, 36.

schlecht aber stimmen mit dieser Reihe die beiden Censusjahre
Liv. 3, 22 und 24. Ein weiterer Unterschied dieser beiden
Gruppen von Censusjahren ist der, dass Dionys immer nur vom
Census spricht, der τίμησις, Livius auch vom *lustrum*. Nun
führt die Reihe des Dionys fortgerechnet von 5 zu 5 Jahren
auf das Datum der Einsetzung der Censur Liv. 4, 8, die
des Livius auf das des folgenden Census Liv. 4, 22. Diese
beiden Stellen des Livius stimmen unter sich nicht, so dass
also hier die Erzählung des Dionys und seine eigene bisherige
Zählung unvermittelt auf einander treffen. Es ist aber durch
Mommsen Chronol. p. 90 nachgewiesen, dass die Einsetzung der
Censur Liv. 4, 8 und die Censoreunamen dieses Jahres eine
Fälschung sind, wie Mommsen meint des Licinius Macer, dagegen der Census 4, 22 das wirklich erste Amtsjahr besonderer
Censoren bezeichnet. Die Bedenken, die Kiessling Angesichts
dieser Thatsachen geäussert, sind wesentlich durch die Annahme
veranlasst, dass Dionys und Livius in seinem dritten Buch
vornehmlich Antias gefolgt seien, dem also diese zwei sich widersprechenden Reihen gehören müssten. Sieht man aber mit uns
iu Dionys in der betreffenden Partie den Licinius, so ergiebt sich

1) dass die Angaben des Dionys aus derselben Quelle
stammen, der Livius die Notiz über die Einführung der Censur entlehnte. Dazu stimmt vortrefflich, dass hier eben so
wenig wie bei jenen Censusangaben der priesterlichen Function
einer Censur, d. h. des *lustrum*, Erwähnung geschieht;

2) die Censuren Liv. 3, 22, 24 und 4, 22 gehören einer
andern, jedenfalls weniger gefälschten Quelle an. Wir werden
also durch diese Beobachtungen darüber vergewissert, dass die
Geschichte der Anfänge der Republik bei Dionys auf seine
Quelle und ihre Compositionsweise und nicht auf seine eigene
Mischung zurück zu führen ist.

§. 5. Spuren derselben Eigenthümlichkeit in den anderen Stücken der jüngeren Quelle.

Die Bestandtheile also, die die jüngere Quelle benutzte,
können wir für die Anfänge der Republik vollständig nachweisen; es waren die Quelle, der Livius nacherzählte, und das
Stück des Valerius Antias, das wir in der betreffenden plutarchi-

sehen Biographie kennen lernen. Auch ihre Compositionsweise
tritt uns hier zunächst klar entgegen. Das Eigenthümlichste
derselben ist, dass sie die ihr vorliegenden Quellen nicht in
grossen Stücken zusammenschweisst, wie Livius das z. B. in
der vierten und fünften Dekade gethan hat. Die Verschmelzung,
die sie vornimmt, ist eine viel intensivere. Fragen wir, welchen
Grund der betreffende Verfasser (höchst wahrscheinlich Licinius
Macer) hatte, eine solche Methode zu wählen, so mag die
Beantwortung dieser Frage für die Anfänge der Republik in
der That schwierig erscheinen. Ein wesentlich innerer Unterschied zwischen den beiden benutzten Darstellungen lag hier
kaum vor.

Dieser Grundzug, die Verschmelzung zweier verschiedener Darstellungen ist aber gerade in anderen Strecken, wo
wir nach äusseren Kennzeichen jene jüngere Quelle constatirten,
schon früher von 'Andern gleichsam unbewusst urgirt worden.

Für die Vorgeschichte des Decemvirats, wo Livius die
cognomina und Jahresanfänge hat, Dionys nicht, haben schon
Niebuhr und Schwegler erkannt, dass bei den Alten zwei verschiedene Ansichten vorhanden gewesen seien; die eine fasste
die *rog. Terentilia* als den Antrag auf die Abfassung eines
bürgerlichen Rechtsbuchs, die andere Ansicht sah in der *rog.*
Terentilia den Antrag auf eine Veränderung der republikanischen Gewalten und also der ganzen Verfassung[1]. Unsere
beiden Erzählungen unterscheiden sich nun so, dass bei
Dionys sich nur allein die letztere Vorstellung findet, und
dass in der ganzen Vorgeschichte des Decemvirats nur
diese Vorstellung erscheint und festgehalten wird. Bei Livius dagegen findet sich auch die andere Auffassung der *rog.*

---

[1] Niebuhr 2 p. 314: „Der Zweck war dreifach: „Die Stände zu verbinden und möglichst gleich zu stellen: anstatt des Consulats eine minder
gewaltige höchste Obrigkeit einzusetzen: endlich ein einiges Landrecht für
alle Römer ohne Unterschied zu verfassen. Von diesen Zwecken, die von
dem nämlichen Geist eingegeben sind, haben die auf uns gekommenen
Geschichtschreiber jeder den einen oder andern ausschliesslich aufgefasst;
Dion. den ersten — Liv. hält den zweiten für der Tribunen Zweck, weiter-
hin ist ihm nicht unbewusst, dass die Gesetzgebung den dritten erreichte,
welchen Dion. sich bestimmt und ausschliesslich als den ursprünglichen
denkt".

Terentilia [1]), sie taucht gleichsam an verschiedenen Punkten der
Erzählung auf, ist aber mit der, der Dionys folgt, in eigenthümlicher Weise verknüpft. Der Grundgedanke bei dieser Verknüpfung ist, dass die Rogation ursprünglich eine Veränderung
der höchsten Gewalten beabsichtigt, aber dass die *plebs* schliesslich davon abgestanden sei und sich mit einer Rogation der
Art begnügt habe, wie sie Dionys. von Anfang an allein nur
kennt.

Es ergiebt sich demnach, ,dass die ältere Darstellung, hier
die des Dionys, eine Erzählung brachte, welche die jüngere mit
einer andern Darstellung zu verschmelzen suchte. Diese Verschmelzung ist zum Theil in einer sehr ungeschickten Weise
ausgeführt. Nach dem, was wir bisher sowohl über Livius
Quellenbenutzung im Allgemeinen, als über den Charakter des
betreffenden Abschnittes bei ihm im Besondern bemerkt haben,
sind wir berechtigt, entschieden den Gedanken abzuweisen, als
sei eine solche Verklitterung zweier Darstellungen die eigene
Arbeit des Livius. Wir sind vielmehr vollkommen*zu der Annahme berechtigt, dass wir es hier mit einer Arbeit der spätern
Quelle zu thun haben.

Der jüngere Verfasser fand zwei Darstellungen, die keineswegs übereinstimmten, und so machte er den kühnen Versuch,
eine dritte dadurch herzustellen, dass er sie mit einander kom-
binirte. Suchen wir in den oben charakterisirten Stücken,
welche wir auf eben diesen Autor zurückführen, Spuren eines
ähnlichen Verfahrens, so bietet sich uns die Geschichte der
ersten Secession, wie sie bei Dionys erzählt wird und zum
Theil bei Livius vorliegt.

Wir werden auf diese beiden Partien noch später zurück
kommen müssen. Hier seien uns zunächst folgende Bemerkungen gestattet. Niebuhr sowohl wie Schwegler [2]) haben schon

---

[1]) Schwegler 2 p. 8:",,Wenn sich Niebuhr auf Liv. beruft, um aus ihm
zu beweisen, die Gesetzgebung habe die Einführung einer neuen Magistratur zum Zweck gehabt, so ist übersehen, dass nach Liv. zwar die terentilische Rogation eine Minderung der Amtsgewalt bezweckt hat, dass aber
nach demselben Geschichtschreibers Bericht jene Rogation erst dann durch-
gedrungen, nachdem sie modificirt war."

[2]) Niebuhr 1, p. 638. Hingegen lässt sich, obwol Liv. von den Bedin-
gungen zum Vortheil der Schuldner schweigt, da hier der Ursprung des

hervorgehoben, dass am Schluss der Secession die Schuldennoth
der *plebs* keineswegs überall in den Erzählnngen der Alten
deutlich hervortritt; sie fehlt aber auch in den ersten Bemerkungen, mit denen Liv. 2, 21 die Periode plebejischer Drang-
sale einleitet[1]). Dagegen kennt die Erzählung des Dionys sehr
früh, mehrere Jahre vor dem Zeitraum, von dem Livius die
Unterdrückung der Plebs datirt, die finanzielle Noth derselben,
Verhandlungen im Senat darüber und Anträge zu ihrer Abhülfe
als Folge derselben. In diesen Verhandlungen tritt bei Dionys
von Anfang an ein Valerier als der vermittelnde Vertreter der
plebs hervor[2]). So weit ich sehe, müssen wir auch hier in der
Erzählung des Dionys ein Conglomerat zweier ursprünglich ge-
sonderter Darstellungen erkennen. Die eine, die ältere, datirte
die Unterdrückung des zweiten Standes vom Tode des Tarquinius
und sah in der folgenden Erhebung der plebs nur die Absicht,
eine grössere Selbständigkeit dem ersten Stand gegenüber zu
gewinnen. Mit dieser Auffassung der Secession stimmt, wie man
zugeben muss, sehr wohl die Auffassung der *rog. Terentilia* als
eines Antrags nur auf eine Neuordnung der höchsten Magistrate,
und die des Decemvirats als einer solchen Neuordnung. Die
andere Auffassung der Geschichte der Secession leitete dieselbe
zunächst nur von den wirthschaftlichen Bedrängnissen der plebs
her, sie liess auch bei dem Friedensschluss zwischen den Ständen diesen Gesichtspunkt vorbehalten. Einer solchen Auffassung
der Secession entsprach eine Vorgeschichte des Decemvirats,
welche auch hier als das Hauptziel die Regelung des Privatrechts und die Herstellung einer sichern Rechtsverfassung hinstellte.

Diese beiden Darstellungen fand unsere jüngste Quelle des

Aufstandes lag — Dionysius Bericht nicht bezweifeln u. s. w. Schwegler
2 p. 255: Die meisten Schriftsteller geben als die einzige Bedingung —
das Zugeständniss des Tribunats an. Liv. z B. weiss von keiner andern
Friedensbedingung. Allein — der Beweggrund zur Auswanderung war nach
einstimmiger Tradition die verzweifelte Schuldnoth der Plebs u. s. w.

[1]) eo *nuntio* (Tod des Tarquin.) *erecti patres erecta plebs. sed patribus
nimis luxuriosa fuit ea laetitia: plebi — iniuriae a primoribus fieri coepere*
Liv. 2, 21.

[2]) Dion. 5, 63 ff. παρασκευαζόμενοι δὲ τὰ εἰς τὸν πόλεμον ἐπιτήδεια — εἰς πολλὴν ἐνέπιπτον ἀμηχανίαν — οἱ γὰρ ἐνδεεῖς βίου καὶ μάλιστα οἱ τὰ χρέα τοῖς συμβαλοῦσι διαλῦσαι οὐ δυνάμενοι κ. τ. λ.

Dionys und Livius vor. Die zweite jener beiden Darstellungen
hob bei der Geschichte der Secession, wie eben bemerkt, von
Anfang an das Verdienst der Valerier hervor. Da nun jene
jüngste Quelle, wie wir nachgewiesen haben, für die ersten Anfänge der Republik den Valerius Antias benutzte, und da sie
wie die Darstellung bei Dion. ergiebt, für die Secession also
ebenfalls eine valerische Darstellung gebrauchte, so liegt der
Schluss sehr nahe, dass sie überhaupt als eine ihrer Hauptquellen die Annalen des Valerius Antias vor sich hatte. Daneben benutzte sie für die Anfänge der Republik die ältere vor
Liv. gebrauchte Quelle, die sie mit Valerius verschmolz. Ist
es nun nicht eine naheliegende Vermuthung, dass jene älteren
Züge, die sich für die Geschichte der Secession und der
rogatio Terentilia in sie verschmolzen finden, ebenfalls aus derselben Quelle stammen, die wir ganz deutlich in einer grössern
Ausdehnung ungemischten Bestandes Liv. 2, 1 — 21 überschauen?

Wir nähmen damit also an, dass die jüngere Quelle gerade
so, wie wir es für das Stück Dion. 5, 1—48 nachwiesen, auch
für die anderen Stücke d. h. Dion. 5, 49 — 9, 71 und Liv. 3,
6 — 35 aus zwei Quellen zusammengearbeitet, deren ältere
namentlich Liv. 2, 1—21, deren jüngere in Plutarchs Poplicola
und Dion. 10. Buch vorläufig in deutlichen Massen vorliegt.

§. 6. Stellung der weiteren Fragen.

Wir haben in dem Vorstehenden eine Hypothese ausgesprochen, die, wenn sie aufrecht erhalten werden kann, uns
zunächst das Auffallende in der Compositionsmethode erklären
würde, welche wir bisher an der Erzählung des Dion. nachgewiesen haben.

Für den von uns genauer behandelten Abschnitt konnte sie
räthselhaft erscheinen, sie war es weniger, wenn der so arbeitende
Verf. in den späteren Partien seiner beiden Hauptquellen von
Anfang an zwei Verfassungsgeschichten vor sich hatte, deren
gewaltige und entschiedene Differenzen das ganze Feuer seiner
Combination erregten.

Bis jetzt wie gesagt sehen wir in dieser unserer Ansicht
nur eine Hypothese.

Heben wir aber zunächst noch die, wir möchten sagen,
äusserlichen Bedenken hervor, die uns hier entgegentreten.
Wir gingen von der Wahrnehmung aus, dass die Erzählung
des Dionys vom Anfang des fünften bis zum Schluss des neun-
ten Buchs, die Erzählung des Livius vom Anfang des dritten
Buchs bis gegen 4, 7 wesentlich aus Einer und zwar jüngeren
Quelle genommen seien. Nach den ganz sichern Beobachtungen
welche die vierte und fünfte Dekade des Livius uns bieten, ist
es jedenfalls von vorn herein auffallend, dass Livius auf eine
so lange Strecke und vielleicht noch länger sich einer und derselben Quelle angeschlossen haben sollte. Etwas anders liegt
die Sache bei Dionys. Wir haben keinen festen Halt für seine
Methode im Gebrauch seiner Quellen und für seine Gewohnheit, mit denselben zu wechseln oder nicht zu wechseln.

Es empfiehlt sich also jedenfalls, zunächst bei Livius die
genauere Untersuchung darüber anzustrengen, ob wirklich das
ganze (bezeichnen wir es so) licinianische Stück vom Anfang
des 3. bis in den des 4. Buchs aus einer Quelle stammt, oder
ob Fragmente einer andern stellenweise eingeschoben sind.
Man sieht sogleich, dass ein solches Unternehmen gerade
hier seine besonderen Schwierigkeiten hat.

Wir sind nämlich ja zu der Ueberzeugung gekommen,
dass diese hier zu Grunde liegende Hauptquelle eben selbst
mit besonderer Vorliebe Stücke verschiedener Erzählungen durch
einander schob. Es wird daher von vornherein die Möglichkeit
zugestanden werden müssen, dass ein scheinbar fremdes Stück,
das wir vielleicht Lust hätten der Einfügung des Livius zuzuschreiben, doch nicht ihm, sondern seinem Autor die Stelle
verdankt, an der wir es finden.

Gestehen wir es, dass bei dieser Sachlage ein vollkommen
oder fast vollkommen sicheres Resultat sehr schwer zu gewinnen sein wird. Das aber scheint uns unzweifelhaft; der einzige Weg, auf dem wir hier mit leidlicher Sicherheit vorschreiten
können, ist folgender:

Livius ist vom Anfang des zweiten Buchs an nicht dieser
jüngsten Quelle gefolgt. Wir haben schon Kap. 2 § 1 auf eine
Reihe von Kennzeichen aufmerksam gemacht, die es unzweifelhaft machen, dass er hier andern überhaupt ältern und zum
Theil recht alten Quellen folgte. Wir können also bei der

kritischen Betrachtung des zweiten Buchs von vornherein die
Ueberzeugung festhalten, dass wir es hier mit den Verschmel-
zungen jenes oft erwähnten Verfassers nicht zu thun haben.
Es ist dies schon ein grosser Vortheil, wir dürfen hier mit
viel grösserer Wahrscheinlichkeit annehmen, dass wir die eigene
Arbeit des Livius vor uns haben, wo wir einen Quellenwechsel
wahrnehmen können. Und wir dürfen das schon hier erwähnen,
gerade im zweiten Buch finden sich Stellen, an denen der Verfasser selbst ein solches Verfahren gewisser Maassen offen ein-
gesteht und entschuldigt. Ist dem aber so, können wir in diesem Buch Livius Art zu arbeiten und das Material, was er so
verwerthete, auch nur etwas deutlich erkennen, so treten wir
so vorbereitet doch ganz anders an die Kritik des dritten
Buchs heran, als wenn wir sie unmittelbar in Angriff nehmen.

Kap. 3. Aeussere Analyse der Erzählung Liv. 2, 16—41.

**§. 1. Die unzweifelhaft alten Stücke 2, 16—21 und 33—41. Liv.
Verhältniss zu den älteren Quellen.**

Bei dieser kritischen Zergliederung des zweiten Buchs empfiehlt es sich aber, zunächst wieder einige Stücke herauszu-
heben, welche als unzweifelhaft älteren Ursprungs bezeichnet
werden können.

Erst nachdem wir sie genauer bezeichnet, werden wir die
zwischen ihnen liegenden Kapitel untersuchen und nachdem wir
damit die Zusammensetzung des ersten Theils des betreffenden
Buchs deutlich gemacht, dann zu dem zweiten Theil desselben
fortschreiten.

Jene unzweifelhaft ältesten Bestandtheile sind Buch 2,
1—21 und 33 *per secessionem plebis etc. — 41 agri partes duae
ademtae.*

Sie umfassen also den schon behandelten Anfang des
Buchs.

Wir beginnen daher in dem Folgenden die kritische Betrachtung von dem Punkte an, wo wir ihn oben bei der Untersuchung der Geschichte der Anfänge der Republik verliessen.
Wir brauchen kaum zu erinnern, dass wir natürlich dabei die
Erzählung des Dionys so viel wie möglich mit heranziehen und
verwerthen werden.

Ehe wir zu der eigentlichen Untersuchung gehen, wird es
zweckmässig sein, die Eigenthümlichkeit der Erzählung ins Auge
zu fassen, die Livius im Anfang des zweiten Buchs uns giebt,
und die wir schon kennen. Das streng annalistische Element,
wie es in den spätern Kapiteln nach dem Tode des Valerius
erscheint, jene ganz kurzen Notizen über Facta von der grössten Wichtigkeit treten hier noch zurück. Die Erzählung setzt
sich aus den bekannten gewaltigen Schilderungen zusammen
vom Blutgericht des Brutus, der Schlacht an der silva Arsia,
dem Krieg des Porsenna. Dazu kommt das Detail über Brutus
und über Valerius Consulate. Eine ganze Reihe römischer
Lokalsagen sind in die Erzählung verflochten, wie die über das
Haus des Poplicola Kap. 8, die prata Mucia Kap. 13, die weib-
liche Reiterstatue in summa sacra via ebd., den vicus Tuscus
Kap. 14. Die glänzende und populäre Gestalt des Valerius
Poplicola erscheint schon hier neben Brutus, und wir dürfen
sie daher keineswegs schon in ihrer ursprünglichen maassvollen
Fassung auf Valerius Antias zurückführen. Dabei haben wir
oben schon bemerkt, dass hier auch bei Livius die Helden der
ältesten Republik ebenso cognomina führen, wie wir einige Königs-
namen nicht ohne dieselben kennen. Da Livius im Verlauf
dieses Theils seiner Erzählung sich immer auf die veteres oder
veterrimi bezieht, da er Kap. 8 quosdam veteres also andern
veteres entgegensetzt, und da er vor und nach diesem Stück 1,
55 vgl. 52 und 2, 32 ff. und 40 Fabius und Piso nennt, so werden diese beiden für unser Stück hauptsächlich in Betracht
kommen. Es war schon oben bemerkt, dass eine sehr genaue
Uebereinstimmung Liv. 2, 2 mit Piso bei Gellius 15, 29[1]) nicht
gerade hier eine Benutzung desselben beweist, sondern dass sie
auf die gemeinsame Benutzung des Fabius wenigstens zurückgeführt werden kann. Von 2 andern Fragmenten Pisos scheint
das Plin. 33, 2 mit Liv. 2, 20 am Ende zu stimmen[2]). Die Nach-

---

[1]) Gell.: Verba Pisonis haec sunt: L. Tarquinium conlegam suum,
quia Tarquinio nomine esset, metuere; eumque orat, uti sua voluntate
Romam contendat. Quia Tarquinio, inquit, nomine esset. Liv.: hunc tu
inquit tua voluntate remove metum. Meminimus, fatemur eiecisti reges
absolve beneficium tuum, aufer hinc regium nomen etc.
[2]) Plin.: Quis primus donaverit, a L. Pisone traditur. A. Postumius
dictator apud lacum Regillum castris Latinorum oppugnatis ei, cuius

richt dagegen Plin. 34, 6, dass die *statua equestris* der Cloelia von ihren Mitgeiseln gesetzt sei, giebt jedenfalls der livianischen Notiz 2, 13 eine andere Fassung[1]. Liv. 1, 53 verglichen mit 55 folgte Fabius unzweifelhaft, ohne ihn doch zu nennen; an der zweiten citirten Stelle führt er ihn nur an, um ihn zu verwerfen[2]. Ebenso ist er 2, 31 und 33 verglichen mit 2, 58 Piso nicht gefolgt[3]) und es scheint uns danach kaum zweifelhaft, dass die entschieden alte Quelle seiner Darstellung hier von den beiden, welche überhaupt allein in Betracht kommen können (Lachmann *de font. I. p.* 29) nur Fabius sein kann. Jedoch griff er auch schon hier bisweilen zu jüngeren Quellen, so weit ich sehe, nur zu Valerius Antias. Hierher gehört die Stelle *quidam vindictae quoque nomen tractum ab illo putant: Vindicio ipsi nomen fuisse, post illam observatum, ut qui ita liberati essent, in civitatem accepti viderentur* (2, 5 a. E.). Sie findet sich sonst ebenso Plut. *Popl.* 7[4]), dagegen konnte Dionys 5, 13 schon deshalb nicht so erzählen, da nach ihm bereits Servius Tullius den Freigelassenen die *civitas* gegeben hatte[5]). Valerisch ist dann unzweifelhaft die Diktatur des M. Valerius, die er 2, 18 erwähnt, um sie zu verwerfen[6]). Dagegen erklärt

maxime opera capta essent, hanc coronam ex praeda dedit. Liv.: *fertur — pronuntiasse militi praemia, qui primus, qui secundus contra hostium intrasset, tantusque ardor fuit, ut eodem impetu, quo fuderant hostem Romani, castra caperent.*

[1] Plin.: *nisi Cloeliae quoque Piso traderet ab iis positam, qui una obsides fuissent, redditis a Porsena.* Liv. dagegen nur: *Romani notam in femina virtutem novo genere honoris, statua equestri donavere.*

[2] 65: *eo magis Fabio, praeterquam quod antiquior est, quadraginta ea sola talenta fuisse* (so steht 53) *quam Pisoni, qui quadraginta milia etc.*

[3] Ueber die Volkstribunen: *numero etiam additos tres, perinde ac duo antea fuerint, Piso auctor est,* 2, 58, dagegen ebd. 8: fünf Tribunen *sunt qui duos tantum in sacro monte creatos tribunos esse dicant* und ebd. 31: *in sacrum montem accessisse — ea frequentior fama est, quam cuius Piso auctor etc.*

[4] ἧς οἰόμενός τι δεῖν ἀπολαῦσαι τὸν Οὐινδίκιον ἐψηφίσατο πρῶτον διελεύθερον ἐκεῖνον ἐν Ῥώμῃ γενέσθαι πολίτην καὶ φέρειν ψῆφον, ᾗ βούλοιτο φρατρίᾳ προσανεμηθέντα—ἡ δὲ παντελὴς ἀπελευθέρωσις ἄρχι νῦν οὐινδίκτα λέγεται δι᾽ ἐκεῖνον, ὡς φασί, τὸν Οὐινδίκιον.

[5] Dion. 4, 22. Bei der Besprechung der politischen Folgen der Freilassung 8. Becker 2, 1 p. 96 wird das bemerkte Quellenverhältniss schärfer ins Auge zu fassen sein.

[6] s. gleich unten.

er sich dort für die Darstellung der *veterrimi auctores.* Dass
sich aber auch hier keine Spur von der Quelle des Dionys
findet, hat Kiessling hervorgehoben.

Es ist nun aber besonders zu beachten, wie er selbst immer
bestimmter und, man möchte sagen, ungeduldiger die Schwierigkeiten bezeichnet, die ihm diese ältesten Quellen verursachen.
Zuerst Kap. 8 notirt er eine Differenz über das Consulat des
Sp. Lucretius zwischen den *auctores veteres.* Bei der Erwähnung
der ersten Diktatur bemerkt er 18 „*nec quo anno nec quibus
consulibus, quia ex factione Tarquiniana essent (id quoque enim
traditur), parum creditum sit, nec quis primum dictator creatus
sit, satis constat. Apud veterrimos tamen auctores T. Larcium
dictatorem primum, Sp. Cassium magistrum equitum creatos invenio. Consulares legere, ita lex iubebat de dictatore creando
lata. Eo magis adducor, ut credam, Larcium, qui consularis erat,
potius quam M'. Valerium M. filium Volesi nepotem, qui nondum
consul fuerat, moderatorem 'et magistrum consulibus appositum;
quin si maxime ex ea familia legi dictatorem vellent, patrem
multo potius M. Valerium — consularem virum legissent.*" Die
Erzählung, 'die er vorfand, gab also erstens den Text der *lex
de dictatore creando,* aber einen andern als Dion. 5, 70, in welchem nichts von *consulares* steht, obwohl nachher 71 die προ-
εστηκότες τῆς βουλῆς erwähnt werden. Dann urgirte sie, dass
die Consuln tarquinischer Neigungen verdächtig, wovon auch
kein Wort bei Dionys. Endlich fügte die unzweifelhaft valerische Erzählung hinzu, dass die *consulares* einen Diktator aus
den Valeriern gewünscht und gewählt hätten, wovon ebenfalls
nichts bei Dionys. Dieser hat 5, 64 eine Rede eines Valeriers,
die jedenfalls aus Valerius stammt, und die *lex de dictatore
creando.* Jedenfalls behandelte er sie frei und fügte die Namen
des Diktators und des *magister equitum* nicht aus Valerius, sondern aus der ältesten Quelle zu; das Ganze ward in dieser
Darstellung drei Jahre später gesetzt, weshalb und von wem
sahen wir p. 47.

Schon hier fühlt sich Livius sichtlich in Betreff der Chronologie vollkommen rathlos. Man kommt nach seinen Worten
fast zu der Vermuthung, dass die erste Dictatur in einigen
Quellen ganz ohne Jahresangabe erzählt war. Mit dem grossen
Latinerkrieg und der Schlacht am See Regillus gewinnt er

noch einmal festen Boden, man fühlt ihm bei dieser schönen
Partie, ihrer einfachen und grossartigen Bewegung das Wohl-
behagen des geborenen Erzählers an. Aber am Schluss derselben findet er sich steigenden Verlegenheiten gegenüber, denn
in seiner Quelle hört offenbar mit der Notiz über den Triumph
des Diktators die zusammenhängende Darstellung auf. Die
Worte *triennio deinde nec certa pax nec bellum fuit* 21 zeigen die
Unsicherheit des Erzählers, entweder erst des Liv. oder schon
seines Autors. Noch ein paar Jahre zählt Livius selbst die kurzen
annalistischen Notizen auf, die er vorfand, dann bricht er endlich in den merkwürdigen Stosseufzer aus *„Tanti errores implicant temporum aliter apud alios ordinatis magistratibus, ut nec
qui consules secundum quosnam nec quid quoque anno actum sit,
in tanta vetustate non rerum modo, sed etiam auctorum digerere
possis“.* Es ist also nicht nur die *vetustas rerum*, sondern
ebenso sehr die *vetustas auctorum*, die ihm Schwierigkeiten
macht. Trotz seiner unzweifelhaften Vorliebe für die ältern
Quellen sieht er sich zu dem Geständniss gezwungen, gerade
sie erschwerten die Erkenntniss der chronologischen Ordnung.
Weshalb dies zunächst gerade an dieser Stelle der Erzählung hervortrat, zeigt schon ein oberflächlicher Blick auf die
vorhergehenden Kapitel. Bis zum Consulat des Servius Sul-
picius und M. Tullius 2, 19 ist jedes Jahr mit reichem Stoff
erfüllt, in diesem fehlt er. Das folgende bringt drei ganz kurze
annalistische Notizen *„Fidenae obsessae, Crustumeria capta, Prac-
neste ab Latinis ad Romanos descivit“,* dann die Schlacht am
See Regillus noch in ihrer ganzen epischen Breite; für das
nächste Consuljahr wieder nichts, im folgenden *„aedis Saturno
dedicata, saturnalia instituta festus dies“,* darauf wieder nichts.
Und wenn er sich nun ungeduldig zu seinem übrigen Apparat
wendet, ·findet er allerdings *apud quosdam* ein prachtvolles
Stück, nur dass es dieselbe Schlacht am See Regillus ist, die
er schon erzählt hatte[1]).
  Wir befinden uns also unzweifelhaft an der Stelle, wo in
Liv. „ältesten Historikern“ die grossen sagenhaften Partien der

---

[1]) *Hoc demum anno ad Regillum lacum pugnatum apud quosdam invenio, A. Postumium, quia collega dubiae fidei fuerit se consulatu abdi-
casse, dictatorem inde factum, tanti errores implicant temporum etc.*

ältesten Zeit zusammenstiessen mit den ältesten annalistischen
Notizen. Nach seinen eigenen Aeusserungen, nach dem verhältnissmässig einfachen und alterthümlichen Charakter der
Darstellung bei der rein äusserlichen Verbindung der verschiedenen Bestandtheile des ganzen Stücks kann kein Zweifel sein,
dass Alles bis hierher aus den ältesten Quellen genommen ist,
die ihm zugänglich waren. Anfänglich war er offenbar gewillt,
diesen Darstellungen unbeirrt durch ihre grosse Einfachheit
wörtlich zu folgen. Was ihn endlich davon abbrachte, war die
Verwirrung der Thatsachen, die sich für ihn nicht nur aus der
vetustas rerum, sondern auch aus dem hohen Alter der Schriftsteller ergab. Ich kann dies nicht anders verstehen, als dass in den
fabischen Annalen und ähnlichen Quellen gleichen oder fast
gleichen Alters die Texte selbst verwirrt und corrumpirt waren.
Dass das möglich war, liegt auf der Hand, und Gellius 5, 4
zeigt, dass zu seiner Zeit Fabiustexte *„bonae atque sincerae ve-
tustatis"* eine Seltenheit waren. Aus unserer Stelle schliesse
ich, dass schon Livius in dem Zustand der Handschriften dieser
älteren Historiker ein Haupthinderniss ihrer gleichmässigen Benutzung fand. Jedenfalls wendet er sich von hier ab zunächst
den neuern Quellen zu.

Im Anfang des nächsten Jahres hat er offenbar noch ge-
schwankt. Aus dem Consulat des Appius Claudius und P. Servilius folgen noch einige ganz annalistische Notizen, von denen
sich bei Dion. keine Spur findet, aber c. 22 tritt er an eine
Quelle heran, deren auffallende Uebereinstimmung mit Dion. 6,
25 ff. uns zeigt, dass wir von hier an auch bei Liv. uns auf
einer ganz anderen Grundlage bewegen.

Ein neckischer Zufall hat es gewollt, dass Liv. selbst ganz
gegen seinen Willen uns noch einen sehr wunderlichen Beweis
für die Annahme lieferte, dass er hier zu einer anderen Quelle
übergegangen sei. Es ist allgemein anerkannt[1], dass er 2,

---

[1] Schwegler 2, p. 702: Dass Liv. hier die abweichenden Berichte verschiedener Chroniken neben einander gestellt hat, springt in die Augen.
Schon Niebuhr 2, p. 104: Der Krieg — kommt bei Liv. zweimal vor, unter
den Jahren 251, 252 und 259: ja, wer die Sache beim Licht besieht, wird
zugeben müssen, dass auch jene früheren vergeblichen zwei Feldzüge in
der That der nämliche sind, den verschiedene Annalen theils in 251, theils
in 252 gesetzt hatten. Mommsen Hermes V p. 230 f erklärt jetzt diese

16 ff. unter zwei aufeinander folgenden Jahren denselben Krieg
gegen Pometia zuerst als einen Volsker-, dann als einen Aurun-
kerkrieg erzählte. Wahrscheinlich folgte er hier nur einer alten
Quelle, die diesen Krieg in zwei verschiedenen Versionen erzählte, wie sie Liv. 2, 13 und 15 den Friedensschluss mit Porsenna in zwei Darstellungen gab. Wie diese beiden Erzählungen von Friedensverhandlungen schon bei Valerius Autias in
eine verschmolzen wurden s. p. 39 f., so ist hier von der
Quelle, die Dionys. 6, 25 zu Grunde liegt, diese Kriegsgeschichte richtig nur einmal erzählt [1], dagegen ist sie aber mit
der innern Geschichte der Republik in einen Zusammenhang
gebracht, den die beiden ältern Redaktionen bei Liv. a. O. noch
nicht kannten.

Das Unglück, wie gesagt, wollte nun, dass Liv., als er sich
zur Benutzung einer neuern Quelle entschloss, in diese Bearbeitung eines Krieges hineingerieth, den er schon nach seinem
bisherigen Führer unbewusst zweimal erzählt hatte. Dieser
dritten Erzählung folgt er wirklich bis zu dem Punkte, wo die
Geschichte des Krieges schliesst mit der Hinrichtung der volskischen Geiseln Dion. 6, 30, die in jenen beiden älteren Redaktionen Liv. 2, 16 ff. auch vorkommen. Offenbar diese Wiederholung hat ihn aufmerksam gemacht, er hat ebd. 25 diese
Scene ausgelassen, aber die sonstige Erzählung ist, wie gesagt,
stehen geblieben.

§. 2. Die Coriolanssage bei Livius.

Wir sehen hier von der Betrachtung des Abschnitts Liv.
2, 22 ff. zunächst ab und wenden uns, wie wir schon oben angekündigt, dem nächsten, grösseren Abschnitt zu, den wir sofort
nach äusseren und inneren Merkmalen wieder auf ältere Quellen
zurückführen können.

Verschiebung „durch irgend einen Zufall" und behauptet, dass die bei
Dionys und Liv. 2, 22 sich findende Stellung des Volskerkriegs „die relativ ältere oder vielmehr die einzig erhaltene" sei. Ich habe mich durch
diese Ausführung nicht für widerlegt gehalten.

[1] D. h. die beiden Feldzüge sind hier so verbunden, dass bei dem
ersten Einrücken der Römer die Volsker sich ohne Widerstand unterwerfen,
dann aber ihre Nachgiebigkeit bereuen und nun Herniker und Latiner zu
einem neuen Krieg mit fortzureissen suchen.

Es ist dies die Coriolanssage mit den sie einfassenden annalistischen Notizen Liv. 2, 33 bis 41 A. Dass diese Partie unzweifelhaft älteren Quellen angehört und zwar solchen, wie
Liv. sie 2, 1—21 benutzte, dafür sprechen zunächst folgende
äussere Gründe:

1) die Angabe über das Consulat des Sp. Cassius und
Postumus Cominius a. 0. 33 *iis consulibus cum Latinis. foedus
ictum* ist unzweifelhaft rein annalistisch.

2) Unmittelbar hinter dieser Notiz fällt noch in dasselbe
Consulat der in der Ueberlieferung eigentlich consullose Anfang
der Coriolanssage [1].

3) Diese Coriolanssage erfüllt die folgenden Consulate bis
zu dem des T. Siccius (Momms. r. Forsch. p. 109) und C. Aqui-
lius, unter denen folgende Notizen *eo anno Hernici devicti, cum
Volscis aequo Marte discessum est* 40 a. E., an die sich in derselben annalistischen Fassung anschliesst 44 A. *Sp. Cassius
deinde et Proculus Verginius consules facti, cum Hernicis foedus
ictum, agri partes duae ademptae*. Man sieht, die Composition
einer sagenhaften breiteren Erzählung mit ganz kurzen, annalistischen Angaben über ausserordentlich wichtige Ereignisse,
eine Compositionsweise, von der sich auch hier bei Dion. keine
Spur findet, erinnert uns vollständig an Liv. Erzählung in den
ersten Abschnitten des zweiten Buchs. Und wir würden danach kein Bedenken tragen, das ganze Stück auf dieselben
Quellen zurückzuführen, denen wir jenen früheren Abschnitt zu-
schrieben, wenn nicht die neueren Forscher gerade über die
Coriolanssage anderer Ansicht wären. Niebuhr sprach in der
ersten Ausgabe der römischen Geschichte I. p. 432 den „Verdacht" aus, dass die Geschichte Coriolans erst nach der Zeit
des Fabius in ihrer jetzigen Gestalt ausgebildet sei. Es scheint,
dass auch in der zweiten Ausgabe II p. 273 derselbe Gedanke
ihm vorschwebte. Schwegler urgirt II p. 303, dass in den ursprünglichen Quellen, den alten Annalen, nur der kürzeste Inbegriff der wichtigsten Begebenheiten verzeichnet war. Er
schliesst daraus, dass die Erzählung von Coriolan in Liv. aus-

---

[1] Die älteste Tradition hat von einem im J. d. St. 261 unter Anführung eines Consuls unternommenen Feldzug gegen die Volsker nichts
gewusst, Schwegler 2 p. 364.

führlicher Fassuug unmöglich aus den älteren Quellen stummen
konnte. Andererseits geben beide, Niebuhr wie Schwegler zu,
dass hier bei Liv. „die alte Ueberlieferung" viel ungetrübter
fliesse als bei Dion. Mommsen hat dagegen Hermes IV, p. 2
aus der Art, wie Liv. 2, 40 „die Variante des Fabius citirt'
nur das „mit Sicherheit geschlossen, dass Fabius seine Quelle
nicht ist." Die Worte lauten „invidiae rei oppressum perisse
tradunt alii alio loto. apud Fabium longe antiquissimum auctorem
usque ad senectutem vixisse eundem invenio." Wo liegt hier doch
der Beweis für Mommsens Annahme?

Was nun zunächst die Darstellung des Dion. betrifft, so
hat Schwegler zugegeben, dass ihre zum Theil unerträgliche
Manier nicht ihm selbst, sondern „den geschwätzigsten der
jüngern Annalisten einem Cn. Gellius oder Valerius Antias" zuzuschreiben sei. Weshalb nennt er hier nicht wie doch p. 14
im Allgemeinen auch Licinius als Quelle des Dionys? Es
scheint fast, als habe er dessen Darstellung hauptsächlich im
Liv. und eben deshalb nicht bei Dion. vermuthet. Indem wir
auf unsere frühere Ansicht zurückweisen, dass nach bestimmten
äusseren Kennzeichen die ganze Partie Einer Quelle bei Dion.
gehöre, bemerken wir Folgendes.

Die charakteristischen cognomina finden sich in der Dionysischen Darstellung hier gerade auffallend häufig. Von den
fünf Consulpaaren haben sieben Namen cognomina, dazu kommen
dergleichen auch sonst vor z. D. 7, 26, 33, 36, 74. Die Erwähnung von Mitgliedern des Valerischen Geschlechts tritt uns z. Theil
sehr auffallend entgegen, so 7, 1, 54 und 8, 39. Nun beweisen
diese Valerischen Notizen, wie wir gesehen haben keineswegs,
dass wir unmittelbar Valerius Antias vor uns haben, sondern nur,
dass auch hier die Quelle des Dion. Antias kannte und sehr reichlich benutzte. Dagegen ist es das Charakteristische der Livianischen Coriolanssage, dass sich in ihr solcher Valerischen Spuren
gar keine finden. Ja wir möchten fast behaupten, dass Liv.
hier nicht einmal den Valerius so eingesehen habe, wie er es
kurz vor 2, 21 häufig that. Ueber die Veranlassung der Frauengesandtschaft an Coriolan, die bei Dion. 8, 39 von einer Valeria
ausgeht, hat er diese Fassung höchst wahrscheinlich nicht eingesehen, da er ausdrücklich bemerkt „id publicum consilium an
muliebris timor fuerit, parum invenio" c. 40.

Der Annahme also, dass Liv. seine Geschichte Coriolans
einer alten und zwar derselben alten Quelle nacherzählte, der
er früher 2, 1 bis 21 folgte, steht nichts weiter entgegen als
die Vorstellung, dass „in den alten Annalen nur der kürzeste
Inbegriff der wichtigsten Begebenheiten enthalten war". Unzweifelhaft war dies der Fall mit denjenigen ältesten namen-
losen Quellen, aus welchen die kurzen annalistischen Notizen
Liv. 2, 19, 21 und hier 33, 40 und 41 ursprünglich stammen,
aber eben so gewiss nicht mit den bekannten alten Quellen, in
denen Liv. diese kurzen Notizen fand. Diese gaben zwischen
jenen kurzen Notizen jenem „kürzesten Inbegriff der wichtigsten
Begebenheiten", die sie in den „alten Annalen" vorfanden, die
ausführlichen Sagenstücke, welche wir bei Liv. z. B. 19 und 20
zwischen die kurzen Annalennotizen eingeschoben fanden. Dass
Liv. jene kurzen aber inhaltschweren Sätze aus der einen und
die dazwischen stehende ‑breite Erzählung immer aus einer
andern Quelle genommen, widerspricht, wie wir schon bemerkten, durchaus seiner sonstigen Manier. Er nahm Beides aus
Einer Quelle; dass diese aber eine ältere war, das zeigt sich
gerade hier besonders deutlich. Die so auffallend kurze Erwähnung der beiden classischen Bundesverträge hart vor und
nach der Geschichte Coriolans betraf eben die wichtigsten Verhältnisse der Republik. Es ist hier am allerwenigsten denkbar,
dass er etwa eine vorliegende ausführlichere Angabe ins Kurze
gezogen hätte, und so viel ich weiss, hat dies auch Niemand
angenommen. Er erzählt von den Worten *iis consulibus cum
Latinis populis ictum foedus* ruhig weiter, und wenn daher zugegeben wird, dass die folgende Geschichte Coriolans bei ihm
die ältere Ueberlieferung ungetrübter giebt, so gehören diese
beiden Thatsachen, die Einsilbigkeit über das Bündniss und die
Reinheit der sagenhaften Erzählung, so gehören eben auch
beide Stücke, das kurze und das lange, wesentlich zusammen,
um uns den eigenthümlichen Charakter einer ältern Quelle zu
vergegenwärtigen [1].

---

[1] Auf diese Bemerkung hat Mommsen in seiner Polemik gegen die
hier gegebene Ausführung Hermes IV. p. 11 ff. gar keine Rücksicht genommen. Wenn ebendaselbst bei Dion. die Spuren einer „Contamination"
geleugnet werden, so muss ich urgiren, dass dies Verfahren auch da, wo
ich es oben p. 45 f. deutlich nachwies, in Dion. Erzählung eben den

Es kann hier nicht unsere Aufgabe sein, die Coriolanssage
kritisch zu untersuchen; dass die Livianische Erzählung ur-
sprünglicher ist und in der Wahrheit und Lebendigkeit einzelner Züge der originalen Sagenbildung näher steht als die des
Dion., zeigt auch die oberflächlichste Vergleichung. Sie ist kürzer
und bewegt sich zum Theil in Sprüngen fort. Wenn man nur
die wenigen Worte über Coriolans Anklage und Verurtheilung[1])
gegen die entsprechende breite Darstellung des Dion. hält, so
begreift man sehr wohl, dass dieser diejenigen Quellen, welchen
Liv. folgte, beschuldigen konnte, auch hier die Ereignisse nur
κεφαλαιωδῶς dargestellt zu haben, 1, 6.

In diese kurze Erzählung ist die Geschichte von der In-
stauration der *ludi magni* und dem Traumgesicht des Latinius
Liv. 2, 36 ff. einfach hineingestellt, während sie Dion. 7, 68 ff. mit
viel mehr Kunst und Berechnung mit den übrigen Thatsachen
und der Schilderung der damaligen Stimmung Roms verflochten
ist. Wie der Zusammenhang dieses Einsatzes mit der Coriolansage, so ist auch der der Coriolansage mit den vorhergehenden und nachfolgenden Ereignissen bei Liv. noch viel loser,
ihre Einfügung viel erkenntlicher. Liv. Quelle hob 2, 33 ausdrücklich hervor, dass die Sage bei dem Volskerkrieg, durch
den Longula Polusca und Corioli an Rom kam, nur den Namen
des A. Marcius kannte, und dass die Verbindung dieses Feldzuges mit dem Consul Post. Cominius nur eine, vielleicht ihre
eigene, Conjectur war. Dieselbe Quelle liess, obgleich sie den
Tempel der *Fortuna muliebris* von der Frauengesandtschaft herleitete, doch Coriolan eine Miglie davon am cluilischen Graben
sein Lager aufschlagen. Bei Dion. dagegen ist dort der Consul
Cominius der hervorragende Führer einer Reihe wichtiger militärischer Bewegungen 6, 91 ff., hier hat Dion. 8, 36 schliesslich
den Coriolan bis an die Stelle des spätern Tempels vorrücken

Charakter einer möglichst die Wiederholungen verschleifenden Erzählung
trägt. Uebrigens haben alle bisherigen Forscher im Gegensatz gegen
Mommsens Behauptung anerkannt, dass eine bedeutende Differenz zwischen
der älteren Fassung bei Liv. und der jüngeren bei Dion. unverkennbar
vorliege.

[1]) Liv. 2, 35: *ipse cum die dicta non adesset, perseveratum in ira est.
damnatus absens in Volscos exulatum abiit, minitans patriae hostilesque
tum tum spiritus gerens.* Vgl. dagegen Dion. 7, 60—64.

lassen (Niebuhr 2, 115). Es kann eben kein Zweifel sein, dass
Liv. Quelle der Zeit näher stand, in welcher das ganze grosse
lose Stück zwischen jene annalistischen Notizen hineingeschoben
wurde. Ich entscheide nicht, ob sie selbst das that. Ueber die
Reihe von Widersprüchen, die sich zum Theil aus dieser Einfügung für unsere heutige Kritik ergeben, ging sie stillschwei-
gend hinweg. Der Darstellung des Dion. liegt dagegen der
Trieb zu Grunde, namentlich · für die Geschichte der innern
Verhältnisse einen möglichst glaubwürdigen Zusammenhang
herzustellen. Wir kommen auf diese Seite der 'Frage später
zurück. '

§. 3. Das zwischen den˚ älteren Stücken liegende Jüngere Stück der
Liv. Erzählung 2, 22—62.

Von der Betrachtung der beiden grösseren Stücke Liv. 2,
1—20 und 33—41 Anf., als welche unzweifelhaft aus seinen
älteren Quellen stammen, wenden wir uns, wie wir das oben
schon angekündigt, der dazwischen liegenden Darstellung zu.
Die nähere Untersuchung von Cap. 1—21 ergab, dass Liv. schon
bei ihrer Abfassung Valerius zur Hand hatte, zunächst nur, um
ihn mit den älteren Quellen, die er ausschrieb, ab und zu zu
vergleichen. Weiter zeigte sich, dass er am Ende jenes Abschnitts die älteren Quellen verliess und zu einer anderen überging, welche er bisher nicht benutzt. Da wir wissen, dass er
Valerius schon in Händen hatte, so ist es deshalb schon wahrscheinlich, dass diese jetzt gebrauchte Quelle eben dieser Annalist war. Die rein annalistischen Stücke verschwinden zunächst,
die Aehnlichkeit mit der Erzählung des Dionys beginnt eben
von jener Stelle an, aber sie ist nicht vollständig. Das Verhältniss zwischen Livius' Darstellung und der entsprechenden
des Dionys ist genau so, wie zwischen Plutarchs Poplicola und
dem letzteren.

1) Beide Erzählungen bewegen sich in einer lebhaften Darstellung voll von leidenschaftlichen Scenen; die berühmte Schilderung z. B. des entsprungenen *nexus*, dessen Erscheinen auf
dem Forum eine allgemeine Bewegung der Schuldgefangenen
einleitet, findet sich bis ins Detail überstimmend Liv. 2, 23
und Dion. 6, 26. Das Edict des Consuls Servilius, die folgende
Aushebung, der Krieg gegen die Volsker, die Einnahme Pometias

stammen offenbar Liv. 2, 24 f. und Dion. 6, 29 ff. aus einer und
derselben ausführlichen Quelle.

2) Diese Quelle sucht die Ereignisse möglichst mit einander
zu verbinden. Wie ich schon oben *p.* 55 f. hervorhob, hat Liv.
2, 21 den Volskerkrieg gegen Pometia aus seinen alten Quellen, 2, 22
aus der neueren erzählt. Das Eigenthümliche dieser zweiten
oder dritten Erzählung ist eben, dass sie aufs Innigste mit der
der der inneren Bewegung verbunden ist, wovon jene erste Darstellung Nichts hat. Und hierin, in dieser Verknüpfung des
Kriegs und der Schuldnoth stimmt Dionys vollkommen überein,
nicht allein hier, sondern auch in der weiteren Entwicklung
dieser Verhältnisse.

3) In beiden Erzählungen nimmt die Dictatur des M. Valerius, Sohn des Volesus Liv. 30, Dion. 39 eine sehr hervorragende
Stellung ein. In beiden finden wir Liv. 22 Dion. 25 eine genaue
Zahlenangabe der Gefangenen von der Schlacht am See Regillus,
welche, wohl bemerkt, bei Liv. in dem älteren Abschnitt 20
fehlt, bei Dion. 6, 17 schon benutzt ist.

4) Doch würde es nicht richtig sein, für beide Darstellungen eine unmittelbare Benutzung des Valerius anzunehmen, denn
Differenzen sind unzweifelhaft vorhanden und zwar eben solche,
wie wir sie zwischen Plutarchs Poplicola und Dionys wahr-
nahmen. Der *senatus infrequens* Liv. 23 fehlt Dion. 26, ebenso
ist die wunderliche Erzählung Liv. 25 „*prima luce Volsci fossis
repletis vallum invadunt, iamque ab omni parte munimenta velle-
bantur, cum cons., quamquam cuncti undique, et nesi ante omnes,
ut signum daret, clamabant, experiendi animos militum causa
parumper moratus etc.*“ nicht allein ganz ausgelassen, sondern
Dion. 29 erzählt viel einfacher „*ὁ δὲ Σερουίλιος ἔτι νυκτὸς
ἀπὸ τοῖ χάρακος ἀγωνισάμενος, ἐπειδὴ φῶς τ' ἤδη ἐγένετο
καὶ τοὺς πολεμίους ἔμαθεν ἀτάκτως προνομεύοντας ἀνοῖξαι
κελεύσας πυλίδας κ. τ. λ.*

Ebenso fehlt ganz bei Dionys die Dedication des Mercurtempels durch den *primipilus Laetorius*, die Liv. 27 berichtet,
obwohl er schon 21 dasselbe Factum in seiner einfachsten annalistischen Form aus seinen älteren Quellen erzählt hatte.

Wenn dagegen Dion. 31 die Erzählung Liv. 26 durch den
Zug belebt, dass die Römer von einem Opferfest fort noch

bekränzt gegen die Sabiner ausgerückt, so möchte ich fast
vermuthen, dass Liv. hier nur die gemeinsame Urquelle ab-
kürzte.

§. 4. Das Uebergangsstück Liv. 2. 29—32 und die Geschichte der Secession.

Der Parallelismus der Erzählungen dauert im Ganzen fort
bis Liv. 29, wo dieser von den Worten „redeunt in tribunal" an
in eine Erzählung eintritt, die bis zur Rede des Dictators Valerius 31 ganz mit der des Dion. 34—43 übereinstimmt.

Bei dieser Uebereinstimmung fällt zweierlei auf 1) Liv.
erzählt 29 hintereinander zwei Versuche den delectus zu halten,
nur der letzte findet sich bei Dion. a. O. 2) er erwähnt in
dieser Partie seiner Erzählung 30 einen Einfall der Volsker,
Aequer und Sabiner, von dem im Anfang dieses Consulats 28
und bei dem ersten Versuch des Delectus bei ihm gar nicht
die Rede war, während allerdings die Erzählung Dion. 34 ff.
gerade diese Verhältnisse und die damit zusammenhängende
Senatsverhandlung, von der bei Liv. kein Wort, sehr ausführlich darstellt.

Es ist also nicht zweifelhaft, dass Liv. hier zwei Darstellungen vor sich hatte. Die eine begann das betreffende Consulat
mit geheimen Bewegungen der Plebs und einem Delect, für den
kein äusserer Grund vorlag, als nur der Wunsch, die Plebs
unter die Fahnen zu zwingen, die andere motivirte diesen etwas
wunderlichen Beschluss durch jene kriegerischen Bewegungen
der Nachbarn. Liv. nahm den Anfang seiner Erzählung aus der
ersten, unzweifelhaft der, welche ihm bisher gedient, dann noch
einmal den Delect und dann das folgende aus der zweiten.
Dieser zweiten aber folgte Dion. von Anfang an. Ist also diese
zweite Erzählung der Quelle des Dionys entlehnt, die ganze
vorhergehende Strecke nicht dieser Quelle, wol aber einer ebenfalls nicht alten Quelle, mit welcher die Dionysische Erzählung
ihrem ganzen Tenor nach, auch in gewissen Valerischen Grundzügen übereinstimmt, und hatte Liv. unzweifelhaft schon im
Beginn des zweiten Buchs Valerius in Händen, so werden wir
zu der Annahme gedrängt, dass er 22—29 eben diesen Annalisten, 29—31 dessen Bearbeiter, den Licinius benutzte.
Diese Quelle führt ihn in die Geschichte der ersten Secession

hinein; ehe jedoch der volle Ausbruch der Revolution erfolgt,
verlässt er sie.

Es fällt nämlich sofort auf, dass, wie er sich der Geschichte
der Secession nähert, die Erwähnung verschiedener Quellen
wieder beginnt, von denen nichts verlautet, seitdem er am Ende
des Capitels 21 die ältern Quellen bei Seite gelegt hat. Die
Anfänge des eigentlichen Aufstandes erzählt er nicht mehr ganz
so wie Dion., namentlich viel kürzer, *„et primo"* so beginnt er
Cap. 32 *„agitatum dicitur de consulum caede, ut solverentur sacra-
mento; doctos deinde nullam scelere religionem exsolvi Sicinio
quodam auctore iniussu consulum in sacrum montem secessisse.
Ea frequentior fama est quam cuius Piso auctor est, in Aventinum secessionem factam esse."* Von dem Angeführten findet
sich der Plan, die Consuln zu ermorden, nicht bei Dion., wohl
aber Sicinius als Urheber der Bewegung. Im folgenden entspricht die kurz gefasste Schilderung im Ganzen der des Dion.,
nur mit Ausnahme der Worte *quid futurum deinde, si quod ex-
ternum interim bellum existat?"* Denn Dion. erwähnt ausdrücklich der feindlichen Einfälle bis vor die Thore der Stadt. Dann
beginnt die vollständige Differenz: Agrippa wird allein zu den
Aufständischen geschickt *„facundus vir et quod inde oriundus
erat plebi carus."* Seine plebejische Herkunft wird Dion. 49
ebenso wenig erwähnt, wie hier bei Liv. seine bekannte vermittelnde Stellung zwischen den Parteien, welche Dion. gerade
urgirt. Er geht allein hinaus und trägt, worauf Liv. ein be-
sonderes Gewicht legt, nur seine bekannte aesopische Parabel
vor *„prisco illo et horrido modo nihil aliud quam hoc narrasse
fertur."* Liv. schliesst diese Partie mit der Ausführung *„com-
parando hinc, quam intestina corporis seditio similis esset irae
plebis in patres, flexisse mentes hominum. agi deinde de concordia
coeptum concessumque in conditiones, ut plebi sui magistratus
essent sacrosancti quibus auxilii latio adversus consules esset neve
cui patrum capere cum magistratum liceret. Ita tribuni plebei
creati duo C. Licinius et L. Albinus. Ii tres collegas sibi crea-
verunt, in his Sicinium fuisse seditionis auctorem; de duobus qui
fuerint minus convenit. sunt qui duos tantum in sacro monte creatos tribunos esse dicant ibique sacratam legem latam."* Von der
ganzen grossen und ausführlichen Rede des Agrippa, von den
verschiedenen aus mehreren Abgesandten bestehenden Gesandt-

schaften, von den wiederholten Vermittlungsversuchen, von der
doppelten Schlussversammlung in Rom und auf dem *mons sacer*,
von allen diesen weit ausgesponnenen Thatsachen der Dionysischen Erzählung findet sich hier keine Spur. Es liegt auf der
Hand, dass die Darstellung, welcher Liv. seine Nachrichten über
die Rede Agrippas und über ihre Stellung in den Verhandlungen entlehnte, eben denjenigen ältern Historikern gehörte, bei denen Dion. (s. p. 47) zu seinem Erstaunen diese
Parabel, aber nichts weiter fand. Wir dürfen also annehmen,
dass sich Liv. hier wieder mit jenem *fertur* und dem vorhergehenden *dicitur* ältern Quellen zuwandte. Die von *fertur* ab-
hängende Construction hält aus bis „*Sicinium fuisse soditionis
auctorem*“, dann folgt wieder ein kurzer vergleichender Blick
auf andere Quellen. In diesen letztern, also nicht in jenen
ältern, stand „*duos tantum in sacro monte creatos tribunos
esse ibique suoratam legem latam.*“ Dass dies nicht Piso war,
erhellt trotz Liv. 2, 58 (Schwegl. 2, p. 271 Anm. 1) eben aus
dem kurz vorhergehenden Citat, wonach Piso die *plebs* auf den
Aventin auswandern liess. Bei Dion. dagegen findet sich die
lex sacrata auf dem heiligen Berg, aber fünf Tribunen. Wir
schliessen hier zunächst diese Vergleichung ab. Folgt man der
Livianischen Erzählung weiter, so betritt man sofort jenes ältere
Stück, die Coriolansage und die sie umgebenden annalistischen
Notizen, und wir kommen also zu dem Resultat, dass das zweite
ältere Stück des zweiten Buchs, das jedenfalls bis Kap. 43 A.
reicht, schon Kap. 32 beginnt.

Es kann auffallen, dass Liv. für die Geschichte der ersten
Secession, sollte unsere Analyse richtig sein, so kurz hinter
einander drei verschiedene Quellen benutzte, erst zwei neuere,
schliesslich eine ältere. Bei einer genaueren Erwägung wird
man die Sache doch nicht so auffallend finden. Liv. verlässt
die bisher benutzte jüngere Quelle Kap. 29 an der Stelle, wo
er auf die Diktatur des Valerius stiess. Hatte er nun an einer
andern Stelle (8, 40) offen sein Misstrauen gegen die gentili-
cische Eitelkeit der Historiker ausgesprochen[1], so ist es erklär-

---

[1] *vitiatam memoriam funebribus laudibus reor falsisque imaginum titulis, dum familia ad se quaeque famam rerum gestarum honorumque fallenti mendacio trahunt. Inde certe et singulorum gesta et publica monu-*

lich, dass er die bisher benutzte Quelle, unzweifelhaft Valerius
Antias, verliess, wo er in ihr einem Valerier eine so gewaltige
Rolle zugetheilt fand. Dasselbe Factum bei einem andern
Schriftsteller andern Namens und Geschlechts war ihm weniger
verdächtig. Weshalb er dann wieder die Darstellung verliess,
die wir in ihrem weitern Verlauf unzweifelhaft bei Dion. haben,
dafür giebt er uns sehr deutlich den Grund in den Worten,
mit welchen er Agrippas Rede einleitet, nämlich der *modus
priscus et horridus narrandi* zog ihn und seinen feinen Dar-
stellungstact hier eben so sehr an, wie ihn die langen rhetorischen Ausführungen abstiessen, welche wir bei Dion. demselben
Agrippa, seinen Mitgesandten und seinen Gegnern in den Mund
gelegt finden.

§. 5. Resultat der vorstehenden Analyse.

Ueberschauen wir jetzt die Resultate unserer bisherigen
Quellenanalyse.

Die älteren Quellen lieferten Liv. die Abschnitte Kap. 1—21
und Kap. 31—43; die dazwischen liegenden entnahm er jüngern
Quellen und zwar bis Kap. 29 dem Valerius, bis Kap. 33 dem
Licinius. Diesen letztern nahmen wir als die Grundlage der
Dionysischen Erzählung an, so weit sie Liv. 2, 1—43 ent-
spricht.

Danach gestaltet sich die Möglichkeit der Quellenver-
gleichung hier für uns folgender Maassen. Wir können für den
Liv. 2, 1—16 erzählten Abschnitt drei verschiedene Massen vergleichen, die ältern Quellen bei Liv., Valerius in Plutarchs Poplicola, Licinius im Dionys. Livius a. O. 16—21 haben wir die
ältern, daneben bei Dion. 5, 49—6, 24 Licinius. Ebenso liegt
das Verhältniss für den Abschnitt Liv. a. O. 31—42 und Dion.
in dem entsprechenden Abschnitt Dion. 6, 45—8, 63. Dagegen
haben wir für Liv. a. O. 22—29 bei ihm Valerius, bei Dion.
6, 25—34 Licinius, jedenfalls nur zwei jüngere Quellen. Nur
eine und dieselbe Quelle, also Licinius, haben wir für die
Strecke Liv. c. 29—31 bei ihm und bei Dion. 6, 34—44.

Was den ersten Abschnitt betrifft, in welchem die Ver-

---

*menta rerum confusa nec quisquam aequalis temporibus illis scriptor exstat,
quo salis certo auctore stetur.*

gleichung dreier verschiedener Quellen möglich ist, so haben
wir diese Kap. 2 angestellt und das Resultat gefunden, dass
hier Dion. = Licinius die beiden andern Darstellungen verschmolzen habe. Wir haben schon damals hervorgehoben, dass
auch in den spätern Abschnitten, die bei Liv. und Dion. deutliche Spuren jener jüngsten Quelle zeigten, eine solche Verschmelzung einer ältern und einer relativ jüngern Darstellung
wahrnehmbar war. Wollen wir hier diese Untersuchung wieder
aufnehmen, so kommt es darauf an, zunächst vor allem die
Grundanschauungen der ältern Quelle in den betreffenden Stücken
des Liv. festzustellen.

**Kap. 4. Die Grundanschauungen der constatirten verschiedenen
Quellen.**

**§. 1. Die Stellung der beiden Stände a) in der ältern
Quelle des Liv.**

Wir gehen hier zunächst von der Stelle aus, in der Liv.
2, 21 die Nachricht von dem Tode des Tarquinius nach Rom
kommen lässt. Er fährt dann fort *„erecti patres, erecta plebes.
Sed patribus nimis luxuriosa ea fuit laetitia, plebi cui ad eam
diem summa ope inservitum erat iniuriae a primoribus fieri coepere.“* Diese Stelle steht kurz vor der, in welcher Liv. zur
neuern Quelle übergeht. Sollte sie nun etwa zusammenfassen,
was in der bisherigen Darstellung derselben über die innern
Verhältnisse Roms gesagt war? Keineswegs. Die Darstellung
Dion. 5, 63 und ebenso 6, 22 giebt in allgemeinen Zügen, was
dann später auch bei Liv. 2, 23 und Dion. 6, 26 der Nexus als
seine specielle Leidensgeschichte erzählt, nämlich eine allmälige,
langjährige Verschlechterung und Verwirrung der Verhältnisse.
Schon unter dem bei Liv. ganz ereignisslosen Consulat des
Q. Cloelius und T. Lartius treffen wir Dion. 5, 63 eine Senatsverhandlung über Maassregeln gegen die vorhandene Schuldennoth.
Sie wird geführt zwischen M. Valerius und Appius Claudius und
endet mit der Ernennung des ersten Dictators. So gewiss dieser
Valerius aus Antias stammt, so gewiss war (s. ob. p. 53) M. Valerius bei ihm erster Diktator und so gewiss hatte auch Liv. das Original zu jener Dionysischen Senatsdebatte bei Valerius eingesehen,
wie er 2, 18 die Notiz über die Ernennung des M. Valerius

5*

mit der Bemerkung bei Seite schob „*si maxime ex ea familia
legi dictatorem vellent patrem multo potius M. Valerium spectatae
virtutis et consularem virum legissent.*"

Deshalb dürfen wir die Vermuthung wagen, dass Antias
die Geschichte der Schuldnoth mit jener Senatsverhandlung
begann, bei der M. Valerius einen Schulderlass, Appius Claudius die Diktatur beantragte, und welche schliesslich zur Diktatur des M. Valerius führte, „weil man aus dieser Familie
den ersten Diktator zu nehmen wünschte." Die Bearbeitung,
die bei Dion. vorliegt, nahm die Debatte mit dem Valerier aus
Antias, den Dictator aber T. Lartius aus der ältern Quelle,
der Liv. folgt. Der wunderliche Census, den Dion. 5, 75 dieser
Diktator hält, passt genau in die Reihe, die mit dem von
Macer erfundenen Entstehungsjahr des Censorenamts stimmt s.
p. 43 f.

Die Darstellung des Livius entspricht also durchaus nicht
der des Dionys, sie kennt keine langsame Entwicklung der
Schuldnoth schon von früher her, ja sie erwähnt gerade diese
Seite der damaligen Zustände überhaupt nicht. Die besprochene Stelle 2, 21 schliesst bei Livius die zusammenhängende Masse älterer Quellen vom Anfang des zweiten
Buches an. Die nächste Stelle, wo wir wieder auf ältere Quellen
trafen, war die Erzählung der ersten Secession 2, 23. Es ist
auch hier von den Neuern hervorgehoben worden (Schwegl. 2
p. 268 fl.), dass sich in diesem Stück der Livianischen Erzählung keine Spur von der Schuldnoth als dem eigentlichen
Motiv der Bewegung finde. Die Verhandlungen, von denen
Livius hier erzählt, betreffen nur die Einrichtung neuer plebejischer Gewalten. Es entspricht also an dieser Stelle die
Auffassung der älteren Quellen derjenigen, die wir 2, 21 trafen,
insofern sowohl dort beim Anfang wie hier beim Abschluss der
betreffenden Bewegung nur der Uebermuth der Patricier gegen
den andern Stand als der eigentliche Beschwerdepunkt erscheint. Die dritte Stelle, in der wir bei Liv. alle Quellen voraussetzen, schliesst sich der Geschichte der Secession unmittelbar an, es ist die Coriolansage. Hier geht bei ihm das neue
Zerwürfniss entschieden vom Senat aus. Er betont ausdrücklich, der Friede der Republik sei damals hergestellt gewesen
„*domi sanata discordia*" c. 34, erst nach der Ankunft der sici-

lischen Zufuhren bei der Senatssitzung über ihren Verkauf *„multi renisse tempus premendae plebis putabant recuperandique iura, quae extorta secessione ac vi patribus essent. In primis Marcius Coriolanus hostis tribuniciae potestatis etc."* Erst als die dabei folgenden Aeusserungen des Letztern im Volke bekannt wurden *„plebem ira prope armarit."* Man sieht, es ist dieselbe Vorstellung, nach der die Veranlassung zur Secession nicht in der trostlosen Verwickelung der Schuldverhältnisse, sondern in der Herrschsucht der Patricier lag. Unzweifelhaft aber musste die hier von Livius gebrauchte Quelle, da sie die Geschichte des Coriolan, seiner leidenschaftlichen Pläne und seiner Katastrophe so dicht an die Secession hinauschob, von der Voraussetzung ausgehen, dass die Einsetzung der *magistratus sacro sancti* diesen das Recht verliehen, Patricier vor den Comitien anzuklagen (Schwegl. 2, p. 385), dass also nach dieser Anschauung die *plebs* keineswegs *„eine völlig rechtlose und gedrückte Stellung"* (a. O.) einnahm, sondern den Patriciern gegenüber mit neuen Gewalten und Rechten dastand, welche gerade die tiefe Erbitterung jener erregten. Dass die älteren Quellen sich die Macht des Tribunats und seinen Einfluss sehr bedeutend dachten, erhellt aus den Worten Coriolans *„Tarquinium regem qui non tulerim, Sicinium feram?"* Er versucht nur den Einwurf *„auxilii non poenae ius datum illi magistratui plebisque non patrum tribunos esse."* Aber der Senat selbst sieht sofort die Unmöglichkeit ein, dem Anklagerecht der Tribunen und der Strafgerichtsbarkeit der Comitien rechtlich entgegen zu treten. Es ist eben bei Liv. dieses Recht der Plebs schon ein vorher gesetzlich anerkanntes (Schwegl. 2, p. 384), und nicht, wie bei Dion. 7, 65 [1]), ist der Process des Coriolan Veranlassung und Anfang der plebejischen Gerichtsbarkeit.

---

[1]) Dion. 7, 36 erwägt Junius Brutus den Angriff gegen Coriolan: τοὺς πατρικίους ἅπαντας ἠρεθισμένους — τοῦ τε δήμου τὸ καρτερώτατον μέρος ἐνδοιάζον καὶ οὐκ ἀγαπητῶς δεχόμενον ἀνδρὸς ἐπιφανεστάτου τῶν ἐν τῇ πόλει παράδοσιν ἐπὶ θανάτῳ καὶ ταῦτα ἀκρίτου. συνεβούλευε — τότε μὲν εἶξαι — προθεῖναι δὲ τῷ ἀνδρὶ δίκην, ὁρίσαντα χρόνον ὅσον δή τινα. Von allen diesen Bedenken hat Liv. Nichts, er schildert nur die Zuversicht Coriolans. Dion. schliesst seine Erzählung 7, 66: Αὕτη πρώτη κατ' ἀνδρὸς πατρικίου προσκλήσεις εἰς τὸν δῆμον ἐγένετο ἐπὶ δίκῃ καὶ ἀπ' ἐκείνου τοῦ χρόνου τοῖς ὕστερον λαμβάνουσι τὴν τοῦ δήμου

§. 2. b) In der Jüngeren Quelle bei Dionys.

In den betreffenden Partien haben wir, wie S. 66 bemerkt,
zunächst nur die Darstellung des Dionys zu vergleichen. Was
die erste Stelle betrifft, so haben wir schon oben erwähnt, dass
sich bei Dion. die Geschichte der Schuldnoth und zugleich
der innern Zerwürfnisse in Verbindung mit der ersten Diktatur
findet, und dass die Erzählung der ältern Quellen, denen Liv.
folgte, bei Dion. verschmolzen erscheint mit den Thatsachen,
die Liv. offenbar im Valerius las. In der weitern Geschichte
der ersten Bewegung ist aber die oben berührte Stelle Liv. 2,
21 d. b. der Tod des Tarquinius und der unselige Eindruck,
den er auf die römischen Stände machte, durchaus nicht benutzt. Die entsprechende Erzählung des Dionys hebt nur die
Schuldnoth in den ersten Stadien des Kampfes als das eigentliche Motiv hervor[1].
Anders gestaltet sich das Verhältniss des Dion. zum Livius
bei der Secession selbst. Hier lässt sich nicht verkennen, dass bei
dem ersteren eine Verschmelzung zweier Darstellungen vorliegt.
Die eine ging von der Ansicht aus, dass die Verwirrung der
Schuldverhältnisse die Ursache der ganzen Bewegung sei. Diese
Vorstellung waltet vor in der ganzen Geschichte der Verhand-
lungen bis 6, 64. In Folge dieser Verhandlungen geht eine
Gesandtschaft von zehn Männern zu den Ausgewanderten. Die
Anträge dieser Gesandtschaft bezwecken wesentlich eine Ordnung der Schuldverhältnisse, ihre Hauptredner sind ein Valerius
und Menenius Agrippa. Letzterer schliesst eine längere Rede,

προστασίαν, ἔθος κατέστη καλεῖν οἷς δόξειε τῶν πολιτῶν δίκην ὑφέξον-
τας ἐπὸ τοῦ δήμου, eine solche Betrachtung fehlt ebenfalls bei Liv.
[1] Dion. 6, 21 wird nach der Abschliessung des Bündnisses mit den
Latinern auch der Tod des Tarquinius erwähnt, der von Latinern, Etruskern
und Sabinern abgewiesen, sich zum Tyrannen von Kumä wandte und dort
90jährig starb. Dann fährt er c. 22 fort: Ῥωμ. δὲ καταλυσαμένοις τοὺς
ὑπαίθρους πολέμους; ἡ πολιτικὴ στάσις αὖθις ἐπανίσταται, τῆς μὲν
βουλῆς ψηφισαμένης καθίζειν τὰ δικαστήρια καὶ τὰς ἀμφισβητήσεις,
ἃς διὰ τὸν πόλεμον ἀνεβάλοντο, κρίνεσθαι κατὰ τοὺς νόμους κ. τ. λ, dagegen ist bei Liv. von einem Bündniss mit den Latinern gar nicht die Rede,
es heisst nur von der Nachricht von Tarquinius Tod: eo nuntio erecti
patres, erecta plebes. sed patribus nimia luxuriosa ea fuit laetitia; plebi
cui ad eam diem summa ope inservitum erat iniuriae a primoribus fieri coepere.

in der er namentlich eine Schuldentilgung beantragt und weitere
Gesetze über diese Verhältnisse in Aussicht stellt [1]) mit der
bekannten Fabel (6, 83—86). Hier tritt nun, als die Plebs
darauf eingehen will, ein Volkstribun Junius Brutus ein, · der
ja allgemein als ein Produkt späterer Historiographie anerkannt wird[2]. Durch die schlauen Rathschläge dieses Demagogen kommt zuerst der Vorschlag einer jährlich von der
Plebs zu erwählenden Behörde nur zum Schutz in die Verhandlungen[3]. Man sieht, erst an diesem Punkt lenkt die bisherige Darstellung in die einfache Erzählung der alten Quelle
ein. Die Verhandlung kommt nun zum Schluss an zwei verschiedenen Punkten in zwei verschiedenen Akten. Eine plebejische Gesandtschaft geht nach Rom mit der Hälfte der
patricischen Gesandten, Menenius bleibt im Lager zur Abfassung des Gesetzes über den gewünschten Magistrat 88[4].
Jene Gesandtschaft schliesst mit dem Senat durch die Fetialen
einen Vertrag. Das Volk, in Curien getheilt, wählt seine bisherigen Führer Brutus und Sicinius Bellutus, ausserdem C. und
P. Licinius und C. Viscellius. Sie traten am 10. Dec. an. Nach
den Wahlen kommen die Gesandten des Senats wieder und

---

[1]) εὑρόντες δὲ τὰς ἀποτόμους τῶν δανείων ἀναπράξεις τῶν πηρ-
όντων κακῶν αἰτίας γεγονυίας, οὕτως αὐτὰς διορθούμεθα a. 0. 63
s. Schwegler 2 p. 259 A. 1.

[2]) S. Schwegler 2 p. 272 A. 3.

[3]) Συγχωρήσατε ἡμῖν ἄρχοντας ἀποδεικνύναι καθ' ἕκαστον ἐνιαυτὸν
ἐξ ἡμῶν ὅσους δή τινας, οἵτινες ἄλλου μὲν οὐδενὸς ἔσονται κύριοι, τοῖς
δὲ ἀδικουμένοις ἢ κατισχυομένοις τῶν δημοτῶν βοηθήσουσι, καὶ οὐ πε-
ριόψονται τῶν δικαίων ἀποστερόμενον οὐδένα Dion. a. O. 87.

[4]) Man bemerke die eigenthümliche Verknüpfung: die Schwierigkeit
war, dass nach den älteren Quellen der Vertrag auf dem mons sacer nur
das Tribunat betraf, die Gesandtschaft aber nur für die Ordnung der
Schuldverhältnisse instruirt sein konnte. Dion. lässt erst für die neue
Forderung eines Tribunats die Zustimmung des Senats einholen, als diese
zurückkommt, theilt sich die Gesandtschaft wieder, Menenius bleibt auf
dem mons sacer διαγράψω παρακληθεὶς τὸν νόμον τοῖς δημοτικοῖς, καθ'
ὃν ἀποδείξουσι τὰς ἀρχὰς, ein anderer Theil geht nun nicht wegen des
Magistrats an den Senat zurück, sondern „οἷς τὰ πιστὰ δώσει" d. h. die
Garanten wegen der Schuldverhältnisse, die ꞏc. 84 bezeichnet werden: αἱ
δὲ βεβαιώσουσα τὰς ὁμολογίας ταύτας καὶ τὸ ἀσφαλὲς ὑμῖν παρέξουσα.
πίστεις. Denn dort ist von dem Magistrat noch gar nicht die Rede
gewesen.

stimmen Allein zu. Brutus aber beruft eine Versammlung und
beantragt den Magistrat für heilig nnd unverletzlich zu erklären.
Das geschieht 6, 89 ff. durch eine Reihe von Beschlüssen und
religiösen Akten, von denen sich Liv. 2, 33 gar nichts findet,
welche aber offenbar dem Schriftsteller bekannt waren, dem er
später 3, 65 über diese selben Dinge nachschreibt [1].
    Gehen wir jetzt zunächst zu der dritten Partie über, der
Coriolansage.
    Die Erzählung des Dion. enthält zwei Hauptmomente der
Sage, die wir bei Liv. nur einmal erzählt finden, doppelt, den
Feldzug gegen Antium und den Process des Coriolan. Ueber
den Feldzug gegen die Antiaten sagt Liv. 2, 33, der Name des
Coriolan werde ursprünglich allein, dabei genannt, so dass man
auf das Commando eines Consuls nur aus andern Gründen
schliessen könne, es gab also unzweifelhaft eine alte Ueberlieferung, bei der nur Coriolan genannt wurde. Der Consul Cominius kam erst später hinzu, wie wir schon oben
bemerkten. Nun wird bei Dion. ein Feldzug des Coriolan
gegen die Volsker von Antium zuerst 6, 91 f. unter dem De-
fehle des Consuls, dann 7, 19 ein zweiter auf seine eigene
Hand ohne einen höheren Commandirenden erwähnt. Ganz
ähnlich verhält es sich, wie gesagt, mit dem Process. In der
Livianischen Erzählung, die über diesen Punkt auffallend kurz
ist, erfahren wir, dass die Tribunen die Anklage an die Comitien brachten, dass Coriolan eine Vertheidigung gar nicht
versuchte und schon vor dem entscheidenden Gerichtstage in's
Exil ging. Ueber das Objekt der Anklage erfahren wir bei
Liv. nichts. Bei Dion. wird die Sache so dargestellt: Die
Tribunen und Aedilen beabsichtigen Coriolan zugleich anzuklagen und zu verurtheilen 7, 35. Von diesem Plane sehen
sie sich genöthigt abzugehen, sie verstehen sich nach einem

---

[1] „non haberi pro sacrosancto aedilem, tribunos retere iure iurando
plebis, cum primum eam potestatem crearit, sacrosanctos esse" Dion. a. O.
so erzählt eben auch in folgender Reihenfolge: Wahl der Tribunen, gesetzliche Festatellung ihrer potestas als einer sacrosancta, die von allen
beschworen wird, Wahl der Aedilen ohne einen solchen Eid. Es ist
namentlich mit Bezug auf Schweglers Ausführung 2 p. 249 ff. zu bemerken,
dass Dion. diesen Eid bestimmt unterscheidet von dem Vertrag, welchen
die Fetialen in Rom aufgerichtet hatten.

Beschluss des Senats dazu, die Klage an die Comitien zu bringen. Hier vertheidigt sich Coriolan 7, 62 mit grossem Erfolg[1]), bis ein Tribun Decius eine neue Motivirung versucht, zu der ihm der zweite consullose Feldzug des Marcius den Stoff bietet. Bel dieser verzichtet Coriolan auf die Vertheidigung und wird verurtheilt 7, 64 a. E.[2]).

Wir haben also in diesen beiden Erzählungen der Secession und der Geschichte Coriolans dieselbe eigenthümliche Erscheinung der Verdoppelung von Erzählungsmomenten, die bei Liv. nur einfach vorkommen. Bei der Secession findet bei Liv. nur eine Verhandlung und ein Vertrag statt, bei Dion. zwei Verhandlungen und zwei Verträge, auf dem *mons sacer* und in Rom.

In der Coriolansage haben wir den Feldzug gegen die Antiaten und den Process bei Liv. einfach, bei Dion. doppelt. Bei der Secession entspricht die eine Verhandlung und der eine Vertrag der allerdings viel einfacheren Erzählung des Livius, bei Dion. ist eben dieser Vertrag auf dem heiligen Berg viel mehr mit Detail ausgeschmückt, während der andere in Rom, von dem bei Liv. keine Spur, sich in ein gewisses Dunkel hüllt. Dass dieser letztere aber die Abstellung der Schuldnoth betraf, zeigt die vorhergehende Geschichte der Verhandlungen, und dass diese Geschichte der Schuldnoth höchst wahrscheinlich aus Valerius stammt, darüber haben wir oben gesprochen.

Wir haben also hier, worauf wir schon früher hindeuteten, in der Erzählung des Dion. deutliche Spuren, dass dieselbe zwei verschiedene Darstellungen, wovon die eine die der älteren

---

[1]) ἔτι δὲ αὐτοῦ λέγοντος, ὅσον μὲν ἦν τοῦ δημοτικοῦ μέρους ἐπιεικὲς καὶ φιλόχρηστον, ἀπολύειν ἐβόα τὸν ἄνδρα — ὅσοι δ' ἦσαν φύσει βάσκανοι — ἤχθοντο μὲν ἀπολύειν τὸν ἄνδρα μέλλοντες, οὐκ εἶχον δὲ, ὅ τι ἂν ἄλλο ποιῶσι κ. τ. λ.

[2]) οὔτε ὁ Μάρκιος πρὸς ταῦτα εἶχεν ὅ τι ἀπολογήσαιτο, οὔτε ὁ ἕτερος οὔτε ἄλλος οὐδείς, οἷα δὴ παραδόξου — φανείσης ἐπὶ σφίσι τῆς αἰτίας. Ich gebe Mommsen Hermes IV p. 12 Recht, dass hier von „einer neuen Anklage" wie ich früher behauptet, nicht die Rede, aber muss denen ungeachtet (s. oben p. 45) daran festhalten, dass hier bei Dion. vor die einfache Erzählung bei Liv. eine zweite ausführliche Erzählung geschoben und mit der Liv. als erster Abschnitt derselben Verhandlung verknüpft ward.

Livianischen Quellen, die andere eine Valerische war, ebenso verschmolz, wie wir das früher bei den Anfängen der Republik
gesehen haben. ▪

Unzweifelhaft würden wir bei der vorstehenden Vergleichung noch deutlicher sehen, wenn uns das dritte Glied zu derselben erhalten wäre, die zweite der verschmolzenen Erzählungen. Unter diesem Gesichtspunkt gewinnt nun das letzte
hier noch zu vergleichende Stück eine um so grössere Bedeutung, der Abschnitt Liv. 2, 22—29 und Dion. 6, 25—45.

§. 3.   c) In der jüngeren Quelle des Liv.

In diesem Abschnitt hat nach den Kap. 3 § 3 und 4 gegebenen Ausführungen Liv. uns den Valerius gegeben. Wir
können jedenfalls also, so weit dieses Stück eben reicht, d. h.
bis dicht vor der Secession, den Charakter seiner Darstellung
uns deutlich machen. Der Hauptzug derselben ist, dass hier
nur die Schuldennoth als das alleinige Motiv der ganzen Bewegung erscheint. Wir müssen aber noch ein anderes Moment
hervorheben. Die Quelle des Dion. hat an diesem Grundzug
der ganzen Darstellung, obwohl sie sonst Manches weggelassen,
zugesetzt und umgestellt hat, durchaus nichts verändert. Es
fragt sich demnach, fand diese jüngere Quelle, der Dion. folgte,
in der alten Quelle, die sie später benutzte, hier kein verwend-
bares Material vor? Oder aber, was auch möglich wäre, ist
Liv. oft erwähnte Aeusserung über den Anfang der Bewegung,
2, 21 vielleicht gar nicht einer ältern Quelle entnommen und
nur seine eigene Conception? Dies letztere müssen wir entschieden in Abrede stellen.   .

Wir haben nämlich in einem Fragment des Sallust (ed.
Gerlach *I fragm. 11*) eine Darstellung, in der ganz deutlich
diejenige, der Liv. folgte, und die Valerische, die von der
Schuldnoth ausging, mit einander verschmolzen sind. Es heisst
dort so „*neque amplius quam regibus exactis dum metus a
Tarquinio et bellum grave cum Etruria positum est aequo ac
modesto iure agitatum, dein servili imperio patres plebem exercere
de vita atque tergo regio more consulere, agro pellere et ceteris
expertibus soli in imperio agere.*“ Soweit entspricht es der Livianischen Darstellung 2, 21, darauf führt die Stelle analog
der Erzählung bei Liv. 2, 22 ff. und der Dionysischen weiter fort:

*„quibus sacrtiiis et maxume focneris onero oppressa plebes, cum
assiduis bellis tribntum simul et militiam toleraret.“* Das Folgende scheint eine Verschmelzung zweier Erzählungen *„armala
montem sacrum atque Aventinum insedit tunique tribunos plebis
et alia sibi iura paravit,“* wenn nicht Sallust hier auch schon
an die zweite Secession dachte. Wie dem auch sei, so viel ergiebt sich, dass er für den Anfang der ersten Secession die
Erzählung kannte, der auch Liv. folgte.

Wenn also bei dem weiteren Fortgang der Bewegung wir
in Dionys Darstellung die Züge jener älteren Quelle vermissen,
so bieten sich zur Erklärung dieser Thatsache zwei Möglichkeiten. Entweder liess die Quelle des Dion. d. h. Licinius die
weitere Entwicklung des Aufstandes nach der älteren Quelle
aus und wandte sich erst am Schluss derselben zu, oder die
ältere Quelle gab nach der Nachricht vom Tode des Tarquinius
unter der allgemeinen Bemerkung, die sie damit verband, nichts
weiter über die Geschichte der Bewegung bis kurz vor dem
Ausbruch der Secession. Diese letzte Annahme ist in so fern
wahrscheinlicher, als sie wesentlich mit die schon öfter erwähnte Aeusserung des Dion. rechtfertigen würde, dass die
älteren Historiker Fabius und Cincius für seine Bedürfnisse zu
kurz geschrieben hätten. Es würde durch diese Annahme aber
auch weiter noch sich erklären, weshalb Valerius Antias ein
so überraschend grosses Publikum gewann (s. Nissen, krit.
Unters. p. 45), denn wahrscheinlich war er dann der erste
römische Historiker, der die Anfänge der plebejischen Bewegung
nur in einer scheinbar tieferen Motivirung und einer wirklich
zusammenhängenden Erzählung vortrug.

Schliesslich haben wir dann freilich zu bedauern, dass Liv.
29—31 Antias verliess und sich ganz derselben Quelle wie
Dionys anschloss. Wir würden sonst möglicher Weise die hier
versuchte Controle noch etwas weiter führen können. Jetzt
bleibt uns nur eine Bemerkung zu machen. Wir haben oben
p. 63 hervorgehoben, dass Liv. 2, 28 und 29 dieselbe Aushebung zweimal erzählt, das eine Mal 28 nach seiner bisherigen Quelle, das zweite Mal 29 nach der des Dionys. Diese
beiden Erzählungen können wir also vergleichen. Und dabei
stellt sich der schon bemerkte Unterschied heraus, dass Liv. 2,
28 eigentlich gar kein Feind erwähnt wird, gegen den das

Heer zusammengezogen wird, „otio lascivire plebem." Der Delekt soll nur gehalten werden, um diesen Uebermuth zu brechen.
Dion. 6, 34 dagegen und Liv. 2, 30 erscheinen Volsker, Aequer
und Sabiner gegen Rom in den Waffen und dieser furchtbaren
Combination gegenüber werden zehn Legionen ausgehoben.
Dies ist die erste auffallende Notiz, die wir bei Dionys und
Liv. 29 f. zu der Darstellung hinzugefügt finden, die Liv. bisher 22—28 aus seiner jüngeren Quelle von der Vorgeschichte
der Secession gab. Es ist nach unserm bisherigen Untersuchungen daher mehr als wahrscheinlich, dass diese letztere Notiz
hier aus der älteren Quelle stammt, die erste, die wir wieder
wahrnehmen. Damit ist aber zusammen zu halten, dass in der
folgenden Livianischen Erzählung der Secession, wo er 31 sich
den älteren Quellen selbst zugewandt hat, nur dieses Heer
secedirt, nur dieses Heer verhandelt und als Plebs auf dem
mons sacer seinen Vertrag schliesst. Die ältere Darstellung erklärte also, wie es kam, dass die ganze streitbare Plebs ins
Feld geführt wurde, durch den grossen Krieg. Die secedirende
Plebs war für sie schon vorher durch den delectus als exercitus
organisirt. Die Erzählung bei Valerius Liv. 2, 28 sah in dem
Delect nicht eine unumgängliche kriegerische Maassregel, sondern einen politischen Gewaltstreich, sie nahm daher auch nicht
an, dass er die ganze Plebs umfasste, was bei ihrer Motivirung
gar nicht denkbar. Aus diesen beiden Darstellungen setzt sich
wieder die des Dionys zusammen; sie kennt wie gesagt den
dreifachen Krieg und einen so ausgedehnten Delectus auch,
aber sie lässt keineswegs die Plebs nur in diesen zehn Legionen
auswandern, sondern fügt ausdrücklich hinzu „alle Verschuldeten und alles mittellose städtische Gesindel hätten sich mit
ihnen vereinigt" 6, 46 und gleichzeitig bleibt nach ihr noch
die Möglichkeit, eine Volksversammlung in Rom zu halten 6, 67.

Auch an dieser Stelle also ist die Verschmelzung zweier
Erzählungen erkennbar. Die eine hob auch hier die Schuldnoth hervor, sah auf dem mons sacer wieder vor allem die Verschuldeten, und legte auf die grossen Kriege, die sie nicht
kannte, und den deshalb grossen Delect kein Gewicht, die
andere dagegen sah in der Aushebung von zehn Legionen auf
einmal die eigentliche Möglichkeit für die Plebs so bewaffnet
als exercitus auszuwandern und zu verhandeln. Für diese Dar-

stellung halten auch hier die Verschuldung und die *nexi* gar
keine Bedeutung.

**Kap. 5. Die Livianische Erzählung vom Bündniss mit den
Hernikern bis zum zweiten Consulat des Q. Fabius 2, 41—3, 3.**

§. 1. Das ältere Stück 2, 44—52 Fabischen Ursprungs.

Wir haben im Vorstehenden dasjenige Stück der Livianischen Erzählung zu analysiren versucht, in welchem schon eine
Reihe äusserer Indicien, vor allen die Aeusserungen des Vrf.
selbst eine Benutzung verschiedener Quellen voraussetzen
liessen. Unsere Absicht dabei war besonders wo möglich zu
erkennen, wie der Vrf. in diesem früheren Theil seines Werks
mit den benutzten Quellen verfahren, zunächt ganz äusserlich,
wie oft er gewechselt und in wie grossen Strecken er der einzelnen gefolgt. Das jetzt hierfür vorliegende Resultat ist folgendes: in dem ersten Theil des 2. Buchs, Kap. 1—41 hat er
dreimal gewechselt, Kap. 22, 29 und 32. Wir haben also vier
ihrem Ursprung nach verschiedene Partien, von welchen jedoch,
soweit wir sehen, die erste und vierte derselben älteren
Quelle, die zweite und dritte zwei verschiedenen jüngeren angehören.

Die Ausdehnung der einzelnen Stücke entspricht dem
Durchschnittsanaass der einzelnen Theile, aus welchen ganz in
derselben Weise die Erzählung der 4. und 5. Dekade zusammengesetzt ist. Hat Liv. wirklich hier nur eine ältere Quelle
neben zwei neueren benutzt, so ist das Verhältniss jener zu
diesen beiden, wie in den letzten Dekaden das des Polyblus zu
den beiden römischen Annalisten. Es verdient dies deshalb bemerkt zu werden, weil sehr wahrscheinlich Liv. dort manchmal
eben so rasch zwischen Valerius und Claudius wechselte, wie
er das hier in dem uns beschäftigenden Stück Kap. 29 mit den
beiden jüngeren Quellen gethan.

In dem nun folgenden Stück, soweit wir überhaupt Livius
mit Dion. vergleichen können, haben wir von Anfang an zwei
Massen unterschieden, die nächstfolgende reicht bis 3, 3, die
zweite 3, 4 bis jedenfalls 42. Sie unterscheiden sich eben
durch jene äusseren Kap. 1 § 4 constatirten Merkmale, welche
früher bei Dion., von Liv. 3, 4 an erst bei diesem sich finden.

Die nächste Frage für uns ist also die, ob Liv. von 2, 41—3, 3 einer und derselben Quelle folgte, denn 3, 4 wechselte er gewiss, und darnach, welchen? Nur hier können wir sofort mit Bestimmtheit aus dieser Masse ein Stück mitten herausheben. Es wird nämlich Kap. 44 und 46 der vorjährige Feldzug des Cäso Fabius als eine Unternehmung gegen die Aequer bezeichnet, während die Erzählung Kap. 43 ihn, wie auch Dion. 9, 2 f. gegen die Vejenter gerichtet sein lässt[1]. Ebenso stehen die Worte Kap. 52: *(Menenio) „erat invidiae amissum Cremerae praesidium cum haud procul inde statira consul habuisset"* im Widerspruch mit Kap. 51 *„Menenius adversus Tuscos victoria elatos confestim missus, tum quoque male pugnatum est,"* denn „geschickt" konnte der Consul gegen die Tusker nur von Rom aus werden, er hatte also nach dieser Erzählung keineswegs schon am Tage der Fabischen Niederlage sein Standlager nicht weit von der Cremera.

Durch diese Bemerkungen sondert sich also das Stück C. 44—51 von der vorhergehenden und nachfolgenden Erzählung aus, d. h. die Geschichte der Fabier vom Consulat des M. Fabius und Cn. Manlius bis zum Untergang des Geschlechts.

Niebuhr II p. 224 äussert sich über die Kriegsgeschichte jenes Consulats: „Die Erzählung von diesem Feldzug hat völlig das Ansehen, aus den Handschriften des Fabischen Geschlechts herzustammen; ja die Erwähnung, dass M. Fabius die Lobrede über Quintus und über seinen Collegen gesprochen, Liv. 2, 47[2]) lässt wohl nicht bezweifeln, dass die Annalisten von einer Laudation wussten, die ihm zugeschrieben wurde." Auch Schwegler II p. 745 spricht dieselbe Ansicht aus „so verdächtig sonst" sagt er „in diesem Zeitraum solche Umständlichkeit ist, so trägt sie doch im vorliegenden Falle nicht den Charakter schriftstellerischer Erfindung. — — Niebuhr hat gewiss richtig

---

[1]) Liv. a O. 43: *ducendus Fabio in Veientes datur (exercitus) 44: proximo bello — traditam ultro victoriam victis Aequis 46: non magis secum pugnaturos quam pugnarint cum Aequis.*

[2]) *funera deinde duo deinceps collegae fratrisque ducit idem in utroque laudator, cum concedendo illi suas laudes ipse maximam partem earum ferret.*

gesehen — die Veröffentlichung dieser Familienüberlieferung ist
natürlich durch — Fabius Pictor erfolgt u. s. w."
Schon früher also ist man auf den auffallend alterthüm-
lichen Charakter dieser Erzählung, durch welche sie sich vor
andern auszeichnet, aufmerksam geworden, und wir sind durch-
aus geneigt, diesem Urtheil für den betreffenden Abschnitt bei
Liv. zuzustimmen; wir können natürlich auch zugeben, dass der
Erzählung bei Dion. als Hauptstock dieselbe Darstellung zu
Grunde liegt, aber ganz entschieden müssen wir es für einen
Irrthum Niebuhrs und Schweglers halten, wenn sie die beiden
Darstellungen in allen oder fast allen ihren Bestandtheilen als
ganz gleich werthvoll veranschlagen.

Die Livianische Erzählung bewegt sich in einem einfachen
aber spannenden Strom mit grossen Gestalten eines noch
heroischen Zeitalters. Der Zusammenhang des ganzen von uns
ausgehobenen Stückes 2, 43—51 ist folgender:

Der Tribun Pontificius sucht durch Einsprache gegen den
delectus eine lex agraria zu erzwingen. Ap. Claudius veranlasst
den Senat, die übrigen Tribunen zu bewegen, ihrem Collegen
zu intercediren. Der Delect wird also möglich und beide consularische Heere rücken gegen die Vejenter ins Feld. Die
Consuln fürchten aber, dass die Legionen wie voriges Jahr
gegen die Aequer versagen werden. Für diese absichtliche
Feigheit ist voriges Jahr kaum Strafe erfolgt und auch die
diesjährigen Consuln sehen sich ohne Mittel, die Legionen in
diesem Fall zu ihrer Schuldigkeit zu zwingen. Sie halten daher die Truppen im Lager, bis die übermüthigen Angriffe des
Feindes den kriegerischen Geist wecken und die Legionen vor
dem Prätorium die Schlacht verlangen. Die Consuln erklären,
nur dann das Zeichen zur Schlacht geben zu wollen, wenn die
Soldaten schwören zu siegen. Diesen Eid leistet sofort der
Tribun M. Flavoleius und darauf das ganze Heer. Die nun
folgende Schilderung der Schlacht, von einer auffallenden epischen Lebendigkeit ist doch keineswegs bei beiden gleich; sehe
ich recht, so denkt Liv. Erzählung nach den Worten: „inter primores genus Fabium insigne spectaculo exemploque civibus erat"
c. 46 sich das Geschlecht im vordersten Glied des Schlacht-
haufens der pedites, welche die pila weggeworfen und mit dem
Schwerte kämpfen, bis nach dem Tode des Quintus die Linie

wankt und dann Marcus und Käso mit ihren Ritterlanzen das
Gefecht herstellen.
    Nach diesem blutigen und hartbestrittenen Sieg verlangt
der nächste Fabische Consul die *lex agraria* für die *plebs*. Der
Senat geht nicht darauf ein. *Nullae deinde urbanae factiones
fuere.* K. Fabius gegen die Aequer, T. Verginius gegen die
Vejenter, nur durch des Collegen plötzliche Ankunft gerettet.
Beständige Vejentische Einfälle; die *gens Fabia* unter der
Führung des Consuls übernimmt den Grenzkrieg allein. Im
folgenden Jahr schliessen die Etrusker die Fabier ein, bis L.
Aemilius die Etrusker schlägt und sie bis Saxa Rubra zurückdrängt. Hier werden sie allerdings zu einem Vertrag gezwungen, der aber schon wieder gebrochen wird, ehe die Fabier
ihr Grenzfort aufgegeben. Das Resultat der neuen Fehde ist
der Untergang der Fabier in einem Hinterhalt an der Cremera.
    Dion. enthält in dem entsprechenden Abschnitt manche
der alterthümlichsten Züge gerade nicht.
    Die ganze Erzählung bei Liv. beruht offenbar auf der
Vorstellung, dass der gewöhnliche Eid des Legionars ihn dem
Consul gegenüber nicht verhinderte, sich absichtlich schlagen zu
lassen. Die Grundanschauung, von welcher sie ausgeht, wird,
in einem ganz anderen Zusammenhang, gewiss aus Fabius Pictor Liv. 22, 38 so ausgesprochen: *„ad eam diem nihil praeter
sacramentum fuerat, et ubi decuriatim aut centuriatim convenissent, sua voluntate ipsi inter sese decuriati equites centuriati
pedites coniurabant, sese fugae atque formidinis ergo non abituros
neque ex ordine recessuros nisi teli sumendi aut petendi et aut
hostis feriendi aut civis servandi causa. Id ex voluntario inter
ipsos foedere ad tribunos ac legitimam iuris iurandi adactionem
translatum."*
    Das gewöhnliche *sacramentum*, das den Tribunen oder dem
Consul geleistet wurde, hatte bis zu der Neuerung von 216
für ein Verhältniss wie das der Fabier zu ihren Legionen keine
Bedeutung, das *foedus voluntarium* der Centurien band nur die
commilitones unter sich. Unter diesem Gesichtspunkt versteht
man erst, weshalb M. Fabius ein neues *ius iurandum* verlangt
und dieser Eid dann Flavoleius und *„exercitus omnis in se quis-
que iurat."*
    Bei Dion. 9, 8 fordert aber der Consul gar keinen Eid,

sondern hält nur eine Ermahnungsrede, auf die Flavoleius mit
einer energischen Versicherung, das Seinige zu thun, antwortet,
die er schliesslich mit einem Eide bekräftigt, den dann in
freudiger Begeisterung beide Consuln, Tribunen, Centurionen
und *milites* ebenfalls ablegen.

Aus jenem ganz heroisch gehaltenen Schlachtgemälde des
Liv. wird Dion. 9, 11 ein gewöhnlicher Bericht, nach welchem
ein Commandirender dem andern zu Hülfe kommt. Später
dann zieht nicht der Consul selbst an der Spitze seiner *gens*
wie Liv. 49 aus, sondern er folgt ihr Dion. 9, 15 an der Spitze
einer Armee[1].

Auch manches specifisch Fabische ist bei Dion. weggeblieben,
vor allem Käsos Antrag auf seine Assignation Liv. 48 vgl.
Dion. 9, 14.

Nur so erscheint denn dieses Livianische Stück in merkwürdiger Weise denjenigen Partien entsprechend, welche wir
früher bei ihm auf ältere Quellen zurückführten. Von den
Schuldnöthen findet sich freilich auch bei Dion. hier keine Spur
mehr, aber sehr beachtenswerth ist ein anderer Zug. Auch hier
ist es wie bei der Secession das Heer, das ganz gleichbedeutend
der *plebs*, eine ebenbürtige fast selbständige Macht den Consuln gegenüber bildet. Selbst das *sacramentum* stellt es nur
bis zu einem gewissen Punkte unter das *imperium* seiner
Magistrate.

Gerade diese Auffassung hat die Dion. Erzählung verwischt und zwar eben durch Zusätze, welche Niebuhr a. O. p.
225 und Schwegler 2 p. 745 als besonders alt hervorgehoben.
Dion. 9, 5 erwähnt ausdrücklich der Zuzüge der *socii* und
ἐπίκοοι und giebt den Mannschaftsbestand von 4 Legionen ebd.
13 auf 20,000 zu Fuss und 1200 Reiter, und ebensoviel *socii*
an. Es liegt aber einmal auf der Hand, dass die Liv. Erzählung in ihrem ganzen Zusammenhang sich nur Römer im Römischen Lager dachte. Wir müssen daher, wenn Schwegler
p. 743 A. 4 die Zahlenangaben des Dion. mit Recht streicht

---

[1] Liv. *consul paludatus egrediens in vestibulo gentem omnem suam
instructo agmine videt; acceptis in medium signa ferri iubet.* Dion.:
ἡγεῖτο δ' αὐτῶν Μάρκος Φάβιος ὁ τῷ παρελθόντι ἐνιαυτῷ ἐνιαυτῷ ἔτι —
ἵπτετο δ' αὐτοῖς — καὶ ἡ Ῥωμαίων δύναμις, ἧς ἡγεῖτο Καίσων Φάβιος
ὁ ἕτερος τῶν ὑπάτων.

auch die Erwähnung der *socii* auf dieselbe Quelle wie diese
zurückführen. Eine andere Erwähnung von ὑπήκοοι Dion. 6,
36 fällt in die Partie, für die Liv. nur die kurzen annalistischen
Angaben über die Cassischen Verträge hat. Nach diesen Bemerkungen dürfen wir nicht anstehen, alles
das, was Dion. a. O. 6 über die Vereinigung der beiden consu-
larischen *castra* erzählt hat, ebenfalls trotz des alterthümlichen
Ansehens als Zusätze zu bezeichnen, welche erst später in die
älteste Darstellung hineinkamen [1].

§. 2. Der vorhergehende Abschnitt bei Dion. Liv. und ihre Quellen.

Ist nun also das Stück Liv. 2, 44—51 unzweifelhaft einer
alten Quelle entlehnt und steht es im Widerspruch mit den
kurz vorhergehenden und nachfolgenden Stücken, so ergiebt
sich dadurch für diese, dass Liv. sie wahrscheinlich aus selnen
anderen, d. h. jüngeren Quellen nahm.

Es ist das zunächst sehr beachtenswerth für die vorhergehende Geschichte der fünf ersten Fabischen Consulate 42 f.
Sie ist im Ganzen so knapp gefasst, die Einweihung des Castor-
tempels, die so kurz annalistisch dazwischen steht, und die Erwähnung der *prodigia* 42 a. E. giebt ihr einen so eigenthümlichen Charakter, dass man geneigt sein möchte, sonst auch
gerade dieses Stück auf eine ältere Quelle nicht mittelbar —
wogegen wir nicht streiten wollen — aber unmittelbar zurückzuführen. Dies ist nach dem Gesagten jedenfalls unstatthaft.

Wir werden vielmehr zu der Annahme gedrängt, dass das
ganze Stück, das zwischen jenen annalistischen Sätzen „*cum
Hernicis foedus ictum, agri partes duae ademtac*" und dem eben besprochenen Consulat des M. Fabius und Cn. Manlius liegt, einer
neueren Quelle entnommen ist. Es behandelt hauptsächlich die
Geschichte der agrarischen Rogation, die zunächst den Process
und Tod des Sp. Cassius zur Folge hatte.

Schwegler hat D. 25, 14 ausgeführt, dass Liv. und Dion.

---

[1] Da Liv. Quelle zwei Laudationen des M. Fabius kannte, die eine
auf seinen Bruder Quintus, die andere auf Cn. Manlius, so wäre es möglich, diese alterthümlichen Zusätze der Dion. Erzählung so zu erklären,
dass die Quelle des Liv. nur die *laudatio* auf Fabius, die des Dion. auch
die auf Manlius benutzte.

bei der Erzählung dieser Bewegung von derselben Anschauung
ausgehen und hierin hat er Recht, wenn wir nur die neueren
Partien des Liv. in Betracht ziehen. Dagegen irrt er sich
ganz entschieden über die Ansicht selbst der beiden Schriftsteller.

Richtig ist, dass Dion. von einem *senatus consultum* erzählt,
durch welches eine Assignation angeordnet, *Xviri* eingesetzt
werden sollten, die über ihre Ausdehnung beschlössen. Schwegler a. O. p. 477 f. Dion. 8, 76. Aber den dort gebrauchten
Ausdruck „*τοῦτο τὸ δόγμα εἰς τὸν δῆμον εἰσενεχθέν*" hat Dion.
im ganzen Verlauf seiner folgenden Darstellung nirgends von einer
auf Grund dieses Senatusconsults angenommenen *rogatio* verstanden. Alle von Schwegler p. 480 A. 3 zusammengetragenen
Stellen[1]) sprechen nur von den „*ὑποσχέσεις τῆς βουλῆς*" oder
den „*συνθῆκαι*". Die einzige Stelle, wo 10, 25 von dem „*νόμος ἔτη τριάκοντα παρειλκυσμένος*" die Rede ist, macht die
Sache ganz klar, denn eben dort nimmt Siccius Dentatus c. 38,
wo er die Geschichte der vereitelten Assignation erzählt, nur
auf die „*ψηφίσματα τῆς βουλῆς, ἃ περὶ τῶν γεωμόρων ἐψηφίσαντο*" und auf keinen schon vorliegenden *νόμος* Rücksicht[2]).
Das Gesetz soll eben erst auf Grund jenes Senatsbeschlusses
eingebracht werden.

Livius erwähnt nun allerdings jenes Senatusconsults aus
dem Consulat des Cassius und Virginius nicht, aber er hat
durchaus auch in den neueren Theilen, von welchen wir zunächst sprechen, nur die Vorstellung, dass die *lex agraria* erst
gegeben werden müsse. Alle von Schwegler a. O. p. 478 A. 3
aus ihm gesammelten Stellen[3]) nennen die bei der Bewegung

---

[1]) Dion. 8, 81. 87. 89. 91. 9, 1. 5. 17. 37. 51. 10, 85. Niebuhr 2 p. 196
giebt zu, dass Dion. „darin entschieden nichts als einen Senatusconsult
sieht," nur 8, 70 bezieht er die von uns angeführten Ausdrücke auf die
andere und richtigere Vorstellung einer älteren Quelle, wobei er freilich ein-
räumt, dass er gewöhnlich in diesem Sinne nicht *εἰςφέρειν*, sondern *ἐκφέ-
ρειν* gebrauche a. z. B. 10, 26.

[2]) Wie 8, 91 „*τῆς κληρουχίας* —, *ἧς γε πέμπτον ἔτος ἐψηφισα-
μένης ὑπὸ τοῦ συνεδρίου, κενῇ πιστεύσαντες ἐλπίδι ἐξηπάτηντο*"
gedacht wird. Dies hat neuerdings auch Mommsen Hermes V, p. 283 A. 2
anerkannt.

[3]) Liv. 2, 42—44. 48. 52. 54. 63. Schw. behauptet namentlich die
letzte Stelle beweise, dass unter der *lex agraria* „nicht eine tribunicische

6*

betheiligten Tribunen *auctores legis agrariae*, und wenn hier der
Ausdruck „*auctor*" nach der Stelle 2, 56, 6 als „Vertreter und
Vertheidiger" erklärt werden soll (nach dem Vorgang Weissen-
borns), so ist dagegen einfach zu bemerken, dass auch dort
Lätorius „*auctor*" eines Gesetzes heisst, das noch nicht durch-
gebracht war.

Im Grossen und Ganzen also stimmt die Liv. und Dion.
Erzählung zunächst für die Strecke Liv. 2, 41—43 a. E. ihren
Grundzügen nach überein. Auch im Detail sind grosse Aehn-
lichkeiten. In der Geschichte des Sp. Cassius c. 41 entspricht
der Antrag auf eine Vertheilung des *ager publicus* Dion. 8, 70,
des für das Sicilische Getreide eingenommenen Geldes ebd., die
Stellung des Verginius und die gegen die Rogation erhobenen
Einwürfe ebd. 71, die verschiedenen Zusicherungen der beiden
Consuln ebd. 72, sowie die verschiedenen Nachrichten über die
Verurtheilung des Cassius ebd. 77—79, ja selbst der Gedanke
„*quid attinuisse Hernicis paulo ante hostibus, capti agri partem
tertiam reddi, nisi ut eae gentes pro Coriolano ducem Cassium
habeant*" findet sich ähnlich in der Anklage des Cassius Dion,
ebd. 78 „*εἰσῄει γὰρ δέος, μὴ φυγὰς ἐλαθεὶς ἐκ τῆς πατρίδος.
ἀνὴρ στρατηγῆσαι πολέμοις τῶν τότε δεινότατος, ὅμοια δράσῃ
Μαρκίῳ κ. τ. λ.*" Freilich sind einige dieser Thatsachen bei
Dion. etwas anders gefasst. Der Antrag wegen des Sicilischen
Getreides steht bei ihm früher als bei Liv., die Einwürfe gegen
die *lex* machen die Volkstribunen, nicht der Consul, bei der
Kritik der beiden Erzählungen über Cassius Tod führt Liv.
das Denkmal im Cerestempel gerade im Zusammenhang mit
derjenigen Fassung an, welche Dion. auf Grund desselben verwirft.

Gerade hier macht die etwas confuse und sich über-
stürzende Erzählung des Liv. den Eindruck, als habe er eine
ausführlichere, sehr bewegte Darstellung, wie sie etwa bei Dion.

Rogation, sondern das Ackergesetz su verstehen sei, das von Cassius eingebracht und vom Volk beschlossen worden ist." Die Stelle lautet aber
nur: „*non ultra videbatur latura plebs dilationem agrariae legis ultimaque
vis parabatur, cum Volscos adesse — cognitum est. Ea res maturam iam
seditionem suppressit.*" Niebuhr hat offenbar in allen diesen Stellen keinen
Beweis für seine Ansicht gefunden, dass die *l. agraria* gesetzliche Kraft
erlangt hatte, sonst würde er sie erwähnt haben.

vorliegt oder der von ihm gegebenen Darstellung zu Grunde
lag, flüchtig zusammengezogen. Wenn es daher auch nicht gerathen sein mag, über das
ganze Stück c. 41—43 ein ganz bestimmtes Urtheil auszu-
sprechen, so steht doch, wie gesagt, so viel fest, dass es nicht
derjenigen ältereu Quelle gehört, die der Geschichte der Consuln M. Fabius und Cn. Manlius zu Grunde liegt.
Und hier tritt nun eine andere Thatsacbe uns besonders
entgegen.

Die Darstelluug des Dion. lässt, wie schon bemerkt, ganz
unerwähnt, dass M. Fabius den Senat nach jenem glorreichen
Sieg der Legionen unter Führung seines Geschlechtes auffor-
derte „*priusquam quisquam agrariae legis auctor tribunus exsi-
steret, occuparent patres ipsi sunm mmus faccre, captivum agrum
plebi quam maxime aequaliter darent — aspernati patres sunt
questi quoque quidam nimia gloria luxuriare et evanescere rivi-
dum quondam illud Caesonis ingenium*".
Schwegler erklärt das Fehlen dieser Thatsache bei Dion.
dahin, er habe sie weggelassen, weil sie „ihm unglaublich vorkam" a. O. r. 482 A. 3. Ich meine, wer, wie die Erzählung
bei Dion., in seiner ganzen Darstellung von einem schon längst
gefassteu Senatusconsult ausgeht, kann hier unmöglich den Antrag auf ein solches Seiteus des M. Fabius in der Geschichte
stehen lassen.

Wir haben Liv. a. O. und Dion. 8, 14 Stücke zweier Quellen
vor uns, die ihre Erzählung ganz anders gefasst hatten.

Ueber die Fassung, wie sie sich bei Dion. findet, brauchen
wir hier nicht das schon Gesagte zu wiederholen.

Was aber die andere betrifft Liv. a. O., so culminirt offen-
bar in dieser älteren Erzählung die Geschichte der agrarischen
Bewegung seit Cassius Tod nach längerem Kampf des Fabischen
Geschlechts mit der Plebs in dem Sieg, zu dem sich die Legio-
nen dem Marcus verpflichtet hatten, und den beiden Anträgen,
die Käso im Senat stellt, dem ersten auf eine wohlverdiente
Assignation, dem zweiten auf die Uebertragung der Vejentischen
Fehde an seine *gens*.

Nur den Fabischen Kern dieser Redaction übersehen wir
bei Liv. deutlich und erkennen, dass die Dion. Erzählung ihn
gerade aus der Mitte herausbrach, indem sie den Antrag des

Käso auf eine Assignation wegliess, und dann das oben p. 83
erwähnte Senatusconsult an den Anfang stellte. Die Fabische
Erzählung hatte keinenfalls einen solchen Anfang.

**§. 3. Der auf das Fabische Stück folgende Jüngere Abschnitt bis zu
dem ersten Consulat des Q. Fabius Liv. 2, 51—3, 4,**

Von hier aus können wir auf das zweite neue Stück übergehen, das uns hier vom 2. Buch zu untersuchen übrig ist, das,
welches, s. oben p. 63, Liv. 2, 31 an das alte Fabische Stück
angefügt ist.

Nach dem Untergang der Fabier wird die Uebereinstimmung
zwischen Liv. und Dion. wieder sehr gross. Sie beginnt bei
ersterem c. 51 nach den Worten: *Menenius adversus Tuscos victoria elatos confestim missus.* Die Worte c. 52: *invidiae erat
(Menenio) amissum Cremerae praesidium cum haud procul inde
statica consul habuisset* widersprechen, wie schon bemerkt, der
oben angeführten Stelle aus Liv. früherer Quelle. Die Darstellung bei Dion. sucht offenbar wie so oft (s. p. 45 f.)
beide zu vereinen. 9, 18 heisst es: Menenius habe seine Rü-
stungen zu langsam betrieben, 23: er habe, als die Fabier vernichtet worden, nur 30 Stadien davon gestanden *„δόξαν τ' οὐκ
ὀλίγοις παρέσχεν, γνοὺς, ἐν οἴοις κακοῖς ἦσαν οἱ Φάβιοι, μηδε-
μίαν αὐτῶν ποιήσασθαι φροντίδα".* Hier steht also fest, dass
er schon ausgerückt, nicht aber dass er dort *castra statica*
hatte.

Die jetzt zu betrachtende Partie stimmt wie gesagt bei
beiden entschieden überein. Diese Uebereinstimmung ist bisweilen fast wörtlich, indem sie in dem Detail der Erzählung
deutlich hervortritt z. B. Liv. c. 53 *Volsci Aequique* etc. und
Dion. 9, 35 oder in der oft wiederholten Scene, wo Publilius
Volero zuerst auftritt Liv. 55 und Dion a. O. 39, wo man trotz
des sonstigen Details bei beiden gar nicht erfährt, wozu der
delectus angestellt und was sonst in dem Jahre geschehen.
Zwar ist Liv. viel kürzer, aber, wenn er sein Original zusammen
zog, wie die Dion. Erzählung es wahrscheinlich ins Breite arbeitete, so hat er doch in diesen Auszug Manches aufgenommen, was in der letzteren ausgelassen ist, z. B. die beiden Niederlagen der Etrusker auf dem linken Tiberufer c. 51 vgl.

Dion 9, 26, den Theil der Vertheidigungsrede des Servilius, den
er c. 52 in die Worte fasst *exprobrandoque T. Menenii dumnationem mortemque etc.*, da Dion. 9, 29 f. nur dem vorhergehenden: *plebem oratione feroci refutando* entspricht. An einigen
Stellen ist aber auch Liv. detaillirter, z. B. über die Stimmung
der angeklagten Consuln und der Aristokratie c. 44 vgl.
Dion. 37 f.

Liv. 63:

Volsci Aequique in Latino agro posuerant castra populatique fines erant. eos per se ipsi Latini adsumptis Hernicis sine Romano aut duce aut auxilio castris exuerunt. ingenti praeda praeter suas recuperatas res potiti sunt. missus tamen ab Roma consul in Volscos C. Nautius. mos, credo, non placebat, sine Romano duce exercituque socios propriis viribus consiliisque bella gerere. nullum genus calamitatis contumeliarque non editum in Volscos est, nec tamen perpelli, potuere, id acie dimicarent.

55:

ad Voleronem Publilium de plebe hominem, quia, quod ordines duxisset, negaret se militem fieri debere, lictor missus est a consulibus. Volero appellat tribunos. cum auxilio nemo esset, consules spoliari hominem et

Dion. 35:

ἐν δὲ τῷ μεταξὺ τούτων χρόνῳ καὶ ὁ κατὰ τῶν Λατίνων πόλεμος, ὃν ἐπῆγον αὐτοῖς Αἰκανοί τε καὶ Οὐολοῦσκοι τέλος εὐτυχὲς ἔσχε· καὶ παρῆσάν τινες ἀγγέλλοντες μάχῃ νικηθέντας ἀπεληλυθέναι τοὶς πολεμίοις ἐκ τῆς χώρας αὐτῶν καὶ μηδεμιᾶς τοὶς συμμάχοις ἔτι δεῖν βοηθείας κατὰ τὸ παρόν. ὁ μέντοι Ναύτιος οὐδὲν ἧττον — ἐξῆγε τὴν στρατιάν. ἐμβαλὼν δ' εἰς τὴν Οὐολούσκων χώραν καὶ πολλὴν αὐτῆς διεξελθὼν ἔρημον ἀγειμένην, ἀνδραπόδων μὲν καὶ βοσκημάτων ὀλίγων ἐκράτησεν. ἀρούρας δ' αὐτῶν ἐν ἀκμῇ τοῦ σίτου ὄντος ἐμπρήσας καὶ ἄλλα οὐκ ὀλίγα τῶν ἐν τοὶς ἀγροὶς λωβησάμενος οὐδενὸς ὁμόσε χωροῦντος ἀπῆγε τὴν στρατιάν.

39:

Ἀνὴρ τις ἐκ τῶν δημοτικῶν τὰ πολέμια λαμπρὸς Πόπλιος Βολέρων, ἡγεμονίαν ἐσχηκὼς λόχων ἐν ταῖς προτέραις στρατείαις τότε ἀντὶ λοχαγοῦ στρατιώτης πρὸς αὐτῶν κατεγράφετο. ὡς δ' ἠναντιοῦτο καὶ οὐκ

virgas expediri iubent. „proco-
co" inquit „ad populum" Volero
„quoniam tribuni eivem Roma-
num in conspectu suo virgis caedi
malunt quam ipsi in lecto suo
a vobis trucidari". quo ferocius
clamitabat, eo infestius circum-
scindere et spoliare lictor. tum
Volero et praevalens ipse etc.

ἰξίου χώραν ἀτιμοτέραν λαβεῖν, οὐδὲν ἡμαρτηκὼς ἐν ταῖς
προτέραις στρατείαις, δυσ-
ανασχετοῦντες οἱ ὕπατοι τὴν
παῤῥησίαν αὐτοῦ τοῖς ῥαβδούχοις ἐκέλευον τὴν ἐσθῆτα τε
περικαταῤῥῆξαι καὶ ταῖς ῥα-
βδοις τὸ σῶμα ξαίνειν. ὁ δὲ
'νεανίας τοῖς τε δημάρχους
ἐπεκαλεῖτο καὶ εἴ τι ἀδικεῖ
κρίσιν ἐπὶ τῶν δημοτῶν ὑπ-
έχειν ἠξίου. ὡς δ' οὐπροσεῖχον
αὐτῷ τὸν νοῦν οἱ ὕπατοι, ἀλλὰ
τοῖς ῥαβδούχοις ἄγειν καὶ τύπ-
τειν ἐπεκελεύοντο κ. τ. λ.

Ich bemerke, dass beide Erzählungen offenbar gerade in einzelnen Wendungen (z. B. *circumscindere et spoliare* = περικαταῤῥῆξαι καὶ — ξαίνειν) und in dem ganzen Zusammenhang der Erzählung an eine ausführlichere Quelle anschliessen, aus der sie das Detail verschieden aufnahmen und verwertheten.

Verfolgt man diese Uebereinstimmung, so wird sie, soweit ich sehe, zuerst entschieden zweifelhaft bei der Geschichte von Voleros zweitem Tribunat. Die Scene, in der der Tribun Lätorius Liv. 56 schwört, die *rogatio Publilia* durchzubringen, trägt mit Dion, 9, 46 verglichen entschieden ein viel ursprünglicheres Gepräge. *Rudis*, erzählt Liv., *in militari homine lingua non suppetebat libertati animoque. itaque deficiente oratione, „quando quidem non facile loquor" inquit „Quirites quam quod locutus sum praesto, crastino die adeste. ego hic aut in conspectu vestro moriar, aut perferam legem".* Dion. hat den Charakter ganz verwischt. Aus Liv. Schilderung des Lätorius a. O. *ferocem faciebat belli gloria ingens, quod aetatis eius haud quisquam manu promptior"* macht er einen „ἀνὴρ ἔν τε τοῖς πολέμοις ἐγνωσμένος εἶναι ψυχὴν οὐ κακὸς καὶ τὰ πολιτικὰ πράττειν οὐκ ἀδύνατος", aus jenen Worten, auf deren Kürze die ganze Wirkung der Geschichte beruht, 47 eine lange Rede, die, im schreienden Widerspruch mit Liv. Darstellung mit einem Eid schliesst, das Gesetz sofort durchzubringen „ὅρκον ὥσπερ μέ-

γιστος αὐτοῖς ἣν διομοσάμενος ἢ τὸν νόμον ἐπικυρώσειν ἢ
τοῦ ζῆν μεθήσεσθαι" 48. Man sieht, in der Dion. Erzählung
ist hier wie bei jener Rede des Menenius Agrippa (oben p. 64)
oder bei der Scene im Lager des M. Fabius (p. 80) die innere
Lebendigkeit der ursprünglichen Erzählung, wie sie bei Liv.
vorliegt, verwischt und verloren gegangen. Sind wir nun desshalb berechtigt, hier wie dort anzunehmen, dass diese Liv. Redaction unmittelbar aus der originalen Quelle stammt und dass
· dies einer der älteren Annalisten, dass es Fabius war? Dieser
Frage gegenüber ist daran zu erinnern, dass wir bei der Datirung jener Rede des Menenius und der Darstellung der Secession uns auf eine bestimmte Aussage des Dionys beziehen
konnten und dass deutliche äussere Spuren eines Quellenwech-
sels bei Liv. selbst uns zwangen, seine Geschichte der beiden
letzten Fabischen Consulate einer älteren Quelle zuzuschreiben.
Von solchen äusseren Motiven findet sich hier nichts, es kommen
ebensowenig hier jene kurzen annalistischen Notizen vor, die die
Coriolansage am Anfang und Ende kennzeichneten. Es wäre
also nur die innere Haltung der Stelle selbst, die uns bestimmen könnte. Und somit können wir nur die Möglichkeit zugeben, dass das Bild des Lätorius alten, vielleicht Fabischen
Ursprungs sei, welches der Verf., dem es Liv. verdankt, nur
mit Geschick und Schonung in seine Darstellung aufnahm. Da
aber sonst keine Spuren einer Einfügung zu entdecken sind,
müssen wir die Erzählung, in der es hier steht, als eine solche
betrachten, der Liv. ohne Unterbrechung lange vor wie nach
dieser Stelle folgte.

Giebt man dies zu, so ist es also (s. oben p. 78) nicht
die, der er die beiden letzten Consulate der Fabier entnahm;
sie widerspricht aber auch sonst seinen älteren Quellen, er erwähnt in der Geschichte von Voleros Provocation, wo der
Kampf mit den Lictoren ein Hauptmoment bildet a. O. 55,
vier und zwanzig Lictoren, während er (s. p. 617) 2, 1 nur
zwölf Lictoren für beide Consuln annahm. Ebenfalls fällt
auf, dass zuerst in diesem Abschnitt bei Liv. Latiner und Herniker mit ihren Contingenten neben den Legionen erscheinen 2,
53. 64. 3, 4. 5; diese Contingente der Bundesgenossen neben
den Legionen wurden schon Dion. 9, 5 aus dem vorletzten Consulat der Fabier erwähnt (s. oben p. 76), wo Liv. lebendige

Darstellung der Römischen Lagerbewegung nur die *plebs* als Insassen des Lagers denkt.

So gewiss also hier eine neuere Quelle als Grundlage uns entgegentritt, so zweifelhaft könnte es vielleicht scheinen, wer diese Quelle war, ob es namentlich Antias war. Dabei kommt zunächst der Feldzug des P. Valerius Liv. 2, 53 Dion. 9, 34 f. in Betracht. Dionys Darstellung hat Manches anders und ist, namentlich in der Schilderung des Triumphs glänzender als Liv., der ihn ganz auslässt. Vor der Annahme der *rogatio Publilia* wird auch Liv. 2, 57 eine Senatssitzung erwähnt, in der eine Rede des Q. Valerius Dion. a. O. 49 vorkommt, die ebenfalls bei Liv. fehlt. Endlich führt Dion. ebd. 51 die Geneigtheit der Consuln L. Valerius und T. Aemilius für eine *l. agraria* an, von der Liv. a. O. 61 ebenfalls nichts steht. Aber gleich für die letzte Stelle müssen wir erinnern, dass er 3, 1 in den Worten *„iam priore consulatu Aemilius dandi agri plebi fuerat auctor"* zeigt, wie er allerdings von jener Geneigtheit wusste, sie aber überging. Fasste er hier also die ausführlichere Angabe seiner Quelle nur in die Worte zusammen: *„turbulentior annus — cum propter certamina ordinum de lege agraria, tum propter iudicium Ap. Claudii, cui acerrimo adversario legis causamque possessorum publici agri tamquam tertio consuli sustinenti etc."*, so konnte er auch den P. Valerius 2, 57 mit unter den Worten verstehen: *cum timor atque ira sententias variassent.* Endlich fehlt der Triumph des L. Valerius ebd. 53, so schliesst die Geschichte seines Feldzuges, der wesentlich den 40jährigen Stillstand mit Veji herbeiführte mit den stolzen Worten: *eademque hora duo exercitus duae potentissimae et maximae finitimae gentes superatae sunt.* Man sieht, hier hat Liv. die Erwähnung des Triumphs, die unvermeidlich war, nur ausgelassen. Dion., der, wie gesagt, ihn glänzend schildert, giebt dagegen von den Erfolgen des Valerius eine Darstellung, die das Frappante der Liv. Erzählung entschieden abschwächt.

Und so finden wir denn in den erwähnten Auslassungen des Liv. keine Indicien gegen eine Benutzung des Valerius, den er endlich 3, 5 mit den Worten citirt: *difficile ad fidem est in tam antiqua re quot pugnaverint ceciderinte exacto adfirmare numero. audet tamen Valerius Antias concipere summas:* folgen die Detailangaben für die einzelnen eben erzählten Gefechte,

auf die anch vielleicht Dion. 9, 66 a. E. Rücksicht nimmt. Ich
bemerke hierzu: alle früheren Detailzahlenangaben, die wir bei
Plut *Popl.* 9 und 20 oder Dion. 5, 41. 49. 6, 5. 12. 17. 9, 13
(Kiessling a. O. p. 23) anf Antias zurückführen müssen, hatte
Liv. vielleicht unbewusst dadurch umgangen, dass er an den
betreffenden Stellen eben ältere Quellen zur Hand hatte; wo
er, soweit wir sehen, in jener jüngeren auf eine solche Ziffer
traf 2, 22 (s. oben p. 62) hatte er sie unbedenklich aufgenommen und so ist offenbar hier 3, 5 diese Valerische Exactheit
ihm zuerst auffällig geworden. Man könnte vielleicht aus der
Glosse, die Liv. 3, 4 a. E. in die Kriegsgeschichte dieser letzten Partie einschiebt „*subitarios milites — ita tum repentina
auxilia appellabant —*" auf eine für ihn besonders alte Quelle
schliessen. Ich bemerke jedoch, dass der Ausdruck *legiones
subitariae* sich 31, 2 also in den annalistischen Partien der
vierten Decade findet, wo von einer Benutzung des Fabius nicht
mehr, um so gewisser aber des Antias die Rede sein kann.

**§ 4. Charakter der Livianischen Quellenbenutzung im Ganzen und
am Schluss des bisher behandelten Stückes § 1—5.**

Soll ich kurz den Eindruck angeben, den des Livius Quel-
lenauswahl, soweit wir folgten, macht, so hat er entschieden
Sinn für die Reize der älteren Darstellungen und diesem Sinn
folgend, schloss er sich so lange Fabius an, als sei es dessen
eigene oder seiner Texte Confusionen ihn nicht zu sehr behel-
ligten. Daneben aber scheint das Misstrauen gegen die genti-
licische Eitelkeit der Autoren, wie er es später ausspricht, ihn
früh bestimmt zu haben. So hat er für den grössten Mann der
Valerier eben nicht den Valerius Antias gebraucht und zuletzt,
wo wir ihn den Valerius lange ausschreiben sahen, Triumphe
und Reden des Geschlechts nach Kräften gestrichen, so hat er
merkwürdig genug gerade für die ersten fünf Consulate der
Fabier nicht den Fabius benutzt. Aber diese lobenswerthe Vor-
sicht und jener nicht minder erfreuliche Sinn für das Ursprüngliche der Darstellung treten sich offenbar zuweilen gegenseitig
in den Weg, sonst würde er nicht für das sechste und siebente
Consulat der Fabier sich an jene Quelle gehalten haben, deren
edle epische Haltung ihr hohes Alter d. h. die Hand des Fabius
Pictor verräth.

Dazu kam dann unzweifelhaft noch, dass eben die älteren
Darstellungen auf lange Strecken zu dürftig waren. Anfänglich
liess er sich an diesem sparsamen, aber so alterthümlichen
Material genügen, gab von der Secession jene, in ihrer Einfachheit immerhin anziehende Erzählung, über den Cassischen
Bundesvertrag mit Latium nur die einzige annalistische Zeile,
doch bei dem Bündniss mit den Hernikern ist diese Enthalt-
samkeit aufgegeben, zu der annalistischen Notiz fügt er hier
Material aus einer ausführlicheren Quelle. Von hier an verschwinden jene ganz kurzen annalistischen Angaben. Wir
wissen leider über Fabius Darstellung der folgenden Partien gar
nichts, dass wir höchstens, wenn Liv. gegen Ende des 2. Buchs
sich immer mehr anderen Quellen anschliesst, nur vermuthen
können, er habe bei jenem, der früher sein Hauptgewährsmann,
zu wenig für seine Zwecke gefunden. Dazu haben wir ja die
bestimmte Thatsache, dass von der Schlacht an der Cremera
bis auf das Consulat des Q. Fabius Liv. 3, 1 die Geschichte des
Fabischen Geschlechts kein einziges historisches Factum bot,
denn das heisst es doch, wenn bei jenem Illutbad die ganze
gens bis auf jenen einen noch nicht mannbaren Sprossen vernichtet sein sollte.

Mit des Q. Fabius erstem Consulat setzte unzweifelhaft
Fabius seine Erzählung fort. Dies und das zweitfolgende Jahr,
sein zweites Consulat sind voll von seinen Thaten: er beantragt die Colonie Antium, schliesst Frieden mit den Aequern,
und führt Krieg mit ihnen, als sie ihm brechen (Liv. 3, 1—3).
So entschieden dies auch bei Liv. hervortritt, so dürfen wir
doch bei ihm sicher nicht Fabius als unmittelbare Quelle annehmen, weil wir Dion. 9, 60 f. eine Darstellung der Verhandlungen und des Krieges mit den Aequern finden, die zum Theil
gewiss mehr Fabisches hat als Liv. a. O. Ich will dies nicht
von der Gesandtschaft des Fabius zu den Aequern Dion. a. O.
60 behaupten, die nur aus Notizen wie Liv. 3, 2 ausgesponnen
sein mag um ein leeres Consulat zu füllen, aber der Antheil,
den T. Quinctius bei Liv. an dem Krieg des Fabius erhält und
die sonstigen Notizen über ihn sind offenbar ein späterer Zusatz zu der rein fabischen Erzählung Dion. 61. Woher diese
Zusätze aber jedenfalls nicht stammen, das zeigt der Census des Quinctius Liv. 3, 3, der, wie wir p. 43 f. sahen,

nicht in die Censusreihe des Licinius Macer passt. So gewiss also
die Liv. Geschichte dieser Jahre weder von Fabius, noch von
Licinius stammt, so gewiss stammt die des folgenden von Valerius, da hier die Zahlenangaben der Verluste, für welche er citirt
wird, wie schon gesagt, genau sich dem Detail der vorhergehenden Kriegsgeschichte anschliessen.

Versuchen wir es aber hier am Schluss dieser ersten Haupt-
abtheilung noch einmal die bisherigen Resultate, die jetzige Lage
unserer Untersuchung möglichst klar zu machen.

Livius hatte soviel wir erkennen können bis 3, 5 hauptsächlich zwei Quellen, an die er sich hielt: Fabius und Valerius.
Wo wir den reinen, unvermischten Valerius (Plut. Popl.)
und den unzweifelhaft Fabischen Text des Liv. vergleichen
konnten, sahen wir a) dass auch die Valerische Grundlage jenes
ältere Material benutzt, aber vervollständigt und umgestellt
hatte, b) dass beide wieder combinirt erscheinen in der Erzählung des Dion. Wir waren veranlasst anzunehmen, dass
Fabius im Ganzen wesentlich grössere Stücke sagenhafter Erzählungen auch anderer Geschlechter und daneben ganz kurze
annalistische Notizen bot, sonst nur ausführliche Stücke aus der
Geschichte seines Geschlechts. Daneben aber fanden sich auch
bei ihm schon Doppelberichte unkritisch neben einander geschoben und zwar besonders beim Uebergang von den grossen
sagenhaften Erzählungen in die mehr annalistische Geschichte.

Valerius liess, soweit wir sahen, die annalistischen Partien
aus oder arbeitete sie ins Dreite, aus den ausführlichen Partien
vindicirte er so viel möglich seinem Geschlecht. Er führte und
zwar immer zur Ehre seines Geschlechts neue Stücke in die
Geschichte der Verfassungskämpfe ein, wodurch Fabius Darstellung gleichsam übertüncht wurde. Ich meine eben die Geschichte der Schuldnoth und der damit verknüpften Bewegungen
bis zur Secession (s. oben p. 68). Wir entdeckten Reden und
zusammenhängende Debatten, mit denen er unzweifelhaft seine
Darstellung vervollständigt. Erinnern wir uns namentlich des
Plutarchischen Poplicola, so kann kein Zweifel sein, dass seine
Darstellung wirklich so lebhaft und frisch war, wie sie an den
von uns als Valerisch bezeichneten Stellen des Liv. nicht selten
erscheint.

Denkt man sich diese Valerische Darstellung reich an neuem

kriegs- und zum Theil verfassungsgeschichtlichen Detail jener
älteren zum Theil wohl sehr lebendigen zum Theil aber auch
ganz einsilbigen Darstelluug gegenüber, so begreift man, dass
sie einen entschiedeneu Eindruck äussern und die Leser an-
zieheu musste.

Die dritte Redaction der Ueberlieferung, als deren Haupt-
urheber wir Licinius aufstelleu, erschien bis hierher bei Liv. nur 2,
29—31, sonst vollständig bei Dion. Sie schloss sich zum Theil
ganz entschieden der Valerischen Darstellung an, aber ging daneben zum Theil noch einmal wieder auf Fabius zurück. Die
Geschichte der Anfänge der Republik, die der ersten Secession
und die Erzählung von Coriolan zeigte in dieser Redaction sich
im Detail sowohl wie in den grösseren Massen aus den beiden
anderen Erzählungen fast gewaltsam zusammengeschweisst. Daher ergab sich für sie das Bedürfniss die Widersprüche zwischen diesen beiden ihr vorliegenden Erzählungen auszugleichen,
Lücken, die sich so scheinbar oder wirklich zeigten zu ergänzen oder zu vertuschen. Was das Aeussere, die Form und den
Tenor ihres Vortrags betrifft, so ist es zunächst hier noch nicht
der Ort, darüber zu urtheilen.

Für die ältere oder älteste Erzählung haben wir an den
einzelnen Partien des Liv., für die des Antias an Plutarchs
Poplicola einen Maasstab unserer Charakteristik; ob Dion. uns
wirklich nun einen solchen für die Vergegenwärtigung seiner
Hauptquelle giebt, muss schon deshalb vorläufig noch zweifelhaft bleiben, weil nach unserer Annahme in dem folgendeu Abschnitt dieselbe Quelle von Liv. benutzt ward. Wir werden
also den Vortheil haben, jenen Autor in zwei verschiedeneu —
wenn man so sagen darf — Bearbeitungen kennen zu lernen.

**Kap. 6. Die Livianische Erzählung im Anschluss an die bisher
von Dionysius benutzte Quelle 3, 6—35, die des Dion. 9, 67—10, 58
an eine andere, als die er bisher benutzt.**

§ 1. Das Uebergangsstück. Liv. 3, 6—9.

Wir gehen von der Beobachtung aus, die wir oben machten, dass Livius nicht selten schon vorher eine neue Quelle
obenhin erwähnt, ehe er sich dann definitiv für sie entscheidet.
Die ersten Cognomina finden sich 3, 4, wo die Worte „*Furios*

Fusios scripsere quidam" deutlich zeigen, dass er einmal bei
Seite gesehen, aber noch folgt er Antias, jedenfalls bis Ende
Kap. 6. Ich habe lange das folgende Stück, die Geschichte der
ersten grossen Pest für eines der ältesten unserer ganzen Ueberlieferung gehalten. Wir haben über zwei frühere ähnliche Krank-
heiten Berichte Dion. 0, 42 und 60 vgl. Liv. 3, 2. Sie sind
beide ohne jedes genauere Detail, wie es sich hier bei Livius
findet. Ja sie erscheinen um so mehr nur als Lückenbüsser,
als die erste erklären soll, wesshalb im ersten Tribunate Voleros
nur seine Rogation zu berichten, die zweite, wesshalb von einem
Feldzug gegen die Aequer nichts zu melden. Diese letztere
beschränkt sich bei Livius nur auf das Heer: *intra castra quies
necessaria morbo implicitum exercitum tenuit*; bei Dionysius umfasst sie die Plebs und verhindert überhaupt den Auszug des
Heeres: *οὐκ ἐξεγένετο 'Ρωμαίοις στρατιὰν ἐν ἐκείνῳ τῷ ἐνιαυτῷ ἀποστεῖλαι εἴτε τοῦ δαιμονίου κωλύοντος εἴτε διὰ τὰς
νόσους, αἳ κατέσχον τὴν πληθὺν ἐπὶ πολὺ μέρος τοῦ ἔτους*
a. O. 60. Es macht den Eindruck, als fühlte Dionysius den
Unterschied dieses letzten Berichts wenigstens von dem folgenden und vermisste die Angabe einzelner Todesfälle der Magistrate, wie sie diesem ein so ganz anderes Aussehen geben.
Gerade diese Augaben aber tragen bei Livius nicht allein hier,
sondern auch bei seinem nächstfolgenden Pestbericht ebd. 32
ein noch viel ursprünglicheres Gepräge als die des Dionysius.
Sie geben nämlich neben den gestorbenen Magistraten die gestorbenen Mitglieder der drei grossen Priestercollegien namentt-
lich an, gerade wie in den späteren *annales maximi* diese verzeichnet wurden. Dion. 9, 67 und 10, 35 gibt dagegen nur die
gestorbenen Magistrate. Ausserdem fällt Liv. a. O. 6 die eigenthümliche Stellung auf, welche die Aedilität — sie wird hier überhaupt zum ersten mal bei ihm genannt — einnimmt *„ad eos summa
rerum et maiestas consularis imperii venerat"*; sie wird von Dionysius gar nicht erwähnt. Weiter kommt hier bei Livius die
erste Erwähnung des Jahresanfangs vor, bei Dionysius nur der
Anfangs der Pest. Endlich fällt in diesen eigenthümlichen Jahres-
bericht diejenige Erwähnung eines Volscisch-Aequischen· Ein-
falls, welche die neuere Kritik urgirt hat (Niebuhr 2 p. 284,
Schwegler 2 p. 380) als eine der wenigen vollkommen sicheren
Spuren eines unglücklichen Krieges gegen diese Stämme.

Alle diese Thatsachen zusammen legen die Vermuthung
nahe, dass wir hier etwa ein kostbares Stück einer ganz alten
priesterlichen Geschichtschreibung bei Livius in besonderer
Reinheit, bei Dionysius nur abgeschwächt und modernisirt vor
uns hätten.

Nach der Feststellung unserer kritischen Gesichtspunkte
liegen, hier auf dieser Uebergangsstrecke, drei Möglichkeiten
vor uns: Livius hat entweder ein sehr altes Stück aus Fabius
genommen — vielleicht gründlich verstimmt durch die albernen
Zahlendetails des Antias — oder wir haben bei ihm noch Valerius, bei Dionysius Licinius oder umgekehrt wir haben hier
schon bei ihm Licinius, dagegen bei Dionysius Antias.

Die Gründe, nach welchen ich mich doch für die letztere
Annahme entscheide, sind folgende.

1) Allerdings hat Dionysius gerade bei den diesjährigen
Consuln, auch noch unter den folgenden Jahren Cognomina
Livius bei den diesjährigen Consuln gerade keins, aber sein
erstes Cognomen ausserhalb der Consularfasten ist das eines
der in diesem Jahr gestorbenen Augurn.

2) Hier eben findet sich die erste Angabe eines Jahresanfangs. Es treten also die Hauptindicien für eine Benutzung
des Licinius hier so entschieden hervor, dass wir gar nicht
zweifelhaft sein können, ihn als Quelle dieses Stückes zu betrachten.

Es fragt sich dann, was von Dionysius zu halten? Ist, was
wir bei ihm finden, nur Valerisch? oder aus einer anderen,
Quelle? Liegt den beiden Darstellungen doch ein älterer Bericht zu Grunde, den etwa Licinius wie sonst in anderen Fällen zu den Vervollständigungen benutzte, die sich hier bei Livius finden?

Aus der Vergleichung der beiden Berichte für sich wage
ich nicht zu entscheiden. Mit dem folgenden Jahr stossen wir
schon auf die Rogation des Terentilius Harsa bei Livius, des
Terentilius bei Dionysius. Ueber die Kriegsgeschichte desselben haben schon Niebuhr 2 A. 575 und Schwegler 2 p. 720
mehr oder weniger kritische Bedenken geäussert, die namentlich Niebuhr zur Annahme einer späten Quelle für Livius
drängen.

Eine genauere Vergleichung ergibt Folgendes: Dion. 9,

69—71 — denn seine Darstellung ist die einfachere — lässt also den Jahresanfang aus (s. oben p. 96), er erzählt a) ein Tribun Sext. Titius beantragt eine l. agragria, die aber das Volk aus Kriegslust zurückweist; b) einen Sieg des Veturius über die Volsker; c) die vereinten Hecre der Volsker und Aequer[1]) umgehen Lucretius und rücken verheerend bis Rom Bei Tusculum erfahren sie, dass 4 Cohorten, jede zu 600 Mann, vor Rom stehen, die Mauern besetzt. Auf dem desshalb beschlossenen Rückmarsch stossen sie auf Lucretius, der im Hernikergebiet gestanden und erleiden, da sie ihn angreifen, eine vollständige Niederlage; d) die Consuln verheeren der eine das Aequische, der andere das Volskische Gebiet; e) Triumph des Lucretius, Ovation des Veturius; f) die Erwähnung der Rogation des Terentilius wird erst 10, 1 nachgetragen: τὸ δὲ πολίτευμα τοῦτο πρῶτος μὲν ἐπείρασεν εἰσαγαγεῖν Γάιος Τερέντιος δημιαρχῶν ἐν τῷ παρελθόντι ἔτει· ἀτελὴς δ' ἡναγκάσθη καταλιπεῖν, τοῦ τε πλήθους ὄντος ἐπὶ στρατοπέδων καὶ τὴν ὑπάτων ἐπίτηδες ἐν τῇ πολεμίᾳ γῇ τὰς δυνάμεις κατασχόντων, ἕως ὁ τῆς ἀρχῆς αὐτοῖς παρέλθῃ χρόνος.

Bei Livius fehlt a vollständig, b findet sich, ist aber nicht ein Unternehmen der eigentlichen Blüthe der vereinten Stämme wie bei Dionysius, sondern eines *praedonum agmen;* indessen des Lucretius Sieg über diese *praedones* erscheint denn doch sehr bedeutend nach den Worten „*ibi Volscum nomen prope deletum est*", ganz genaue Verlustangaben über die es heisst: *relata in quibusdam annalibus invenio, ubi etsi adiectum aliquid numero sit, magna certe caedes fuit. victor consul, ingenti praeda potitus eodem in statira rediit: tum consules castra coniungunt et Volsci Aequique afflictas vires suas in unum contulere. tertia illa pugna eo anno fuit. eadem fortuna victoriam dedit: fusis hostibus etiam castra capta.* Diese dritte Schlacht also fehlt bei Dionysius. Während dieses Feldzugs aber commandirt Q. Fabius in Rom als *praefectus urbi,* der beim Anzug jener Plünderer „*armata inventute dispositisque praesidiis tuta omnia ac tranquilla fecit.*" Dieser ist es, der der Terentilischen Rogation in Ab-

---

[1]) ἡ μὲν κρατίστη δύναμις, ἀφ' ἑκατέρου τῶν ἐθνῶν συνελθοῦσα, ἐπαίθριος· ἦν ἐπὸ δυσὶν ἡγεμόσι καὶ ἔμελλεν ἀπὸ τῆς Ἑρνίκων γῆς ἐν ᾗ τότ' ἦν ἀρξαμένη, πᾶσαν ἐπιλείσεσθαι τὴν Ῥωμαίων ἐπήκοον· ἢ δ' ἥττον ἐκείνης χρησίμη τὰ οἰκεῖα πολλάματα ἐπελείχθη φυλάττειν.

Nitzsch, Annalistik. 7

wesenheit der Consuln entgegentritt, *cum timerent patres ne absentibus consulibus ingum acciperent.* Er veranlasst die übrigen Tribunen den Terentilius zu bestimmen, die Verhandlung bis zur Rückkehr der Consuln zu verschieben; *consules extemplo accessiti.* Der Triumph wird auf einige Tage verschoben *„tribuno de lege agente; id antiquius consuli fuit. Jactata per aliquot dies cum in senatu res tum apud populum est. cessit ad ultimum maiestati consulis tribunus et destitit."* Dann Triumph und Ovation wie bei Dionysius.

Gerade auf den Schluss hat Niebuhr aufmerksam gemacht: „eine zusammengefügte Erzählung" sagt er a. O. „zeigt sich darin, dass Lucretius, nach Rom gekommen, dort mit den Tribunen gerechtet und dann triumphirt haben soll, welches gegen die unwandelbare Sitte streitet, dass, wer triumphiren wollte die Stadt vorher nicht betreten konnte". Und allerdings scheint der Triumph, den wir auch bei Dionysius finden, nur in Einer Quelle gestanden zu haben. Nach der Kriegsgeschichte des Livius erklärt es sich kaum, wie Lucretius, der für sich nur *praedonum agmen*, wie gross es auch war, vernichtet, zum Triumph, Veturius, der erst eine und dann mit Lucretius die zweite Feldschlacht gewonnen, nur zur Ovation kommt. Diese Vertheilung passt nur auf die Dionysische Kriegsgeschichte, wo allerdings Veturius nur die Volsker, Lucretius Aequer und Volsker schlägt. Mit dieser Dionysischen Kriegsgeschichte ist bei Livius eine zweite vereinigt, in welcher, ohne jene Dionysischen Thatsachen, das Verdienst des Q. Fabius sehr gross erscheinen musste. Lassen wir nämlich die erste Schlacht des Veturius weg, sehen in dem Acquisch-Volskischen Heer nur das *praedonum agmen*, das Lucretius erst schlägt, nachdem es bis dicht vor Rom vorgedrungen und streichen hinter der letzten Schlacht beider Consuln, die sich nur bei Livius findet, Triumph und Ovation, so ist es wesentlich Q. Fabius, dem bei einer sehr ungeschickten und wenig rühmenswerthen Kriegsführung der Consuln das Hauptverdienst gebührt, die Feinde zurückgewiesen zu haben. Ebenso stark sind aber auch die Widersprüche zwischen Dionysius und den Livianischen Stücken, die sich nicht bei ihm finden, in Betreff der Verhandlungen in Rom: Die agrarische Rogation bei Dionysius fehlt Livius ganz, die Terentilische findet bei Dionysius keinen Boden, da die

Armee im Felde und die Consuln erst mit Jahresschluss zurückkehren; bei Livius scheint sie so gefährlich, gerade weil die
Consuln im Felde und diese werden, um ihr entgegenzutreten,
vor dem Schluss ihres Amtsjahres „sofort" zurückgerufen. Auch
hier wieder, aber auch nur in der Livianischen Fassung dieser
Verhandlungen, findet Q. Fabius als *praefectus urbi* Gelegenheit,
die gefährdete Republik nach innen zu sichern, wie er es gegen
die *praedones* nach aussen gethan.

Am Schluss dieser Vergleichung ergeben sich mir folgende
Sätze: 1) Die Darstellung des Dionysius ist nicht etwa eine
schlechte Abkürzung des Livius. Sie ist für sich selbständig,
nur in ihr entspricht die Angabe der Triumphe der der kriegerischen Resultate.

2) Bei Livius ist vielmehr diese Dionysische Darstellung
ungeschickt mit einer anderen verarbeitet, welche den Q. Fabius
entschieden in den Vordergrund stellte.

3) Die Darstellung des Livius steht also hier in einem
ähnlichen Verhältniss zu der des Dionysius, wie die des letzteren bisher zu der des Livius stand, früher gab Livius immer
die einfachere, Dionysius die zusammengesetzte Masse, hier umgekehrt.

4) Hier finden wir bei Livius-Licinius eine entschieden
Fabische Darstellung zusammengearbeitet mit einer zweiten,
deren Zahlendetail, was Livius anführt, auf Valerius Antias leitet.
Diese zweite findet sich ganz rein bei Dionysius, nur dass er
nicht jene Detailangaben über die Verluste, wohl aber Zahl
und Grösse einzelner agirender Abtheilungen angibt.

5) Diese Darstellung des Dionysius ist also höchst wahrscheinlich Valerius Antias, und wir können zunächst auch für
das vorhergehende Jahr keine andere Annahme zulassen.

§ 2. Der allgemeine Charakter der folgenden Dionysischen und Livianischen Erzählung.

Indem wir jetzt zu dem Theil des Livius und Dionysius
übergehen, in welchem wir dem ersteren entschieden Licinius,
dem letzteren also Valerius als Hauptquelle zuschreiben, wird
es darauf ankommen, namentlich diese Annahme in Betreff des
Dionysius noch klarer ins Licht zu stellen. Bis jetzt haben wir
unsere Behauptung einmal darauf gegründet, dass bei Dionysius

7*

die *cognomina* verschwinden, dann darauf, dass ebenso die Angabe der Jahresanfänge fehlt und endlich, dass bei ihm eine einfachere Darstellung hervortritt, keinesfalls Fabischen, sondern vielmehr Valerischen Ursprungs, zunächst nur in Einem Jahr. Es wird sich empfehlen, gerade diesen Punkt, den Gesammtcharakter seiner Erzählung in diesem Abschnitt von vornherein allgemeiner ins Auge zu fassen.

Der Hauptgegenstand dieses Theils ist die *rogatio Terentilia*, die Vorgeschichte des Decemvirats, und wir haben schon oben C. 2 § 6 darauf hingewiesen, dass hier eigentlich die betreffende Untersuchung schon gemacht ist.

Niebuhr 2 p. 365 f., Schwegler 2 p. 571 ff. haben schon angedeutet, dass in Livius Erzählung die Spuren zweier verschiedener Auffassungen hervortreten, während die Darstellung des Dionysius immer einer und derselben folgt. Von Anfang an gibt der letztere als Inhalt der *rogatio Terentilia* den Antrag auf die Abfassung eines neuen Gesetzbuchs, es habe, wie er 10, 1 ausführt, überhaupt wenig geschriebene Gesetze gegeben: κομιδῇ ὀλίγα τινὰ ἐν ἱεραῖς ἦν βίβλοις ἀποκείμενα ᾧ, νόμων εἶχε δύναμιν, diese seien nur dem städtischen Patricier, nicht aber dem bäuerlichen Plebeier bekannt gewesen, dazu die ganze Jurisdiction in den Händen des patricischen Consulats. Man sieht, es sind wieder hier dieselben Uebelstände in Betreff des Privatrechts, welche diese Darstellung in den Vordergrund schiebt, wie wir das schon an anderen Stellen trafen C. 3 § 4. Neben dieser Anschauung — denn sie fehlt auch bei Livius keineswegs — findet sich dagegen bei ihm die andere, nach der er den Inhalt der *rogatio Terentilia* in die Worte fasst: *ut quinqueviri creentur legibus de imperio consulari scribendis. quod populus in se ius dederit, eo consulem usurum 3, 9*; dazu finden wir ebd. 31 noch die Notiz, dass diese Commission *ex plebe* ernannt werden sollte. Also um eine neue Fassung des höchsten Magistrats, nicht des Privatrechts handelte es sich hiernach. Und diese Anschauung tritt, wie Niebuhr und Schwegler hervorgehoben haben, auch darin hervor, dass Liv. 3, 33 das erste Decemvirat eingeführt wird mit genauer Jahresangabe und den Worten: „*iterum mutatur forma civitatis ab consulibus ad decemviros, quemadmodum ab regibus ante ad consules venerat, translato imperio, minus insignis quia non diuturna*

mutatio fuit. lacta enim principia magistratus eius nimis luxuria-
vere: eo cilius lapsa res est repetitumque, duobus ubi manduretur
consulum nomen imperiumque". Ich habe diese Worte angeführt, weil hier unzweifelhaft der Gedanke zu Grunde liegt, dass
mit dem consularischen Imperium eine zunächst entscheidende
Wendung vor sich gegangen. Gewiss, wie man mit Recht bemerkt, gehörte dieser einleitende Satz nicht hierher, sondern
an' den Anfang erst des zweiten Decemvirats, die ersten Decem-
viri waren nur mit dem Entwurf der neuen Verfassung beauf-
tragt, aber soviel ist klar, dieser Satz entspricht genau jener
Angabe der *rogatio Terentilia „ut Viviri creentur legibus de im-*
perio consulari scribendis." Er bezeichnet den Eintritt der
Veränderung, welche durch dieselbe beantragt wurde. Zwischen
diesen beiden Stellen aber lässt die Livianische Darstellung
die ursprüngliche *lex Terentilia* fallen und nimmt diejenige
Auffassung der Decemviralgesetzgebung auf, welche sich von Anfang an bei Dionysius findet. *„Tum abieetu lege"* heisst es 3, 31
„quae promulgata consenuerat, tribuni lenius agere cum pa-
tribus: finem tandem certaminum facerent. si plebeiae leges dis-
plicerent, at illi communiter legum latores et ex plebe et ex pa-
tribus qui utrisque utilia ferrent quaeque aequandae
libertatis essent sincrent creari." Man kann, wie mir scheint,
diesen Ausdrücken ansehen, wie sie darauf berechnet sind, die
vorliegenden Widersprüche abzustumpfen. Der Erzähler spricht
dann nur davon, dass die Plebs auf plebejische Gesetzgeber
verzichtet, aber in den Worten *„quae aequandae libertatis*
essent" sucht er die Redaction eines Gesetzbuches und die Neuordnung des höchsten Magistrats, an die er nachher doch wieder dachte, zusammenzufassen.

Schon diese Beobachtungen reichen hin zu zeigen, wie
leichtfertig und unkritisch diese Combination sich widersprechen-
der Darstellungen ausgeführt ist. Das ganze Verfahren erinnert
lebhaft an die Behandlung der Kriegs- und Stadtgeschichte in
der eben behandelten Stelle Liv. 3, 8 f. und an die C. 2 §. 5f.
C. 3 §. 3 ff. behandelten Stücke. Dort war die Valerische und
die ältere Darstellung an einander geheftet und dann noch die
dürftigere Partie mit Zusätzen vermehrt; ein solches Verfahren
war hier kaum möglich, deshalb ist statt der Zusammenfügung
eine Vermischung versucht, deren Resultat noch viel unerquick-

licher ist. Soviel aber ergiebt sich doch: die erste und reinste
Erwähnung der *rogatio Terentilia* Liv. 3, 9 steht in so unmittelbarer Beziehung zu Q. Fabius, dass wir hier entschieden berechtigt sind, sie auf eine Fabische Quelle zurückzuführen. Und
diese also sah in der Rogation einen Antrag auf eine allgemeine Veränderung der Verfassung, welche auch wirklich, freilich nicht wie jetzt bei Livius mit dem ersten, sondern mit dem
zweiten Decemvirat eintrat.   .
   Diese Fabische l. Terentilia kam aber, wie schon Schwegler bemerkt hat (2 p. 606 A.), nach Liv. 3, 31 gar nicht über
die Promulgation hinaus, d. h. sie ward in der combinirten Erzählung beseitigt, damit eben für die andere Fassung derselben
und deren Annahme schliesslich Raum blieb. Die auffallenden
Hindernisse also, welche nach Livius ihrer Annahme immer
entgegentraten und die Schwegler a. O. erhebliche kritische
Bedenken veranlassten, stammen wahrscheinlich nicht aus Fabius alter Erzählung, sondern gehören der späten Licinischen
Verklitterung.

§. 3. Aeltere Stücke, die bei Livius auszusondern und Charakter der übrigen.

   Es würde also hiernach anzunehmen sein, dass wir wirklich in dem betreffenden Abschnitt nur einfach Livius = Licinius, Dionys = Valerius zu setzen hätten. Man sieht, dann
wäre Livius allerdings in seiner Quellenbenutzung viel stätiger
geworden als wir ihn bisher kennen lernten. Wir haben ihn
bisher so häufig zwischen Fabius und Valerius wechseln sehen,
dass es auffallend wäre, wenn er hier von Kap. 6 an jedenfalls
bis Kap. 37 einzig und allein seinem neuen Führer gefolgt
wäre. Das ist denn doch auch nicht der Fall gewesen. Das
erste Stück, was er auch hier unzweifelhaft aus Fabius genommen, ist Kap. 21—23 von der Wahl des Q. Fabius und
L. Cornelius bis zu Ende ihres Consulats. Es ist, wie er selbst
a. E. bemerkt, aus älteren Quellen[1]), Dionysius hat 10, 20 f.

---

[1]) *Eodem anno descisse Antiates apud plerosque auctores invenio* (s.
Dion. 10, 20: παρῆσαν — οἵ τὴν Ἀντιατῶν πόλιν ἠγγελον ἐκ τοῦ φανε-
ροῦ ἀφεστηκέναι κ. τ. λ.) *L. Cornelium co. id bellum gessisse oppidumque
cepisse* (s. ebd. 21: Κορνήλιος — κατὰ κράτος ̄ αἱρεῖ τὴν πόλιν) *cor-

die jüngere Fassung der Kriegsgeschichte, welche Livius ebenda verwirft (Nbhr. 2 p. 288. Schwglr. 2 p. 721. Kiessling p. 13). In dieser älteren Fassung ist Q. Fabius wieder der Held, sein College nimmt eine viel secundärere Stellung ein als in der jüngeren Ueberlieferung. Dazu stimmt sehr gut, dass der am Schluss des vorigen Jahres berichtete Census, der dicht vor diesem Jahr steht, in die Rechnung passt, welcher Dionys-Licinius, nicht wohl aber Livius sonst folgt (s. oben C. 2 § 5 a. E.).

Für ein zweites Stück gleicher Beschaffenheit möchte ich die Dictatur des L. Quinctius Cincinnatus halten: Schwegler 2 p. 727 verwirft die Sage als eine ganz junge Flickarbeit[1]), Niebuhr 2 p. 296 f. erkennt ihre ursprüngliche Schönheit an, glaubt aber, dass sie erst später in die Fabischen Notizen der alten Annalen eingeschoben sei. Ich glaube ihm hier wie über die Coriolansage (C. 3 §. 3) widersprechen zu müssen. Ist man einmal zu der wie mir scheint unabweislichen Annahme gekommen, dass Fabius solcher sagenhaften Stücke ziemlich viele bot, so kann man die hier anhängenden Notizen über Q. Fabius sehr wohl für einen entschuldbaren Zusatz des Annalisten zu einer nicht Fabischen Sage halten, die er erzählte wie die Schlachten von der Silva Arsia oder dem See Regillus Livius Worte c. 26 *„operae pretium est audire qui omnia prae divitiis humana spernunt neque honori magno locum neque virtuti putant esse, nisi effusae affluant opes"* zeigen jedenfalls, dass er.

_____

tum adfirmare, quia nulla apud vetustiores eius rei mentio est, non ausim.

1) Wir haben oben Cap. 2 § 2 f. nachgewiesen, wie die Valerische Erzählung das Material ihrer vollständigeren Darstellung aus den verschiedenen Theilen der älteren Quellen zusammenschleppte. Die von Schwegler hier angeführten Züge, namentlich der Dionysischen Erzählung, aus welchen er unsere Sage zusammengesetzt glaubt, erklären sich ebensowohl umgekehrt als Entlehnungen aus dem alten Stück zum Gebrauch an verschiedenen Stellen. Die allerdings auffällige Abdankung des Minucius „*ita se Minucius abdicat consulatu etc.*" 29 erinnert auffallend an die Scene Liv. 22, 30, wo der durch ein *plebiscitum* mit der Diktatur bekleidete *Magister equitum* M. Minucius dem Q. Fabius erklärt „*plebiscitum, quo oneratus sum magis quam honoratus, primus antiquo abrogoque.*" Gerade diese Analogie scheint auf einen ursprünglichen Concipienten der Cincinnatussage zu leiten, dem jener merkwürdige Vorfall des Hannibalischen Krieges sehr nahe lag.

das nun Folgende mit besonderer Umsicht und Liebe darzustellen suchte. Jedenfalls bis zu den Worten „*Minucio Fabius Quintus successor in Algidum missus*" 29 musste das alte Stück reichen.

Nach Ausschluss dieser Stücke haben wir also zunächst den Rest der Livianischen Darstellung als Licinianisch zu betrachten. Es hat sich schon herausgestellt, dass hier eine Verschmelzung zweier divergirender Darstellungen bei Livius vorliegt, deren eine nur wir bei Dionys finden. Die Manier, die uns also hier in dem Stück des Livius hervortritt, welches wir Licinius zusprechen müssen, erscheint im Grossen zunächst ganz so wie wir sie in den Licinischen Abschnitten des Dionys wiederholentlich constatiren konnten, ganz besonders deutlich in dem ersten Abschnitt, wo Plutarch und Livius' das Material boten.[1]

Es wird zweckmässig sein, uns hier den Thatbestand kurz zu vergegenwärtigen, welcher sich dort ergab: wir fanden bei der älteren Quelle des Livius, als welche wir Fabius annehmen, eine Reihe verfassungsgeschichtlicher Notizen und dazu grosse selbständige Sagenstücke.

Dieses Material verarbeitete Antias in einander und gab dem Ganzen die Wendung, dass dadurch der Ruhm seines Geschlechtsgenossen Poplicola in den Vordergrund trat. Es verschwand nichts, aber zum Theil kam neues hinzu, zum Theil wurde das Vorhergehende sehr wesentlich verschoben und umgestaltet.

Die Erzählung des Licinius-Dionysius that auch nichts neues hinzu, nur dass sie von der ursprünglichen Fabischen Darstellung selbst kleine Züge, welche Valerius verwischt, in seine Darstellung zurücknahm, dass sie Uebertreibungen oder Wunderlichkeiten in seinen Zusätzen strich oder milderte, ohne doch diese Zusätze selbst desshalb zu verwerfen. Und dann allerdings schob sie mit fast unbegreiflicher Gewaltsamkeit das zweite Consulat des Horatius so hinein, dass dadurch der ganze Zusammenhang der Erzählung sich vollständig anders gestaltete.

---

[1] Auf diesen Umstand hat Peter Hist.: R: relliq. v. I p. CCCXI, gar keine Rücksicht genommen. Es ist eben zu erklären, weshalb jene Zusammenschüttung zweier Erzählungen nicht nur bei Liv. sondern auch bei Dion. bei den äusserlich gleich sich auszeichnenden Partien vorkommt.

Wir haben an einem verhältnissmässig kleinen Stück
Liv. 3, 9 schon hier gerade eine solche Verschmelzung Fabischer
Nachrichten mit der Erzählung erkannt, welche bei Dionysius
vorliegt. Die eine, ältere Quelle, welche Licinius-Dionysius benutzte, tritt uns hier schon bei Licinius-Livius entgegen und
damit die Wahrscheinlichkeit, dass die andere d. h. diejenige,
welcher Dionys hier allein gefolgt zu sein scheint, dieselbe sei,
die wir dort fanden, Valerius.

§. 4. Valerische Züge in der Erzählung des Dion. 10, 1 ff.

Ich werde nun zunächst versuchen, möglichst festzustellen
1) ob Dionys hier wirklich Valerisch ist; 2) was in den Licinischen Partien Fabisches ist d. h. wie des Fabius Erzählung
hier beschaffen war und dann 3) die Verschmelzung dieser Bestandtheile, welche im Allgemeinen schon vorliegt, im Detail
soweit möglich verfolgen.
1. Im Ganzen tritt das Valerische Geschlecht in den Verhandlungen vor dem Decemvirat auffallend zurück. Fassen
wir seine Stellung zu demselben kurz zusammen, so ist bei
Dionysius P. Valerius der einzige Patricier, der entschieden für
die Annahme der *rogatio Terentilia* eintritt. Er giebt, um das
Volk zum Angriff gegen Herdonius zu bewegen, nach einer Berathung mit dem Senat das eidliche Versprechen, noch unter
seinem Consulat die Annahme der Rogation durchzusetzen,
fällt dann aber bei dem Sturm 10, 16 f. Unter M. Valerius
Consulat wird die *l. Icilia de Aventino publicando* gegeben. Bei
diesen Verhandlungen 10, 31 f. wird die eigenthümliche Lage
der Consuln den merkwürdigen Verabredungen der Tribunen
gegenüber bestimmt erwähnt, auch mannigfacher Verhandlungen
gedacht, aber namentlich tritt nur Icilius und der Consular
C. Claudius uns entgegen. Darin, dass dieser schliesslich in dem
Senat als allein der Rogation widersprechend bezeichnet wird,
ergiebt sich, dass also auch die Consuln dafür waren, aber
weiter nichts. In den Verhandlungen des zweiten Decemvirats
werden die Valerier entschieden als Vertreter der Opposition
gedacht [1], die ganze Geschichte der C. 1 §. 3 a. E. schon näher

---

[1] ὅτι σώζονται μὲν οἱ Οὐαλερίων ἀπόγονοι τῶν ἐξελασάντων τὴν
τυραννίδα 11, 15.

besprochenen Debatte beruht darauf, dass L. Valerius nicht zu
den Consularen gehört, Dion. 11, 16 nennt auch keinen anderen
dieses Geschlechts unter Ihnen. Wir dürfen denken, dass
unter den τῶν βουλευτῶν πολλοὶ καὶ ἀγαϑοί, die Dionysius
a. O. 53 in der Pest 303 sterben liess[1]), auch die Valerier gezählt wurden.

Jedoch, wenn wir auch als Originalquelle für jene Debatte
Valerius gelten lassen, sie liegt uns nur in der Licinischen
Fassung vor. Wir dürfen sie daher nicht unmittelbar hier
heranziehen. Eine andere Erwähnung eines Valeriers des
Quästors M. Valerius *Valerii filius Volesi nepos* Liv. 3, 25 findet
sich dicht neben jenem T. Quinctios Capitolinus, der hier eben
mit seinem Cognomen uns entschieden auf Licinius zurückführt.
Die mehr als verdächtige Angabe seines eigenen Namens kann
uns nur in dieser Ableitung bestärken.

Wir können also sagen, dass ausser jener tragisch bewegten Heldengestalt des Consuls Publius, die allerdings sehr
energisch in den Vordergrund tritt, die Bedeutung des Valerischen Geschlechts hier gerade bei Dionysius weniger hervortritt.

Auch die andere Eigenthümlichkeit des Antias, das Zahlendetail, macht sich wenig bemerklich. Die Mannschaft des Herdonius ist 10, 14 etwas höher gegriffen, als bei Liv. 3, 15; nur
an einer Stelle tritt diese lächerliche Manier in seltener Ueber-
treibung zu Tage, nämlich in den Angaben des Siccius Dentatus über seine Feldzüge und die erhaltenen Belohnungen in
seiner Rede, a. O. 37[2]), welche bei Livius wie das ganze Tribunat desselben vollständig fehlt.

Von den tollen Uebertreibungen des Antias — ich erinnere
nur an das Menschenopfer der Aquilier (s. p. 34) — treffen
wir hier die alberne und albern erzählte Intrigue der Tribunen, durch welche sie die Plebs aufzuregen versuchen 10,
9 ff., deren Detail durchaus bei Liv. 3, 15 fehlt. [n]

---

[1]) Liv. 3, 32: *multae et clarae lugubres domus.*

[2]) μάχας μὲν — ἀμφὶ τὰς ἑκατὸν εἴκοσι μεμάχημαι· τραύματα δὲ
πέντε· καὶ τετταράκοντα εἴληφα — καὶ τούτων δώδεκά ἐστιν, ἃ συνέβη
μοι λαβεῖν ἐν ἡμέρᾳ μιᾷ — ἀριστεῖα δ' ἐκ τῶν ἀγώνων ἐξενήνεγμαι
τέσσαρας καὶ δέκα μὲν στεφάνους πολιτικοὺς — τρεῖς δὲ πολιορκητικοὺς
—ὀκτὼ δὲ τοὺς ἐκ παρατάξεως κ. τ. λ.

Es muss endlich auffallen, dass Dion. 10, 50 nicht allein die *lex Aternia Tarpeia* erwähnt, die Liv. übergeht (Schwegl. 2 p. 610 L), sondern dass sich die frühere Erwähnung einer l. Valeria über die Multen allein PluL Popl. 11 findet. Plutarch, der natürlich nur von Multen der Consuln spricht, erzählt, dass damals das Maximum auf 5 Rinder und 2 Schafe gesetzt ward, Dionysius sieht den Hauptfortschritt darin, dass die Straf-befugniss jetzt allen Magistraten, nicht mehr allein den Con-suln zugestanden wurde, τό μέντοι τίμημα ούκ ἐπ᾿ αὐτοῖς τοῖς ζημιοῦσιν ὁπόσον θεῖναι δοκεῖ κατέλιπον, ἀλλ᾿ αὐτοὶ τὴν ἀξίαν ὥρισαν, μέγιστον ἀποδείξαντες ὅρον ζημίας δύο βοὰς καὶ τριά-κοντα πρόβατα. Es liegt auf der Hand, dass er sich diese Be-schränkung als die erste denkt; ich möchte auch daraus mit Bestimmtheit schliessen, dass er für die Geschichte Poplicolas nicht Valerius gebraucht hat, andererseits schliesst sich die wunderliche Verdrehung des Strafsatzes, statt 30 Rinder und 2 Schafe 2 Rinder und 30 Schafe (Schwegl. a. O. p. 611) entschieden so an jenen angeblichen Satz des Poplicola an, dass mir beide aus derselben Quelle zu stammen scheinen. Und damit würde nach unserer Grundansicht sehr wohl stimmen, dass die Erwähnung des älteren Gesetzes dort bei Licinius-Dionysius, die des jüngeren bei Licinius-Livius fehlt. Er wollte sie eben nicht aus Antias aufnehmen.

Umgekehrt endlich erwähnt Dionysius hier nicht den Cen-sus des Jahres 295, Liv. 3, 24, auf welchen er später 11, 63 entschieden Rücksicht nimmt.

Zeigt die letzte Thatsache, dass jedenfalls nicht Licinius zu Grunde liegt, dem an der eben angeführten späteren Stelle Dionysius unzweifelhaft folgte, so machen die vorstehenden wahrscheinlich, dass Dionysius hier Antias folgte; wenn auch gerade dessen Eigenthümlichkeiten nicht so häufig wie anderswo hervortreten, einzelne Züge sind frappant genug. Eben in dem Zurücktreten der Valerier könnte man die Veranlassung dazu finden, dass Dionysius sich hier gerade dieser Quelle mit einem Vertrauen anschloss, das sie ihm sonst in diesem Grade nicht einflösste und dass er gerade desshalb sie wieder fallen liess, wo im zweiten Decemvirat er des L. Valerius Auftreten nach einem unparteiischen Bericht zu schildern wünschte.

§. 5. Spuren der älteren Erzählung bei Livius.

2. Gehen wir jetzt zunächst daran, die Fabische Ueberlieferung für die fragliche Partie nachzuweisen. Abgesehen von
den paar Stücken, welche wir oben herausgehoben haben,
müssen sie unserer Annahme nach aus der Darstellung des
Licinius-Livius restaurirt werden.　　　　　　　•
Das erste Kriterium, das sich auch hier empfiehlt, ist allerdings das Vorkommen Fabischer Nachrichten. Jedoch tritt das
Geschlecht hier noch mehr als die Valerier zurück. Q. Fabius
Vibulanus ist der einzige Repräsentant desselben, die Kriegsgeschichte seines dritten Consulats Liv. 3, 22 dürften wir ganz
auf Fabius zurückführen, seine Präfectur, unter der die *rogatio
Terentilia* zuerst eingebracht, zeigte sich eigenthümlich von der
Dionysischen Erzählung geschieden und mit der Liv. 3, 8 f.
verflochten, dass wir sie eben desshalb Valerius ab- und Fabius
zusprechen. Dann erscheint er wieder im eugsten Zusammenhang mit Cincinnatus Dictatur, die wir zum Theil aus anderen
Gründen ebenfalls auf Fabius zurückführten.
Bis zum zweiten Decemvirat, in diesem selbst tritt er auffallend zurück. Halten wir uns aber zunächst an die angeführten Stücke, so drängt sich da folgende Betrachtung auf:
in der Sage von Quinctius Dictatur Liv. a. O. 26 liegt doch der
Gedanke zu Grunde, dass ein in bäuerliche Einfachheit versun-
kener Held aus ihr wieder an die Spitze des Staats berufen
wird. Die Verurtheilung des Sohnes und die daraus für den
Vater folgenden grossen Zahlungen sind also die Voraussetzung
dieser Schilderung[1]. Eben dass der Vater das kleine Bauer-
gut, die *prata Quinctia*, selbst bestellte, als man ihn zur Dictatur rief, wird mit jenem unseligen Process in Zusammenhang
gedacht. In diesen Zusammenhang aber passt das Consulat
des Cincinnatus durchaus nicht hinein. Dionysius oder seine
Quelle fühlten das, desshalb ward hier die poetische Scene auf
den *prata Quinctia* schon an den Anfang des Consulats 10, 17
geschoben, obwol die Worte ebd. 24 ἔτυχε δὲ καὶ τότε ὁ ἀνὴρ
τῶν τι κατ᾽ ἀγρὸν ἔργων διαπραττόμενος zeigen, dass sie an

---

[1] *pecunia a patre exacta crudeliter, ut dividitis omnibus bonis aliquamdiu trans Tiberim celuti relegatus devio quodam tugurio viveret, Liv.
3, 13 a. E.*

dem Anfang der Dictatur ursprünglich stand. So gehört also das Datum von Cincinnatus Autritt des Consulats, wie alle ähnlichen chronologischen Angaben, Licinius, das Consulat selbst auch einer späteren Quelle. Fällt dieses Consulat aber weg, d. h. fehlt der Consul *suffectus* nach Valerius Tod, so wird auch dieser Tod selbst zweifelhaft. Andererseits aber darf der Ueberfall des Appius Herdonius jedenfalls auch auf ältere Quellen zurückgeführt werden; denn die Belohnung des Manilius und der Tusculaner für ihren damals geleisteten Zuzug wird im engsten Zusammenhang mit Cincinnatus Triumph erzählt Liv. a. O. 29 [1]. Was wir also bestimmt für Fabius beanspruchen, wäre: die Kriegsgeschichte und die *rogatio Terentilia* unter Q. Fabius Präfectur — Käso Quinctius Process — Appius Herdonius Ueberfall des Capitols, Zuzug von Tusculum, Erstürmung des Capitols — die Dictatur des Cincinnatus. Das wäre etwa ein Stück wie die Fabischen Partien des zweiten Buchs: die Coriolausage — Bündniss mit den Hernikern — die Fabischen Consulate — der Feldzug des M. Fabius u. s. w. Freilich liegt dort die einfache und kunstlose Verknüpfung zum Theil erkennbar vor, hier ist Alles durch die spätere Ueberarbeitung aus einander gerissen und wieder künstlich verbunden, die kurzen annalistischen Stücke, welche Livius dort uns erhielt, sind hier, wenn sie vorhanden waren, verschwunden.

Aber an einer anderen Stelle unseres Abschnitts scheinen sie doch auch hier hervorzutreten, ich setze die ganze Stelle her: *Tricesimo sexto anno a primis tribuni plebis X creati sunt, bini ex singulis classibus. itaque cautum est, ut postea crearentur. Dilectu deinde habito Minucius contra Sabinos profectus non invenit hostem. Horatius cum iam Aequi Corbione interfecto praesidio Ortonam etiam cepissent in Algido pugnat, multos mortalis occidit, fugat hostem non ex Algido modo sed a Corbione Ortonaque. Corbionem etiam diruit propter proditum praesidium.*

---

[1] *Romae a Q. Fabio praefecto urbis senatus habitus triumphantem Quinctium, quo reniebat agmine, urbem ingredi iussit. ducti ante currum hostium duces, militaria signa praelata, secutus exercitus praeda onustus. epulae instructae dicuntur fuisse ante omnium domos, epulantesque cum carmine triumphali et solemnibus iocis comitantium modo currum secuti sunt. eo die L. Mamilio Tusculano approbantibus cunctis civitas data est. Confestim se dictator magistratu abdicasset, ni etc.*

*Deinde M. Valerius Sp. Verginius consules. domi forisque
otium fuit. annona propter aquarum intemperiem laboratum est. de Aventino publicando lata lex est. tribuni plebis
idem refecti.* liv. 3, 30 f. Man könnte die Meinung aufstellen, dass dieses nur ein Auszug aus der ausführlichen Darstellung sei, welcher Dion. 10, 30 f. gefolgt ist und welche allerdings dem Angeführten vollständig entspricht. Nur ein Punkt,
die Angabe über das schlechte Kornjahr, überhaupt das von
uns hervorgehobene fehlt und das freilich genügt, um zu beweisen, dass die Livianische Stelle nicht ein Auszug aus einer
ausführlichen Erzählung, sondern dass hier ein reines annalisti-
sches Stück vorliegt, das eben nur bei Dionysius mit Weglassung
einzelner Angaben ins Breite gearbeitet erscheint.

Giebt man dieses aber zu, so wird man auch das Folgende
mit diesem Originalstück in Zusammenhang zu bringen haben.
In diesem Stück kommt seit der Wahl der 10 Tribunen keine
Erwähnung der 1. Terentilia vor. Wenn daher der Livianische
Text weiter fortfährt: *Hi sequente anno T. Romilio C. Veturio
consulibus legem omnibus contionibus suis celebrant: .pudere se
numeri sui nequiquam aucti, si ea res aeque suo biennio iaceret
ac toto superiore lustro iacuisset,* so können wir von hier rück-
lings eine Darstellung denken, welche auch in dem „vorhergehenden Lustrum" der Rogation ebensowenig erwähnte, wie
das hier in dem nächstverflossenen Jahr geschah. Es brauchte
also in einer solchen Darstellung nur der erste Antrag und die
endliche Annahme der Rogation berichtet zu sein. In dem
einen unzweifelhaft Fabischen Stück, das wir nachwiesen Liv. 3, 21
f., findet sich der Versuch der Tribunen, in die Aushebung ein-
zugreifen, allerdings erwähnt „*aegreque impetratum a tribunis, ut
bellum praeverti sinerent*", wie auch Dion. 10, 20, noch kürzer
ist die Andeutung „*reclamantibus frustra tribunis*" bei dem
Volskischen Feldzug, in den Cincinnatus Dictatur fällt Liv. a. O. 25.
Dass diese Dictatur so bald zu Ende geht, erwähnt Dion. 10, 26
mit ausdrücklicher Verwunderung. Er hat nicht einmal die
von Liv. a. O. 29 dem Dictator zugeschriebenen Massregeln.
Bei beiden aber findet sich auch nicht die geringste Spur eines
unmittelbaren Zusammenhangs dieser Ereignisse mit der Rogation.

Wir dürfen unsere Ansicht über Fabius Darstellung dieses
Abschnitts etwa dahin formuliren: Er gab auch hier neben ein-

ander kurze annalistische Notizen und grössere sagenhafte
Stücke. Die Geschichte der *rogatio Terentilia* trat nur in ihrem
Anfang und Endpunkte besonders deutlich hervor, die Geschichte
der dazwischen liegenden Verhandlungen trat verhältnissmässig
sehr zurück. Dabei ist freilich zu bemerken, dass wir jene
grösseren Stücke mit Sicherheit auf Fabius zurückführen
können, die annalistischen Partien aber nur desshalb, weil wir
sie früher in Livius ältester Quelle ebenso fanden und desshalb, weil wir überhaupt in den vorhergehenden Abschnitten
auf die Annahme geführt wurden, dass Licinius hauptsächlich
Valerius und Fabius benutzt habe.

§. 6. **Die Gegensätze der beiden Quellen und ihre Verschmelzung
bei Livius.**

a) Der Process des Käso Quinctius.

Fassen wir jetzt aber diejenigen Livianischen Stücke dieses Theils im Ganzen ins Auge, welche wir von vornherein
Licinius zuzuschreiben veranlasst sind, also mit Ausnahme der
unmittelbar Fabischen Stücke 3, 22 f. und 25 ff., die ganze
Strecke 3, 9—32, so wird es am zweckmässigsten sein, zunächst
die Art und Weise zu untersuchen, in welcher die Darstellung,
die wir bei Dionysius finden, mit jener anderen zusammengearbeitet ist.

Im Allgemeinen haben wir oben davon gesprochen, wir
gehen jetzt näher in das Detail ein, um das hier beobachtete
Verfahren genauer noch mit demjenigen zu vergleichen, das wir
früher bei Dionysius befolgt fanden. Die genauere Betrachtung
der beiden Erzählungen muss nach dem Ebengesagten im Anfang derselben im Allgemeinen eine entschiedene Differenz her-
ausstellen, da wir überhaupt bei der älteren Quelle und Valerius eine wesentlich verschiedene Ansicht von der Entwicklung der Verfassung, also auch zunächst von dem damaligen
Stand derselben annehmen mussten.

Dabei aber steht zu erwarten, dass nach der Art und
Weise der bisher betrachteten Licinischen Partien manches Detail, das sich hier bei Dionysius-Valerius findet, auch im Livius-Licinius benutzt sei.

Gehen wir von der beiden Darstellungen zu Grunde liegenden Grundvorstellung aus.

Bei Dion, 10, 1 konnte Terentilius mit seiner Rogation nicht vorwärts kommen, *τοῦ τε πλήθους ὄντος ἐπὶ στρατοπέ-δων καὶ τῶν ὑπάτων ἐπιτηδες ἐν τῇ πολεμίᾳ γῇ τὰς δυνάμεις κατασχόντων, ἕως ὁ τῆς ἀρχῆς αὐτοῖς παρέλθῃ χρόνος,* die eigentliche Verhandlung beginnt also erst im nächsten Jahr und zwar folgendermaassen: die Tribunen promulgiren die Rogation *per trinundinum (ἐξουσίαν ἔδοσαν τοῖς βουλομένοις αὐτοὶ κατ-ηγορεῖν, ὑποδείξαντες τὴν τρίτην ἀγοράν,* ebd. 3). Nachdem sie den Tag der Abstimmung angesetzt, erklären die angesehensten Patricier, dass sie den Tribunen nie zulassen würden, *νόμους εἰσηγεῖσθαι καὶ τούτους ὑπεροβουλεύτους, συνθήκας γὰρ εἶναι κοινὰς πόλεων τοῖς νόμους, οὐχὶ μέρους τῶν ἐν ταῖς πόλεσιν οἰκούντων,* ebd. 4. Es wird dann aber noch weiter ausgeführt, das Tribunat sei ursprünglich nur zur *auxilii latio* eingeführt und habe namentlich unzweifelhaft jede Fähigkeit zur Gesetzgebung verloren, seitdem die Wahl der Tribunen ohne eine vorhergehende *senatus auctoritas*, ohne *auspicia*, ohne die Bestätigung einer *lex curiata* stattfinde. Mit diesen Deductionen schüchtern sie den bedeutenderen und kühneren Theil der Plebs ein, *ἤδη δέ τινας τῶν πάνυ ἀπόρων καὶ ἀπεῤῥιμ-μένων, οἷς ονδενὸς τῶν κοινῶν παρὰ τὰ ἴδια κέρδη φροντὶς ἦν, παίοντες ὥσπερ ἀνδράποδα ἀνεῖργον ἐκ τῆς ἀγορᾶς.*

Bei Livius beginnt die Verhandlung schon im Tribunat des Terentilius in der leidenschaftlichsten Weise 3, 9. Aber in den Ausführungen der Patricier ist weder hier, noch im nächsten Jahre von jenen Deductionen, die Dionysius, in den Vordergrund stellt, die Rede. Die Rogation beantragt, wie gesagt, eine Beschränkung des consularischen Imperiums und dies ist es, was die Patricier empört als einen frevelhaften Angriff auf die Verfassung bezeichnen. Dass die Tribunen kein Recht hätten, eine Rogation bei den Comitien einzubringen, dass sie etwa dazu einer *senatus auctoritas* bedürften, von dem Allen kein Wort. Auch wird nicht etwa nur, wie bei Dionysius, der Tag der Abstimmung angesagt, sondern diese selbst wird immer von Neuem versucht, die *lex „per omnes comitiales dies fereba-tur,"* aber die *patres* liessen es nicht dazu kommen, *„initium erat rixae, cum discedere populum inssissent tribuni, quod patres se summoveri haud sinebant."* Nicht die Aelteren, auch nicht die Consuln mischten sich ins Gedränge, aber Käso Quinctius und sein Anhang. Seine Schilderung Liv. 11 und Dion. 5 ist fast wörtlich dieselbe[1], aber, während bei Dionysius die Hauptsache durch jene staatsrechtlichen Vorstellungen über die Unrechtmässigkeit jeder *lex tribunicia* erreicht wird und nur das nichtsnutzigste Gesindel vom Forum weggeprügelt wird, heisst es hier *„saepe pulsi foro tribuni, fusa ac fugata plebes est.“*

Weder Niebuhr noch Schwegler haben diese Differenz bemerkt, sie scheint mir höchst bedeutend. Nach Livius Darstellung bezweifelte kein Patricier das Recht der Tribunen, die Rogation zur Abstimmung zu bringen, die Störung der Comitien war ein reiner Gewaltact. In der Vollführung dieses Frevels liegt die Bedeutung des Käso Quinctius zunächst.

Derselbe Unterschied zeigt sich auch, glaube ich, bei dem Prozess des Quinctius.

Bei Livius geht offenbar die Anklage unmittelbar auf die Störung der Comitien. *„Tum“*, heisst es *„prope iam perculsis aliis tribunis A. Verginius ex collegio unus Caesoni capitis diem dixit“*.

Bei Dionysius handelt es sich nur um die Verletzung der einzelnen Plebejer. Quinctius erklärt sich 10, 5 bereit, jedem einzelnen von diesen vor den Consuln zu Recht zu stehen. Schon will daher die Plebs die ganze Sache fallen lassen, als eine neue Anklage des Tribunen M. Volscius auf Todtschlag und schwere Körperverletzung dennoch durchschlägt. Bemerke man wohl, dass sich bei Livius a. O. 12 a. E. von jener nachgiebigeren Haltung der Plebs kaum eine Spur findet: *„sed alii“*, heisst es *„aversabantur preces aut verecundia aut metu; alii se suosque mulcatos querentes atroci responso iudicium suum praeferebant.“* Dann wird allerdings auch der Fall des M. Volscius hinzugefügt: *„premebat reum praeter vulgatam invidiam crimen unum“* etc. Man kann auch hier eben sehen, wie die Erzählung, welche

---

[1] Livius. Käso erat Q. ferox iuvenis qua nobilitate gentis qua corporis magnitudine et viribus. Ad ea munera datu diis et ipse addiderat multa belli decora facundiamque in foro, ut nemo non lingua non manu promptior in civitate haberetur.

Dionysius: Κ. Κοίντιος — ᾧ γένος τ᾽ ἦν ἐπιφανὲς καὶ οὐδενὸς δεύτερος, ἀνὴρ ὀφθῆναί τε κάλλιστος νέων καὶ τὰ πολέμια πάντων λαμπρότατος, φύσει τε περὶ λόγους κεχρημένος ἀγαθῇ.

sich bei Dionysius findet, mit einer andern wesentlich verschiedenen verschmolzen ist.

Fragen wir also, wie und worauf dachten die Erzähler diese Anklage begründet, so ist das von der älteren Quelle, welche den Hauptstock der Livianischen Erzählung hier bildet, nicht sicher zu sagen. Doch erscheint es wahrscheinlich, dass sie ganz einfach das Tribunat von Anfang an zu einem solchen Verfahren befähigt hielt, da sie (C. 3 § 3) den Prozess Corio· lans ohne alle Zwischenstufen hinter die *lex sacrata* schob und da sie hier jedenfalls das Tribunat als eine auch zur Beantragung von Gesetzen befähigte Gewalt sich denkt.

Die Erzählung des Dionys greift hier nur auf die *leges sacratae* und die *auxilii latio* für den einzelnen Plebejer zurück. Ich muss ausdrücklich gegen Schwegler II p. 577 in Abrede stellen, dass Quinctius nach Dionysius „gegen die Tribunen Gewalt gebraucht, sie mehr als einmal vom Forum vertrieben und wohl auch thätlich verletzt hat.“ Dies leugnet, nach den oben angeführten Worten, Dionysius ausdrücklich; er sagt, nur einzelnes Gesindel sei geprügelt worden, dagegen urgirt Livius ausdrücklich „die Vertreibung der Tribunen vom Forum.“

Im weiteren Verlauf erzählt Dion. 10, 8: die Anklage des Volscius hätte die Masse so aufgeregt, dass sie im Begriff gestanden, sich an Käso zu vergreifen. Doch hier seien zugleich Consuln und Tribunen und die besonnenen Plebejer entgegengetreten. Doch habe man nun lange darüber verhandelt, ob man Käso verhaften oder, wie der Vater forderte, die Stellung von Bürgen gestatten sollte. Der Senat habe endlich beschlossen, die Bürgenstellung zu gestatten. Am folgenden Tage habe sich Käso dem Volksgericht nicht gestellt und daher seien die 10 Bürgen zur Zahlung verurtheilt worden.

In Livius Erzählung findet sich allerdings diese ganze Darstellung fast Zug für Zug wieder, aber doch nicht ohne namentlich eine bedeutende Differenz.

Bei der Aufregung nach Volscius Anklage fordert der Tribun Verginius die Verhaftung „*ut, qui hominem necaverit, de eo supplicii sumendi copia populo Romano fiat*“, der Vater verlangt, dass man Bürgenstellung gestatte. Und hier tritt der Hauptunterschied hervor: nicht der Senat, sondern „*appellati tribuni medio decreto ius auxilii sui expediunt, in vincla conici*

*vetant, sisti reum, pecuniamque nisi sistatur populo promitti pla-
cere pronuntiant,"* nur die Feststellung der zu zahlenden Summe
wird dem Senat überlassen: *„reus, dum consulerentur patres
retentus in publico est. rades dare placuit. unum radem ternis milibus acris obligacerunt. quot darentur tribunis permissum est. decem
finierunt. tot radibus accusator vadatus est reum. hic primus rudes
publicos dedit. dimissus e foro nocte proxima in Tuscos in exi-
lium abiit. indicii die cum excusaretur solum vertisse exilii causa
nihilo minus Verginio comitia habente collegae appellati dimisere
concilium. pecunia a patre exacta crudeliter."*

Die Sachlage ist also die, dass

1) Dionysius unzweifelhaft das Gewicht allein auf die von
Volscius vorgebrachte Kapitalanklage legt und dass auch in der
Livianischen Erzählung diese Seite in den Worten hervortritt
„ut qui hominem necaverit"). Dionysius, wie schon oben be-
merkt, konnte nur darauf Gewicht legen, weil bei ihm von einer
Verletzung der Tribunen gar nicht die Rede ist. Für diese
Todtschlagsklage verfügt der Senat bei Dionysius zu Gunsten
des Beklagten die Bürgenstellung.

2) Dagegen bei Livius kommt diese Kapitalanklage nur
hinzu zu der Beleidigung und Verletzung der Tribunen. Und
dem entspricht es, dass bei ihm die Tribunen die Bürgenstellung als dazu berechtigt verfügen und dem Senat nur eine
Normirung der Brüche zugestehen. Dieses Recht der Tribunen
wird in der Erzählung der bisherigen Verfassungsentwicklung
unzweifelhaft begründet durch die *l. Icilia,* die sich nur bei
Dion. 7, 17, aber nicht bei Livius findet²). Die Bezugnahme

----

¹) Insofern hat Schwegler 2 p. 576 gegen Niebuhr Recht, dass „die
Anklage gegen Käso eine Kapitalanklage war."

²) Dionysius: *Δημάρχου γνώμην ἀγορεύοντος ἐν δήμῳ μηδεὶς λεγέτω
μηδὲν ἐναντίον, μηδὲ μεσολαβείτω τὸν λόγον. ἐὰν δέ τις παρὰ ταῦτα
ποιήσῃ, διδότω τοῖς δημάρχοις ἐγγυητὰς αἰτηθεὶς εἰς ἔκτισιν, ἧς ἂν
αὐτῷ ἐπιθῶσι ζημίας. ὁ δὲ μὴ διδοὺς ἐγγυητὴν θανάτῳ ζημιοίσθω καὶ
τὰ χρήματα αἰτοῦ ἱερὰ ἔστω. τῶν δ' ἀμφισβητούντων πρὸς ταύτας τὰς
ζημίας αἱ κρίσεις ἔστωσαν ἐπὶ τοῦ δήμου.* Mit Bezug auf diese unzweifelhaft in der Livianischen Darstellung eingemischte Anschauung hat
Niebuhr seinerseits Recht in den Worten „Käso war der erste, welcher
zufolge des Icilischen Gesetzes als Störer des tribunicischen Amtes Bürgen
stellte" 2 p. 326 A. 662. Dabei aber ist entschieden zu leugnen, dass
Livius, als er dies Stück seiner Quelle entlehnte, selbst an eine solche l.
Icilia dachte.

8*

auf eine gesetzliche den Tribunen zustehende Ordnung der
Bürgschaftsstellung unterscheidet hier entschieden Livius von
Dionysius. Die für die Neueren so peinliche Unklarheit seiner
Darstellung stammt eben daher, dass diese Grundansicht bei
ihm vermischt ist mit einer Darstellung, die von diesem Recht
der Tribunen Nichts hatte, wie sie bei Dionysius einfach
vorliegt.

Die Livianische Erzählung verschmolz einen Process wegen
Beleidigung der Tribunen, bei dem sie das Recht der Bürgen-
forderung übten mit einem Todtschlagprocess, bei dem der
Senat den Ausweg der Bürgenstellung verfügte.

Wer der Urheber dieser Verschmelzung ist, kann nicht
zweifelhaft sein. Die Erwähnung der *l. Icilia* fällt bei Dionysius in die Licinische Partie. Hier setzt seine Darstellung sie
entschieden nicht voraus. Dagegen erinnert die hier bei Livius sich findende Notiz „*hic primus vades publicos dedit*" an
die früheren Stellen bei Dionysius, wo die erste Entstehung
oder Anwendung eines Rechts oder einer Sitte erwähnt wird [1])
und an deren einer 6, 47 Licinius ausdrücklich als Quelle
citirt wird [2]).

Wie dort an den entsprechenden Quellen bei Livius, so
fehlt hier bei Dionysius eine solche Notirung.

Es war also unzweifelhaft Licinius, der hier die beiden
Fassungen des Processes zusammenmischte.

Hält man dies fest, so ergibt sich noch weiter für die *l.
Icilia* Folgendes.

1) Die Quelle, welcher Dionysius hier folgt, kannte sie
nicht, nahm wenigstens hier keine Rücksicht auf sie. Das entspricht unserer früheren Beobachtung, dass Valerius überhaupt
die Plebs sich auffallend langsam entwickeln lässt.

2) Livius in der Dion. 7, 17 entsprechenden Partie benutzte
nach unserer Ausführung Kap. 3 § 2 nur seine ältere Quelle,
er hat dort 2, 34 dieselben Facta, die bei Dion. 7, 1 als Folie

---

[1]) Dion. 8, 82. 6, 47. 3, 30.
[2]) Ueber die Ovation: πότε πρῶτον, ὡς Λικίννιος ἱστορεῖ, τοῦτον
ἐξευρούσης τὸν θρίαμβον τῆς βουλῆς.

für die *l. Icilia* erscheinen [1]), nur ohne dessen Valerische Zusätze und ohne die *l. Icilia.*

Wir schliessen daraus, dass die ältere Quelle, die für den
Process des Käso mit der des Dionysius bei Livius zusammengearbeitet ist, allerdings das Recht der Tribunen Bürgen zu
nehmen kannte, aber dasselbe eben nicht von einer *l. Icilia*
herleitete.

Diese Lex kam erst durch Licinius in unsere Ueberlieferung.

Nach der Verurtheilung des Käso Quinctius erzählt Dionysius, dass Volscius später als falscher Ankläger verurtheilt in
die Verbannung gegangen, dass der Vater Käsos, durch des
Sohnes Process verarmt, aufs Land gegangen sei, das junge
Patriciat sei aber um so dreister und gewaltthätiger aufgetreten, weil die Tribunen gegen das Ende ihres Amtsjahres
keine weitere Klage einleiten konnten.

Man sieht, hier ist von allen Seiten zur Ausfüllung eines
Vacuum zusammengetragen.

Liv. 3, 14 findet sich die Verarmung des Cincinnatus auch
erwähnt, dann aber hat der Erzähler hier hinter dem Process
des Käso diejenige Schilderung, welche Dionysius vorher von
dem Auftreten der Patricier gab, mit seiner ursprünglichen
Darstellung ihrer Handlungsweise zu einem eigenthümlichen
Gemälde von Schlauheit und Brutalität verschmolzen [2]).

---

[1]) Livius: *aliud malum civitas
invasit, caritas primum annonae ex
incultis per secessionem agris, fames
deinde qualis clausis solet, ventumque ad interitum servitiorum utique
et plebis esset ni eas, providissent
dimissis passim ad frumentum coemendum non in Etruriam modo —
per Volscos usque ad Cumas, sed
quaesitum in Siciliam quoque.*

Dionysius: σπάνις ἰσχυρὰ τὴν
Ῥωμ. κατέσχεν ἐκ τῆς ἀποστασίας
λαβοῦσα τὴν ἀρχήν, — ἔρημος ἡ
χώρα τῶν ἐπιμελησομένων ἦν καὶ
ἐπὶ πολὺν χρόνον διετέλεσεν, ὡς
μηδὲ κατελθοῦσι τοῖς γεωργοῖς
ἀναλαβεῖν αὐτὴν ἔτι ῥάδιον εἶναι
δούλων τ' ἀποστάσει κ. κτηνῶν.
ὀλέθρῳ — κεκακωμένην κ.τ. λ. —
ἡ βουλὴ — πρέσβεις διέπεμπε πρὸς
Τυῤῥηνοὺς καὶ Καμπανοὺς καὶ τὸ
Πωμεντῖνον πεδίον. — Πόπλιος δὲ
Οὐαλέριος κ. Δ Γ εἰς Σικελίαν
ἀπεστάλησαν.

[2]) τοὺς μὲν ἐπιεικεστέρους τῶν πολιτῶν ὁμιλίας ἀνελάμβανον ἔχα
φιαμέναις Dion. 10, 4. *mediis diebus, quibus tribuni de lege non agerent,*

§. 7.   b) Der Ueberfall des App. Herdonius.

Im folgenden Jahre gehen wir zunächst von der Geschichte
des App. Herdonius aus.

Das Jahr beginnt Liv. a. O. 15 mit der Anzeige der Tribunen *„coniurationem factam, Caesonem Romae esse, interficien-
dorum tribunorum trucidandae plebis consilia inita“.* Dann heisst
es weiter *„exules servique ad duo milia hominum et quingenti
duce Appio Herdonio Sabino nocte Capitolium atque arcem occupavere. confestim in arce facta caedes eorum, qui coniurare et simul arma capere noluerant“,* dann später *„servos ad libertatem
App. Herdonius ex Capitolio vocabat: se miserrimi cuiusque sus-
cepisse causam, ut exules iniuria pulsos in patriam reduceret et
servitiis grave iugum demeret“.*

Bei Dionysius ist Herdonius nur an der Spitze seiner
Freunde, Klienten und Sclaven auf dem Capitol; allerdings beabsichtigt er hier Verbannte an sich zu ziehen (φυγάδας δέ-
χεσθαι) — man weiss nicht recht, wie? — Sclaven zur Freiheit, Arme zur Schuldentilgung aufzurufen, aber Niemand kommt.

Man sieht, hier differiren beide Erzählungen sehr entschieden.

Verbannte sind nach Dionysius gar nicht auf dem Capitol
gewesen, nach Livius dagegen ohne allen Zweifel. Bei diesem
stimmt, was auf dem Capitol geschah, sehr wohl zu jener Denunciation der Tribunen. Dionysius dagegen gibt uns statt
dieser Anzeige, der bei Livius die Ereignisse Recht geben, eine
unglaublich abgeschmackte Erzählung von einer falschen, breit
ausgesponnenen Denunciation der Tribunen nicht beim Volk
sondern beim Senat, der übrigens nicht in die Falle geht, 10,
9—13.

Nach dem, was wir bisher über die Art und Weise der
hier bei Livius vorliegenden Erzählung ausgeführt haben, dürfen wir die Worte *„legis ferendae aut accipiendae cura civitatem
tenebat; quantum iuniores patrum plebi se magis insinuabant eo
acrius contra tribuni tendebant ut plebi suspectos eos criminando
facerent“* Liv. 15 zurückführen auf die ausführliche Darstellung
bei Dionysius a. O., dann aber beginnen mit den Worten

---

*nihil iisdem illis placidius et quietius erat: benigne salutare, alloqui plebis
homines, domum' invitare etc.* Liv. 3, 14.

„*coniurationem esse factam*" etc. die deutlichen Spuren einer älteren Quelle, welche Dionysius-Valerius nur im Interesse Römischen Nationalruhms zu übertünchen und zu verdrehen gesucht hatte. Dies ist der Anfang der Geschichte. Die weitere Erzählung fassen wir besser vom Ende. Wir haben nämlich oben darauf aufmerksam gemacht, dass das Consulat des Quinctius Cincinnatus offenbar eine spätere Erfindung ist, auf welche die poetischen Thatsachen seiner Dictatur übertragen. Wir haben dann aber auch schon hervorgehoben, dass dieser *consul suffectus* erst gemacht, weil gebraucht wurde, wenn P. Valerius sein Consulat nicht zu Ende führte d. h. in demselben starb. Ehe man also Quinctius als Consul hierherschob, wusste man von P. Valerius Tod beim Sturm aufs Capitol Nichts, dann aber auch Nichts von seinem Eid, durch den er die widerspenstige Plebs bewog, die Waffen zu ergreifen, nämlich den, jedenfalls die gewünschte *lex* durchzubringen. Denn hätte er diesen Eid geleistet und wäre nicht gefallen, so hätte er noch Zeit genug gehabt, das Versprechen auszuführen.

Und in der That, man sieht nicht recht ein, wesshalb es erst aller dieser Anstrengungen des Valerius bedurft hätte, die Plebs gegen Herdonius in Waffen zu bringen, wenn die Tribunen ihr nicht vorgelogen, sondern richtig gemeldet hätten, Käso sei in Rom, wenn ein Heer von Geächteten das Capitol besetzte und jeden, der der Verschwörung nicht beitrat, niedermachte. War dem so — und unzweifelhaft berichtete die ältere Quelle so — so war es der einfachste Trieb der Selbsterhaltung, der die Plebs zum Sturm aufs Capitol führte.

Bemerke man doch, dass bei Livius allerdings die Plebs anfänglich das Capitol bewaffnet umstellt, sonst könnte es nicht heissen „*arma poni et discedere homines ab stationibus nuntiatum est*", ebd. 17. Bis hierher, meine ich, können wir etwa jene alte Ueberlieferung verfolgen.

Die Analogie mit Dion. 10, 16 beginnt Liv. 18 mit dem Eintreffen der Tusculaner und dauert bis zum Consulat des Quinctius. Sie setzt ein mit den Worten „*auctoritas viri moverat, adfirmantis, capitolio recuperato et urbe pacata, si doceri se sissent, quae fraus ab tribunis occulta in lege ferretur — concilium plebis non impediturum*". Die Erzählung schreitet von

hier fort, wie bei Dionysius nach dem Eid des Valerius und dem
Eid der Legionen[1], aber erst in ihrem Verlauf erfahren wir,
dass es sich um einen Eid des Consuls handelt durch die Worte
„instare tribuni patribus, ut P. Valerii fidem exsolverent, instare
Claudio, ut collegae: deus manes fraude liberaret" und von dem
Eid der Legionen durch die Verhandlungen mit Quinctius a. O. 20.
Allerdings ist die Livianische Erzählung reicher als die des
Dionysius an Detail, die Rede des Quinctius a. O. 19 fehlt z. B.
bei Dionysius, aber der Grundgedanke der Erzählung bleibt
von hier zunächst bei beiden derselbe.

Und somit können wir bei Livius die Stelle genauer bezeichnen, wo eine alte Erzählung mit einer ernsthaften Verschwörung von Exules auf dem Capitol und ohne des Valerius
Versprechen zusammenstiess mit der neueren, der Herdonius
nur ein Sabinischer Bandenführer war und in welcher Valerius
die Plebs erst durch ein heiliges Versprechen gewann, an dessen Erfüllung ihn sein Heldentod hinderte.

Der zwischen diese beiden Stücke, den Anfang jener und
die letzte Hälfte dieser Erzählung eingeschobene Flicken ist
das Stück Liv. 16 f. bis zum Schluss der Rede des Valerius.
Es ist ein übles Machwerk: die Tribunen reden der Plebs, der
sie vorher von einer grossen Verschwörung erzählt, auf einmal ein, der Ueberfall des Capitols sei nur eine Komödie der
Patricier, um die Rogation zu hintertreiben. Die Plebs glaubt
das und verlässt daher ihre Posten, bis Valerius herausstürzt
und sie zunächst erfolglos haranguirt.

**§ 9. e) Die ältere und die beiden jüngeren Quellen Liv. 3, 18—30
und Dion. 10, 17—30.**

In dem folgenden Abschnitt Liv. 3, 18—30 sind zwei
Stücke, nämlich 22 f. und die Dictatur des Cincinnatus nach
unserer Ausführung älteren Ursprungs, das Uebrige gehört der
jüngsten Quelle an, die Dionysische Darstellung 10, 17—30
steht daher zwischen beiden.

Dass die Erzählung des Dionysius a. O. 20 f. die jüngere

---

[1] a. O. 16: ὤμοσεν — συγχωρήσειν τοῖς δημάρχοις προθεῖναι τῷ
πλήθει τὴν περὶ τοῦ νόμου διάγνωσιν κ. τ. λ. 16: καὶ τὸν στρατιωτικὸν
ὀμνύντες ὅρκον.

und die entsprechende Livius a. O. 22 f. die ältere sagt Livius, wie wir bemerkt, mit deutlichen Worten „*codem anno descisse Antiates apud plerosque auctores iuvenio. L. Cornelium id bellum gessisse oppidumque cepisse, certum adfirmare, quia nulla apud vetustiores eius rei mentio est, non ausim*". Der wesentliche Unterschied der Livianischen Darstellung ist, dass in ihr nur Q. Fabius handelnd auftritt, den andern Consul lässt nur die jüngere Darstellung zur Action kommen.

Vergleicht man das Detail des Fabischen Feldzuges, so tritt uns bei Livius die Theilnahme der Latiner und Herniker noch viel deutlicher als bei Dionysius entgegen[1]), auch die Reihenfolge der Ereignisse ist eine andere; nach Livius beseitigt Fabius zuerst die Volsker und will dann auf die Nachricht, dass die *arx* von Tusculum von den Aequern genommen, dorthin und führt mit den Tusculanern die Belagerung der Burg mehrere Monate lang fort, bis die Besatzung capitulirt und von den Tusculanern durchs Joch geschickt wird. Diesen Vertrag denkt sich die Erzählung ohne Fabius Zustimmung geschlossen, denn er eilt den Abziehenden nach und haut sie bei Columen alle zusammen[2]).

Es ist gerade hier interessant Dionysius 10, 20 a. E. zu sehen, wie die Späteren diese furchtbare und räthselhafte Angabe der älteren Quelle abzuschwächen und zu erklären suchten, und zwar die einen dadurch, dass sie die Wiedereroberung Tusculums, wie Dionysius, an den Anfang des Feldzuges ver-

---

[1]) *Hernici et Latini iussi milites dare ex foedere, duaeque partes sociorum in exercitu, tertia cirium fuit. — Fab. non permixtam unam sociorum ciriumque sed III populorum III separatim acies — instruxit. ipse erat medius cum legionibus Rom. inde signum observare iussit, ut pariter et rem inciperent et referrent pedem etc.*

Ἐδόκει, πανστρατιᾷ βοηθεῖν καὶ τοὺς ὑπάτους ἀμφοτέρους ἐξιέναι· ἐὰν δέ τινες ἀπολειφθῶσι τῆς στρατείας Ῥωμ. ἢ τῶν συμμάχων ὡς πολεμίοις αὐτοῖς χρῆσθαι. — καταγράψαντες τοὺς ἐν ἡλικίᾳ πάντας οἱ ὕπατοι καὶ τὰς παρὰ τῶν συμμάχων δυνάμεις μεταπεμψάμενοι κατὰ σπουδὴν ἐξῄεσαν. Das Uebrige fehlt.

[2]) *Aliquot menses Tusculi bellatum. parte exercitus consul castra Aequorum oppugnabat, partem dederat ad arcem recuperandam — fames postremo inde detraxit hostem. qua postquam rentum ad extremum est, inermes nudique omnes sub iugum a Tusculanis missi. hos ignominiosa fuga domum se recipientes es. in Algido consecutus ad unum omnes occidit.* Dionysius fand in seinen Quellen diese Nachricht gar nicht: τινὲς μὲν

legten und mit dem Sieg über die Volsker, der so hinter die
Capitulation von Tusculum kam, die Niederlage der Aequer
combinirten in den Worten: ἀποδοὺς δὲ τοῖς Τυσκλάνοις τὴν
πόλιν Φαβ. περὶ δείλην ὀψίαν ἀνίστησι τὴν στρατιὰν καὶ
ὡς εἶχε τάχους ἤλαυνεν ἐπὶ τοὺς πολεμίους, ἀκούων περὶ
πόλιν Ἀλγιδὸν ἀθρόας εἶναι τάς τε Οὐολούσκων καὶ Αἰκα-
νῶν δυνάμεις. Das dann beschriebene Zusammentreffen ist eben
keine Schlacht, sondern ein Ueberfall.

Die andere, auch von Dionysius erwähnte Redaction hielt
Ueberfall und Wiedereinnahme von Tusculum am Anfang des
Feldzuges ebenso fest, aber sie motivirte sie gerade hier dadurch, dass die Aequer das durch die Campagna anziehende
Heer gesehen und desshalb sofort ohne Vertrag den Platz ge-
räumt, ihn also, wie in der älteren Ueberlieferung den Tusculanern und nicht Fabius überlassen hätten. Ich vermuthe, dass
sie dann auch nach der älteren Quelle die Verfolgung und die
Vernichtung der abziehenden Besatzung für sich fest hielt, der
so das Gehässige genommen war, was sie in der älteren Darstellung hatte.

Da wir die vorliegende zusammenhängende Erzählung des
Dionysius dem Valerius zuschreiben, so ist es mehr als wahrscheinlich, dass diese zuletzt erwähnten Züge der anderen
jüngeren Quelle, welche er benutzte, d. h. Licinius gehörten.

In der Erzählung von der Dictatur des Cincinnatus tritt
nach einer Seite dasselbe Verhältniss zwischen Livius und
Dionysius zu Tage. Auch hier trägt die Livianische Darstellung, wie schon Niebuhr bemerkte, ein älteres und ursprünglicheres Gepräge. Gerade diejenigen Züge, welche Schwegler
2 p. 726 als besonders sagenhaft hervorgehoben, sind die für
die Erzählung wichtigsten. Der Plan des Cincinnatus geht von
Anfang an darauf, mit dem Rest der Streitkräfte, über die Rom
noch verfügte, ohne den Zuzug des einen noch verfügbaren
consularischen Heeres noch zu erwarten, den siegessichern Feind
zu überraschen, einzuschliessen und zu bezwingen. Darauf ist

οὓν ἔφασαν τοῖς φρουροῖς τῆς ἄκρας ἰδόντας ἐξιοῦσαν ἐκ τῆς Ῥώμης
τὴν στρατιάν, εἰσίνοπτα γάρ ἐστιν ἐκ μετεώρου τὰ μεταξὺ χωρία
πάντα, ἐκόντας ἐξελθεῖν· ἕτεροι δ᾽ ἐκπολιορκηθέντας ὑπὸ τοῦ Φαβίου
καθ᾽ ὁμολογίαν παραδοῦναι τὸ φρούριον τοῖς σώμασιν αὐτοῖς ἄδειαν
αἰτησαμένους καὶ ζυγὸν ὑποστάντας.

die Hast des Aufgebots, darauf die 12 Schanzpfähle für jeden
Mann, darauf der unglaubliche Gewaltmarch von Rom auf den
Algidus berechnet. Denn in der Erzählung des Livius fehlt
durchaus das Aufgebot der *socii*, es ist nur der Römische Land-
sturm, der die Aufgabe löst. Dionysius dagegen hat nicht allein
alle jene Züge ausgelassen und abgeschwächt, er hat dann umgekehrt ausdrücklich den Zuzug der *socii* erwähnt [1].

Ich will weiter nur auf einen anderen Unterschied aufmerksam machen: die Ertheilung der civitas an den Tusculaner
L. Mamilius, die Liv. a. O. 29 am Tage des Triumphs des Cincinnatus vornehmen lässt, fehlt bei Dionysius.

Gerade dieser Umstand scheint mir beachtenswerth, wenn
wir es versuchen, den Kern der ältesten Ueberlieferung heraus-
zuheben.

Wir kamen oben zu der Annahme, dass das erste Consulat des L. Quinctius und daher auch der Tod des Valerius
beim Sturm auf das Capitol erst aus den späteren Quellen
stamme. Es liegt auf der Hand, dass die ältere Quelle, welcher Livius die Berufung vom Pflug zur Dictatur nacherzählte,
ihn eben früher nicht als *consul suffectus* kannte. Dann aber
folgt unmittelbar auf das Consulat des Valerius das des Q. Fabius und auf dieses das Jahr, in dem Cincinnatus Dictator war.
Nun aber erzählte diese ältere Ueberlieferung also folgendermaassen: bei dem Ueberfall des Herdonius brachten von allen
Bundesgenossen allein die Tusculaner unter L. Mamilius Hülfe
und sehr erwünschte Hülfe. Als im nächsten Jahr Q. Fabius
alle bundesgenössischen Aufgebote gegen die Volsker vereinigt
hatte, überfielen unterdessen die Aequer das so wehrlose Tusculum, doch der Consul eilte zu seiner Rettung herbei und
führte den nothwendigen Belagerungskrieg mit den Tusculanern;
diese allerdings erzwangen die schimpfliche Capitulation des
Feindes, aber Fabius vollführte seine Vernichtung auf dem
Rückzug. Ja als derselbe Feind im nächsten Jahr ein consu-
larisches Heer, natürlich mit den Bundesgenossen, vollständig
eingeschlossen und seinerseits darauf hoffte, es durch das Joch
zu schicken, war Rom stark genug, mit dem zurückgebliebenen
Rest seiner Mannschaft allein den Feind zu fassen und zu

---

[1] καὶ τὰς παρὰ τῶν συμμάχων ἐπικουρίας μεταπεμψάμενος, 10, 24.

einer schimpflichen Capitulation zu zwingen. Dass am Abend
des Triumphs dieses siegreichen Landsturms L. Mamilius Römischer Bürger ward, diese Thatsache schliesst erst die Reihe
grosser Nöthe und Erfolge ab, in welchen Tusculum und Rom
sich gegenseitig achten gelernt hatten.

Es ist möglich, wie ich oben erwähnte, dass die ältere
Quelle sich Käso Quinctius unter den *exules* des Herdonius auf
dem Capitol dachte, jedenfalls aber bildet der Ueberfall des
Capitols, der Hülfezug des L. Mamilius, der Sturm auf das
Capitol, der Sieg des Fabius über die Volsker, der Ueberfall
Tusculums, die Capitulation der *arx*, das Gemetzel von Co-
lumen, dann der Sieg der Acquer auf dem Algidus, endlich
Cincinnatus sieghafte Dictatur, sein Triumph und die Aufnahme
des L. Mamilius ins Römische Bürgerrecht, eine innerlich zu-
sammengedachte Reihe von Thatsachen.

Diese Reihe, die wir in den ursprünglichen Zügen ihres
älteren Erzählers zum Theil halb, zum Theil vollständig noch
erkennen können, ward in der Quelle des Dionysius zunächst
zerrissen durch den Tod des Valerius, das Consulat des Cincinnatus, die Geschichte vom Abfall Antinms und seine Wiedereroberung durch den Collegen des Q. Fabius. Eine ganze
Reihe harter und unglaublicher Züge der älteren Kriegsgeschichte wurde getilgt, gerade solche, auf die diese Gewicht
legte, das Hervortreten der *socii* im Heere des Fabius, ihr
Fehlen in dem des Cincinnatus geschwächt oder verwischt, dann
aber — und dies ist besonders hervorzuheben — zugleich die
innere Geschichte der Republik in besonderen Ausführungen
weiter zur Anschauung gebracht.

Dass die ältere Ueberlieferung nämlich aus diesen Jahren
ausserordentlich wenig über die inneren Kämpfe berichtete,
scheint sich schon daraus zu ergeben, dass sie seit dem Process
des Käso Quinctius nur die Namen der Tribunen jenes Jahres
kannte.

Halten wir diese Thatsache fest, so ergeben sich für die
jüngeren Quellen folgende Erweiterungen.

Die Erzählung des Dionysius legt vor allem die Verwicke-
lungen dar, welche sich durch den Tod des Valerius ergaben,
der beim Sturm auf das Capitol fiel, ohne der Plebs, wie er
geschworen, die Annahme der *rogatio Terentilia* verschafft zu

haben. Cincinnatus als *cs. suffectus* weiss durch die Drohung
eines Winterfeldzugs, auf dem er die Legionen bis zum Schluss
seines Amtsjahres im Felde halten werde[1], von den Tribunen
das Versprechen zu erzwingen, während seines Consulats das
Gesetz ruhen zu lassen. Diese Zeit ungewohnter Ruhe benutzt
er, um durch eine eifrige und segensreiche Ausübung seiner
Gewalt die Gemüther der „Armen und Niedrigen"[2] zu gewinnen.

Der Senat sucht, da die Tribunen zum dritten Mal wieder-
gewählt, auch Cincinnatus zur Annahme einer Wiederwahl zu
bewegen, aber er erklärt sich mit der grössten Entschiedenheit
dagegen.

Man sieht, diese ganze Darstellung ist wesentlich geeignet,
wir dürfen sagen, darauf angelegt, zu erklären, wesshalb und
wie das Versprechen des Consuls Valerius so resultatlos blieb.

In den folgenden Consulaten wird nur die Wiederwahl der
Tribunen und ihr vergebliches Bemühen hervorgehoben, endlich
ihre Absicht durchzusetzen, die betreffenden Aeusserungen entsprechen in ihrer Kürze fast denen des älteren Stückes bei
Liv. a. O. 23[3].

Die Darstellung in den jüngeren Stücken der Livianischen
Erzählung hat nun aber keineswegs nur diese Fassung, wie sie
bei Dionysius vorliegt, einfach aufgenommen.

Zunächst tritt uns in ihr die Ansicht entgegen, dass die
Wahl der Tribunen immer kurz vor dem Schluss ihres Amtsjahres stattgefunden[4], da eben diese Quelle Dion. 6, 89 den

---

[1] καὶ ἵνα πᾶσαν ἀπογνῶτε δημαγωγίαν ἐπὶ τῆς ἐμῆς ἐπαιτίας οὐ
πρότερον ἀναστήσω τὸν στρατὸν ἐκ τῆς πολεμίας, πρὶν ἢ πᾶς ὁ τῆς
ἀρχῆς μοι διέλθῃ χρόνος. ὡς ἐν ἐπαίθρῳ χειμάσοντες παρασκευάσασθε
τὰ εἰς ἐκεῖνον τὸν καιρὸν ἐπιτήδεια, Dion. 10. 18.

[2] ὥστε μήτε δημάρχων δεηθῆναι τοὺς διὰ πενίαν ἢ δυσγένειαν ἢ
ἄλλην τινὰ ταπεινότητα ὑπὸ τῶν κρειττόνων κατισχυομένους μήτε καινῆς
νομοθεσίας πόθον ἔχειν, ebd. 19.

[3] Livius: *instigabant plebem*   Dion. 10, 20: ἀντίπραττον δ'
tribuni. — aegreque impetratum a   οἱ δήμαρχοι, στρατιὰν οὐκ ἐῶντες
tribunis, ut bellum praeverti sinerent.   καταγράφειν, ἕως ἂν ἡ περὶ τοῦ
νόμου διενεχθῇ ψῆφος — εἰξάντων
δὲ καὶ τῶν δημάρχων.

[4] Liv. a. O. 24: *at illi — etenim extremum anni iam erat — quar-
tum adfectantes tribunatum in comitiorum disceptationem ob lege certamen
acerterant.*

Amtsantritt der Volkstribunen von Anfang an auf den 10. December und den der Consuln kurz vor dieser Zeit auf den 1. August[1]), kurz nachher auf den 15. Mai[2]), den August aber in die Mitte des Sommers legt[3]), so fiel ihr der Amtsantritt der Tribunen in den Anfang des Winters und ungefähr in die Mitte des Amtsjahres der Consuln. Nach diesem Schema fügte sie in diesen Theil der Erzählung die Notiz ein, Cincinnatus sei als *consul suffectus* im December in sein Amt eingetreten[4]). Damit rückt er hart an die neue Tribunenwahl und das neue Tribunenjahr. Die ganze lebhafte Erzählung Liv. 3, 19—21 gewinnt dadurch an innerer Bewegung.

Vielleicht bestimmte zu dieser Datirung der Umstand, dass in der Erzählung, der Dionysius folgte, Cinciunatus mit einem langen Winterfeldzug droht (s. oben p. 125), aber unsere Darstellung erwähnt einer solchen Drohung nicht ausdrücklich, ihre wichtigsten Momente concentriren sich in den Tagen des Decembers bis zur Wahl der neuen Tribunen: die Consuln verfügen die Vereinigung der Legionen an dem Regillus, die Tribunen fürchten, dass dort in einer ihrem Einfluss unzugänglichen Volksversammlung alle bisherigen Erfolge des Tribunats rückgängig gemacht werden könnten, sie erwirken die Zurücknahme des Befehls nur dadurch, dass sie erklären *„se in auctoritate patrum futuros esse"* und darauf beschliesst der Senat, *neque tribuni legem eo anno ferrent, neque css. ab urbe exercitum educerent, in reliquum magistratus continuari et eos tribunos refici indicare senatum contra rempublicam esse. Consules*, so fährt die Erzählung fort, *fuere in patrum potestate, tribuni reclamantibus consulibus refecti. patres quoque ne quid cederent plebi et ipsi L. Quinctium reficiebant.*

Es liegt auf der Hand, dass in dieser Schlag auf Schlag sich entwickelnden Folge von Thatsachen für jene längere Zeit einer gerechten und emsigen Amtsführung, die bei Dionysius eine so grosse Bedeutung gerade für die Geschichte dieser Wahlen hatte, gar kein Raum ist. Der Grund, die Erzählung

[1]) Dion. 9, 13. Liv. 3, 6. Mommsen Chronol. p. 90.
[2]) Liv. 3, 36 ff. Dion. 10, 59.
[3]) Dion. 9, 25.
[4]) *Decembri mense — L. Quinctius — consul creatus, qui magistratum statim acciperet.*

so zusammenzudrängen und anzugestalten, scheint eben ein chronologischer gewesen zu sein. Wer die Tribunenwahl, das Amtsjahr der Tribunen und Consuln sich so fixirt hatte, wie wir das eben für diesen Erzähler nachwiesen, der fand eben den Wintersanfang dicht vor dem Abschluss des alten Tribunats, zu einer monatelangen Thätigkeit des Cincinnatus vor der Tribunenwahl gar keinen Raum.

Damit ergibt sich aber auch, dass Dionysius hier einer Quelle folgte, deren Erzählung durch solche chronologische Bedenken nicht gestört wurde.

In den nächstfolgenden Jahren hat die Darstellung, der Livius folgt, nur den Process des Volscius Fictor hinzugefügt, dessen Ausgang Dion. 10, 8 nur kurz andeutete[1]).

Man könnte vermuthen, dass die Führung dieses Processes durch die Quästoren, die hier namentlich genannt, auch in der Quelle des Dionysius erzählt, von ihm aber ausgelassen sei. Dem müssen wir aber widersprechen. Das Verhältniss der Angaben über die Quästoren in dieser Zeit ist nämlich folgendes:

Die Erzählung Plut. Popl. 12 von der Stiftung der Quästur durch Valerius Poplicola urgirt, dass der Magistrat ein Finanzmagistrat und nur von jungen Männern bekleidet werden sollte[2]). Diese ganze Angabe fehlt bei Dionysius in der Geschichte des Poplicola, dagegen erwähnt er der Quästoren als Ankläger des Cassius 8, 77, wie auch Liv. 2, 41, und zwar wird einer der dort genannten Quästoren Käso Fabius schon im nächsten Jahr Consul, hier aber wird Liv. 3, 25 ausdrücklich hervorgehoben · „quaestor erat T. Quinctius Capitolinus, qui ter consul fuerat." Daraus ergiebt sich, dass Valerius Antias   Plut. Popl. die Quästur, deren Gründung er Poplicola zuschrieb, als einen Finanzmagistrat in den Händen junger Männer ansah und dass derselbe   Dionysius B. X von ihrer richterlichen Thätigkeit in den Händen hochbejahrter Staatsmänner Nichts wusste. Dagegen erwähnte die Quelle, der Dionysius V· IX folgte, der Livius hier folgt d. h. Licinius durchaus nicht die Stiftung der

----

[1]) κατασκευασαμένων ἅπαντα τῶν δημάρχων καὶ Οὐολουσκίου ψευδῆ μαρτυρήσαντος, ὡς ἐγένετο φανερὸν σὺν χρόνῳ.

[2]) ταμία; δὲ τῷ δήμῳ δύο τῶν νέων ἔδωκεν ἀποδεῖξαι Plut. Popl. 12.

Quästur durch Poplicola, wohl aber liess sie in der ältesten
Zeit der Republik zwei wichtige Anklagen durch die Quästoren
anstrengen und nannte dabei als Träger des Amts zum Theil
bejahrte Mitglieder des Patriciats.

Dass nämlich die Angaben über den Process des Volscius
Liv. 3, 24 f. nicht etwa zu dem vorhergehenden und dem nachfolgenden Fabischen Stück gezogen werden können, ergiebt sich
schon daraus, dass der zwischen beiden erwähnte Census der
ist, auf welchen Dion. 11, 63, wo er zweifelsohne Licinius folgt,
Rücksicht nimmt.

Für das auf des Cincinnatus Dictatur folgende Consulat ist
Liv. 3, 30 fast nur ein Auszug aus der vollständigen Erzählung,
welche Dion. 10, 26—30 giebt, nur in dem fast wörtlich übereinstimmenden Schluss bei Livius und Dionysius a. O. 30 hat
ersterer das Local der entscheidenden Schlacht „in Algido“ mehr
als der letztere.

Blicken wir aber von hier zurück auf die eben betrachtete
Partie, so fällt zweierlei auf: 1) Seit dem Process des Käso
Quinctius, wie wir schon oben bemerkt, kommen immer dieselben Tribunen vor. Soweit wir der älteren Ueberlieferung
folgen können, begegnen wir seitdem nur Liv. a. O. 22 in ihr
einer Erwähnung tribunicischer Opposition, die aber ohne allen
Erfolg[1].

2) Von Liv. 3, 17, d. h. von dem Punkte an, wo die Uebereinstimmung mit Dionysius in der Schilderung der inneren
Streitigkeiten beginnt, waltet bis hier jetzt nicht mehr jene
Vorstellung vor, nach welcher das Hinderniss für die Rogation
der Tribunen nur und allein in der gewaltsamen Störung der
Abstimmung lag, sondern jetzt ist die Anschauung bei Livius
und Dionysius wesentlich dieselbe, die sich von vornherein bei
Dionysius fand: die Tribunen haben gar nicht das Recht, Comitien zu halten, d. h. die Consuln haben durchaus das Recht,
sie zu hindern.

Noch 3, 16 in dem Stück, das wir als Licinisches Machwerk bezeichneten, waltet am Anfang dieselbe Vorstellung vor
wie a. O. 11, nur die gewaltthätige Renitenz der Patricier und

---

[1] aegreque impetratum a tribunis ut bellum praeterti sinerent.

Klienten verhindert die Abstimmung, dagegen am Schluss der folgenden Rede des Valerius ist der Consul und sein Einspruch das einzige Hinderniss für die Comitien, der der Tribunen ebenso für den Delekt *„nec lex tamen ferri, nec ire in capitolium consul potuit.“* Diese Machtvollkommenheit der Consuln schwebte dem Erzähler Liv. 3, 11 wohl aus einer Quelle vor, aber er erklärt sich durch die Bemerkung *„consules se abstinebant, ne cui in colluxione rerum maiestatem suam contumeliae offerrent,“* weshalb in der dort benutzten Erzählung von einem Einspruch der Consuln keine Spur sich zeigte. Jetzt tritt sie immer von Neuem in den Vordergrund, z. B. 3, 25: *„duum mensium spatium consulibus datum est — ut cum edocuissent populum — sinerent deinde suffragium finire“* und 31: *„consules et se damnari posse aiebant et plebem et tribunos legem ferre non posse.“*

Hält man diese beiden Thatsachen zusammen, nach welchen hier von Liv. 3, 12—30 die Spuren einer älteren Ueberlieferung in der Erzählung der inneren Kämpfe immer mehr verschwinden, so wird es noch wahrscheinlicher, dass in der älteren Quelle nur die beiden ersten Jahre der Geschichte der *l. Terentilia* und dann die kriegsgeschichtlichen Stücke, der Ueberfall des Herdonius, das Consulat des Q. Fabius, die Dictatur des T. Quinctius Cincinnatus sich fanden, bis die Wahl der ersten 10 Volkstribunen wieder eine verfassungsgeschichtliche Angabe veranlasste.

§. 9. Die annalistischen Stücke Liv. 5, 31 f. und ihre Verwerthung durch Licinius.

Ueber das nun folgende Stück Liv. a. O. 30 f. haben wir oben gesprochen. Es ist dies die Stelle, wo nach unserer Ansicht die Darstellungen der beiden verschiedenen Quellen von dem Erzähler, welchem Livius folgte, dadurch mit einander verknüpft sind, dass die *rogatio Terentilia* in ihrer ursprünglichen Fassung, d. h. der der älteren Quelle vertauscht wird mit einer andern, d. h. der der späteren Quelle.

Das geschieht aber in einer auffallend knappen Erzählung, in welcher zum ersten Mal wieder jene kurzen annalistischen Sätze auftauchen, die wir früher bei Livius immer

auf eine eigenhändige Benutzung älterer Quellen zurückführten.
Sollten sie nicht auch hier so zu erklären sein?

Andererseits haben wir in allen jenen Partien, welche wir
bei Dionysius und Livius auf Licinius zurückführten, meist eine
breite, rhetorisch bewegte Darstellung getroffen. Das einzige
Stück, das man in ihnen rein annalistisch nennen könnte, wäre
etwa Liv. 3, 15: *„exules servique ad duo milia hominum et
quingenti duce Appio Herdonio Sabino nocte Capitolium atque
arcem occupavere"*, aber wie frappant dessen knappe Kürze
auch ist, es steht doch ganz anders im Zusammenhang der vor-
und nachfolgenden Erzählung als z. B. die entsprechenden
Sätzchen Liv. 2, 21 oder 33, an welche die hier eingefügten so
lebhaft erinnern.

Und doch, wäre Livius der Verfasser dieser Combination,
so widerspräche das allen bisherigen Beobachtungen über seine
Methode, sowohl in den späteren Dekaden, als in der hier vorliegenden. So stehend bei ihm der Quellenwechsel erscheint,
so selten scheint er sich zu einer Quellenverschmelzung im Detail verstanden zu haben.

Dagegen aber, wo immer wir nach jenem äusseren Kennzeichen jene jüngste Quelle annehmen konnten, da trafen wir
und zwar nur eben da, bisher bei Dionysius und Livius die
Verschmelzung zweier Darstellungen; finden wir nun hier diese
äusseren Kennzeichen und das innere der Verschmelzungs-
methode, so sollten wir doch eben deshalb danach auch hier
gerade diese Quelle d. h. Licinius als zu Grunde liegend annehmen.

Aber diese combinirende Licinische Darstellung bewegte
sich überall in einer breiten und ausführlichen Erzählung. Hier
fehlt die Ausführlichkeit, nur die anderen äusseren Kennzeichen
und das Innere der Combination finden sich; sollte man deshalb den Licinischen Ursprung bezweifeln?

Keineswegs, diese Thatsachen genügen, um hier selbst die
annalistischen Notizen zunächst auf Licinius zurückzuführen,
der sie nur eben hier wider seine sonstige Gewohnheit
stehen liess.

Der Grund zu einer solchen Quellenbehandlung scheint mir
nahe genug zu liegen. Jene ausführliche Darstellung, welcher
Dionysius folgte, entwickelte gerade hier ihre eigenthümlichen

Anschauungen und Manipulationen, um zu erklären, auf welchem Wege doch endlich die Tribunen den Sieg davon trugen.
Die Quelle des Dionys lässt die Tribunen endlich, da sie das
·Gesetz über die Isonomie nicht durchbringen können, zurückgreifen auf die alte *rogatio agraria*, für die schon ein Probuleuma existirte, Dion. 10, 35 a. E.[1]), offenbar eben weil nach
ihrer Ansicht damit das gesetzliche Hinderniss, der Mangel
eines Probuleuma, gehoben wurde und so der Weg für die
andere Rogation bereitet. Siccius Dentatus, der Hauptsprecher
für diese Rogation a. O. 36—39 gebraucht zum Theil die Motive des Tib. Gracchus und die des C. Marius[2]), und jetzt
zuerst werden also Comitien gehalten, wozu es bisher nie gekommen, und jetzt erst treten Consuln und Patricier mit der
·entschiedenen Absicht auf, sie zu stören ebd. 40 ff.
　　Dies gelingt den Patriciern. Gegen die vornehmsten Römer
wird deshalb eine Anklage auf Grund der alten *leges sacratae*
·erhoben ebd. 42 οὐδενὶ δεδωκότων ἐξουσίαν ἀναγκάζειν τοὺς
δημάρχους ἐπομένειν τι τῶν ἀβουλήτων, vgl. ebd. 6, 89 δή-
μαρχον ἄκοντα — μηδεὶς μηδὲν ἀναγκαζέτω δρᾶν. Von der
lex Icilia also keine Spur. Dann folgt ein Feldzug, bei dem
Siccius Dentatus heimlich nachgestellt wird. Er entkommt (ebd.
42—47) und klagt das nächste Jahr die gewesenen Consuln als
seine Verfolger an. Der Schrecken dieser Anklagen bewegt
1) die Consuln Aternius und Tarpeius zu der oben § 4 besprochenen Rogation über die Mulcten; 2) den angeklagten Romilius zu dem Antrag, der Forderung der Plebejer in Betreff
der Isonomie endlich nachzugeben ebd. 50 ff. Damit haben also
die Tribunen gesiegt.
　　Der Erzähler dagegen, mit dem wir es bei Livius zu thun

---

[1]) προσθεῖσιν γὰρ αὖθις τόν τε περὶ τῆς κληρουχίας νόμον — καὶ
τὸν περὶ τῆς ἰσονομίας.
[2]) Dion. 10, 87: ὁ συγκατατησάμενος τῇ πατρίδι πολλήν καὶ ἀγαθὴν
γῆν — οὐδὲ τὴν ἐλαχίστην ἔχων μοῖραν ἐξ αὐτῆς λαθὼν οὐδὲ ὑμῶν
οὐδείς. Plut. Tib. Gr. 9: τοῖς δ' ὑπὲρ Ἰταλίας μαχομένοις ἀέρος καὶ
φωτός, ἄλλου δ' οὐδενὸς μέτεστι. Dion. ebd. 88: διειξάτω τις ἡμῖν τῶν
σεμνῶν —, τίνας ἐπιφανεῖς καὶ καλὰς πράξεις προελόμενος ἐμοῦ πλέον
ἔχειν ἀξιοῖ. — οὐ γάρ ἐστιν αὐτοῖς ἐν τοῖς ὅπλοις ἡ λαμπρότης ἀλλ' ἐν
τοῖς λόγοις. Sall. Iug. 85: Quae illi audire et legere solent, eorum partem vidi, alia egomet gessi, quae illi litteris ea ego militando didici, a. Plut.
Mar. 9.

haben, wollte von diesem Siege der Tribunen Nichts wissen, er
erklärte sich die verschiedenen Angaben über den Inhalt der
rogatio Terentilia gerade dadurch, dass die Tribunen schliesslich
bedeutend nachgegeben und ihren Antrag ganz anders gewandt
hätten (s. Kap. 6 § 2). Allerdings auch in dieser Erzählung
schreiten die Erfolge der Tribunen von der Vermehrung ihres
Collegiums zur *lex de Aventino publicando*, von dieser zur Verurtheilung der Consuln bis auf einen Punkt vor, wo man ihren
vollständigen Sieg erwarten sollte. Dann aber bricht die Wendung *„nec haec priorum calamitas consulum segniores novos fece-
rat consules et se damnari posse aiebant et tribunos legem ferre
non posse"* unerwartet genug ein.

Während bei Dionysius gerade die Anklage jener Consuln
endlich die Patricier zu Nachgiebigkeit bestimmt, geben hier
die Tribunen nach, weil die Festigkeit der folgenden Consuln
ihnen die Aussicht auf einen vollen Erfolg nimmt: *„tribuni"*, so
fährt die Erzählung fort, *„lenius agere cum patribus: finem tandem certaminum facerent. si plebeiae leges displicerent, at illi
communiter legum latores et ex plebe et ex patribus, qui utrisque utilia ferrent quaeque acquandae libertatis essent, sinerent
creari. rem non aspernabantur patres, daturum legem neminem nisi
ex patribus aiebant. cum de legibus conveniret, de latore tantum
discreparet, missi legati Athenas etc."*

Von allem diesem steht eben bei Dionysius das Gegentheil.

Betrachten wir diese bei Livius so kurze und zusammen-
gedrängte Erzählung, so fehlt in ihr zunächst die ganze Figur
des Siccius Dentatus, über deren Valerische Herkunft (s. Kap.
6 § 4) kein Zweifel sein kann, d. h. es fehlt die Verhandlung
über die *rogatio agraria* mit der Rede des Siccius und die ihm
bereiteten Nachstellungen als Gegenstand der Anklage gegen
Romilius und Veturius; es fehlt weiter die *lex Aternia Tarpeia*,
deren Valerische Quelle wir ebenfalls oben a. O. nachwiesen.
Die Darstellung bei Livius giebt uns also denjenigen Rest von
Thatsachen, der bleibt, wenn wir diejenigen Partien aus Dionysius streichen, welche unzweifelhaft von Valerius unmittelbar
stammen. Dass Valerius-Dionysius diese nicht von ihm besorgten Stücke aus derselben Quelle entnahm, welche wir auch
sonst als Grundlage seiner Darstellung betrachten mussten,

nämlich aus Fabius, ist wahrscheinlich, und wenn wir daher
hier diesen Bestand von Thatsachen bei Livius in einer auffallend kurzen, ganz annalistisch knappen Darstellung finden,
so ist es eben, wie schon bemerkt, zunächst das Einfachste,
für diese Thatsachen Fabius als Quelle anzunehmen, wie wir
das auch schon oben Kap. 6 § 5 gethan haben.

Das Auffallende ist nur, wie wir oben ,bemerkten, dass
der Zusammenhang dieses Stückes mit dem übrigen Gang der
Erzählung und äussere Kennzeichen¹) uns zwingen, Licinius als
Bearbeiter dieses Stückes anzunehmen und dass wir hier also
den ersten Fall finden, in welchem dieser Bearbeiter es vorzog, die kurzen Notizen seiner älteren Quelle, wenn er sie auch
mit einigen *cognomina* ausstaffirte, doch sonst *intact* aufzu-
nehmen.

Werden wir also hier zu einer solchen Annahme gedrängt,
so wird es viel wahrscheinlicher, dass uns auch Liv. 3, 6 in
jenem merkwürdigen Stück, das wir oben Kap. 6 § 1 besprochen,
ein wirklich altes Stück in einer ganz ähnlichen, verhältnissmässig rücksichtsvollen Bearbeitung des Licinius vorliegt.

§. 10. Die Errichtung des Decemvirats.

Die folgenden Stücke bis zur Einsetzung des Decemvirats,
die Ernennung der Gesandten, die Beschreibung der Pest, die
Verhandlung unmittelbar vor der Einsetzung, so kurz sie gehalten, geben entschieden eine von Dionysius wesentlich verschiedene Geschichte. Auch hier finden wir unter den Opfern
der Pest 32 Priester namentlich aufgeführt wie oben 3, 7, während der Consul *suffectus* Sp. Furius a. O. 53 unter den Todten,
bei Livius überhaupt gar nicht genannt wird. Im Jahre nach
der Pest nimmt der Consul P. Sestius Liv. 33 zur Rogation
eine ganz andere Stellung ein als Dion. 54. Namentlich aber
fehlt bei Dionysius jede Andeutung, dass bei der Zusammen-
setzung· des neuen Collegiums an die Aufnahme plebejischer
Mitglieder gedacht sei. Die beiden Livianischen Stellen sind
31: „*tribuni lenius agere cum patribus: finem tandem certaminum
facerent. si plebeiae leges displicerent, at illi communiter legum la-*

¹) Namentlich der Tribun C. Claudius Cicero und die weiteren *cognomina* der Gesandten.

*tores et ex plebe et ex patribus, qui utrisque utilia ferrent quae--
que acquandae libertatis essent sinerent creari. rem non aspernabantur patres: laturum (Made.) legem neminem nisi ex patribus
aiebant. cum de legibus conveniret de latore tantum discreparet, missi legati etc.*" und *32: „admiscerenturne plebei, controversia aliquamdiu fuit, postremo concessum patribus, modo ne lex Icilia
de Arentino aliaeque sacratae leges abrogarentur.*" Beide fehlen
Dionysius, der Antrag, den Ap. Claudius bei ihm im Senat
stellt und der dann auch vom Volke angenommen wird, lautet
einfach: ἄνδρας αἱρεϑῆναι δέκα τοὺς ἐπιφανεστάτους ἐκ τῆς
βουλῆς ἐξουσίαν ἔχοντας πάντων τῶν κατὰ τὴν πόλιν, ἣν εἶχον
οἵ τε ὕπατοι καὶ ἔτι πρότερον οἱ βασιλεῖς, τάς τ᾽ ἄλλας
ἀρχὰς πάσας καταλελῦσϑαι, ἕως ἂν οἱ δέκα τύχωσι τῆς
ἀρχῆς κ. τ. λ.

Es ist also weder von einer Betheiligung der Plebejer die
Rede, noch von der Anerkennung der *leges sacratae*, im Gegentheil soll das Decemvirat ausdrücklich der königlichen Gewalt
gleich gestellt werden, was doch gleich bedeutend mit der Aufhebung der *leges sacratae*. Dagegen werden bekanntlich Dion.
10, 58 die drei letzten Namen des zweiten Decemvirats ausdrücklich als Plebejer bezeichnet: προσελήφϑησαν γὰρ καὶ
οὗτοι πρὸς τοῦ Ἀππίου κολακείας ἕνεκα τῶν δημοτικῶν.
Die Verwirrung in diesen Nachrichten erscheint mir ausserordentlich gross. Livius negirt ausdrücklich die Betheiligung
der Plebejer, aber Dionysius bezeichnet drei Namen der zweiten
Liste, wie sie auch bei Livius sich findet, ausdrücklich als
solche. Die Aufrechthaltung der *leges sacratae* bei Livius
widerspricht unzweifelhaft der Wiederherstellung der königlichen Gewalt bei Dionysius und wieder geht gerade Dion. 11,.
25 ff. über die Herstellung der *leges sacratae*, die seine Erzählung forderte, hinweg, ebenso wie über die Herstellung des
Provocationsrechtes. Beides aber findet sich gerade bei Liv. 3,
55 ausführlich erzählt.

Wir haben hier zunächst nur die Darstellung der Ereignisse von der Absendung der Gesandten bis zum Anfang des
zweiten Decemvirats zu betrachten, d. h. also ein Stück, in
welchem Dionysius Valerius, Livius Licinius benutzte.

Dei beiden findet sich eine Schilderung eines Pestjahres, in
der sie ebenso differiren wie Liv. 3, 6 und Dion. 9, 37 f., auch

hier fehlt bei Dionysius die Angabe der gestorbenen Priester.
Die darauf folgende Erzählung von der Rückkehr der Gesandten und der endlichen Einsetzung des Decemvirats bewegt
sich bei Dionysius in einer Reihe von Verhandlungen, welche
mit der gewöhnlichen Breite vorgetragen sind.

Bei Livius bewegt sich dagegen auch hier noch die Erzählung in auffallender Kürze dem Anfang des Decemvirats zu,
doch so, dass man sie nicht als einen knappen Auszug jener
Darstellung betrachten kann. Bei Dionysius fehlt vielmehr jede
Spur der wichtigen Angabe: *„admiscerenturne plebei, controversia
aliquamdiu fuit; postremo concessum patribus, modo ne l. Icilia
de Aventino aliaeque sacratae leges abrogarentur"* Liv. a. O. 32.
Sollten nun etwa diese Thatsachen nur Licinius angehören?
oder liegt nicht die Annahme viel näher, dass auch sie wie die
vorhergehenden oben besprochenen kurzen Angaben a. O. 31
der älteren Quelle gehörten und dass sie uns hier wie jene
nur durch Licinius erhalten sind?

Wenn wir uns für die letztere Annahme entscheiden, so
bestimmt uns dazu eine Thatsache, die unzweifelhaft fest steht
und zu deren wirklicher Erklärung in jenen Notizen uns die
einzige Handhabe wenigstens angedeutet scheint, ich meine die
unzweifelhaft plebejischen Namen, die sich in der Decemvirnliste des zweiten Amtsjahres finden[1]. Die alberne Erklärung,
die Dionysius von dieser Erscheinung gibt, Appius Claudius
habe sich dadurch populär machen wollen, ist eben so nichtig,
wie die Behauptung des Livius 4, 3 (s. Schwegler a. O.), sie
seien alle Patricier gewesen, einfach falsch ist. Ist es denn im
grossen Zusammenhang der Freignisse denkbar, dass Plebejer
zu dem höchsten Magistrat zugelassen wurden, entweder durch
Zufall oder durch die kleinliche Intrigue eines adlichen Demagogen? Ist man nicht vielmehr berechtigt aus dem verschiedenen Charakter der einfach patricischen ersten und der aus
beiden Ständen zusammengesetzten zweiten Decemvirnliste eben
auf eine zwischen beiden geschehene Verfassungsänderung zu
schliessen? Ist man das aber, so wird man unzweifelhaft die
oben citirten Worte: *„admiscerenturne plebei etc."* eben auf die
jener Veränderung und nicht auf die dem ersten Decemvirat
vorher gehende Debatte zu beziehen haben, und weiter wird

[1] S. Nbhr. 2 p. 864 u. Schwegler 3 p. 43.

man annehmen müssen, dass die auf jenen Satz folgenden
Worte nicht auf das erste, sondern auf das zweite Decemvirat
zu beziehen sind.

Es kommt darauf an, unter diesem Gesichtspunkt die ganze
einschlagende Stelle bei Livius noch einmal im Zusammenhang
zu betrachten. Sie lautet: *Inde css. C. Menenius P. Sestius Capitolinus. neque eo anno
quicquam belli externi fuit. domi motus orti. iam redierant le-
gati cum Atticis legibus. eo intentius instabant tribuni, ut tandem
scribendarum legum initium fieret. placet creari decemviros sine
provocatione et ne quis eo anno alius magistratus esset. admiscerenturne plebei, controversia aliquamdiu fuit. postremo concessum
patribus, modo ne lex Icilia de Aventino aliaeque sacratae leges
abrogarentur. Anno trecentesimo altero quam condita Roma erat
iterum mutatur forma civitatis, a consulibus ad decemviros, quemadmodum ab regibus ante ad css. venerat, translato imperio. minus insignis quia non diuturna mutatio fuit. laeta enim principia
magistratus eius nimis luxuriarere: eo citius lapsa res est, repetitumque, duobus uti mandaretur css. nomen imperiumque.*

Dass die letzten Sätze von der Jahresangabe an durchaus
auf eine wirklich neue Verfassung und nicht auf eine Gesetzgebungscommission, d. h. dass sie nicht auf das erste, sondern
auf das zweite Decemvirat sich in ihrer ursprünglichen Quelle
bezogen, haben Niebuhr und Schwegler übereinstimmend angenommen[1]. Beide nehmen daher auch an, dass Livius unbewusst diese Stelle in einem unrichtigen Zusammenhang gibt.

Nun ergibt aber unsere bisherige Untersuchung, dass diese
Stelle ein längeres Stück einer auffallend knappen Erzählung

---

[1] Niebuhr II p. 366: „Livius, dessen Widersprüche daher kommen,
dass er an verschiedenen Stellen nach verschiedenen Annalisten redet, beginnt die Erzählung vom Decemvirat, indem er die damalige Veränderung
mit dem Uebergang vom Königreich zum Consulat vergleicht — wo das
Versehen nicht in Betracht kommt, dass er erst unter dem folgenden Jahr
von dem hätte reden sollen, was das Consulat ersetzte." Schwegler 2 p. 9:
„Livius bezeichnet die Errichtung desselben als förmliche Verfassungsänderung und stellt diese dem Uebergang des Königthums aufs Consulat
zur Seite. — Allein es fragt sich, ob Livius die fraglichen Worte mit
diesem Bewusstsein niedergeschrieben hat; er hat sie wahrscheinlich einem
älteren, noch besser unterrichteten Annalisten entnommen."

schliesst. Mögen wir dasselbe von Liv. a. O. 30 „*tricesimo sexto anno a primis tribuni pl.*" an oder vom Anfang des 32. Kap. an rechnen, immer werden wir auf die Annahme geführt, dass hier ein Fabisches Stück, allerdings mit den Zusätzen und den zum Theil gewaltsamen Veränderungen des Licinius, immer aber in seiner annähernd ursprünglichen Form vorliegt.

Dieses Fabische Stück war, so zu sagen, das Ende zu jenem Anfang, der uns Liv. 3, 9 ebenfalls aus Fabius und ebenfalls in Licinischer Bearbeitung erhalten ist. Wenn dort als Zweck der *rogatio Terentilia* eine Neuordnung der consularischen Gewalt im Interesse der Plebs angegeben wurde[1]), so enthielt diese letzte Partie unzweifelhaft Verhandlungen über die Betheiligung der Plebejer an einer neuen Magistratur, d. h. gerade das, was dort schon in Aussicht genommen ward und eben so unzweifelhaft die Angabe über eine geschehene Neuorduung des höchsten Magistrats.

Dass dieser neue Magistrat, der eingerichtet um den Ansprüchen der Plebs gerecht zu werden erst das zweite Decemvirat war, ergeben die zum Theil plebejischen Namen seiner Mitglieder[2]).

Die von uns oben ausgeschriebene Stelle gab also, unserer Vermuthung nach, in ihrer ursprünglichen nicht corrumpirten Fassung die Geschichte des ganzen Decemvirats bis zum Sturz der Decemvirn. In ihrer ursprünglichen Fassung enthielten die Worte: „*placet creari decemviros et ne quis eo anno alius magistratus esset*" die Einsetzung des ersten, die Worte: „*Anno trecentesimo altero — iterum mutatur forma civitatis*" die Einsetzung des zweiten Decemvirats. Dazwischen stand eine gewiss ebenfalls kurze Angabe über die Arbeiten des ersten Decemvirats, namentlich über die Betheiligung der Plebs an und die Stellung derselben gegenüber dem neu zu errichtenden Magistrat. Die Spuren derselben haben wir jetzt nur in den Worten, die zum Theil das Gegentheil von dem sagen, was sie bei Fabius, unserer Meinung nach, gesagt haben, dass nämlich keine Plebejer zugezogen werden sollten.

Wir gestehen zu, dass diese Ansicht von der betreffenden

---

[1]) *ut Vviri creentur legibus de imperio consulari scribendis.*

[2]) s. Schwegler III p. 12.

Stelle gewagt erscheinen muss. Gibt man aber zu — und das scheint uns unzweifelhaft — dass wir es hier mit Licinius oder jedenfalls derjenigen Erzählung zu thun haben, die bei Dion. V—IX und bei Liv. von 3, 6 an uns erhalten ist, so kommt es nur darauf an, nachzuweisen, dass deren Redactionsweise hier gerade besonders schlagend hervortritt.

Die charakteristischen Züge jenes Erzählers waren:

a) die Benutzung und Verschmelzung einer älteren und jüngeren Quelle.

b) die vollkommen freie Behandlung der chronologischen Anordnung.

Gerade die letztere trat am frappantesten in der Geschichte des Valerius Poplicola, die erstere an verschiedenen Stellen, bei der ersten Secession, der Coriolansage, dem dritten Consulat des Q. Fabius, der ganzen Vorgeschichte des Decemvirats hervor.

Ich gebe zu, dass dabei nur etwa Liv. 3, 31 eine solche Gewaltsamkeit der Behandlung hervortrat[1], wie jetzt hier in dem Fall vorliegt, dass wir annehmen, er habe die Fabische Geschichte des Decemvirats in der angegebenen Weise corrigirt und vor den Antritt der ersten Decemvirn gerückt, um, nachdem er sie so beseitigt, eine ausführlichere Darstellung an der Hand der jüngeren Quelle zu geben.

Aber zur Erklärung kommt hier wohl zweierlei in Betracht.

a) konnte möglicher Weise gerade jener Charakter der Fabiustexte, über welchen Liv. 2, 21 so bitter klagte[2], Missverständnisse möglich machen.

b) aber kam es dem Erzähler, wie er uns dann in der Geschichte des ersten und namentlich des zweiten Decemvirats entgegentritt, vor allem darauf an, diese ganze Periode als die eines zügellosen und verderbten, aber keineswegs eines halb plebejischen Regiments hinzustellen.

Es ist wohl zu beachten, dass dieser Erzähler nicht die Notiz Dion. 10, 58 über die plebejischen Mitglieder des zweiten Decemvirats[3] hat. An die Stelle dieser Darstellung tritt viel-

---

[1] s. oben § 9.

[2] oben Kap. 8 § 1.

[3] ἐκ δὲ τῶν δημοτικῶν K. Ποντίλλιος — προσελήφθησαν γὰρ καὶ οὗτοι πρὸς τοῦ Ἀππίου, κολακείας ἕνεκα τῶν δημοτικῶν, διδάσκοντος,

mehr eine Geschichte der Wahl, in der Thatsachen und Ausdrücke entschieden absichtlich den Wahlgeschichten der Sullanischen Zeit entnommen sind[1]. Dadurch tritt vor Allem die
Spaltung innerhalb der Aristokratie in den Vordergrund, und
damit stimmt es, dass dieser Erzähler im zweiten Decemvirat
selbst, wo ihm auch Dionysius wieder folgt, die jüngeren Patricier (patricii iuvenes, iuventus nobilis Liv. a. O. 37) als Ver-
bündete der Gewaltherrn schildert. Eine solche Schilderung
eines wüsten Adelsregiments, von dem sich die wahrhaft aristokratische Partei zurückzog, lag einem Politiker wie Licinius
Macer unzweifelhaft nahe genug. Wir haben schon oben darauf
hingewiesen, dass er die Geschichte der ersten Consulate nur
zu dem Zweck so gewaltsam verschob, um die Parallele zwischen der Vertreibung der Könige und dem Sturz der Decemvirn möglichst frappant zu machen. Dieser absichtliche Parallelismus der beiden Revolutionen zeigt, welches Gewicht er
gerade auf diese Partien legte und die eben angeführten Züge
seiner Schilderung des Decemvirats bezeichnen noch klarer den
Zweck, den eben diese Ausführungen hatten: die dritte Analogie
zur Tarquinischen und Claudischen Tyrannis bildete ihm die
Sullanische.

Wesentlich aus diesem Gesichtspunkt ist eben auch die lebendige Schilderung einer rücksichtslosen und raubsüchtigen
Rechtspflege zu erklären, welche Niebuhr schon als übertrieben
bezeichnete[2]. Die Schlussworte der merkwürdigen Stelle

ὅτι δίκαιόν ἐστι μιᾶς ἀρχῆς κατὰ πάντων ἀποδεικνυμένης εἶναί τι καὶ
τοῦ δήμου μέρος ἐν αὐτῇ.

[1] Die Collegen übertragen Applus den Vorsitz bei der Wahl „ut
semet ipse creare posset — ille enimvero, quod bene verlat habiturum se
comitia professus impedimentum pro occasione arripuit, deiectisque per
coitionem duobus Quinctiis — et patruo suo C. Claudio constantissimo
viro in optimatum causa — nequaquam splendore vitae pares decemviros creat, se imprimis, quod haud secus factum improbabant boni, quam
nemo facere ausurum crediderat.“

[2] „Alles das mag einigen Grund haben, aber höchst übertrieben
dürfte jene Erzählung doch sein“ Nbhr. 2 p. 885. Es heisst Liv. 8, 87:
patriciis iuvenibus saepserant latera, eorum auterrae tribunalia obsidebant.
hi ferre agere plebem plebisque res, cum fortuna, qua quidquid cupitum
foret, potentioris esset. et iam ne tergo quidem abstinebatur: virgis caedi,
alii securi subici, et ne gratuita crudelitas esset, bonorum donatio sequi

klingen wie eine unmittelbare Mahnung an die aristokratische
Jugend der Sullanischen Proscriptionszeit.

Hält man diese Thatsachen im Auge, so begreift man, dass
die Theilnahme plebejischer Mitglieder an dieser Gewaltherrschaft die Wucht der ganzen Schilderung wesentlich abgeschwächt hätte. Wir erklären uns gerade durch diese Betrachtung, wesshalb ein solcher Erzähler geneigt war, die Thatsachen, dass man über die Aufnahme der Plebs verhandelt und
dass man wirklich ins zweite Decemvirat deren aufgenommen,
nicht etwa, wie die Erzählung Dion. 10, 58 es thut, abzuschwächen, sondern vollständig in ihr Gegentheil zu verwan-
deln, wie es Liv. 3, 32 geschehen.

Endlich aber: nur wer die plebejischen Decemvirn so vollständig strich, wie dies bei diesem Erzähler vorliegt, konnte das
Verbot des Connubiums als eine Neuerung des zweiten Decemvirats betrachten, wie es Dion. 10, 60 und Liv. 4, 4 vorliegt,
d. h. an Stellen, die unzweifelhaft aus Licinischer Quelle
stammen.

In dem Vorstehenden haben wir die Untersuchung schon
zum Theil in die Geschichte des ersten und zweiten Decemvirats hinüberlenken müssen.

Vom Anfang des ersten an folgte die Licinische Erzählung
Liv. 3, 33, nachdem sie die ältere Quelle in der angeführten
Weise benutzt, der jüngeren, welche uns bei Dionysius vorliegt.

Vergleichen wir diese Darstellung mit der des Dionys 10,
37 ff., so schliesst sie sich derselben entschieden an. Der
Wechsel der richterlichen Gewalt und der Fasces wird bei
beiden gleichmässig geschildert, nur dass Dionysius die sorg-
fältige Rechtspflege der Decemvirn noch ausführlicher hervorhebt. Es muss dahin gestellt bleiben, ob nicht die ausführliche
Betrachtung des Dionysius und das einzelne Beispiel, was Livius anführt, eben aus der gemeinsamen Quelle stammte.

Beachtenswerth aber ist der Umstand, dass bei Dionysius
jene Anschauung fehlt, die als anerkannte Spur einer älteren
Quelle sich in Livius Worten findet: *regimen totius magistratus
penes Appium erat favore plebis. adeoque norum sibi in-*

---

*domini supplicium. hac mercede iuventus nobilis corrupta non
modo non ire obriam iniuriae sed propalam licentiam suam
malle quam omnium libertatem.*

*genium induerat, ut publicola repente omnisque aurae popu-
laris captator evaderet pro truci saevoque insecutore plebis* [1]). Dass
hier die Vorstellung auftaucht, dass der Decemvir schon im
Verlauf der früheren Erzählung als ein entschiedener Feind
der Plebs hervorgetreten, ist wiederholentlich bemerkt und geschlossen, dass eine solche Erzählung den Decemvir und seinen
Vater eben für Eine Person nahm.

Kap. 7. Die beiden Erzählungen vom zweiten Decemvirat bis zur Einsetzung der Censur.

§. 1. Das zweite Decemvirat.

Nach den äusseren Indicien, welche wir für die Benutzung
der jüngsten Quelle aufstellten, haben Livius und Dionysius
dieselbe für die Geschichte des zweiten Decemvirats benutzt,
wir finden bei beiden hier die *cognomina* und eine Angabe über
den Anfang des Amtsjahres. Noch bei der Liste der neuen
Magistrats 10, 58 fehlen Dionysius die *cognomina*, welche Liv.
3, 35 giebt, für den Amtsantritt aber geben beide Dion. 10,
59 und Liv. 3, 36 die Iden des Mai als damals gebräuchlichen
Termin an. Und nun finden sich auch bei Dionysius die *cognomina*: L. Valerius Potitus, Q. Fabius Vibulanus 11, 5 M. Horatius Barbatus ebd. 6 L. Quinctius Cincinnatus, T. Quinctius
Capitolinus ebd. 15.

Den Character der Erzählung, in welche wir so bei beiden
eintreten, haben wir schon im vorhergehenden § hervorgehoben.
Ihr Grundgedanke ist der, dass die Decemvirn durch einen
unerhörten Missbrauch der richterlichen Gewalt die Mittel gefunden, die jüngeren Patricier [2]) für sich zu gewinnen und dass
der ältere und würdigere Theil des Adels dadurch ihnen ent-
fremdet sich auf das Land zurückgezogen habe.

Gerade die ausführliche Schilderung dieser Zustände scheint

---

[1]) Schwegler 2 p. 569 ff. weist auf zwei entsprechende Stellen Liv. 3,
35 und 4, 48 hin, von welchen mir übrigens die erste ohne Bedeutung
scheint.

[2]) Liv. 3, 37: *patriciis iuvenibus saepserant latera — iuventus nobilis.* Dion. 11, 2: τοῖς θρασυτάτοις; τῶν νέων, οὓς εἶχον ἕκαστοι περὶ αὐτοῖς κ. τ. λ.

Dionysius bewogen zu haben, hier diejenige Quelle zu wählen,
welcher er folgt, sagt er doch 11, 1 a. E. ποιήσομαι δὲ τὸν
περὶ αὐτῶν λόγον, οὐκ ἀπὸ τῶν τελευταίων ἀρξάμενος, ἃ δοκεῖ τοῖς πολλοῖς αἴτια γενέσθαι μόνα τῆς ἐλευθερίας, λέγω δὴ
τῶν περὶ τὴν παρθένον ἁμαρτηθέντων Ἀππίῳ διὰ τὸν ἔρωτα·
προσθήκη γὰρ αὕτη γε καὶ τελευταία τῆς ὀργῆς τῶν δημοτῶν
αἰτία, μυρίων τῶν ἄλλων προηγησαμένων· ἀλλ' ἀφ' ὧν ἤρξατο
πρῶτον ἡ πόλις ὑπὸ τῆς δεκαρχίας ὑβρίζεσθαι, ταῦτα πρῶτον
ἐρῶ κ. τ. λ.

Diese Stelle, die man sonst vielleicht nur als eine Erklärung gegenüber der vulgären mündlichen Ueberlieferung fassen
könnte, scheint mir nach unserer vorhergehenden Betrachtung
unzweifelhaft auch auf die schriftlichen Quellen bezogen werden
zu müssen, in welchen er die ihm so wichtige Schilderung der
betreffenden Vorfälle nicht fand und welche er bisher eben benutzt hatte. Er deutet also hier den Grund an, welcher ihn
zu seinem Quellenwechsel bewog.

Lässt man aber diese Vermuthung gelten, so dürfen wir
weiter folgern, dass die ganze Geschichte dieses Decemvirats
bis zum Process der Virginia in den älteren Quellen fehlte und
dass diese weder in einer ungesetzlichen Prolongation ihrer
Gewalt, noch in ihren sonstigen Uebergriffen, sondern allein in
der zügellosen Leidenschaft des Claudius die Ursache der folgenden Revolution sahen.

Und hier tritt nun die Wichtigkeit, welche die Geschichte
des Decemvirats in der jüngsten Quelle des Livius und Dionysius hatte (s. oben C. 2 §. 4), besonders klar hervor. Auf diese
Stelle concentrirte sich gewissermassen ein oder das Haupt-
interesse dieses Verfassers. Er zuerst schilderte hier Appius
Claudius und seinen Collegen als Männer, die, zur Ordnung des
Staats berufen, nachdem sie dieselbe aufgerichtet, in fluchwür-
diger Herrschsucht Recht und Gericht missbrauchten, um an
der Spitze einer hab- und genusssüchtigen Adelspartei jede Ordnung und Sitte mit Füssen zu treten. Die absichtliche Parallele
mit der Stellung und Haltung der Sullanischen Nobilität scheint,
wie wir schon oben erwähnten, auf der Hand zu liegen, die andere
mit der Herrschaft und dem Sturz der Tarquinier ward von
dem Verfasser absichtlich und durch eigenmächtige Ordnung
der Facta (s. oben C. 2 a. O.) möglichst nahe gerückt, so dass

in einer solchen Darstellung jedenfalls dem Zeitgenossen des
Licinius Macer Sullas Herrschaft als eine Wiederholung des
letzten Decemvirats, als die dritte königliche Tyrannis erscheinen musste, gegen welche die Freiheit des Römischen
Volkes zu vertheidigen war.

Von diesem Gesichtspunkt aus erklärt sich dann aber auch
die auffallende Breite der Darstellung, auf welche wir zurückschliessen müssen, wenn wir neben der grossen und mannigfaltigen Uebereinstimmung die Differenzen der beiden Erzählungen betrachten.

So sehr hier die Darstellung unserer beiden Historiker an
Ausführlichkeit wächst, um vieles breiter noch musste jene
sein, welcher sie folgten und der sie bisweilen dieselben, bisweilen verschiedene Thatsachen entlehnten.

Von den Senatsdebatten des dritten Jahres Liv. 3, 39 ff.
und Dion. 11, 4 ff. hat schon Niebuhr bemerkt, dass sie „demselben Annalisten" nacherzählt sind, wie wir auch schon oben
C. 2 § 4 hervorhoben, die kriegsgeschichtlichen Data Liv. a. O.
41 f. und Dion. a. O. 23 entsprechen sich ebenfalls. Und über
die folgende Geschichte des Siccius und der Virginia dürften
wir ebenso kurz hinweggehen, wäre nicht die scheinbar verschiedene Darstellung des „frühesten im Detail beschriebenen
Civilprocesses" so häufig der Gegenstand juristischer und historischer Untersuchungen gewesen, zuletzt noch bei Schwegler
R. 30, 5. Man hat in der Darstellung des Livius beim Anfang
des Processes die Abwesenheit eines Vindex als eine besondere
Schwierigkeit aufgefasst, die bei Dionys, wo Icilius und Numi-
torius von Anfang an gegenwärtig sind, wegfällt. Die einfachste
Erklärung ist unzweifelhaft die, dass. Livius nur durch eine
Leichtfertigkeit in der Erzählung, ohne an die Erfordernisse
des Legisactionenprocesses zu denken, Oheim und Bräutigam
seiner Heldin, die in seiner Quelle, wie bei Dionysius recht-
zeitig da waren, nachkommen liess. Dass diese Erklärung aber
auch die berechtigtste ist, ergibt eine genauere Betrachtung
jener Senatsdebatte ganz unzweifelhaft.

Hier hatten beide Erzähler dieselbe Darstellung vor sich,
der sie beide folgten.

Die ersten Sprecher sind bei beiden dieselben, L. Valerius
Potitus, M. Horatius Barbatus, Liv. a. O. 39 und Dion. a. O.

4 f. Einzelne frappante Wendungen, selbst des Horatius z. B.,
„decem Tarquinios appellantem, admonentemque Valeriis et Hora-
tiis ducibus pulsos reges" finden sich auch bei Dionysius, *τὸν*
Ταρκίνιον ἐκεῖνον ἐνθυόμενοι — πότερον ὑμῶν ἐξελήλυθεν ἐκ
τῆς διανοίας, ὅτι σώζονται μὲν οἱ Οὐαλερίων ἀπόγονοι τῶν
ἐξελασάντων τὴν τυραννίδα, λείπεται δὲ διαδοχὴ τῆς 'Ορατίων
οἰκίας κ. τ. λ. Nur fehlt die Anrede, in der sich Valerius an
Q. Fabius Vibulanus wendet und die Bemerkung über dessen
Stillschweigen, die Dionysius hat, bei Livius. Es fehlt auch bei
ihm die ganze Verhandlung Dion. a. O. 6—15 bis zur zweiten
Rede des C. Claudius, deren Schlussantrag er dann allerdings
40 gibt. Aus der folgenden Verhandlung der zum Theil assen
tirenden Consularen gibt Dion. 16 a. E. drei Namen, Livius dagegen noch einen anderen Antrag *„quae patricios coire ad inter-*
regem prodendum inhebat". Man sieht also, dass an jenem
ersten Theil Livius, hier aber beide es gerathen fanden, ihre
Quelle zu kürzen, von deren breiter Ausführlichkeit wir dabei
erst die rechte Vorstellung bekommen. Dann haben beide die
Rede des L. Cornelius Maluginensis, der die Majorität, bei Livius die *iuniores patrum* zustimmen. Hierauf kommt bei Liv. 41
die lebhafte und heftige Altercatio, bei der es sogar zu Thät-
lichkeiten kommt und die mit den Daten schliesst: *„factaque*
per Cornelium Valerio dicendi gratia quae vellet, cum libertas non
ultra vocem excessisset, Xviri propositum tenuere" und nach einer
Motivirung dieser Thatsache *„silentio patrum edicitur dilectus."*
Bei Dionysius dagegen geht die Rede des Valerius voran, dann
folgt ein heftiger Wortstreit *μετα πολλῆς φιλοτιμίας καὶ κραυ-*
γῆς, nach welchem Appius Claudius das *senatus consultum* über
den zu haltenden Dilectus, wie er es wünscht und die relative
Majorität es angenommen, vom Scriba vorlesen lässt.

Man sieht, es war ein breit angelegtes und ausgeführtes
Gemälde einer leidenschaftlichen Debatte, bei dessen Copirung
oder Nachbildung bald der eine, bald der andere unserer Autoren ausliess und umstellte, wie es ihm am besten schien. Und
nicht anders haben sie es mit der Geschichte des Siccius gemacht, die Livius kurz und geschmackvoll zusammenzog, Dionysius wahrscheinlich in der ganzen Breite des Originals gab,
nicht anders mit dem Process der Virginia und dem daran sich
knüpfenden Drama bis zum Sturz der Gewaltherrschaft.

Es verlobnt sich wirklich nicht, hier weiter ins Detail zu gehen.

Nur auf zweierlei will ich aufmerksam machen. Ueber den Inhalt der 12 Tafeln findet sich nur Dion. 10, 60 die Angabe vom Verbot des Connubiums zwischen den beiden Ständen. Da es in der unzweifelhaft Licinianischen Stelle, Liv. 4, 4 ebenfalls so erwähnt wird, so gehörte es hier zur ursprünglichen Darstellung, Livius liess es nur aus.

Die zweite Bemerkung ist folgende: Wir wissen, dass Valerius und Horatius in anderen Darstellungen keineswegs die hervorragende Stelle von Anfang an einnahmen, wie hier. Als Gesandte des Senats an die Aufständischen werden Ascon. ad Corn. p. 77 nur die drei genannt, die Liv. 3, 50 unverrichteter Sache zurückkehren lässt, nicht Valerius und Horatius. Wir haben also hier gewiss wieder einen jener Fälle, in denen die uns längst bekannte Methode des Licinius die ältere und jüngere Angabe so in Eins verschmolz, wie sie bei Livius sich finden. Dieses bedeutsame und wuchtige Auftreten der beiden Befreier wird bei Dion. a. O. 22 durch die von ihnen für den drohenden Aufstand getroffenen Vorbereitungen erklärt, die Livius überging, so dass namentlich die Scene auf dem Forum Liv. a. O. 49 noch tumultuarischer, aber auch weniger motivirt als bei Dionysius erscheint.

Im Ganzen aber ergiebt gerade hier die Vergleichung beider, dass es allerdings der Darstellung ihres Originals trotz aller Breite nicht an Lebhaftigkeit und Energie fehlte.

Sowohl Livius als Dionysius haben sich dieser ausführlicheren Darstellung gegenüber mit jener rücksichts- ja gewissenlosen Unbefangenheit bewegt, welche, wie Nissen über Appian Unters. C. 6 § 4 bemerkt, „die Ueberarbeiter des Alterthums kennzeichnet; eine Gleichgültigkeit, der es auf eine Hand voll Thatsachen überhaupt nicht ankommt.“ Wir müssen annehmen, dass ein Mann wie Licinius Macer in einer Erzählung wie die vorliegende das Bild einer Senatsdebatte in vollkommener Correctheit und Lebenswahrheit vorzuführen gesucht hatte. Es kam dazu, dass er hier nicht zwei verschiedene Quellen, wie sonst, zu verklittern hatte, er war wahrscheinlich eben an gar keine gebunden und arbeitete also freier Hand nur nach der Richtschnur seiner politischen Geschäftserfah-

rung[1]. Und wie heillos haben nun beide unsere Gewährs-
männer dieses doch für sie so anziehende Bild verschoben und
zerstückt.

War das Original entworfen und ausgeführt von der leidenschaftlichen Hand eines praktischen Staatsmannes, so scheint
namentlich die Livianische Copie auf politische Leser kaum
mehr berechnet und nur ausgeführt nach den Regeln einer
naiven, in sich behaglichen Erzählungslust.

§. 2. Die leges Valeriae Horatiae nach Liv. 8, 55.

Nach dem Antritt der Consuln erzählen beide Historiker
zunächst, durch welche Gesetze die Verfassung der Republik
wieder hergestellt, zum Theil neu befestigt sei. Dionys Darstellung ist ausserordentlich kurz: Λούκιος Οὐαλέριος Ποτῖτος
καὶ Μάρκος Ὁράτιος Βαρβάτος, αὐτοί τε δημοτικοὶ τὰς φύ-
σεις ὄντες καὶ παρὰ τῶν προγόνων ταύτην διαδεδεγμένοι τὴν
πολιτείαν — νόμους ἐκύρωσαν ἐν ἐκκλησίαις λοχίτισι — ἄλλους
τέ τινας, οὕς οὐ δέομαι γράφειν καὶ τὸν κελεύοντα τοὺς ὑπὸ
τοῦ δήμου τεθέντας ἐν ταῖς φυλετικαῖς ἐκκλ. νόμους ἅπασι
κεῖσθαι Ῥωμ. ἐξ ἴσου τὴν αὐτὴν ἔχοντας δύναμιν, τοῖς ἐν ταῖς
λοχίτισιν ἐκκλησίαις τεθησομένοις· τιμωρίαι δέ προσέκειντο
τοῖς καταλύουσιν ἤ παραβαίνουσι τὸν νόμον, ἐὰν ἁλῶσιν,
θάνατος καὶ δήμευσις τῆς οὐσίας· οὗτος ὁ νόμος ἐξέβαλε τὰς
ἀμφισβητήσεις τῶν πατρικίων, ἃς ἐποιοῦντο πρὸς τοὺς δημο-
τικοὺς πρότερον, οὐκ ἀξιοῦντες τοῖς ὑπ' ἐκείνων τεθεῖσι νό-
μοις πειθαρχεῖν κ. τ. λ.

Es kann kein Zweifel sein, dass diese Stelle entschieden
stimmt zu den Ausführungen der Patricier, welche bei Dionysius im Anfang und im ganzen Verlauf des 10. Buches den Rogationen der Tribunen entgegen gestellt wurden. Wir sahen
gerade in diesen Ausführungen Kap. 6 § 6 einen Zug der
Dionysischen Erzählung, welcher sie und ihr Original, die Erzählung des Valerius, von der bei Livius erkennbaren älteren
Quelle unterschied.

---

[1] Eben auf Grund dieser Betrachtung darf man die von Becker
Handb. II. 2 p. 437 gegen Dion. 11, 21 geäusserten Bedenken wohl nicht
gelten lassen. Im Gegentheil hat diese Darstellung aus einer solchen
Quelle genug Gewicht, um die von Varro Gell. 14, 7 geäusserte Ansicht
bedeutend zu unterstützen.

Viel beachtenswerther aber erscheint daneben, dass Dionysius ausser diesem einen Gesetz alle übrigen, die sich bei Livius erwähnt finden, nur ganz allgemein und oberflächlich berührt. Für die Beurtheilung der Dionysischen Erzählung hat
diese Thatsache offenbar eine grosse Bedeutung. Wie kommt
dieser Erzähler, der gerade die innere Entwickelung der Römischen Verfassung zu seiner Lieblingsaufgabe macht, dazu,
hier bei einer der bedeutendsten Katastrophen derselben eine
ganze Reihe merkwürdiger und wichtiger Gesetze so obenhin
nur anzudeuten? Diese auffallende Flüchtigkeit erklärt sich
am natürlichsten, wenn wir auch in diesem Zug nur eine Spur
jener früheren Quelle des 10. Buches finden.

Ich meine so: die dort von Dionysius gegebene Darstellung sah im Decemvirat von Anfang an nur eine Dictatur
legibus de iure privato ferendis d. h. einen ausserordentlichen,
nur zur Abfassung eines Landrechtes auf Zeit eingesetzten
Magistrat.

Wie wir eben im vorigen § annehmen mussten, vollführte
dieser Magistrat auch nach jener Quelle seine Aufgabe ge-
wissenhaft, ohne andere verfassungswidrige Uebergriffe, als
dass er eben nachdem seine Aufgabe gelöst nicht abdicirte und
dass Ap. Claudius sich zu der berüchtigten Gewaltthat hin-
reissen liess. Die darauf folgende Revolution konnte für eine
solche Auffassung kein anderes Resultat haben, als dass die
Dictatoren zur Abdication gezwungen und dann der oder die
Verbrecher zur Verantwortung gezogen wurden. Von einer
Restauration der Verfassung, von neuen grundlegenden Ver-
trägen konnte kaum die Rede sein.

Anders lag die ganze Verwickelung nach der von uns wiederholt charakterisirten älteren Darstellung: war das Decemvirat der beiden Stände gemeinsame Magistrat einer neuen
Verfassung, so bedurfte es allerdings, auch wenn nur die Gewaltthat des Appius die Revolution herbeigeführt, eines vollständigen Umsturzes des jungen patricisch-plebejischen Magistrats, der wirklichen Restauration der alten Magistrate und wo
möglich neuer Garantien.

Das Verhältniss der Quellen war daher, meiner Vermuthung
nach, hier folgendes.

Valerius fand in der älteren Quelle hier eine Reihe von

Gesetzen verzeichnet, die für seine Auffassung der Revolution
gar nicht die Bedeutung hatten, welche ihr der ältere Erzähler
geben musste und gegeben hatte. Er nahm nur eins wörtlich
in seine Darstellung auf, nämlich dasjenige, das für seine ganze
staatsrechtliche Motivirung des nächstvorhergehenden Stände-
kampfes und diesen selbst den Abschluss bildete, vielleicht überhaupt ihm selbst als Erzähler allein den Anlass gegeben hatte.
Dieses Hervorheben nur der einen Rogation fällt bei Dionysius nur desshalb auf, weil er eben vom zweiten Decemvirat
an Valerius verliess und der jüngeren Erzählung bis hierher
folgte.

Bei Livius finden wir nun unzweifelhaft ausser derjenigen
lex die auch Dionysius anführt, auch die „anderen Gesetze, die
er nicht namentlich erwähnen will".

Wir bemerken zunächst, dass er bei jener ersten *lex* „*ut
quod tributim plebs iussisset populum teneret*" als Motiv anführt,
„*cum velut in controverso iure esset, tenerenturne patres plebis
scitis*" und als Resultat „*qua lege tribuniciis rogationibus telum
acerrimum datum est*". Diese Anschauung entspricht den Betrachtungen bei Dionysius, welche wir auf Valerius zurückführten.

Es folgt die Herstellung der Provocation und die vielbe-
sprochene *lex: „ut qui tribunis plebis aedilibus iudicibus decemviris nocuisset eius caput Iovi sacrum esset"* etc. An diese
schliessen sich Erörterungen an, die für die Beurtheilung der
ganzen Stelle sehr beachtenswerth erscheinen. Es wird gegen
die Ansicht polemisirt, dass diese *lex* 1) überhaupt die betreffenden Magistrate *sacrosanct* mache und dagegen mit Bezugnahme
auf die *interpretes iuris* urgirt „*tribunos vetere iureiurando plebis,
cum primum eam potestatem creavit, sacrosanctos esse,*" 2) dass
sie sich auf die Consuln beziehe, die damals *iudices* genannt
seien, das, heisst es, sei eine falsche „*interpretatio, quod iis temporibus nondum consulem iudicem, sed praetorem appellari mo-
ris fuerat.*"

Es muss zunächst bei dem ersten Einwand auffallen, dass
Livius selbst bei der Einsetzung des Tribunats 2, 33, wie wir
oben Kap. 3 §4 hervorhoben, jenes *iusiurandum plebis* gar nicht
erwähnt, dass es aber Dion. 6, 39, der dort derselben Quelle

wie hier Livius folgt, in der ausführlichsten und ausdrücklich-
sten Weise besprochen wird.

Wäre es nicht ein eigenthümliches Zusammentreffen, wenn
die hier citirten *interpretes iuris* gerade dieselbe oder einer derjenigen verwandte Quelle benutzt hätten, der Dionysius dort,
Livius hier folgte? Ist es nicht viel wahrscheinlicher, dass derselbe Erzähler, dem Dionysius 6, 89 den „alten Eid" und Livius hier den Sturz der Decemvirn nacherzählt hatte, hier auch
die bei Livius vorliegenden staatsrechtlichen Ausführungen gab
um was zu widerlegen?

Unzweifelhaft die Ansicht, dass die *l. Horatia* die eigentliche Grundlage der *sacrosancta potestas* nicht allein des Tribunats, sondern auch des Consulats sei.

Wenn wir darnach das hier bei Livius gegebene Räsonne-
ment nicht ihm, sondern seiner Quelle zuschreiben, so ergiebt
sich daraus wieder die andere Wahrscheinlichkeit, dass sie zu
ihrer Polemik durch die Darstellung ihrer Quellen veranlasst
wurde. Konnte aber, wie wir eben auszuführen versuchten
ihr Valerius-Dion. 11, 45 dazu keine Veranlassung geben, so
bleibt nach unseren bisherigen Ausführungen zunächst nur die
ältere Quelle übrig, der Liv. 2, 33 gefolgt war.

Damit aber gelangen wir zu der Annahme, dass jene ältere
Erzählung, die in dem Decemvirat eine neue Verfassung für
beide Stände und in der zweiten Secession die Herstellung der
alten Verfassung sah, zugleich in dieser *l. Horatia* die eigentliche Grundlage für die *sacrosancta potestas* nicht allein des
Tribunats, sondern auch des Consulats erkannte.

Eine solche Annahme empfiehlt sich uns auch desshalb
weil wir bei ihr wieder genau dasselbe Verfahren constatirt
hätten, dass uns auch sonst in allen Stücken der jüngsten
Quelle begegnet, die Verschmelzung der beiden ihr vorliegenden Erzählungen: sie beginnt mit der Benutzung des Valerius
und seiner Ausführungen, nimmt dann aber auch die Angaben
der älteren Quelle auf, welche jener bedächtig nur obenhin berührt hatte, nur dass sie eben für die Berichtigung der hier
auftretenden Ansichten sich auf ihre eigene frühere Darstellung
beruft.

**§. 8. Von den leges Valeriae Horatiae bis zur Einsetzung
der Censur.**

Die letzten Abschnitte, in welchen uns Dionysius Erzählung mit immer zunehmenden Lücken bis zu dem Jahr der
Einführung der Censur erhalten ist, zeigen mit zwei Ausnahmen
eine grosse Uebereinstimmung mit Livius.

Die Kriegsgeschichte der Consuln Horatius und Valerius ist
Liv. 3, 60—63 ausführlicher erzählt, die Reden des Feldherrn
und manches andere Detail fehlt bei Dion. 11, 47 ff., aber seine
Angaben stimmen sonst ganz, z. B. die besondere Bravour der
equites unter Horatius 48 mit Liv. 62, die Opposition des
C. Claudius gegen den Triumph der Consuln, die Angabe, dass
dieser der erste vom Volk gegen den Willen des Senats be-
willigte sei, Liv. 63, Dion. 50. *Cognomina* fehlen hier bei beiden,
einige Zahlen Liv. 62 könnten für diesen auf Antias führen, so
dass Dionysius dagegen vielleicht der kürzeren und zusammen-
fassenden Darstellung des Licinius gefolgt wäre. Jedenfalls
macht Dionysius Darstellung den Eindruck einer Epitome aus
der ausführlicheren Erzählung, welcher Livius nachschrieb.
Aber Dionysius hat seine persönliche Abneigung gegen zu viel
„Parönesen" der Feldherrn 7, 66 selbst ausgesprochen, es ist
daher wohl denkbar, dass beide hier Licinius folgten, der eine
mehr, der andere weniger ausführlich. Wenn ich mich zu dieser
Annahme entschiedener hinneige, so bestimmt mich dazu, dass
die Notiz über den ersten Triumph ohne *senatus auctoritas* an
jene anderen derselben Manier erinnert, die ich oben Kap. 6
§ 6 auf Licinius zurückführen zu müssen glaubte, namentlich,
da die eine Dion. 5, 47 bestimmt Licinische über die erste
Ovation so entschieden dieser zweiten aus der Geschichte der
Triumphe entspricht.

. Von c. 63 an bis 4, 8 muss ich dagegen die ganze Livini-
sche Erzählung Licinius zuschreiben. Hier beginnen die *Cognomina* von Neuem, nicht nur in seinen Consularfasten, sondern
auch ausser denselben, z. B. Trebonius Asper 65, Postumius
Albus 70, dann treffen wir 4, 7 Licinius zum ersten Mal
namentlich citirt und ebd. 8 die Angabe über die ersten Censoren, die wir schon oben C. 2 § 4 als Licinisch besprachen.
Ein Vergleich mit der Livianischen und Dionysischen Geschichte
des zweiten Decemvirats und des ganzen Abschnittes, nament-

lich 3, 66 ff. bis zu Ende des ganzen eben bezeichneten Stückes
zeigt hier ganz dieselbe Manier der Darstellung, namentlich die
breite Ausführung der Reden.

Ehe wir aber diese Darstellung mit der des Dionysius vergleichen, ist es gerathen, die wichtigen Angaben zu vergleichen,
welche Liv. 4, 7 gerade hier über seine Quellen gibt: Er hatte
deren vor sich, welche von einer Rogation „*ut alterum ex plebe
consulem liceret fieri*“ gar nichts und ebenso wenig von der *lex*
„*ut tribuni militum consulari potestate promiscue ex patribus ac
plebe crearentur; de consulibus creandis nihil mutaretur*“ erwähnten, sondern erzählten „*propter adiectum Aequorum Vol-
scorumque bello et Ardeatium defectioni Veiens bellum, quia duo
consules obire tot simul bella nequirent, tribunos militum tres
creatos*“. Livius sagt über das Alter dieser Quellen Nichts, ihnen
müssen wir unzweifelhaft auch das volle Jahr für dieses Militärtribunat zuschreiben, das Licinius auf 3 Monate beschränkte,
um für seine *consules suffecti* Raum zu gewinnen.

Wie dem aber auch sei, es fehlte unzweifelhaft in jenen
Quellen die ganze Verhandlung über die Theilung des consularischen *Imperiums*, auch die *lex Canuleia de connubio?*

Das eigenthümliche Verhältniss unserer beiden Schriftsteller ist bekanntlich hier das, dass bei Dionysius sich kein
Wort über die *lex Canuleia* findet, aber sehr ausführliche Verhandlungen über die andere „*ut alterum ex plebe consulem liceret fieri*“, und dass dagegen Livius über die erstere sehr ausführlich ist, die mit der anderen verbundenen Thatsachen jedoch nur in einem sehr kurzen Auszug derjenigen Erzählung
gibt, welcher Dionysius folgte. Dass dies letztere Verhältniss
wirklich stattfindet, zeigen namentlich die Angaben Liv. 4, 6
über die geheimen Verhandlungen der *principes*, wo er nicht
allein die einzelnen Redner und ihre Ansichten, wie Dion. 11,
55 sie ausführlicher gibt, kurz erwähnt, sondern sogar einen
Namen mehr, den des Capitolinus nennt.

Hat Dionysius nun, der „Κάτων Κενσόλιος“ als Sprecher
für die Theilung des Consulats a. O. 57 aufführt, obwohl er sie
in seiner hier benutzten Quelle fand, die *l. Canuleia* hinaus
geworfen? Ich halte dies für geradezu undenkbar, da er doch
10,60 das Verbot des Connubiums ausdrücklich als eine merkwürdige Bestimmung der 12 Tafeln erwähnt.

Nachdem wir die Existenz der eben charakterisirten älteren·
Quelle constatirt haben, ist es das Einfachste anzunehmen, dass
zunächst von einem anderen Schriftsteller der Antrag *„ut alterum ex plebe consulem liceret fieri“* in sie hineingeschoben
wurde. Eine solche Quelle liegt bei Dionysius meiner Meinung
nach vor. Sie hatte Nichts vom connubium und der L Canuleia,
obwohl wir in dem Licinischen Abschnitt Dion. 10, 60 gerade
die Aufhebung desselben, wie eben erwähnt, hervorgehoben
fanden, sie gibt z. B. auffallend Dion. 11, 50 nicht das *Cognomen* des Cincinnatus, wie Liv. 4, 6 es gerade an der entsprechenden Stelle thut. Diese Umstände sprechen uns schon
gegen die Annahme, dass Dionysius die Licinische Erzählung,
wie Livius sie hat, frei bearbeitet; dazu aber kommt die hervorragende Stellung, welche L. Valerius bei Dion. a. O. 59 als
der entschiedenste Fürsprecher der Rogation im Senat in einer
Debatte einnimmt, welche Livius a. O. vollständig übergangen
ist. Wir werden auf Grund dieser Thatsachen Dionysius hier
unmittelbar aus Antias herleiten müssen und dem entspricht es,
dass er eben nach unserer früheren Ausführung von einer Veränderung des consularischen Imperiums durch die Decemvirat-
gesetzgebung Nichts wusste. Ich möchte sagen, er jedenfalls
brauchte eine solche Verhandlung, um sich das Militärtribunat
zu erklären.

Dann aber war es also Licinius, der in diese Darstellung
die *lex Canuleia* so hineinschob, wie sie bei Livius vorliegt. Sie
erscheint von Anfang an auf das Engste mit der andern Rogation verflochten und wird zugestanden als Abschlagszahlung,·
durch welche die Patricier den Verzicht auf die andere Rogation zu erkaufen hoffen.

Wir finden also hier denselben Gang, den derselbe Verf.
die *rogatio Terentilia*' (s. Kap. 6 § 2) nehmen liess, ein sehr
entschiedenes Vorgehen der Plebs, bei der sie sich schliesslich doch mit nur einem und einem halben Zugeständniss
abfinden liess. In den älteren Quellen war von einem solchen
Kampf eben gar nicht die Rede.

Wir können nicht entscheiden, ob die Verhandlung über
das Militärtribunat von Livius aus Furcht vor zu viel Reden
oder schon von Licinius, um das Valerische zu temperiren, zu—

sammengezogen wurde; von dem letzteren jedenfalls nicht so
kurz wie bei dem ersteren sie vorliegt.

Das aber ist deutlich: Dionysius wandte sich wegen der
Namen der neuen Tribunen zu Macer, *Cognomina* geben bei
diesen beide, Livius nur Eines, Dionysius dagegen drei, und
von hier an ist ihre Uebereinstimmung bis wo Dion. 11, 63 in
der Vorgeschichte der Einsetzung der Censoren abbricht,
vollständig.

Zweiter Abschnitt.

Die Resultate für sich betrachtet.

Kap. 1. Recapitulation der Detailuntersuchung.

Die Beobachtung, von welcher bei der vorstehenden Untersuchung ausgegangen ward, ist folgende: Bei Dionys und Livius
findet sich bei den Namen sowohl der Consularfasten wie der
sonstigen Erzählung eine auffallende Differenz im Gebrauch der
cognomina. Sie sind auffallend häufig Dion. B. 5—9, selten in
dem entsprechenden Stück Liv. B. 2—3, 5 häufig dagegen Liv. 3.
6—4, 7, während sie in dem entsprechenden Theil des Dionys
B. 10 auffallend seltner und erst vom Anfang des 12. Buchs
an wieder häufiger werden. Neben der Erwähnung der *cognomina* finden sich bei beiden Verfassern immer Angaben über
den wechselnden Anfang des Magistratsjahres, wie sie da fehlen,
wo die *cognomina* seltner. Endlich aber zeigt sich da, wo diese
beiden Arten von Angaben sich finden, immer eine Erzählung,
welche zwei verschiedene, jedoch ähnliche Darstellungen verknüpft, wo sie fehlen, tritt eine einfache ein, eben eine von
jenen dort zusammengefügten beiden [1].

Steht es nun durch Nissens Untersuchungen fest, dass
Liv. sich in den beiden letzten Dekaden seinen Quellen und
zwar immer einer, bald dieser bald jener abwechselnd genau
anschloss, kann dieselbe Annahme selbst bei dem bisherigen

---

[1] Dieses Zusammentreffen hat Peter a. O. Prolegg. p. CCCXI n. 1
bei seinen Bedenken vollständig unbeachtet gelassen.

Stand der Untersuchung für die dritte keines Falls abgewiesen
werden, so darf unzweifelhaft auf Grund der angeführten Thatsachen behauptet werden, dass ebenfalls für den betreffenden
Abschnitt der ersten Dekade verschiedene Quellen von ihm abwechselnd gebraucht wurden, und dass die wahrgenommenen
Differenzen nur daher stammen.

Es ist längst bemerkt, dass Liv. wiederholt seine Vorliebe
für ältere Quellen ausspricht, wie Dion. ebenso entschieden den
jüngeren den Vorzug giebt. Ergibt sich nun dagegen aus dem
Obenausgeführten, dass Liv. jedenfalls 3, 5—4, 7 eine jüngere aus
anderen zusammengesetzte Quelle benutzte, so ist es 1) nach
der Analogie wahrscheinlich, dass auch in diesem sonst zu
langen Stück sich Einschiebsel, und diese vielleicht älterer Herkunft finden, 2) schon in dem aufgedeckten Sachverhältniss gegeben, dass das vorhergehende Stück 2, 1—3, 5 älter sein
muss, 3) aber folgt auch für dieses Stück aus jener Analogie,
dass es aus nicht nur Einer, sondern verschiedenen, wahrscheinlich also verschieden alten Quellen zusammengesetzt ist.

Es kam darauf an, diese nachzuweisen. Dass es nicht
viele, sonden wie in den letzten Dekaden nur ein paar, war von
vornherein anzunehmen.

Eine günstige Fügung hat uns in Plutarchs Leben des
Poplicola, wie neuere Untersuchungen ergeben, eine Erzählung
des Valerius Antias erhalten; ihre Vergleichung mit Liv. und
Dion. ergab, dass die Erzählung des Liv. nicht allein älter als
die des Valerius, sondern dass sie mit Recht als die Grundlage derselben betrachtet werden könne, welche nur durch
eine Reihe von Zusätzen und Ausführungen in einen lebendigeren Fluss gebracht, zum Theil erweitert ward. Dann aber
ergab diese Vergleichung weiter, dass die jüngere Erzählung
bei Dion. nur eben diese beiden Bearbeitungen derselben Ueberlieferung zu einer dritten zusammenschmolz (p. 28 ff.).

Aus einem solchen Verhältniss erklärt sich allerdings zur
Genüge die schon oft urgirte Thatsache, dass Liv. Erzählung
mit ihrer Vorliebe für alte, und die des Dion. mit der für neuere
Quellen so auffallend übereinstimmen.

Eine andere Frage war, ob auch weiter es möglich sei, das
Verhältniss der beiden Erzählungen so zu constatiren. Unglücklicher Weise hat Plutarch die Biographien des Coriolan und

Camillus nicht aus Valerius, sondern eben aus Dionys genommen (Peter d. Quellen der R. Lebensbeschreib. Plutarchs). Es fehlt uns somit jede zusammenhängende ausführliche dritte Darstellung zur Zusammenstellung mit den beiden vorliegenden. Da aber trat nun doch folgende Betrachtung entgegen.

Ist die jüngere Quelle, welche die *cognomina* und Jahresanfänge giebt, überall aus zwei Ueberlieferungen zusammengearbeitet, so konnten wenigstens dies immer dieselben beiden sein, welche sie für die Geschichte des Poplicola so benutzte. Noch wahrscheinlicher war nach der Analogie der 4. und 5. Dekade, dass eine dieser beiden Quellen, wie im Anfang des 2. B. so auch weiter noch von Liv. benutzt ward.

Die Untersuchung, welche a. O. im Detail vorliegt, kam zu folgenden Resultaten:

1) Die jüngere Quelle Dion. B. 5 — B. 10 und Liv. 3, 5—4, 7 benutzte immer dieselben zwei Erzählungen, deren eine uns entweder bei Dion. od. bei Liv. in den betreffenden parallelen Stellen erhalten ist.

2) Liv. hat aber zunächst nur bis 2, 21 seine ältere Quelle festgehalten, 2, 22 geht er zu einer anderen über, die der Erzählung bei Dion. weit näher kommt, ohne jedoch *cognomina* und Jahresanfänge zu geben.

Diese beiden Quellen, die ältere und jüngere, hat er bis 3, 5 abwechselnd benutzt, wie au den einzelnen Stellen Widersprüche und Form der Erzählung ergeben. Nachdem er dann statt ihrer die jüngste Quelle, welche Dion. bisher benutzte, genommen, hat er doch auch in diesem Abschnitt 3, 5—4, 7 einzelne Stücke seiner ältesten Quelle ab und zu eingefügt.

3) Wo Dionys die jüngste Quelle verlässt, d. h. B. 10 hat er keineswegs Liv. älteste Quelle genommen, was nach seinen Aeusserungen auch nicht zu erwarten, sondern die von Liv. benutzte zweite Quelle.

Sind diese Resultate richtig, so wird es möglich sein, die drei so gewonnenen Quellen wenigstens relativ vollständig sich zur Anschauung zu bringen. Da wir nämlich die jüngste Quelle in Dion. B. 5 bis B. 9, Liv. 3, 5—4, 7 im vollständigen Zusammenhang übersehen und daneben immer bei Liv. oder Dion. eine der in ihr verarbeiteten einfachen Quellen haben, so wird die Vergleichung dieser beiden Erzählungen so angestellt werden können, dass nach Abzug der einen einfachen von der zusammengesetzten Quelle der Rest der letzteren als Bestand der anderen einfachen Quelle bleibt. Nur da also, wo wir bei Liv. und Dion. zugleich die zusammengesetzte Quelle haben, wird eine solche Analyse ganz unsicher bleiben. Ich betrachte als solche Stücke zum Theil die Geschichte der ersten Secession (p. 47. 63 ff.) des Sp. Cassius (p. 84) und durchaus die des zweiten Decemvirats (p. 141 ff).

Kap. 2. Die ältere Quelle.

§. 1. Aeussere Züge und Inhalt.

Die älteste Quelle des Liv. ist aus zwei zunächst in der Form ganz verschiedenen Bestandtheilen zusammengesetzt, ganz kurzen annalistischen Notizen und sehr lebendigen verhältnissmässig ausführlichen Erzählungen (p. 51).

Eine solche Zusammenstellung ganz verschieden gestalteter Ueberlieferungen ist bekanntlich in unseren mittelalterlichen Quellen keine Seltenheit. Dass hier eine Analogie dieser Bildungen vorliegt und dass wir bei ihnen die kurzen Notizen auf ältere Annalen zurückzuführen haben, ist längst anerkannt.[1]

Schwieriger ist die Frage, wie weit wir in unsrer heutigen Ueberlieferung Reste dieser Art zu erkennen vermögen und anzuerkennen haben.

Dionys, dem die Kürze der älteren Annalisten als ihr grösster Mangel erschien, hat natürlich gar keine solche Stücke aufgenommen, d. h. er hat die älteren Annalisten überhaupt nicht, aber auch die jüngeren nur so weit benutzt, als sie sich von diesen Stücken ganz fern hielten.

Das hat nun, wie ich nachzuweisen versucht (p. 109 ff.), Licinius keineswegs überall gethan, in seiner Geschichte der *rogatio Terentilia* vielmehr die annalistischen Notizen der älteren Quelle in all ihrer ursprünglichen Knappheit mit aufgenommen.

Dadurch kommt es, dass wir für eine Zusammenstellung derselben nicht nur auf die unmittelbar älteren Stücke des Liv. beschränkt sind, sondern einige noch aus seinen Licinianischen Partien hinzufügen können.

[1] z. B. Schwegler. B. 1, 6. B. 19, 1.

So ergiebt sich zunächst folgender Bestand:

2, 19: T. Aebutio, C. Veturio css. „Fidenae obsessae Crustumeria capta. Praeneste ab Latinis ad Romanos descivit."

2, 21 A. Sempronio M. Minucio css. „aedes Saturno dedicata. Saturnalia institutus festus dies."

Ap. Claudio P. Servilio css. „Romae tribus una et viginti factae. aedes Mercuri dedicata est id. Mai."

2, 33 Sp. Cassio et Post. Cominio css. „cum Latinis populis foedus ictum."

2, 40. T. Siccio[1]) C. Aquilio css. „Hernici devicti cum Volscis aequo Marte discessum.

2, 41. Sp. Cassio et Proc. Verginio css. „cum Hernicis foedus ictum, agri partes duae ademtae."

3, 31 M. Valerio Sp. Verginio css. „domi forisque otium fuit. annona propter aquarum intemperiem laboratum est. de Aventino publicando lata lex est. tribuni idem refecti."

Ueberschaut man diese, wie wir wohl behaupten dürfen, unzweifelhaft sichern Reste einer alten Annalistik, so fällt zunächst auf, was schon oben gegen Rubino erinnert ward. Sie umfassen sowohl die äussere wie die innere Geschichte, Krieg und Bündnisse, Tempelweihen und Gesetze. Dann aber drängt sich die andere Beobachtung auf, dass unter diesen Notizen die Angabe gerade der nach der sonstigen Darstellung für die Verfassung wichtigsten Thatsachen fehlt.

Hat die ältere Quelle solche nicht vorgefunden oder weggelassen?

Wenn wir auch bei der Beschaffenheit unseres Materials auf eine vollständige Beantwortung dieser Frage von vornherein verzichten werden, so werden wir doch versuchen dürfen, ihr bis zu einem Punkte nahe zu kommen.

Dass Valerius die annalistischen Notizen der älteren Quelle erweiterte und ausführte, davon haben wir das schlagendste Beispiel Liv. 2, 21 u. 27, dort die einfache annalistische Notiz über die Dedication des Mercurtempels, hier aus Valerius dieselbe Thatsache in einer Erzählung, wonach das Volk bei der Uneinigkeit der Consuln den ehrenvollen Auftrag dem Centurio Lätorius übertrug[2]). Ein zweiter Fall ist die Geschichte der

---

[1]) Mommsen R. F. I, p. 109 und 111.

[2]) Mommsen Hermes V p. 230 A. 3 hat auch auf dieses Verhältniss

lex de Aventino publicando, die aus der kurzen Angabe bei Liv.
bei Valerius-Dion. 10, 31 f. zu einer ausführlichen Erzählung
geworden ist.

Allerdings ist es nicht möglich, noch andere Fälle aus Valerius danebenzustellen, da wir die Partien, in denen bei Liv.
die annalistischen Stücke uns 'unmittelbar erhalten sind nur in
der Licinianischen Erzählung des Dionys haben. Aber wir
dürfen folgende Detrachtung anstellen.
Die Vergleichung des Valerius- Plut. Poplicola mit Liv. —
der älteren Quelle und Dion.—Licinius ergab, dass Valerius sich
(p. 34 ff.) dort im Grossen und Ganzen wie im Detail der älteren
Quelle nur ausführend und Valerisirend anschloss und Licinius
nur diese beiden Darstellungen verschmolz.

Obgleich es Valerius gewiss darauf ankam z. B. die Zahl
der *leges Valeriae,* der sonstigen Maassregeln seines Helden, des
grössten seines Geschlechts, zu vermehren, so hat er dazu nur
Thatsachen von hier und dort aus der Erzählung der älteren
Quelle hierher zusammengetragen (p. 38 f.), neu ist nur eine
einzige *l. Valeria,* die *de multis* und das *lustrum.*

Nach dieser Analogie ist es überhaupt im Ganzen anzunehmen, dass — um so zu sagen — das Grundgerippe der
Thatsachen in seinen äusserlichsten Haltpunkten, durchaus nicht
im inneren Zusammenhang, bei ihm dasselbe blieb wie in der
älteren Erzählung. Thatsachen daher, welche wir wahrscheinlich oder gewiss nur in der Valerischen und Licinischen Erzählung
vor uns haben, wie z. B. die *l. Publilia* mögen wir mit ziem-
licher Sicherheit auch in der älteren Quelle voraussetzen; aber
dabei ist durchaus nicht gesagt, wie kurz oder lang diese gefasst war d. h. ob die betreffende Notiz unter ihren annalistischen oder unter den andern Stücken stand.

Können wir über den ganzen Bestand der älteren Quelle
nach dieser Seite hin und über das quantitative Verhältniss
ihrer annalistischen Angaben und Erzählungen uns kein ganz

---

aufmerksam [gemacht. Unzweifelhaft stammt daher auch die Nachricht
über die Dedication des Cerestempels Dion. 6, 94 ebenso aus einer annalistischen Notiz der älteren Quellen. Bei Livius fiel sie ans, sowohl in
der ältesten als der Valerischen Redaction, als er für die Geschichte der
Secession Valerius mit Licinius, dann diesen mit der ältesten Quelle vertauschte s. Mommsen a. O. p. 291 A. 1 und oben p. 63 ff.

sicheres Bild verschaffen, so ist es um so wichtiger festzustellen, wie in den unzweifelhaft ihr gehörigen Erzählungen die älteste Geschichte der Republik aufgefasst und dargestellt ward.

§. 2. Innerer Charakter.

Der Grundgedanke von dem die Erzählung ausgeht ist, dass das Consulat wesentlich der königlichen Gewalt gleich und nur durch die Theilung und Beschränkung auf eine jährliche Dauer von ihr verschieden gewesen sei. Desto näher lag die Gefahr einer Herstellung der Königsgewalt und zwar fand Brutus diese Gefahr, wie seine Maassregeln andeuten, hauptsächlich auf Seiten des Volks, nicht des Senats. Zunächst lässt er das Volk schwören *„neminem Romae passuros regnare"* und stellt ein engeres Verhältniss zum Senat durch die bekannte Ergänzung desselben *„primoribus equestris gradus lectis"* her. *„Id mirum"* fügt die Erzählung hinzu *„quantum profuit ad concordiam civitatis jungendosque patribus plebis animos"*. Ganz in demselben Sinne wird später erzählt, welche Maassregeln der Senat beim Anzug Porsennas getroffen, um des Volkes sicher zu bleiben *„non unquam alias tantus terror senatum invasit. — nec hostes modo timebant, sed suosmet ipsi cives, ne Romana plebs — receptis in urbem regibus — pacem acciperet etc."* Die ganze Ausführung schliesst 9 a. E. *„nec quisquam malis artibus postea tam popularis quam tum bene imperando universus senatus fuit"*. Und so tritt denn nach dem Tode des Tarquinius als des letzten seines Hauses diese Desorgniss in den Hintergrund und die Stellung des Senats verändert sich sofort: *„eo nuntio erecti patres erecta plebs, sed patribus nimis luxuriosa fuit ea laetitia: plebi, cui ad eum diem summa ope inservitum erat, injuriae a primoribus fieri coepere."* 21.

Damit werden wir aber sofort auf einen andern Grundzug der Erzählung geführt. Es ist der, dass die ältere Quelle sich durchaus als die beiden gegenüberstehenden Mächte innerhalb der Republik sofort nach Vertreibung der Könige nur Senat und Plebs denkt. Wie viel auch darüber gestritten ist, was der Ausdruck *patres* bedeute[1], so viel steht fest und wird von Niemand bezweifelt werden können, dass in der Erzählung

---

[1] Mommsen R. F. p. 228 A. 16.

vom Anfang der Republik bis zu Tarquinius Tod, aus der die eben angeführten Stellen, ebenso wie in der von Coriolan, vom 6ten und 7ten Consulat der Fabier 2, 44—50, so wie in der Geschichte von Cincinnatus Dictatur 3, 26 ff. Senat und *Plebs* als die beiden einander gegenüber stehenden Parteien bei Liv. erscheinen.

Allerdings steht eben so gewiss fest, dass die ältere Quelle die Nachricht 2, 1 gab, nach der *patres* die patricischen Senatoren im Gegensatz gegen die plebejischen bezeichnen muss, und man kann von hier aus also zurückschliessen, dass *patres* überhaupt die Patricier bezeichnet habe, sie selbst aber, diese Quelle, bezeichnet, soweit wir sie in Liv. übersehen, den ganzen Senat, mit allen seinen Mitgliedern, bald mit *senatus* bald mit *patres.*

Allerdings weiss diese Quelle, dass Attius Clausus „*magna comitatus clientium manu*" nach Rom kam und dort er und die Seinen allein eine ganze *tribus* bildeten 2, 16, dass die Fabier „*sex et trecenti milites, omnes patricii omnes unius gentis, quorum neminem ducem spenreres egregius quibuslibet temporibus senatus*" 2, 49, sie hat also das Material, um sich das Patriciat als einen grossen, kopfstarken und mächtigen Stand zu deuken, dem der Senat nur zum Theil gehört, dessenungeachtet liegt unzweifelhaft das ganze Gewicht ihrer Auffassung und Darstellung in dem Gegensatz zwischen Senat und Plebs. Es ist der Senat, der den Tarquiniern gegenüber die Plebs gewinnt, nach dem Tode des vertriebenen Königs sie zu unterdrücken nicht mehr Anstand nimmt, der Senat, der vor Coriolans Restaurationsplänen zurückschaudert, die Plebs, die sie zur höchsten Entrüstung treiben [1], der Senat, bei dem die Fabier die endliche Ausführung einer Assignation beantragen, aber nicht durchsetzen [2], die eben der *Plebs* zu Gute kommen soll.

Niebuhr namentlich hat hierin oder vielmehr in der Deutung der *patres* als Senat einen Irrthum des Liv. gesehen, von dem er abgekommen, „da er die Annalisten im Fortschritt seiner

---

[1] *Et senatui mimis atrox risa sententia est et plebem ira prope armavit* 35.

[2] *itaque principio anni (K. Fabius es.) censuit, priusquam quisquam agrariae legis auctor tribunus existeret, occuparent patres ipsi suum munus facere* etc. 49.

Arbeit vor sich haben musste und kennen lernte" (R. G. II.
p. 254). Giebt man aber zu, was sich uns für die betreffenden
Abschnitte und ihre gerade älteren Quellen ergeben hat und
betrachtet man, wie nicht der äussere Sprachgebrauch sondern
die ganze innere Fassung der Erzählung durch den Gegensatz
von Senat und Plebs bedingt ist, so wird man nicht umhin
können, gerade hierin auch die ältere Quelle und ihre Anschauungen zu erkennen. Und in der That muss dies auch als das
Natürliche und Wahrscheinliche erscheinen. Ein Schriftsteller
des 6ten Jahrhunderts konnte sich aus diesem Gegensatz, der
seiner Zeit unzweifelhaft die Verfassung beherrschte, am einfachsten die Kämpfe der jungen Republik erklären. Dass die
grossen Umrisse der alten Geschlechtersagen, die er vorfand
und in die kurzen Annalen einschob, mit einer solchen Auffassung keineswegs ganz stimmten, erkennen wir, meine ich,
noch heute, aber es war doch die nächstliegende Fassung, um
in diese gewaltigen Fragmente einer viel älteren Ueberlieferung
einen ansprechenden Zusammenhang zu bringen.

Dabei kam es nun allerdings anderer Seits auf die Vorstellung an, welche der Darsteller sich von der Plebs und ihrer
Entwicklung machte. Seiner Zeit eben entsprach factisch die
Plebs wesentlich der Bürgerschaft im Gegensatz zu dem Senat, sie bildete in so colossalem Uebergewicht die Majorität
derselben, dass die Reste des patricischen Adels vollkommen
verschwanden. Sie war zugleich das einzige oder fast einzige
Material der Legionsinfanterie und der Comitien. In den letzteren stand sie unzweifelhaft souverän dem Senat gegenüber.

Sehen wir nun unseren Erzähler an, so fanden wir schon
oben, dass in den einleitenden Abschnitten die *plebs* dem Senat
gegenüber als dem Königthum geneigt erscheint, vom Senat und
für den Senat d. h. für die Republik erst zu gewinnen. So
bleibt die Auffassung bis Liv. 2, 21, wo eben der Tod des Tarquinius dem Senat freie Hand giebt, diese Rücksichten fallen zu
lassen. Gerade hier nun aber begannen in Liv. alter Quelle
eine Reihe annalistischer Notizen, die offenbar Thatsachen von
der höchsten Wichtigkeit, die Erweiterung der tribus, eine
Reihe Tempelweihen, die Bündnisse mit den Latinern und Ller-
nikern eben in einer Einsilbigkeit meldeten, welche Liv. Quelle
aufzulösen und zu enträthseln entweder keine Lust oder keinen

Muth hatte. Nicht ganz so kurz, aber doch auch auffallend
kurz war dazwischen die erste Secession und die Entstehung
des Volkstribunats erzählt[1]. Der Darsteller hatte also von
seiner ersten verhältnissmässig breiten Entwicklung der ständischen Verhältnisse zu den späteren Zuständen nur den
schmalen Verbindungsweg sich bauen können, der aus jenen
Annalenstückchen und einer Geschichte der Secession bestand,
in der Agrippa's Rede den eigentlichen, immerhin etwas unklaren Kern bildete. Von dieser Zusammenstellung lässt sich
aber doch so viel mit Bestimmtheit sagen

1) Sie fand *a.* keine Angabe, dass die Secession durch die
Verschuldung der *plebs* veranlasst und wesentlich eine Auswanderung der Verschuldeten gewesen sei (s. oben p. 68)
dagegen aber *b.* die, dass in Folge schwerer Kriegsnoth zehn
Legionen im Felde gewesen und diese allein ausgewandert
seien (p. 76).

2) Ueber die durch Agrippa's Rede ermöglichten Schluss-
verhandlungen hat sie die ausserordentlich kurze Angabe *„agi
deinde de concordia eo·ptum concessumque in condiciones, ut plebi
sui magistratus essent sacrosancti, quibus auxilii latio adversus
consules esset, neve cui patrum capere eum magistratum liceret, ita
tribuni pl. creati duo“.* Dass diese Angabe und nicht mehr in
Liv. Quelle stand, wird man nicht bezweifeln, wenn man erwägt, dass Liv. an einem der wichtigsten Punkte der ganzen
Verfassungsgeschichte seine Vorlage nicht gekürzt haben wird.

Hatte die ältere Quelle nun die Geschichte der Plebs nur
in dieser knappen und ungenügenden Fassung bis zur Einsetzung des Tribunats führen können, so gab ihr die nach den
nächsten annalistischen Stücken eingefügte Coriolansage ein
Bild der älteren Verfassung so vollständig und lebendig wie es
bisher nur die Geschichte des Brutus und Valerius seit dem
Anfang der Republik geboten. Es ist nicht unwahrscheinlich,
dass vor allen dieser Grund bewog, die Sage gegen alle historische Glaubwürdigkeit (Schwegler 2 p. 379 A. 3) so dicht an

---

[1] Liv. 2, 32 beginnt (oben p. 64 f.) die ältere Quelle wahrscheinlich
etwas nach dem Anfange des Kap. Sie bleibt dann auch nach der Einsetzung des Tribunats Grundlage der Erzählung — dafür zeugen die
annalistischen Notizen — so dass Liv. an ihrer Hand von der Secession bis
zum Tode Coriolans jedenfalls erzählt.

die Secession hinanzuschieben. Wenn dies aber geschah und
der Process Coriolans in der Form, die wir bei Liv. finden, erzählt ward, so lag dieser Verknüpfung der überlieferten Thatsachen zugleich die Anschauung zu Grunde, dass die plebejischen Legionen auf dem *mons sacer* mehr als nur das Tribunat dem Senate abgetrotzt hätten. Mit Recht haben daher
Niebuhr und Schwegler ebd. p. 387 f. das Recht der Gerichtsbarkeit, wie es die Plebs hier ausübt, von der Secession her-
geleitet. Nur das ist hier dagegen zu bemerken, dass wir in
den Angaben der älteren Quelle keine Spur davon finden, dass
sie sich als Grund dieses Rechts ein *foedus* zwischen beiden
Ständen gedacht habe. Diese ganze Ausführung findet sich
nur bei Licinius-Dionys (oben p. 71).

Aber wie auch jene Quelle darüber dachte, von der Secession an erscheint die Plebs nicht nur durch das Tribunat
halbwegs gedeckt wie bei Dion., sondern im Besitz einer Gerichtsbarkeit und überhaupt einer verfassungsmässigen Stellung,
welche sie zum fast ebenbürtigen Gegner des Senats macht.

Die langsame Entwickelung, welche die Darstellung bei
Dionys den unterdrückten Stand von Concession zu Concession
gewinnen lässt, ist hier zum Theil jedenfalls anticipirt. Nach
dem Stück aus der Fabiussage ist der nächste erkennbare Rest
der älteren Ueberlieferung die Geschichte der *rogatio Terentilia*
(oben p. 100 ff.) und auch da erscheint die Plebs hier im schroffsten
Gegensatz gegen die spätere Darstellung (Dion. X) schon zu
selbständigen Versammlungen und Beschlüssen berechtigt.

Es ist sehr zu bedauern, dass wir nicht mit der hinreichen-
den Gewissheit erkennen können, ob und welch Gewicht diese
Darstellung auf die *lex Publilia* legte.

Unzweifelhaft gab sie, wenn sie sie überhaupt erwähnte,
ihren Inhalt in jener einfacheren Form „*ut plebei magistratus
tributis comitiis fierent*“ Liv. 2, 56. Sie entspricht in ihrer
knappen Fassung der des früheren Gesetzes „*ut plebi sui magistratus essent sacrosancti, quibus auxilii latio adversus consules
esset, neve cui patrum capere eum magistratum liceret*“ aber die
Erzählung, in der sie bei Liv. erscheint, vor allem die oft erwähnte Schlussbetrachtung[1] scheint kaum der älteren Quelle

---

[1] *res major victoria suscepti certaminis quam usu: plus enim dignitatis*

11*

zuzuschreiben. Sie erinnert sehr lebhaft an die Ausführungen, die Valerius: Dion. X dem Senat, den Tribunen und ihren Comitien gegenüber in den Mund legt. Die ganze Erzählung erinnert in ihrer halbklaren Fassung, die Mommsen (R. F. p. 186 A. 17) zu halten versucht, an die späteren Quellen, so dass uns die Vermuthung weit näher liegt, die ältere habe hier Namen und Inhalt des Gesetzes so einfach gegeben wie die *l. sacrata* Liv. 2, 33, und die Erzählung und Betrachtung bei Liv. gehöre eben nur seinen jüngeren Gewährsmännern an.

Viel klarer ist, wie wir oben p. 100 ff. ausgeführt haben, die ältere Quelle in der Geschichte der *rogatio Terentilia* zu erkennen und giebt man dies zu, so zeigt sich bei ihr ganz besonders deutlich, eine wie hohe Vorstellung diese Ueberlieferung von der damaligen Stellung der Plebs und ihren politischen Ansprüchen hatte. Es handelte sich nach ihr damals schon um ihre unmittelbare Betheiligung an der höchsten Gewalt, sie setzte wirklich diese Ansprüche durch und das zweite Decemvirat war diese neue von der Plebs geforderte Verfassung, bei der die höchste Gewalt zwischen beiden Ständen getheilt, Tribunat und Provocation abgeschafft waren.

Ich weiss nicht, wie weit diese Auffassung der älteren Ueberlieferung Zustimmung finden wird, obwohl ich sie a. O. weiter noch und eingehender als Niebuhr und Schwegler aufzudecken gesucht habe. Mir steht sie unzweifelhaft fest. Eine Erzählung, welche schon Coriolan gegenüber die Plebs so darstellte, wie wir eben sahen, konnte und musste Pläne wie die angeführten und Erfolge, wie die hier anerkannten, als durchaus natürlich, um nicht zu sagen selbstverständlich auffassen.

Ob diese Auffassung des Decemvirats und der ganzen vorhergehenden Entwicklung der wirklichen Geschichte entsprach, ist eine ganz andere Frage, die hier zunächst unerörtert bleiben kann.

Wie diese Quelle den Sturz der Decemvirn erzählte wissen wir nicht, da Liv. und Dion. hier beide aus einer und derselben jüngeren Quelle schöpften. Ueber die Valerisch-Horatische Gesetzgebung dagegen ist Dion. deshalb so einsilbig, weil die Reihe von Gesetzen, die Liv. hier giebt, nicht zu seiner Vorgeschichte des Decemvirats stimmt. Er kehrt hier eben zu

---

comitiis ipsis detractum est patribus e concilio summovendis quam virium aut plebi additum est aut demptum patribus.

der Quelle seines 10. Buchs, Valerius, zurück und die bei Liv.
vorhandenen Gesetze und Betrachtungen entnahm seine Quelle,
Licinius, nicht Valerius, sondern der älteren Quelle.

Die Differenz beider Darstellungen und die dritte, die sich
kritisch zwischen sie stellt, tritt in der Ausführung zu Tage:
*et cum religione inviolatos eos (trib.) tum lege etiam fecerunt
sanciendo, ut qui tribunis pl. aedilibus judicibus decemviris nocuisset,
ejus caput Jovi sacrum esset etc.* Hac lege juris interpretes ne-
gant quemquam sacrosanctum esse — — tribunos velere jure ju-
rando plebis, cum primum eam potestatem crearit, sacrosanctos
esse.* Da dieses *jus jurandum* in der älteren Quelle nicht erwähnt wird, so war sie es, die von dieser l. Valeria Horatia wie von einem neuen Anfang die Unverletzlichkeit des
Tribunats datirte und gegen welche die dritte Darstellung nach
Vorgang der *juris interpretes* polemisirte, ohne doch, wie die
zweite die *lex* selbst durch einen ganz allgemein gehaltenen
Ausdruck zu vertuschen.

Damit erhellt aber auch, dass die ältere Quelle die *leges
Valeriae Horatiae* gleichsam als eine zweite Gründung der
Republik betrachtete.

Die Geschichte der folgenden Jahre ist bei Liv. und Dion.
ganz entschieden aus den jüngeren Quellen genommen (s. oben
p. 150 ff.). Da Dion. 11, 62 ausdrücklich sagt, für das Jahr 310
fänden sich in einigen Annalen nur die Consuln, in andern nur
die Kriegstribunen, in wenigen nur beide Magistrate, aber aus
diesen letzteren die urkundlichen Belege für die Consulnamen
anführt, so müssen in der älteren Quelle nur die Tribunen oder
die Consuln gestanden haben, denn die Combination beider
Magistrate auf Grund der Urkunden stammt nach Liv. aus
Licinius.

Zu den Bedenken, welche Mommsen Chronol. A. 2 p. 93 gegen
die Consulnamen vorbringt, kommt seine neuere Ausführung
Hermes V p. 271 f., wonach überhaupt und so auch hier „der
einzige Diodor die Fassung der älteren Schriftsteller bewahrt
hat". Er hat nur die Namen der Kriegstribunen.

Dass die Einrichtung der Censur in dem Jahr und in der
Weise, wie sie Liv. 4, 7 und Dion. 12, 6 erzählt wird, nicht
der älteren Quelle angehört, hat Mommsen bewiesen. Ob die
l. Canuleia von der älteren Quelle überhaupt erwähnt ward,

ist bei der Beschaffenheit des uns vorliegenden Materials nicht
zu erweisen, nach dem oben p. 152 Gesagten ist eine ganz kurze
Ausführung derselben nicht unwahrscheinlich.

Kap. 2. Die jüngere Quelle.

§. 1. Der äussere und innere Charakter derselben.

Es wird zweckmässig sein, auf die oben gegebene allgemeine Charakteristik der älteren Quelle die derjenigen folgen
zu lassen, die wir mit dem Namen des Valerius Antias zu bezeichnen, uns vollkommen berechtigt halten.

Was ihre äussere Fassung betrifft, so fehlen in ihr jene
annalistischen Stücke, welche die ältere so eigenthümlich durchsetzen, ganz und gar. Sie giebt eine fortlaufende, lebhaft ge-
färbte Erzählung, in der eben jene kurzen Notizen breit aus
einander gelegt und auf das Engste mit dem Verlauf der
anderen Darstellung verwebt sind.

Sie hat keine Jahresanfänge und weniger cognomina als
die jüngste, dagegen eine grosse Neigung für detaillirte Zahlenangaben der Heere und ihrer Verluste[1].

Wo wir ihre Erzählung mit den ausführlicheren Stücken
der älteren Darstellung vergleichen können, hat sie gerade
die eigenthümlichsten Züge der letzteren häufig verflacht, wie
z. B. bei dem Eid der Legionen des M. Fabius, bei dem Ueberfall des Kapitols durch Herdonius in der Geschichte der Dictatur des Cincinnatus.

Was sie dagegen an solchen Stellen neu hinzutbut, sind
zum Theil geschmacklose Uebertreibungen, wie das Menschenopfer der Vitellier oder das Complot der Tribunen (s. oben
pag. 36. 118).

---

[1] s. oben pag. 67 f. dass die Angabe der *signa* nicht auf Valerius zurückzuführen sei, hat Friedersdorff, Livius et Polybius p. 59 aus Liv. 26,
47 gegen meine Behauptung zu beweisen geglaubt. Gerade diese Stelle
spricht für mich. Liv. a. O. erwähnt „*scorpionum — ingens numerus* und
74 *signa*, aber ebd. 49, wo er nochmals auf die Beuteangaben zurückkommt, bemerkt er „*scorpiones — ad sexaginta captos scripserim, si —
sequar Silenum, si Valerium Antiatem majorum scorpionum VI, minorum
XIII milia: adeo nullus mentiendi modus est.* Entspricht nun der „*ingens
numerus*" mehr der Angabe Silens oder der des Antias? Ich meine der
letzteren und also stammen auch die *signa* gerade hier aus Valerius.

Ueberall ist sie bemüht, Mitglieder des Valerischen Geschlechts und zwar Männer wie Frauen [1]) als betheiligt an den grossen Ereignissen der Republik hinzustellen. Dieser Neigung namentlich geht sie in breiten rednerischen Debatten mit besonderem Behagen nach. Viel grösser aber als diese äusseren Unterschiede zwischen den beiden Darstellungen sind die inneren. Nicht als ob das ganze äusserliche Gerippe der Facta ein wesentlich anderes wäre.

Wir mussten vielmehr schon oben erwähnen, dass sie wesentlich nur dieselben Gesetze beizubringen weiss, wie ihr Vorgänger, selbst da, wo es ihr offenbar auf ein reicheres Material ankam. Nur die beiden Gesetze über die Mulcten, die Valeria und Aternia Tarpeja hat sie und nur sie allein [1]).

Desto mehr aber ist der Grundgedanke ihrer ganzen Darstellung von dem der älteren Quelle verschieden. Sie geht von der Annahme aus, dass Patricier und Plebejer sich gegenüber stehen wie Reiche und Arme. Schon in der Valerischen Geschichte des Poplicola kommen Spuren dieser Auffassung vor [8]), in den späteren Partien, wo wir diese Quelle bei Liv. [4]) oder Dion. rein erhalten haben, tritt sie überall zu Tage. Mit Einem Worte, die Definition, die Dion. 2, 8 f. von der Plebs gegeben wird als dem Stand „τῶν ἀσήμων καὶ ταπεινῶν καὶ ἀπόρων“ ist auch hier die durchstehende. Damit hängt es nun aber zusammen, dass in dieser Auffassung der Gegensatz zwischen Senat und Plebs, der die ältere Darstellung beherrscht, zurücktritt hinter dem der Patricier und Plebejer, patres bedeutet auch bei Liv. in diesen Valerischen Partien ebensowohl die Patricier als den Senat [5]).

Man hat nun jene Auffassung der Plebs als des armen Pöbels stets als eine Verkehrtheit nicht dieser Römischen

---

[1]) s. oben p. 132.

[2]) s. oben p. 134.

[3]) Plut. Popl. 11 ἐβοήθεαι τοῖς πένησι κ. τ. λ.

[4]) Liv. 2, 23 maxime propter nexos ob aes alienum 27: qui ante nexi fuerant creditoribus tradebantur et nectebantur alii.

[5]) 2, 42: tenuere patres ut — Fab. ca. crearetur. ebd. uno animo patres et plebs rebellantes Volscos — eicere. ebd.: acerrimi patribus duces — cas. fuere. ea igitur para reipublicae vicit — M. Fab. et — L. Valerium cas. dedit. So schon 20: omnis nobilium fnctio.

Quelle, sondern des Dionys betrachtet [1]), dem steht doch aber
eben der Umstand entgegen, 1) dass in den betreffenden Partien des Liv. unzweifelhaft dieselbe Anschauung vorwaltet und
2) dass die ganze Dedeutung des Valerischen Geschlechts in
dieser Darstellung wesentlich auf dem Bemühen beruht, diesem
armen und hülflosen Demos Hülfe zu verschaffen.

Kann es eben nicht zweifelhaft sein, dass diese Schilderung des Valerischen Geschlechts als des Patrons der Plebs,
wesentlich dem Römischen Annalisten dieses Namens angehört,
sowohl bei Liv. als Dion., so ist es doch fast unverständlich,
wie der griechische Bearbeiter alle diese Personalien seiner
Römischen Quelle entlehnt, die sonstige Darstellung aber nach
seiner Erfindung durcheinander oder ganz neu gebildet haben
sollte.

Allerdings hat Schwegler die Anschauung des Dionys dadurch zu erklären gesucht, „dass die wirthschaftliche Verschuldung der Plebs in den ersten Jahren der Republik — eine so
tief eingreifende Rolle spielte. Als Schuldner und Gläubiger
stehen sich in dieser Zeit" sagt er 2 p. 18 „immer Plebejer
und Patricier gegenüber. Hieraus schloss Dion. jene seien die
Armen, diese die Reichen gewesen."

Aber gerade auch diese Anschauung von der wirthschaftlichen Verschuldung der Plebs ist, wie ich nachgewiesen zu
haben glaube (oben p. 47) so eng mit den Valerischen Notizen
und Personalien unserer Darstellung verknüpft und fehlte der
älteren Ueberlieferung, dass sie nur auf Valerius Antias zurück-
geleitet werden kann. Dazu kommt, dass wir trotz aller jener
Schiderungen von der Schuldnoth und der daraus entstehenden
Bewegungen, die dann auf einmal verschwunden, von keiner
einzigen grossen Maassregel, keiner lex hören, die Abhülfe ge-
schafft habe d. h. also, dass in der älteren Quelle Nichts von
einer solchen stand [2]). Ja die die wunderliche Ansicht, das

---

[1]) Schwegler 19, 6 p. 16 f.
[2]) Schwegler 2 p. 259: Die meisten Schriftsteller geben als die einzige
Hedingung, auf welche hin der Friede — zu Stande gekommen, das Zugeständniss des Tribunats an. Liv. z. B. weiss von keiner anderen Bedingung. — Es hat sich jedoch die Kunde des wirklichen Sachverhalts nicht
verloren. Mehrfach wird berichtet, dass der Plebs ein Schuldenerlass be-
willigt worden sei. Dieser Schuldenerlass war es ohne Zweifel, was bei

connubium sei erst durch die zwölf Tafeln zwischen beiden
Ständen aufgehoben, die sich bekanntlich bei Cicero *de rep.* 2,
37 und Liv. 4, 4 ebenso wie bei Dionys findet, erklärt sich
doch nur aus der Voraussetzung, dass die ursprüngliche Tren-
nung nicht auf rechtlichen, sondern auf rein wirthschaftlichen
Unterschieden beruht habe.

Mit dieser Auffassung der Plebs, die man allein auf Dionys
zurückzuführen suchte, findet sich in der hier zu behandelnden
Quelle eine Gliederung des Patriciats eng verschmolzen, deren
Römischen Ursprung allerdings Niemand anzweifeln konnte, da
sie bei Liv. ganz eben so scharf und bestimmt wie bei Dion.
in den betreffenden Partien hervortritt.

Es ist dies die Scheidung der *patricii* in die *seniores* und
juniores [1]) oder die *juventus* [2]) oder *juventus nobilis* [3]) oder *ado-
lescentis nobiles* [4]). Sie findet sich auch in Dionys zehntem
Buch, abgesehen von allen übrigen Stellen (16, 8 f. 29, 31, 33,
35) sehr häufig.

Diese Scheidung fällt zusammen mit der zwischen den
consulares und den noch nicht zu den höheren Aemtern vor-
geschrittenen [5]).

___

dem Friedensschluss den Ausschlag gab; wenn in der Regel nur des Tribunats Erwähnung geschieht, so hat dies darin seinen Grund, dass der
Schuldenerlass ein Zugeständniss von vorübergehender Wirkung war, während die Einsetzung des Tribunats sich — als eine Maassregel von der
grössten Tragweite erwies.

[1]) 2, 28. 30. 53.

[2]) 2. 54.

[3]) ebd. 3, 41. Diese Stelle des dritten Buchs gehört allerdings unsrer
Ansicht nach der dritten Quelle und nicht Valerius unmittelbar an. Die
gesammten Stellen hat Schwegler 27. 6 zusammengestellt und besprochen.
Es kam hier nur darauf an, die verschiedenen Ausdrücke zu belegen.

[4]) 2, 56

[5]) Liv. 2, 44: *patres et universi — tribunos appellare, et consulares —
partim gratia partim auctoritate obtinuere etc.* Auf die Stelle 2, 54:
(*juniores patrum*) *monent (rei) honoribus et administratione reipublicae ab-
stineant*, hat schon Schwegler in diesem Sinne hingewiesen. Dieser Unterschied liegt auch wol in Dion. 10, 86: δεήσει τῶν πρεσβυτάτων καὶ ἐπι-
μοτάτων zu Grunde. Bestimmt unterscheidet auch er die „πρεσβύτεροι
τῶν ὑπατικῶν" und die „ὑπατικοί" überhaupt von den „νεώτατοι" 7,
47 und ebenso entsprechen die „*multi ex consularibus*" Liv. 3, 40 den
πρωτεύοντες τοῦ συνεδρίου Dion. 11, 15. Aber diese und andere Stellen
gehören nicht den unmittelbar Valerischen Stücken an.

Sowohl bei Liv. als bei Dion. erscheint die Besonnenheit
der *seniores*, der leidenschaftliche Stolz und Uebermuth der
juniores als ein für den Gang der grossen Debatten überaus
wichtiges Element.

Vergleicht man diese Züge der zweiten Quelle im Grossen
und Ganzen mit dem Bilde, wie es die erste giebt, so folgt
schon von selbst, dass die Entwickelung der plebejischen
Standesrechte eine von jener Erzählung wesentlich abweichende
sein wird.

Dort erscheint die Plebs seit dem Tode des Tarquinius Superbus als eine Macht, die, von keiner wirthschaftlichen Noth
gedrückt, den politischen Kampf, zu dem der Senat sie heraus-
fordert, sofort aufnimmt. Sie gewinnt im Verlauf desselben
schon durch die erste Secession eine auffallend feste Stellung
und geht dann aus dieser Stellung zu dem Versuche vor, sich
einen Antheil an der höchsten Magistratur zu erkämpfen, was
ihr im zweiten Decemvirat wirklich gelingt.

Hier dagegen treffen wir sie schon vor Tarquinius Tod finanziell
gedrückt, eben als die Masse der Armen der Macht des Patriciats gegenüber. Dieser verkommende und gedrückte
Demos wird kaum durch eigene Kraft und Leidenschaft,
sondern hauptsächlich durch die Künste ehrgeiziger Demagogen
fortgerissen, welche erst das Tribunat erkämpfen und dann in
ihm die Hauptwaffe zum Angriff gegen die bestehende Verfassung erkennen und benutzen. Eben hierin findet das Räthsel
seine Lösung, wie diese „Armen" immer von Neuem dazu
kommen, Forderungen zu stellen, zum Theil durchzusetzen, zu
welchen sie verfassungsmässig nicht berechtigt waren.

Die demagogischen Künste der Tribunen, die auch Liv.
in den betreffenden Stücken ausdrücklich urgirt[1]) treten in den
Valerischen Stücken des Dion. d. h. im zehnten Buch namentlich noch viel klarer hervor[2])

---

[1]) 2, 42: *sollicitati — dulcedine agrariae legis animi plebis. Tribuni
plebi popularem potestatem populari lege celebrabant* und 52: *tribuni plebem
agitare suo veneno, agraria lege.*

[2]) So namentlich die ausführliche Erzählung 10, 9 ff. über die von den
Tribunen erdichteten Schriftstücke und Anklagen, die Ausdrücke τὴν πο-
λιτικὴν πάλιν ἀνεῤῥίπτουν οἱ δήμαρχοι στάσιν" ebd. 17, od.: „ἡ πολιτικὴ

Die gedrückte, immer wieder zur Passivität geneigte Plebs
und diese verschlagenen und dreisten Demagogen auf der einen,
die besonnenen älteren und die unbesonnenen, übermüthigen
jüngeren Mitglieder des Patricials auf der anderen Seite, das
sind die vier Factoren, durch welche in dieser Darstellung die
Entwickelung der plebejischen Freiheiten, nicht wie in der alten
Quelle in gerader Richtung, sondern langsam, schwankend sich
vollzieht.

Dass diese Darstellung nicht allein oder nur überwiegend
die Erfindung des Dionys, erhellt schon daraus, dass sowol
bei Liv. als Dionys die vermittelnde und versöhnende Rolle in
diesem Ringen verschiedener Interessen und Kräfte den Valeriern übertragen ward. Bei der ersten Secession, deren
Hauptstück bei Liv. 2, 31 f. und der Geschichte der *rogatio*
Terentilia, die wir bei Dion. nur auf diese Quelle zurückführen,
erscheinen Valerier als die Träger einer ausgleichenden und
volksfreundlichen Politik, welche vor den Gefahren einer zu
hartnäckigen aristokratischen Haltung immer von Neuem
warnen und die Parteien mit oder ohne Erfolg von extremen
Maassregeln zurückhalten.

Man hat allerdings immer von Neuem die grosse Masse
der Reden bei Dionys und also den grösseren Theil seiner Darstellung auf seine rhetorische Erfindung zurückzuführen gesucht,
aber da nachweisslich Dionys die jüngeren Annalisten ihrer
Ausführlichkeit wegen vorzog, bei ihnen gerade zahlreiche
Reden fand und da ebenso deutliche Spuren vorliegen, dass
auch Liv. in seinen jüngeren Quellen dieselben Namen von
Rednern und Reden desselben Inhalts fand wie Dion., so wird
man zu der Annahme gedrängt, dass die ganze Geschichte
dieser Verhandlungen mit den beiden gemeinsamen Zügen, dem
überwiegend Valerischen Charakter, der bedeutenden Breite der
Debatten, aus eben jener Valerischen Quelle stammt.

§. 2. Die Sallustischen Anschauungen der jüngeren Quelle.

Da tritt nun allerdings die Frage an uns heran, woher
eine solche Darstellung jener älteren gegenüber ihre Berechti-

gung nahm. Ein irgend bedeutender Zuwachs an einzelnen
factis liegt nicht vor, mit Ausnahme etwa der *l. Valeria* und
l. Aternia Tarpeja de multis: obwohl Alles sich hier im Anfang
um die Schuldverhältnisse dreht, wird doch Name und Inhalt einer *l. feneraria* nicht erwähnt. Aber der Sinn und Gang
der ganzen Bewegung ist innerlich verändert, wie wir oben
ausführten: 1) man muss sagen, dass die äusserliche Veränderung der Darstellung, gerade im Rückblick auf die ältere
Quelle, Verdacht erregen kann. In jener waren Stücke ganz
verschiedener Fassung, die annalistischen und die sagenhaften,
einfach an einander geschweisst: schon diese Thatsache legte
die Ansicht nahe, dass ihr Verfasser sein verschieden geartetes
älteres Material, ohne viel Redactionskünste, hier möglichst unbefangen wiedergegeben. Eine Erzählung, die zwischen die
ganz kurzen Angaben über die Bündnisse des Sp. Cassius die
ausführliche Coriolansage so einschiebt oder stehen lässt, wie
das Liv. 2, 33 ff. der Fall[1]), macht den untilgbaren Eindruck
naiver Unbefangenheit in der Quellenbenutzung.

Dagegen treffen wir hier alle diese Nähte und Spalten des
ursprünglichen Mosaiks in der zweiten Quelle so vollständig getilgt und verschmiert, dass die Arbeit einer jüngeren Hand gar
nicht verkannt werden kann.

Aber freilich, immerhin könnte doch dieser jüngere nicht
Valerius Antias sein, denn entweder hätte der Historiker dieses
Namens seine Darstellung einer etwas älteren Valerischen
Quelle entlehnen können oder aber zwischen ihm und Dionys
und Liv. läge auch hier ein Zwischenglied wie wir es für
Dion. B. 5—9 und Liv. B. 3 im Ganzen annehmen.

Bei einer genaueren Betrachtung scheint sich indessen
zweifellos herauszustellen, 1) dass der eigentliche Autor dieser
Fassung nur Valerius sein kann und zwar weil 2) diese ganze
Erzählung auf die Parteiverhältnisse seiner Zeit unmittelbar
berechnet und nach ihrer Analogie zugeschnitten ist.

Valerius Antias wird von Vellejus ein Zeitgenosse Sisennas
genannt, das jüngste aus seinen Annalen bekannte Ereigniss ist
der Tod des Redners Crassus[2]). Da Sisenna sein Werk bis

---

1) s. oben p. 57.
2) Schwegler 2, 11. *Mercklin: De tralaticio Varronis scribendi genere*
p. 7. Peter *Histor. Rom. rell.* p. CCCV.

auf Sullas Tod führte, werden wir auch ihn noch nach Sulla
thätig zu denken haben und für die Beurtheilung seiner ganzen
Darstellung werden die Verhältnisse kurz vor und nach Sullas
Tod in Betracht kommen.

Zunächst fällt da sofort in die Augen, dass damals allerdings einige Mitglieder des Valerischen Geschlechts gerade eine
solche Stellung einnahmen oder einnehmen wollten, wie sie
nach seiner Darstellung der ältesten Republik ihre Ahnen behauptet hatten. L. Valerius Flaccus Altcensor und *princeps senatus* war es, der nach Beendigung des Mithridatischen Kriegs
die Anknüpfung von Verhandlungen mit Sulla befürwortete[1],
Cicero nennt ihn mit L. Philippus und Q. Mucius als Reprä-
sentanten derjenigen Richtung, die unter Cinnas Gewaltherrschaft an einer friedlichen Ausgleichung nicht verzweifelten[2].

Nach Beendigung des Bürgerkrieges war es eben Flaccus,
an den als *interrex* Sulla ein Schreiben mit dem Vorschlag
richtete, für die Ordnung der Verfassung einen Dictator zu ernennen und der dann die Rogation an die Comitien brachte und
nachdem die *lex Valeria de dictatore creando* durchgegangen,
von Sulla zum *magister equitum* ernannt wurde.

Diese kurzen Notizen über die politische Stellung des
Flaccus zeigen uns genügend, wie nahe er Sulla stand und
welchen Werth jedenfalls dieser selbst auf seine Mitwirkung
oder den Schein seiner Mitwirkung legte. Denkt man sich unmittelbar in die furchtbar gespannte Stimmung jener Zeit hinein, so begreift man, dass nach Römischen Anschauungen die
Stellung dieses Valeriers die Erinnerung an die frühere Grösse
seines Hauses wachrufen und den literarischen Versuch nahe
legen musste, diese ganze Tradition in Verbindung mit der
Geschichte der Republik möglichst vollständig darzustellen.
Freilich verständlich ist ein solcher Wunsch nur dann, wenn
die Sullanische Neuordnung der Verfassung in den Augen
seines *magister equitum* nicht als eine Gewaltherrschaft, sondern
als eine, wie wir jetzt sagen würden, historisch berechtigte Restauration gesunder Institute und Principien erschien.

---

[1] Liv. ep. 83: *effectum est per L. Valerium Flaccum principem senatus, qui orationem in senatu habuit et per eos qui concordiae studebant, ut legati ad Sullam de pace mitterentur.*

[2] ad Att. 8, 3.

So ungenügend unsere Nachrichten über die Sullanische
Verfassung sind, so erkennen wir doch einige Punkte vollkommen deutlich: sie begründete die Herstellung der Aristokratie durch das Uebergewicht des Senats und die Abhängigkeit der Comitien vom Senat und eine Beschränkung des Tribunats auf das *jus auxilii ferendi* und ein an die Einwilligung
des Senats geknüpftes Verhandlungsrecht [1].

Für unsere Betrachtung ist vor allen hervorzuheben, dass
die Gegner der Sullanischen Politik sofort in der Beschränkung
des Tribunats den eigentlichen Kern der ganzen Restauration,
in seiner vollständigen Herstellung daher das Hauptziel ihrer
Bemühungen sahen. Gleich nach Sullas Tode ward diese Forderung laut und acht Jahre später bezeichnete Lutatius Catulus
sie als den obersten Satz des antisullanischen Programms, indem er zugleich hinzufügte, der eigentliche Grund der Bewegung sei die schlechte Rechtspflege von Seiten des Senats [2]

Die Erzählung von den Kämpfen der Plebs bis zum De-
cemviral, soweit wir sie bei Liv. und Dion. der Valerischen
Quelle zuschreiben, ist wie gemacht um zu beweisen, dass das
Tribunat von Anfang an, auch mit den geringsten Machtmitteln,
dem einfachen Recht der *auxilii latio*, einer starken und mächtigen Aristokratie gegenüber ein gefährliches Werkzeug ver-
schlagener und ehrgeiziger Demagogen werden müsse. Ja die
ganze Darstellung geht seit der Einrichtung des Tribunats von
der Vorstellung aus, dass diese Gewalt sich nur dadurch immer
weiter als eine bestimmende für die Verfassung entwickelt habe,
weil der Druck einer hartherzigen und rücksichtslosen Senatspolitik die sonst schüchterne und zaghafte Plebs immer von
Neuem den Anreizungen der Tribunen und ihren demagogischen
Plänen zugänglich gemacht.

Mit Einem Worte: diese Darstellung entspricht Zug für
Zug dem Zweck, die gefährlichen Seiten des Tribunats darzu-

---

[1] *Cic. de leg.* 3, 9 (*Sulla*) *tribb. pl. sua l ge injuriae faciendae potestatem ademit, auxilii ferendi reliquit* und Mommsen R. G. II (4 ed.) p. 356 A.

[2] *Cic. Verr.* 1, 15 „*Cn. Pompejo — de tribunicia potestate referente,
quum esset sententiam rogatus, hoc initio est summa cum auctoritate usus,
patres conscriptos judicia male et flagitiose tueri: quodsi in rebus judican-
dis p. R. existimationi satis facere voluissent, non tanto opere homines
fuisse tribuniciam potestatem desideraturos.*

legen und vor einer Politik zu warnen, die die untere Bürgerschaft dazu brachte, in diesem Amt ihre einzige Rettung
zu sehen. Dieser Grundzug der betreffenden Erzählung tritt uns aber
um so schlagender entgegen, wenn wir sie mit der älteren
Quelle vergleichen. Dort erscheint das Tribunat nicht als ein
schwaches aber gefährliches Werkzug einer schwachen und
unterdrückten Plebs, sondern gleich von seiner Entstehung an
in einer Stellung, dass diese Plebs selbst mit der energischen
Bewegung einer fast gleichberechtigten Macht unter seiner Leitung die Gleichstellung mit dem Patriciat ins Auge fasst.

Man wird jedenfalls zugeben, dass diese Auffassung für
einen Staatsmann der Sullanischen Schule zur Begründung
seiner Ansichten viel weniger geeignet erscheinen musste, als
jene. Und liegt nicht darin zugleich die Wahrscheinlichkeit,
dass diese ganze Grundanschauung nicht etwa dem Dionys oder
Livius, sondern eben einer Quelle gehört, die unter dem Einfluss der Sullanischen und nachsullanischen Parteikämpfe schrieb?

Um diese Wahrscheinlichkeit genauer abzuwägen, kommt
es darauf an, die Stellung und den Charakter dieser Parteien
genauer ins Auge zu fassen.

Unsere Quellen fliessen nicht so reichlich, dass gleich nach
Sullas Tode hier die betreffenden Gruppen scharf entgegen
träten. Aber es wird wol möglich sein, aus dem folgenden
Jahrzehnt und von seinem reicheren Material auf jene Periode
zurückzuschliessen.

Sallust schildert die Catilinas Plänen günstige Plebs *Cat.* 37
mit folgenden Worten: *Id adeo more suo videbatur facere. Nam
semper in civitate, quibus opes nullae sunt, bonis invident, malos
extollunt, vetera odere, nova exoptant, odio suarum rerum mutari
omnia student, turba ac seditionibus sine cura aluntur, quoniam
egestas facile habetur sine damno. Sed urbana plebs ea vero
praeceps erat multis de causis. Primum omnium qui ubique pro-
bro atque petulantia maxume praestabant, item alii per dedecora
patrimoniis amissis, postremo omnes quos flagitium aut facinus
domo expulerat, hi Romam sicut in sentinam confluxerant.* —
*Praeterea juventus, quae in agris manuum mercede inopiam to-
leraverat, privatis atque publicis largitionibus excita, urbanum
otium ingrato labori praetulerat, eos atque alios omnis malum*

publicum alebat. Quo minus mirandum est, homines egentes, malis moribus, maxima spe reipublicae justa ac sibi consuluisse."

Hier ist also eine Schilderung der nachsullanischen Plebs im Ganzen — *cuncta* heisst es *„plebs Catilinae incepta probabat* — die in dem Hauptzug, der Armuth und Neuerungsucht, genau dem Bilde entspricht, mit dem wir sie zu vergleichen haben.

In der Nobilität tritt bei demselben Schriftsteller in demselben Werk vor allen der Unterschied der jüngeren und älteren Männer in den Vordergrund. *Maxume,* heisst es *Cat.* 14 von Catilina *adulescentium familiaritates adpetebat* und ebd. 17 *„ceterum juventus pleraque sed maxume nobilium inceptis favebat"*; die Schilderung dieser *adulescentes,* ihre Geschichte, ihre Bedeutung für die Gestaltung der öffentlichen Verhältnisse beschäftigt ihn wiederholentlich.

Seit Sullas Asiatischen Kriegen schildert er den Verfall dieses jungen Adels ebd. 12 *„igitur ex divitiis juventutem luxuria atque avaritia cum superbia invasere; rapere, consumere, aliena cupere, pudorem, pudicitiam, — nihil pensi neque moderati habere.*

Eben diese *juventus maxume nobilium* stellt dann Catilina den älteren und besser situirten Theilen der Nobilität ebd. 20 in den Worten entgegen: *„viget aetas, animus valet, contra illis annis et divitiis omnia consenuere."*

Dass dieser Gegensatz aber nicht nur eine geschickte Wendung des Darstellers, dass er zu Catilinas Zeit thatsächlich vorhanden war und bei der Auffassung der allgemeinen Verhältnisse als maassgebend galt, erhellt unter andern aus der Scheidung, welche Q. Cicero für die Bewerbung ums Consulat seinem Bruder an die Hand giebt *„Etiam hoc"* heisst es *de pet. cons. 1: „multum videtur adjuvare posse novum hominem hominum nobilium voluntas et maxime consularium. Prodest quorum in locum ac numerum pervenire velis, ab iis ipsis illo loco ac numero dignum putari"* und dann: *„praeterea adolescentes nobiles elabora ut habeas vel ut teneas — multum dignitatis afferent".*

Der Gegensatz dieser beiden Schichten der Nobilität trat dann auch im Verlauf der Catilinarischen Verschwörung darin zu Tage, dass eben die Consularen alle für die Verurtheilung der Verschworenen stimmten [1], er war später von Wichtigkeit,

---

[1] *Sall. Cat.* 53 *Postquam Cato adsedit, consulares omnes itemque senatus magna pars sententiam ejus laudant. Cic. ad Att.* 12, 21.

als Cäsar, der für die Catilinarier allein den Consularen entgegengetreten, wieder von Gallien aus die „prodiga juventus[1],
um sich sammelte.

Für uns ist die Frage, ob und wie weit · dieser Unterschied schon in der Periode kurz vor und nach Sullas Tod
vorhanden war.

Sallust hat Cat. 11 ff., wie schon oben erwähnt, den Asiatischen Feldzug Sullas als den Anfang einer furchtbaren Sitten-
veränderung bezeichnet[2], und von der Rückkehr dieses Heeres
nach Italien jenen furchtbaren Geist zügelloser Genuss- und Hab-
sucht datirt[3]), als deren Opfer und Träger er vor allen die
juventus der siegreichen Klasse bezeichnet[4], „*rapere, consumere,
sua parvi pendere aliena cupere, pudorem, pudicitiam, divina atque humana promiscua; nihil pensi neque moderati habere.*" Er
schliesst die folgende grauenhafte Schilderung einer wüsten
Roture mit den Worten „*Haec juventutem, ubi familiares opes
defecerunt, ad facinora incendebant*". Damit stimmt es sehr wol
überein, dass wir aus den älteren Kreisen der Nobilität gerade
die Klage hören, durch die Hände dieser aristokratischen
Jugend würde die Senatsjustiz so übel und unverantwortlich
gehandhabt.

So bestimmt hier die *juventus* als der eigentliche Repräsentant einer wüsten aristokratischen Partei geschildert wird,
dieselbe, welche später als Catilinas Hauptverbündeter gegen
die älteren herrschenden Kreise erscheint, ebenso bestimmt

---

[1] S. Suet. Cäs. 27. So unterscheiden Plut. Caes. 31 und App. b. c. 2,
17 zwischen denen, die Cäsar bei den Bewerbungen unterstützte oder
unterstützen sollte und der grossen Zahl „τῶν ἐπιφανεστάτων ἀνδρῶν
καὶ μεγίστων" (Plut.) die sich neben jenen bei ihm in Luca einfanden. Dass
ein Theil dieser letztern unter Pompejus sich ihm näherte, war das Auffallende; aber die „*principes civitatis*" standen im Ganzen auch damals noch
Pompejus feindlich gegenüber.

[2] *Ibi primum insuevit exercitus p. R. amare, potare; signa, tabulas
— mirari, ea privatim ac publice rapere etc.*

[3] *Sed postquam Sulla, armis recepta republica, ex bonis initiis malos
eventus habuit, rapere omnes, trahere etc.* 11.

[4] *Igitur ex divitiis juventutem luxuria atque avaritia cum superbia
invasere* ebd. 12. Es sind dieselben Schichten, von denen Cic. Cat. 2, b
der Concio eine so lebhafte Schilderung entwirft.

datirt der Historiker die Spaltung in diesen Kreisen erst von
der Wiederherstellung des Tribunats.

„Ad hoc" so schliesst er die oben p. 175 f. angeführte Schilderung der Plebs *quicunque aliarum atque senatus partium erat,
conturbari rem publicam quam minus valere ipsi malebant. Id
adeo malum multos post annos in civitatem reverterat; nam
postquam Cn. Pompejo et M. Crasso css. tribunicia potestas restituta est, homines adulescentes, summam po-
tentiam nacti, quibus actas animusque ferox erat coepere senatum criminando plebem exagitare.* Er bezeichnet
also bestimmt das Consulat des Pompejus als den Zeitpunkt,
wo in der Republik, d. h. in den herrschenden Kreisen die
Spaltung erst wieder eintrat, eben jene Spaltung, die zugleich
mit dem wirthschaftlichen Ruin der *juventus nobilis* diese schliesslich in den Umsturzplänen Catilinas den *consulares* gegenüber
vereinigte.

Aus diesen Stellen ergiebt sich nun aber auch, dass seit
Sullas Rückkehr bis zum ersten Consulat des Pompejus die *ju-
ventus* oder die *adolescentes* innerhalb der Nobilität durch ihre
leidenschaftliche Rücksichtslosigkeit vor allem auf die unteren
Schichten drückten, dass die älteren Schichten der Sullanischen
Beamtenaristokratie, die *consulares*, die Gefahr dieser brutalen
Politik sehr wohl erkannten, aber nicht die Energie hatten, ihr
Einhalt zu thun. Dass dem gegenüber die *plebs*, in der Noth,
Armuth und finanzielle Zerrüttung alle gesunden Elemente
zerstört hatten, im Tribunat das einzige Mittel zur Herstellung
geordneter Zustände sah und dass daher für die Verhandlungen
der Nobilität in sich und der Bürgerschaft gegenüber die
Hauptfrage war, ob und wie weit eine Erweiterung der tribuni-
cischen Gewalt im Interesse gesunder, öffentlicher Zustände geboten sei oder ob sie durch eine anderweitige gemässigte
Politik unnöthig gemacht werden könne.

Die Analogie zwischen den Zuständen der Sullanischen
Zeit und der Schilderung der älteren Republik bei unserer
Valerischen Quelle vervollständigt sich immer mehr. Man hat
als Grund für jene Scheidung zwischen den *seniores* und *juniores patrum* bei Liv. und Dion. eine tiefer liegende von beiden missverstandene Anschauung einer älteren Quelle ange-

nommen[1], nach unserer Erklärung haben Liv. und Dion. nur einfach darin diejenigen Züge wiedergegeben, welche ihre gemeinsame Quelle nicht älteren Erzählungen entlehnte, sondern unmittelbar aus den Verhältnissen ihrer Zeit In die Schilderung der ältesten Republik hineintrug.

Mit dieser Annahme werden wir aber auch zu der andern gedrängt, dass die Valerische Erzählung vor oder jedenfalls nicht lange nach Pompejus erstem Consulat abgefasst ward, zu einer Zeit, wo die „junge Nobilität" wirklich noch die äusserste und crasseste Senatspolitik vertrat und der Riss zwischen ihr und den älterenKreisen sich noch nicht bemerklich gemacht hatte.

Weist uns nun die Schilderung des Patriciats und seiner beiden Parteien, die der Plebs in ihrer Armuth, die Auffassung des Tribunats und seiner staatsgefährlichen Unberechenbarkeit, die Glorificirung der Valerier als der geborenen Vermittler' aller Gegensätze auf die Zeit kurz vor und nach Sullas Tod als die hin, in welcher unsere Darstellung concipirt ward, so folgt daraus, dass auch andere ihrer Grundzüge den Anschauungen derselben Zeit ihren Ursprung verdanken. Ich rechne dahin namentlich die Bedeutung, die in Dion. Erzählung, namentlich im 10. Buch, die *senatus auctoritas* als unumgängliche Vorbedingung für jede *lex* hat.

Mommsen hat die betreffenden Stellen Dion. 10, 4. 26. 30. 32. 48. 50. 62. 57. zusammengestellt und mit den übrigen besprochen.

In diesen Stellen allen liegt die einfache Ansicht zu Grunde, 1) dass überhaupt keine *lex* ohne eine vorhergehende *senatus auctoritas* denkbar ist und 2) dass eben deshalb die Beschlüsse der Tributcomitien als *νόμοι ἀκρωτηρίαστοι* keine gesetzliche Kraft haben.

[1] Schwegler hat B. 27, 6 II p. 653 ff. die verschiedenen Ausführungen Niebuhrs über diesen Gegenstand ausführlich und eingehend zusammengestellt, um sich selbst p. 662 entschieden dagegen zu erklären. So sehr wir damit übereinstimmen, so können wir doch nach den obenstehenden Ausführungen ihm nicht darin Recht geben, dass die älteren Quellen unter *juniores patrum* nur junge Patricier, nicht junge Senatoren verstanden hätten. Unserer Meinung nach konnten eben die älteren Quellen diesen Unterschied gar nicht und die jüngeren, die ihn erst aufbrachten verstanden unter *juniores patrum* unzweifelhaft noch nicht consularische Senatoren, wie sie nicht zu der *juventus nobilis* ihrer Zeit gehörten.

Sie entspricht durchaus der staatsrechtlichen Ansicht, nach
der Sulla schon bevor er nach Asien ging, die alte Verfassung
zu restauriren versuchte. „Ἐσηγοῦντό“ sagt Appian. I, 59 von
jener Restauration „τε μηδὲν ἔτι ἀπροβούλευτον ἐς τὸν δῆμον
ἐσφέρεσθαι, νενομισμένον μὲν οὕτω καὶ πάλαι, παραλελυμένον δ' ἐκ
πολλοῦ καὶ τὰς χειροτονίας μὴ κατὰ φυλὰς ἀλλὰ κατὰ λόχους,
ὡς Τύλλιος βασιλεὺς ἔταξε, γίγνεσθαι, νομίσαντες διὰ δυοῖν
τοῖνδε οὔτε νόμον οὐδένα πρὸ τῆς βουλῆς ἐς τὸ πλῆθος ἐσφε-
ρόμενον, οὔτε τὰς χειροτονίας ἐν τοῖς πένησι καὶ θρασυτάτοις
ἀντὶ τῶν ἐν περιουσίᾳ καὶ εὐβουλίᾳ γιγνομένας, δώσειν ἔτι στά-
σεων ἀφορμάς. πολλά τε ἄλλα τῆς τῶν δημάρχων ἀρχῆς,
τυραννικῆς μάλιστα γεγενημένης περιελόντες κ. τ. λ.“[1])

Mag man die Auffassung des Dionys über die *senatus
auctoritas* oder das προβούλευμα, wie sie uns zunächst in der
rein Valerischen Darstellung des 10. Buchs vorliegt, mit voll-
stem Recht für unhistorisch und confus erklären, sie entspricht
doch gerade in ihrer crassen und einseitigen Allgemeinheit
eben jenem ersten Hauptsatz des von Appian mitgetheilten
Sullanischen Programms so vollständig, dass gerade in diesem
selbst die einfachste Erklärung derselben sich darbietet[2])

[1]) Mommsen hat den Anfang dieser Stelle R. F. I p. 211 so interpretirt,
dass „die Volkstribunen einen Beschluss der Plebs nicht andern als nach
vorgängiger Einwilligung des Senats sollten erwirken können." Von dieser
Einschränkung auf die Plebiscite ist meiner Auffassung nach in der Stelle
selbst keine Spur. Die Worte beziehen sich auf alle Volksbeschlüsse.
„Die jetzt so verbreitete Annahme, dass das Plebiscit wie die Lex einen
Senatsbeschluss zur gesetzlichen Voraussetzung gehabt habe", ebd. 207
wird daher durch diese Stelle belegt für eine für die Sullanische Zeit
längst vergangene Periode, man könnte aus ihr unzweifelhaft Mommsens
Ansicht widerlegen, „dass nach Römischem Staatsrecht der Gemeindebe-
schluss niemals — auch der Beschluss der Plebs nicht der Vorberathung
des Gesammtsenats — unterlegen hat" ebd. 206, wenn die Ansichten der
Sullanischen Partei für unzweifelhafte Wahrheiten gelten müssten.

[2]) Wenn Mommsen R. F. I p. 211 f. behauptet „die Annalisten, welche
uns vorliegen, haben diese Festsetzung — offenbar wenigstens als allgemeine Regel nicht gekannt" und dann von der Entwicklung, die Dion. im
10. B. giebt, behauptet „in jener entscheidenden Geltung erscheint der
Senatsbeschluss auch bei ihm keineswegs," so müsste dagegen eben jene
ganze Geschichte der *l. Terentilia* hier wiederholt werden, da der Angelpunkt derselben wesentlich eben auf dem Gedanken beruht, wie es möglich war, ohne ein Prohuleuma einem Beschluss der *Tribus* Gesetzeskraft
zu verschaffen. Am bezeichnendsten ist der Ausweg, den die Tribunen

Unmöglich freilich wäre es nicht, dass ein Griechischer Rhetor sich aus einer solchen Theorie seine Schablone für die ältere Römische Verfassungsgeschichte zurechtschnitt, aber viel einfacher und verständlicher erscheint doch die Annahme, dass ein Römischer Historiker unter dem Einfluss einer siegreichen Parteianschauung mit dem übertriebenen Eifer derselben das, was als ein Grundpfeiler der Verfassung proclamirt war, nun auch Schritt vor Schritt in den frühsten Verhandlungen der Republik als das Hauptdogma des aristokratischen Staatsrechts nachzuweisen suchte.

Dasselbe gilt auch von dem zweiten Satz, den Appian in der angeführten Stelle als gleichwichtig neben jenen ersten stellt, dass in den Centuriatcomitien allein das Uebergewicht der Besitzenden über die „Armen" gesichert sei und dass daher in diese und nicht in die Tributcomitien alle wichtigen Volksbeschlüsse zu verlegen seien.

Die Ansicht, dass durch die Servianische Verfassung, wie es auch bei Appian heisst, absichtlich ein Uebergewicht der Reichen, d. h. der Patricier in den Centuriatcomitien hergestellt sei, findet sich bei Dion. so häufig und mit solcher Vorliebe ausgeführt, dass wir sie neben der von der Bedeutung des προβούλευμα als ein oder das Hauptdogma seiner ganzen Anschauung bezeichnen können. Im 10. Buch sind es besonders zwei Stellen, welche jenem Satz bei Appian in eigenthümlicher Weise entsprechen: c. 17 wird erzählt, dass bei der Wahl des L. Quinctius Cincinnatus die 18 Rittercenturien und die 80 der ersten Classe ihm ihre Stimme gaben „καὶ οὐδεμιᾶς ἔτι κληθείσης ἐπὶ τὴν ψηφοφορίαν τάξεως τρισὶ γὰρ ἦσαν λόχοις πλείους οἱ διενέγκαντες τὴν ψῆφον λόχοι τῶν ἀπολειπομένων· ὁ μὲν δῆμος ἀπῄει συμφορὰν ἰδίαν ἡγούμενος, ὅτι μισῶν αὐτοὺς ἀνὴρ ἐξουσίας ὑπατικῆς ἔσται κύριος." In der

---

endlich a. O. 35 a. E. einschlagen, die *rogatio Terentilia* mit einer *rogatio agraria* zu verbinden, für die ihr Sprecher ebd. 38 auf ein seit 30 Jahren vorliegendes Probuleuma des Senats zuruckweisen konnte. Ich habe oben p. 131 nachgewiesen, welche Bedeutung gerade dies Probuleuma in der Geschichtserzählung der neueren Quellen hatte und p. 106 darauf aufmerksam gemacht, dass der Sprecher Dion. a. O. 38 ff. eine entschieden Valerische Figur ist, wie eben das ganze 10. B. Unzweifelhaft kannten also gerade die jüngeren Annalisten die betreffende staatsrechtliche Theorie sehr wol.

anderen 10, 4 spricht der Senat den Tribunen, die die *rogatio Terentilia* beantragen, das Recht zu jeder Betheiligung an der Gesetzgebung ab, was sie früher wol gehabt, jetzt aber verloren hätten, seitdem sie in den Tributcomitien gewählt würden[1]. Der Grundgedanke bei diesen Ausführungen ist eben der, dass die in den Centuriatcomitien vollzogenen Wahlen immer doch in den Händen der herrschenden Klasse liegen, weil die denselben vorhergehende *Senatusauctoritas* und das Uebergewicht der Besitzenden die nöthigen Garantien bieten und dass eben deshalb auch nur den dort und so gewählten Magistraten eine Theilnahme oder *Initiative* für die Gesetzgebung zugestanden werden könne. Dieser Anschauung entsprechen die Grundsätze der Sullanischen Politik, sowohl darin, dass den Tribunen die Verhandlung mit dem Volke nur „*ex senatus sententia*" gestattet war als dass es den in den Centuriatcomitien gewählten Consuln frei stand ohne eine *senatus auctoritas* unmittelbar mit den Tributcomitien zu verhandeln[2]. Die Erzählung des Dion. lässt in dem betreffenden Abschnitt allerdings nie die Consuln von diesem Recht Gebrauch machen, aber angedeutet ist es offenbar in der angeführten Stelle.

§. 3. Die gegenwärtige Fassung dieser Züge bei Liv. und Dion.

Der Verf. muss erwarten, dass die hier gegebene Ausführung namentlich dem Einwurf begegnen wird, dass die staatsrechtlichen Anschauungen des Liv. und Dion. schon wegen ihrer Unklarheit und Confusion unmöglich der einfache Niederschlag ihrer Quellen sein können.

Ich bemerke dagegen Folgendes.

An dem einzigen Beispiel, wo wir bei beiden eine ausführliche Benutzung einer gemeinsamen breit angelegten Quelle nachweisen konnten, der Geschichte des zweiten Decemvirats (s. oben p. 141 f.), stellte sich deutlich heraus, dass „bald der eine bald der andere unserer Autoren auslless und umstellte, wie es ihm am besten schien;" dass bei dieser freien Behandlung, obwohl sie immer nur an Einer Stelle Einer Quelle folgten, mancher Zug sich verschob oder verloren ging, ist jedenfalls zuzugeben.

---

[1] „τί δ' οὐν καὶ πρότερον ἦν τις ὑμῖν δύναμις — οὐχὶ καὶ ταύτην τὴν ἐναπολείπατε τῇ μεταβολῇ τῶν ἀρχαιρεσιῶν.

[2] Mommsen R. G. 2 p. 356 A.

Bei Dionys aber blieben die Grundzüge wegen seiner Ausführlichkeit deutlicher stehen. Nur war gerade seine Hauptquelle
jene aus zweien zusammengeschweisste Erzählung, deren will-
kürliches und verwegenes Verfahren nothwendiger Weise an
vielen Stellen Verwirrung anrichten musste, um so unbedenk-
licher, da es sich nur darum handelte, ein möglichst bewegtes
und aufregendes Bild jener ältesten Verfassungskämpfe vorzutragen.

Von Livius wissen wir aus Nissens eingehender Untersuchung (a. O. 1 c. 2 § 5 f.), dass er sich trotz des engsten
Anschlusses an Polybius Zusätze sowohl wie Auslassungen,
namentlich im Interesse seines Römischen Patriotismus erlaubte.
Solche planmässige und absichtliche Veränderungen für unsere
Stücke der ersten Decade nachzuweisen, müssen wir freilich
verzichten. Dass Liv. im Ganzen hier seine Darstellungen zusammenzog, ergiebt schon die ganz äusserliche Vergleichung
des Umfangs seiner Erzählung mit der des Dionys. Aber auch
ausserdem ist doch, von dieser Seite betrachtet, eine schon
früher bemerkte Thatsache auffallend genug. Jener Unterschied
der *seniores* und *juniores patrum* erscheint in der bis dahin
markirten Schärfe zuletzt 3, 65[1] später nicht mehr. Da er
nach unserer Ausführung nur den jüngeren Quellen angehört
und von diesen unzweifelhaft die zunächst folgenden Partien
durchaus abhängen, ja da, was unzweifelhaft, je weiter er vor-
schreitet, ihre Benutzung immer zunimmt, so scheint die nächste
Erklärung dieser Thatsachen nur in einer willkürlichen Laune
des Liv. selbst gesucht werden zu können.

Lässt man dies gelten, so wird man aus der Stelle 1, 17[2]
sich erklären können, dass Liv. mit Ausnahme der Stelle 2, 3[3]
die *auctoritas patrum*, die er im ersten Buch der Wahl der
Comitien immer folgen lässt, in B. 2 und 3, wo sie in seinen
Quellen den Comitien vorherging, möglichst überging[4]. Damit

[1] Schwegler II p. 656.
[2] *decreverunt enim, ut cum populus regem jussisset, id sic ratum esset
si patres auctores fierent. hodie quoque in legibus magistratibusque rogandis
usurpatur idem jus vi adempta: priusquam populus suffragia ineat, in
incertum comitiorum eventum patres auctores fiunt.*
[3] *Brutus ex senatusconsulto ad populum tulit, ut etc.*
[4] Die Stellen Schwegler II p. 158 A. 2.

scheint mir zu stimmen, dass er an unseren von Mommsen hervorgehobenen Stellen [1]) den den Plebisciten vorhergehenden
Senatsbeschluss nicht scharf hervorhebt.

Mit Rücksicht auf jene ausführliche Betrachtung I, 17,
wo der *incertus comitiorum eventus* unzweifelhaft nach Liv.
Meinung alle Arten derselben umfasst, notirt er dann 7, 15
*de ambitu auctoribus patribus tunc primum ad populum latum
est* und 8, 12 die *lex Publilia, ut legum, quae comitiis centuriatis
ferrentur, ante initum suffragium patres auctores fierent.* Er sieht
eben in der *l. Publilia* das Gesetz und der *l. Poetelia de ambitu* den ersten factischen Schritt, durch welche die Regel, wie
er sie aus seiner ihm I, 17 vorliegenden Quelle entnahm, weg-
fällig wurde. Die dazwischen liegenden jener Anschauung
widersprechenden Angaben andrer Quellen suchte er zu verwischen.

Der zweite Einwurf, den man gegen die gegebene Ausführung erheben möchte wird vielleicht von jener Ansicht ausgehen, dass in einem Gemeinwesen und einer Literatur wie der
Römischen eine solche Reihe von Fälschungen und Erdichtungen staatsrechtlicher Begriffe undenkbar sei.

Dem gegenüber darf aber zunächst hervorgehoben werden,
wie durchaus einig alle neueren Urtheile darin sind, dass gerade
bei Valerius Antias von historischer Kritik nicht allein nicht die
Rede sein könne, sondern dass er unzweifelhaft in dem Detail
der äusseren Geschichte einfach log. Liv. selbst hatte bekanntlich diesen Eindruck bei seinen Zahlenangaben und Niebuhr im Anschluss an diese Aeusserungen sagt von ihm: „Antias ist von allen Römischen Geschichtschreibern gewiss der
unwahrste, der einzige, den man geradezu der Unwahrhaftig-
keit zeihen kann. — Er weiss die genauesten Zustände der
alten Zeiten, ist immer geneigt ins Ungeheure zu übertreiben,
vorzüglich hinsichtlich der Zahlen. Seine Erdichtungen haben
einen ganz andern Charakter als die älteren etc." [2]) Damit
stimmt Schweglers Ansicht I. p. 90 f. wesentlich überein: „Ueberhaupt unterscheidet sich die Generation der jüngeren Annalisten wesentlich von der der älteren. Die älteren hatten noch

---

[1]) Liv. 3, 13. 4, 6, 48, 49. 5, 30. 6, 42 Mommsen R. F. p. 212 ff.
[2]) Vortr. u. d. R. G. hrsg. v. Isler I p. 62.

kein grösseres lesendes Publicum vor Augen[1], bei den jüngeren herrscht die Rücksicht auf das Publicum und die Lesewelt vor. Daher die breite rhetorische Ausspinnung, in der sie sich gefallen; daher die Sucht, Neues und Unerhörtes vorzubringen, um damit Aufsehen zu erregen. Es gilt dies ganz besonders von dem Annalisten Valerius Antias. — Liv, der ihn in den ersten Büchern seines Geschichtswerks arglos benutzte, — wirft ihm später Erdichtung u. s. w. vor und es scheint allerdings, dass Valerius seinem Geschichtswerk den täuschenden Schein unterrichteter Genauigkeit durch ersonnenes Detail zu geben versucht hat. (Folgen Angaben über seine Zahlen). Nichts desto weniger ist er von Späteren vielfach benutzt worden; er ist die vermuthliche Quelle so mancher falchen auf Erfindung und Klügelei beruhenden Angabe, die sich bei späteren Schriftstellern vorfindet."

Nach Mommsen war eine kritische Geschichtschreibung nach Sulla nicht möglich, weil „die conventionelle Urgeschichte Roms, wie sie jetzt seit wenigstens zehn Menschenaltern erzählt und geglaubt ward, mit dem bürgerlichen Leben der Nation aufs Innigste zusammengewachsen war, und doch musste bei jeder eingehenden und ehrlichen Forschung — das ganze Gebäude so gut umgeworfen werden wie die Fränkische Urgeschichte von König Pharamund und die brittische vom König Arthur. — Varro und die Einsichtigeren gaben die Chronik als solche offenbar verloren. — Die Stadtchronikenfabrik stellte aber darum natürlich ihre Thätigkeit nicht ein, sondern fuhr fort zu der grossen von der langen Weile für die lange Weile geschriebene Bibliothek ihre Beiträge — zu liefern, ohne dass die Buchmacher — um die eigentliche Forschung sich irgendwie bekümmert hätten. Einzelne derselben zeichneten wol unter der Menge sich aus — dagegen übertraf Valerius Antias in der Weitläufigkeit wie in der kindischen Fabulirung alle seine Vorgänger. Die Zahlenlüge war hier systematisch bis auf die gleichzeitige Geschichte durchgeführt und die Urgeschichte Roms abermals aus dem Platten ins Platte überarbeitet."

Diesen kritischen Aeusserungen gegenüber drängt sich zunächst die Frage auf, sollte ein Historiker, der in seinen

[1] Auch Fabius nicht?

Zahlenangaben, nach aller Annahme, so frei erfand, der nach
Mommsen jedenfalls für die Königsage, nach Schwegler auch
für andere Theile seines Werks Detail erdichtete und mit dem
Schein urkundlicher Sicherheit hinstellte, in einem Publicum
wie dem Römischen des siebenten Jahrhunderts nur wegen
seiner Breite und Ausführlichkeit Leser und zahlreiche Ausschreiber gefunden haben? Ausschreiber, unter denen auch
z. B.⁴ Varro war.¹)

Sollte denn überhaupt in der tiefen Bewegung jenes und
des nächstvorhergehenden Zeitalters die historische Tages-
literatur der Republik nur so ganz allein oder fast ganz allein
durch das Bedürfniss eines müssigen Lesepublicums bestimmt .
worden sein, wie Mommsen es urgirt? Sollte wirklich, wenn
Junius Gracchanus Arbeit *de potestatibus*, wie er R. G. II. p. 456 sie
bezeichnet, „der erste Versuch" war, die Alterthumsforschung
für politische Zwecke nutzbar zu machen, es auch der letzte
gewesen, sollte in dem Zeitalter furchtbarer Kämpfe, die dann
folgten, die historische Literatur von den Parteiansichten nur
oberflächlich berührt und für Parteizwecke nicht ernsthaft und
leidenschaftlich benutzt worden sein?²) Ist die einfachste Erklärung für die Popularität eines Schriftstellers wie Antias
nicht eben die, dass die aristokratische Gesellschaft Roms in
seinen Büchern zuerst und vor allen ausführlich eine Entwicklung der älteren Verfassungsgeschichte fand, die ihren eigenen
Ansichten von der Stellung und dem politischen Werth der
einzelnen Gewalten vollständig entsprach.

Dass Ansichten, wie wir sie in Dion. und Liv. Erzählung
auf Valerius zurückführten, in den Kreisen der tüchtigsten und
energischsten Staatsmänner wirklich für richtig und wahr
galten, das ergiebt meiner Meinung nach jeder Blick in die
letzten Jahrzehnte der republikanischen Parteikämpfe.

Jene räthselhafte und für uns widersinnige Hartnäckigkeit,

---

²) Neuerdings haben Mommsen Hermes V. p 269 für die Geschichte
des Sp. Cassius, M. Manlius und Sp. Mälius, Nissen Rh. Mus. XXV. p. 64
für die des Caudinischen Friedens den Einfluss der politischen Anschauungen des 7ten Jahrhunderts nachgewiesen. Die obenstehenden Ausführungen, die schon früher niedergeschrieben, könnten durch diese einzelnen
Nachweisungen nur unterstützt werden.

mit der der jüngere Cato oder Brutus und Cassius die *plebs
Romana* für ihre Politik zu gewinnen, in ihr festzuhalten
hoffen, erklärt sich am einfachsten aus jener historischen Fiction,
dass die alte *plebs* zur Zeit der Secessionen nicht besser, sondern ein eben solches armes Gesindel gewesen wie die *plebs
urbana* im Zeitalter des Pompejus und Cäsar.[1])
    Unsere heutige Kritik allerdings weist ausser diesem Liv.
und Dion. Erzählungen eine lange Reihe von so grossen Missverständnissen und Irrthümern nach, dass sie eben daraus folgert
dass sie „keine Staatsmänner, uur Männer der Schule, gewesen?"
aber wie hätten seine Zeitgenossen Liv. mit so ungetheilter
Bewunderung als den letzten grossen republikanischen Historiker neben Pollio und Messalla[2]) betrachtet, wenn nicht diese
Irrthümer eben Gemeingut der hohen republikanischen Gesellschaft gewesen, wenn nicht eben deshalb dieses für uns so
wunderliche Bild der älteren Republik in der ersten Decade
für sie ein Gemälde unmittelbarsten und unzweifelhaften historischen Lebens gewesen wäre?
    Waren aber Liv. und Dion. für diese Stücke nur die
letzten Bearbeiter einer Ueberlieferung, die in dem letzten
Drittheljahrhundert der Republik unter den wirklichen Anhängern
der Republik als eine der bestbegründeten, vielleicht als die
richtigste galt und müssen wir diese Ueberlieferung auf Antias
und die Kreise der Sullanischen Aristokratie zurückführen, so
bleibt uns allerdings noch zu erklären, wie eben diese Darstellung, deren Schwächen für uns so abstossend deutlich, sich
bilden und festsetzen konnte. Und zu diesem Zweck wird es
freilich nöthig sein, etwas tiefer wenigstens auf die innere Entwickelung der früheren Römischen Historiographie und des
ganzen siebenten Jahrhunderts einzugehen.

---

[1]) Die merkwürdige Ausführung App. b. c. II, 120 wirft Brutus den
Irrthum vor, dass er die Plebs des Cäsarischen Roms mit der der ältesten
Republik verwechselt hätte und führt dann den Unterschied aus, der
zwischen beiden bestanden. Aber in der Ueberlieferung, wie sie bei Dion.
und Liv. vorliegt existirte wirklich kein so grosser Abstand, Lumpen und
Demagogen hier und dort.
    [2]) Schwegler 1 p. 100 über Liv.
    [3]) S. Tac. ann. 4, 31: *T. Livius eloquentiae et fidei praeclarus in
primis* etc.

Den Ausgangspunkt dieser Betrachtung bilden die beiden
älteren Darstellungen, die wir bei Livius und Dionys nachgewiesen zu haben glauben, deren Verbindung nur die dritte,
jüngste Quelle ist. Wir wünschen vor allem nachzuweisen, wie
aus der ältesten die jüngere Arbeit entstehen konnte und insofern würde sich dieser Nachweis unmittelbar hier anzuschliessen
haben.

Aber die Zusammensetzung der älteren Quelle legt uns
noch eine andere wichtige Frage nahe, die nach der Natur und
Herkunft der von ihr wieder benutzten ältesten Nachrichten.
Wir erkennen vollständig die Schwierigkeit ihrer Beantwortung. Die Untersuchung, in die wir damit eintreten, führt
unzweifelhaft zu den eigentlichen Grundlagen unsrer Geschichte
der älteren Republik, auf Gebiete, wo die sicheren Haltpunkte
immer mehr abzunehmen scheinen. Man hat bisher im Ganzen
sich hier mit Vermuthungen und Hypothesen begnügt, die weder
den Umfang noch den Charakter des betreffenden Materials
genau in Betracht zogen. Der Verfasser weiss sehr wohl, dass
eine positive Feststellung des einen wie des andern kaum definitiv möglich sein wird. Dessen ungeachtet hat er es hier
angezeigt gehalten, dieser Lebensfrage für die ältere Geschichte
der Republik jetzt schon näher zu treten. Ja unzweifelhaft
kann eine Ausführung über die Römische Geschichtschreibung
seit Fabius durch eine genauere Untersuchung über die vorhergehende Annalistik nur gewinnen.

Der folgende Abschnitt wird also mit dieser sich beschäftigen.

Zweite Abtheilung.

Die Geschichte der Römischen Annalistik bis Antias.

Dritter Abschnitt.

Die ältere Römische Annalistik vor Fabius.

Kap. 1. Der Charakter der über die ältere Geschichte der Republik erhaltenen Annalenreste.

§. 1. Die kritische Fragestellung.

Bei der Frage über den Ursprung der ältesten Römischen Annalen tritt uns sofort die Annahme entgegen, dass dieselben aus den allmälig anwachsenden Aufzeichnungen der *pontifices* entstanden seien. Mommsen, der diese Vermuthung wiederholentlich ausgesprochen hat, hat andererseits nachgewiesen, dass das Eponymenverzeichniss der Fasten, das uns erhalten und das unzweifelhaft von den Pontifices stammt, von den der uns erhaltenen Annalistik sich in wesentlichen Punkten unterscheidet. Wir müssen hier von vornherein darauf aufmerksam machen, dass diese Thatsache entschieden der Annahme entgegentritt, dass Beides, Fasten und Annalistik, von denselben Verfassern herstammen können. Es wäre wenigstens unserer Ansicht nach eine in der Geschichte der Historiographie unerhörte Erscheinung, dass dieselben Verfasser für zwei solche Arbeiten eine verschiedene Chronologie redigirt hätten. Damit ergiebt sich für uns vorläufig, dass bis zu der Zeit, in welcher jene beiden Eponymenverzeichnisse festgestellt wurden d. h. nach Mommsens unzweifelhaft richtiger Vermuthung bis zur Zeit der Samniterkriege eine Einwirkung der Pontifices, da sie für die Fasten gewiss ist, eben deshalb bei der Annalistik nicht angenommen werden kann.

Damit treten wir also an unsere Frage als eine vollständig offene heran. Das Resultat der kritischen Vergleichung der Darstellungen, welche Liv. 2, 1—4, 7 und Dion. 5, 1—11, 63 von der Geschichte der Republik geben, war die Annahme von drei Quellen, deren älteste nur von Liv., die mittlere und jüngste von beiden benutzt seien. Das Verhältniss zwischen diesen dreien war folgendes: die älteste zeigte eine Reihe kurzer annalistischer Notizen, zwischen diesen grosse, lebendig erzählte sagenhafte Stücke, wie z. B. die Anfänge der Republik, die Geschichten von Brutus, Coriolanus, Cincinnatus. Das Eigenthümliche, eben ein Beweis für das höhere Alter, war diese Verbindung solcher ausführlicher Stücke mit jenen ganz einsilbigen Nachrichten, selbst über so wichtige Thatsachen wie die von Sp. Cassius geschlossenen Bündnisse.

Gerade diese so auffallende Verschiedenheit der Erzählung war in der mittleren Quelle beseitigt und durch breite Ausführung der kurzen Notizen und ihre Verschmelzung mit den Erzählungen eine viel gleichmässigere Darstellung gewonnen. Dabei blieb die Reihe der Thatsachen allerdings dieselbe, wie sie die ältere Erzählung gab, aber der Verfasser stellte sie unter neue Gesichtspuncte und brachte wesentlich neue Motive bei seiner Bearbeitung zur Darstellung.

Die jüngere Quelle schob diese beiden Erzählungen eigentlich derselben Thatsachen wieder zu einer dritten Redaction zusammen. Diese Verschmelzung nahm zum Theil die einzelnen Ausdrücke und Wendungen von hier und dort, zum Theil aber schob sie die beiden Erzählungen, gerade wo sie sich am meisten widersprachen, in grossen Massen so aneinander, dass durch die Verbindung ihrer so widersprechenden Motive eine neue noch bewegtere und wechselvollere Erzählung hergestellt ward. Dieser Trieb, eine bewegte und reiche Darstellung zu geben, führte sie in einigen Partien, die wir nur aus ihr allein fast kennen, wie die Geschichte des zweiten Decemvirats, zu einer, man möchte sagen, von persönlicher Leidenschaft durchglühten Auffassung und Darstellung, in welcher fast jede Spur jener gewaltsamen und zum Theil ungeschickten Methode verschwindet, dagegen ist es anderen Orts gerade diese Methode, die die annalistischen Notizen der älteren Quelle neben der breiten Erzählung der mittleren bestehen liess.

Dass Livius im Anfang des zweiten Buchs die älteren Quellen unmittelbar benutzte, beweisen seine bekannten Aeusserungen über die damit verbundenen Schwierigkeiten unzweifelhaft. Dass er später immer mehr zu jüngeren Quellen griff, haben wir durch eine genaue Vergleichung mit Dionys, so weit dieser reicht, nachgewiesen; eine Vergleichung der von Plutarch ganz nach Dionysgearbeiteten Biographie des Coriolanus ergiebt jedenfalls für das 5. und 6. Buch dasselbe Resultat; für die späteren Stücke der ersten Decade haben namentlich die neueren Untersuchungen über einzelne Partien zu demselben Nachweis geführt.

Dass sich dessen ungeachtet jene kurzen annalistischen Notizen in der ganzen ersten Decade zerstreut finden ist eben so gewiss wie, dass unzweifelhafte Spuren auf eine der Erzählung zu Grunde liegende Fabische Ueberlieferung führen.

Bei dieser Sachlage ist es natürlich leicht, eine ganze Reihe von Möglichkeiten zu erdenken, wie die heute vorliegende Erzählung der späteren Theile der ersten Decade entstand und wie in sie die merkwürdigen kurzen Notizen hineinkamen. Jede Combination mehr reducirt für eine solche Speculation die Aussicht, einen sicheren Halt zu gewinnen auf ein Minimum.

Dem tritt nun aber doch einmal die Thatsache entgegen, dass für die 4. und 5. Decade nachgewiesen ist, dass Livius verhältnissmässig in ganzen Decaden wenig Quellen und die einzelnen auf weite Strecken benutzte; hält man dabei an dem Resultat fest, dass, wie der Verfasser bewiesen zu haben glaubt, B. 2 und 3 nur jene drei Quellen benutzt sind, so ist jedenfalls die nächstliegende Annahme, dass auch für die folgenden Bücher dieselben jüngeren Quellen und nicht viel mehr gebraucht wurden. Ja wenn Niebuhr und Schwegler für die ersten Partien des 2. Buchs eine Benutzung des Fabius, Mommsen für den Anfang des 4. die des Licinius annahmen, so stimmt das sehr gut zu jenem allgemeiner geführten Beweise wie zu der unzweifelhaften Thatsache, dass im 5. und 6. Buch die Spuren einer Licinischen Quelle nur zu deutlich hervortreten.

Wir werden damit immer mehr zu der Annahme berechtigt, dass Livius in der ersten Decade allerdings immer entschiedener nur die jüngeren Quellen des 2. und 3. Buchs, aber nicht viel mehr als diese benutzte. Damit steigt die Möglichkeit, dass die annalistischen Notizen der späteren Bücher auf dieselbe Weise wie die der ersten in seine Darstellung kamen d. h. durch Fabius und dessen Bearbeiter Licinius.

Damit aber ergiebt sich allerdings ein neues Bedenken. Hat die neuere Forschung schon auf die vielfachen und umfassenden Fälschungen der jüngeren Quellen aufmerksam gemacht und hat Mommsen namentlich in den scheinbar urkundlichen Fasten gerade des Licinius vielfache Fälschungen nachgewiesen, so stellen sich damit zwei beachtenswerthe Möglichkeiten heraus. Konnte nicht ein Mann wie Licinius entweder ebensogut falsche Annalen wie falsche Fasten verwenden? Oder aber konnte er nicht, im bessern Fall, zu den annalistischen Stücken, die er im Anfang aus Fabius nahm, später andere irgendwoher in seine Erzählung einschieben?

Dieser Frage gegenüber scheint mir wenigstens der einzige Weg, eine weitere Sicherheit zu gewinnen, die genauere Betrachtung der ganzen Reihe annalistischer Notizen, welche die erste Decade noch in ihrer alten knappen Fassung bietet. Lassen sich in den immer noch zahlreichen Stücken dieser Art, in der ganzen Ausdehnung ihrer Aufeinanderfolge einige besondere und eigenthümliche Züge als durchstehend feststellen so fragt es sich nur, ob und in wie weit dieselben sich aus dem allgemeinen Charakter jeder älteren, hier aber nun besonders der Römischen Annalistik erklären lassen. Genügte eine solche einfache und allgemeine Erklärung, so bliebe damit die Möglichkeit bestehen, dass der Gesammtbestand jener Notizen, wie wir sie heute aus Livius erster Decade zusammenlesen, aus verschiednen Römischen Annalen hier durch die Hand dieses, dort jenes späteren Historikers zusammengebracht sei.

Sollte aber eine solche Erklärung nicht genügen, wären vielmehr manche der wiederkehrenden Hauptzüge so specifischer Art, dass sie unmöglich im Allgemeinen von der älteren Römischen Annalistik angenommen werden könnten, so würde daraus der Schluss gezogen werden dürfen, dass diese so gestaltete älteste Quelle wo sie auftritt eben nur auf ein bestimmtes

Annalenwerk zurückzuführen sei.　Zugleich aber wäre damit
die Annahme nahe gelegt, dass die Verwerthung desselben für
die nachfolgende Römische Geschichtschreibung, wie sie im Anfang des zweiten Buchs dem ältesten unmittelbaren Gewährs-
mann des Livius zugeschrieben werden muss, auch später auf
eben diesen zurückgeführt werden müsse.

§. 2. Der priesterliche Charakter der Annalenreste.

Gleich in den ersten Notizen, welche hier in Betracht
kommen, folgen auf einige kriegsgeschichtliche Thatsachen[1])
einige Angaben über die innere Geschichte der Stadt[2]), die
nächsten sind die über die von Sp. Cassius mit Latinern und
Hernikern abgeschlossenen Bundesverträge[3]). Mit einiger
Sicherheit wird dann erst die erste Prodigienmeldung hierher
gezählt werden können[4]), über welche die Duumvirn die Sibyllinischen Bücher befragen. Daran schloss sich vielleicht die
Notiz (ebd. 15): *exules servique ad duo milia hominum et quingenti duce Appio Herdonio Sabino nocte Capitolium atque arcem
occuparere.* So gewiss sie der ältere Quelle gehört (s. oben
p. 118 f.) so ist sie jetzt doch so eng in eine ganz zusammenhängend ausgeführte Erzählung verflochten, dass über ihre ursprüngliche Form und Fassung Nichts bestimmt gesagt werden kann.
Mit Sicherheit können wir dagegen die eigenthümlich kurzen
Sätze ebd. 18 a. E. hier übergehen, da wir die Erzählung vom
Tode des Consul Valerius, dessen Begräbniss sie erwähnen, auf

---

[1]) Liv. 2, 19: *His consulibus Fidenae obsessae, Crustumeria capta,
Praeneste ab Latinis ad Romanos deciuit.*

[2]) ebd. 21. *His consulibus aedes Saturno dedicata, Saturnalia institutus festus dies. — — Eodem anno Signia colonia — deductu est.
Romae I tribus una et viginti factae. aedes Mercurio dedicata est
idibus Maiis.*

[3]) ebd. 33 *iis consulibus cum Latinis populis ictum foedus.* 40 a. E.
eo anno Hernici dericti, cum Volscis aequo Marte discessum est. 41. *cum
Hernicis foedus ictum. agri partes duae ademtae.*

[4]) 3, 10. *Eo anno caelum ardere visum, terra ingenti concussa motu est;
bovem locutum, cui rei priore anno fides non fuerat, creditum. Inter alia
prodigia et carne pluit, quem imbrem ingens numerus avium intervolitando
rapuisse fertur; quod intercidit, sparsum ita jacuisse per aliquot dies, ut
nihil odor mutaret. libri per II viros sacrorum aditi: pericula a conventu
alienigenarum praedicta.*

die jüngere Valerische Quelle zurückführen konnten[1]. Dagegen gehört in unsere Reihe die zweite Prodigiennotiz[2] und die ebenso unzweifelhaft annalistischen ebd. 31: *domi forisque otium fuit, annona propter aquarum intemperiem laboratum est. de Aventino publicando lata lex est.* Zwischen beiden findet sich der Satz: *Tricesimo sexto anno a primis tribuni pl. decem creati sunt, bini ex singulis classibus, itaque cautum est ut postea crearentur.* Bedenken erregt nur, dass die Worte vollkommen im Zusammenhang den Schluss einer fortlaufenden Erzählung bilden; dürften wir sie als annalistischen Satz aus derselben ausheben, so wäre damit auch wahrscheinlicher geworden, dass die Einsetzung des Tribunats auch verzeichnet war.

Hiermit aber haben wir jedenfalls die sämmtlichen zunächst in Betracht kommenden Notizen gegeben, die sich bei Livius in dem Abschnitt finden, für den die Vergleichung mit Dionys eine sichere Grundlage der Quellenanalyse bildet. Es ist wol zu beachten, dass unzweifelhaft eine Reihe ganz ähnlicher Nachrichten dazwischen verschwand, weil spätere Bearbeitungen sie zu einer mehr oder weniger ausführlichen Erzählung erweiterten. Solchen späteren Bearbeitungen folgte eben auch Livius von 2, 22 an.

Dass diese Nachrichten wesentlich priesterlichen Ursprungs sind, liegt auf der Hand: Tempelweihen und Prodigien nehmen von Anfang an eine zu bedeutende Stellung neben kriegs- und verfassungsgeschichtlichen Notizen ein. Desto mehr ist zu beachten, dass die Einweihung des Capitolinischen Tempels nicht zu den verzeichneten Thatsachen der ersten Jahre gehört. Da Livius, wie nach 2, 21 unzweifelhaft ist, bis dahin seiner ältesten Quelle folgte, so gab auch diese jedenfalls die Geschichte von dieser Dedication nicht nach den Annalen. sondern in der entschieden sagenhaften Fassung 2, 8. Ja wir müssen feststellen, dass überhaupt die Nachrichten nicht mit dem Anfang der Republik unmittelbar in Zusammenhang stehen. Es ist eine ebenso auffallende Thatsache, dass hier so früh

_____

[1] S. oben pag. 120.
[2] ebd. 29: *lupos in Capitolio ferunt a canibus fugatos, ob id prodigium lustratum Capitolium esse.*

schon vor allen übrigen Priestern die *duumviri sacrorum* und die *libri Sibyllini* gerade erwähnt werden.

Mit diesen Thatsachen stimmt es sehr wol, dass auch im weiteren Verlauf die Befragung der *libri Sibyllini* durch die *duumviri*, auch ohne Prodigien, wiederholentlich erwähnt wird, ja die Notizen folgen offenbar der Einführung Griechischer Cultusformen, nicht allein der Befragung der Orakel, sondern auch der Abhaltung der Lectisternien und andern Hellenischen Gebräuchen [1] mit besonderer Aufmerksamkeit.

Dass die betreffenden Stellen wie z. B. 6, 13; 7, 2 die Spuren einer späteren Redaction an sich tragen, ist unbedingt zuzugeben. Und man könnte deshalb geneigt sein, wie man es mit diesen älteren Prodigien gethan, so auch die hier zunächst betrachteten Stellen über die *libri Sibyllini* und Lectisternien anzuzweifeln.

Einem solchen Versuch tritt nun aber eine andere noch viel auffallendere Thatsache entgegen.

Durch die ganze Reihe dieser annalistischen Stücke zieht sich wie ein rother Faden eine ganze Kette unteritalisch-Hellenistischer Nachrichten hin, deren Hervortreten mitten in

---

[1] Liv. 5, 13. *Tristem hiemem sive ex intemperie caeli rapitim mutatione in contrarium facta sive alia qua de causa gravis pestilensque omnibus animalibus aestas excepit. cujus insanabili pernicie quando nec causa nec finis inveniebatur, libri Sibyllini ex acto aditi sunt. IIviri sacris faciundis, lectisternio tunc primum in urbe Romana facto, per dies VIII Apollinem Latonamque et Dianam, Herculem, Mercurium atque Neptunum tribus quam amplissime tum apparari poterat stratis lectis placarere. privatim quoque id sacrum celebratum est etc.* ebd. 7, 27 *pestilentia fuit, nihil dignum memoria actum nisi quod pacis deum exposcendae causa tertio tum p. conditam urbem lectisternium fuit.* 7, 27 *pestilentia civitatem adorta coegit senatum imperare Xviris, ut libros Sibyllinos inspicerent, eorumq. monitu lectisternium fuit* 8, 25: *Eod. a. lectisternium Romae quinto p. c. u. isdem quibus ante placandis habitum est deis. cf. Liv.: 10, 31. 10, 47: eod: a. coronati primum ob res bello bene gestas ludos Romanos spectarunt palmaeque tum primum translatae Graeciae more victoribus datae — (pestilentia): et libri aditi, quinam finis aut quod remedium ejus mali ab diis daretur. inventum in libris Aesculapium ab Epidauro arcessendum etc.*

13*

sonst so exclusiv Römischen Aufzeichnungen Livius selbst oder
seine Quelle anfänglich mit Recht frappirte[1].

Die beiden derartigen Nachrichten, die unmittelbar mit der
Römischen Geschichte in Verbindung stehen 5, 28 die von den
Schicksalen des Römischen Weihgeschenks auf seiner Reise
nach Delphi und 10, 2 die von dem Zusammentreffen einer
consularischen Armee mit dem Spartiaten Kleonymos sind
selbstverständlich und kann nur die erste durch ihre Ausführlichkeit auffallen.

Alle anderen aber sind um so beachtenswerther, da es in
Livius ganzer Erzählung an entsprechenden derartigen Notizen
für nord- und mittelitalische Ereignisse vollständig fehlt. Auf
die früheren Thatsachen der Keltischen Geschichte kommt er
erst, wo das Volk unmittelbar in die Römische Geschichte eintritt 5, 33 ff., der bekannte ausführliche Excurs über die Einführung scenischer Spiele aus Etrurien und gleich daneben
über die ebenfalls Etruskische Sitte der Jahresnägel wird mit
Recht ganz einstimmig auf eine antiquarische Quelle zurückgeführt.

Wenn also jene unzweifelhaft annalistischen Notizen von
res peregrinae, wie Livius es nennt, nur unteritalisch- Hellenische
enthielten, so stimmt damit eben in eigenthümlich schlagender
Weise das Interesse derselben annalistischen Quellen für Hellenische Culte und Riten.

Allerdings trafen wir in dieser und jener Reihe von Notizen
die unverkennbaren Spuren späterer Redaction, so 7, 2. 28
die Aera der Stadtgründung, 4, 37 die gelehrte Notiz über
Kopys, aber wie dieser Umstand beweist, dass beide Reihen

[1] Liv. 4, 29: *Insigni magnis rebus anno additur nihil tum ad rem
Romanam pertinere visum, quod Carthaginienses, tanti hostes futuri, tum
primum per seditiones Siculorum ad partis alterius auxilium in Siciliam
exercitum trajecere.* ebd. 37 *peregrina res sed memoria digna traditur
eo anno facta, Vulturnum Etruscorum urbem, quae nunc Capua est, ab
Samnitibus captam Capuamque ab duce eorum Capye vel, quod propius
vero est a campestri agro appellatam. cepere autem etc.* ebd. 44 *eod. a.
a Campanis Cumae, quam Graeci tum urbem tenebant, capiuntur.* 8, 3 *Eo
a. Alexandrum Epiri regem in Italiam classem appulisse constat, quod
ebd. 24 eod. a. Alexandream in Aegypto proditum conditam Alexandrumque
Epiri regem ab exule Lucano interfectum sortes Dodonaei Jovis eventu
adfirmasse, accito etc.*

von Nachrichten durch dieselben Hände gegangen, so ist gerade
die auffallende Reihe der reinhellenischen Thatsachen geeignet
auch die andern zu stützen und zu halten.

Wie, darf man fragen, konnte ein Fälscher dazu kommen,
diese kurzen unteritalischen Notizen und, wohl bemerkt, nur
diese ohne entsprechend mittel- und norditalische in die ältere
Römische Geschichte einzufügen? So gewiss aber also diese
Notizen in ihrer ältesten Fassung ächt sind, so bedeutsamer sind
sie dann auch für jene ganze Reihe priesterlicher Nachrichten
u. deren ebenfalls so eigenthümlich Hellenistischen Charakter.
Die eine und die andere Seite stehen schon für die äussere
unbefangene Beobachtung in einem so natürlichen Zusammenhang, dass sie eben in ihrem Neben- und Untereinander einen
hervorragenden Charakterzug bilden, wie er eben keineswegs
als ein allgemeiner aller älteren Römischen Annalen angenommen werden kann.

§. 8. Ihre gleichmässige Fassung in der ganzen ersten Decade.

Haben wir es aber darnach mit einer ganz specifisch und
eigenthümlich gearteten Quelle zu thun, so ist es um so beachtenswerther, dass sich deren Benutzung für die ganze Ausdehnung der älteren Geschichte der Republik von Liv. 2, 19
an bis zum Ende des 10. Buchs nachweisen lässt.

Bei dieser Sachlage bleibt nun allerdings die Möglichkeit
übrig, dass mit den Notizen dieser Quelle die einer anderen
oder anderer früher oder später zusammengeschoben seien.

Es kommt auf eine Betrachtung dieser noch nicht heran-
gezogenen Notizen an.

Im Ganzen verändert sich der Charakter derselben durchaus nicht, wie die oben aus dem Abschnitt 2, 19 bis 3, 31
ausgehobenen umfassen auch die der folgenden Bücher vor allen
Kriegsereignisse, wenn schon gerade solche Angaben in der
breiteren Erzählung der jüngeren Geschichtschreiber meist
aufgelöst sind. Es war jedenfalls eine Notiz dieser Art aus
den älteren Quellen, welche Liv. 4, 34 in folgender Weise behandelt "Classi quoque ad Fidenas pugnatum cum Vejentibus
quidam in annales retulere, rem aeque difficilem atque incredibilem
ner nunc lato satis ad hoc amne et tum aliquanto, ut a veteribus
accepimus, artiore, nisi in trajectu forte fluminis prohibendo ali-

*quarum navium concursum in majus, ut fit, celebrantes na-
ralis victoriae ramum titulum appetivere*. Verstehen wir unter
classis - κλῆσις das allgemeine Aufgebot einer oder aller Heeres-
classen, so erzählte die Notiz einfach von einer Landschlacht,
aber freilich in so alten Formen, dass Livius und vielleicht
andere vor ihm sie vollständig missverstanden. Dass es an
Angaben dieser Art auch sonst nicht fehlte, werden wir später
ausführen können, einzelne sind auch jetzt wol noch er-
kenntlich [1].

An diese kriegerischen Nachrichten schliessen sich natürlich auch hier die über Waffenstillstand- und Friedensverträge [2];
häufig wird dabei des Senats als der eigentlich verhandelnden
Behörde erwähnt.

Dazu kommen dann die Angaben über Gründung neuer

---

[1] Lir. 4, 61. *Eodem anno adversus Volscos populantes Hernicorum fines
legiones ductae a Furio esc cum hostem ibi non invenissent, Ferentinum
quo magna multitudo Volscorum se contulerat, cepere. Minus praedae
quam speraverant fuit, quod Volsci, postquam spes tuendi exigua erat,
ablatis rebus nocte oppidum reliquerunt. postero die prope desertum ca-
pitur. Hernicis urbs agerque dono datus.* oder ebd. 65: *ab arce Carcen-
tana cum diu nequiquam oppugnata esset recessum, Verruginem in Volscis
eodem exercitu receptam, populationemque et praedas et in Aequis et in
Volscis agro ingentes factas.* 9, 44 eo *anno Sora Arpinum Cesennia recepta* n *Samnitibus.* 10, 2. *Eodem a. classis Graecorum Cleonymo duce
Lacedaemonio ad Italiae litora appulsa Thurias urbem in Sallentinis cepit,
adversus hunc hostem Aemilius missus uno proelio fugatam compulit in
naves* u. s. O.

[2] 4, 30 *Aequorum legati foedus ab senatu cum petissent et pro foedere
deditio ostentaretur, indutias annorum VIII impetraverunt.* ebd. 35. *Vejentibus annorum XX indutiae datae et Aequis triennii cum plurium
annorum petissent.* 7, 19: *res bello bene gestae, ut Samnites quoque amicitiam peterent effecerunt. legatis eorum comiter ab senatu responsum,
foedere in societatem accepti.* ebd. 20 *pax populo Caeriti data indutiasque in
C annos factas in senatusconsultum referri placuit.* ebd. 9, 43a. *E. Cornelius in
Samnio relictus; Marcius de Hernicis triumphans in urbem rediit statuaque
equestris in foro decreta est, quae ante templum Cantoris posita est. Hernicorum III populis Aletrinati, Verulano Ferentinati, quia maluerunt quam
civitatem, suae leges redditae connubiumque inter ipsos, quod aliquandiu
soli Hernicorum habuerunt, permissum. Anagninis, quique arma Romanis
intulerant, civitas sine suffragii latione data etc. — cum Carthaginiensibus
eod: a: tertio foedus renovatum, legatisque eorum, qui ad id venerant,
comiter munera missa* u. s. O.

Tribus, sie sind uns bekanntlich von der allgemeinen Angabe 2, 21 an alle ohne Ausnahme auf diesem Wege erhalten. Die Notizen über einzelne Gesetze erscheinen auch hier,
jedoch nicht ganz so einsilbig wie jene 3, 31 *de Aventino publicando*[1]. Ueberhaupt wird, wie es scheint, die Fassung der einzelnen Nachrichten allmälig ausführlicher und eben deshalb
wird es zum Theil schwieriger die annalistischen Stücke aus
dem Zusammenhang der späteren Erzählung sicher auszu-
sondern. Kann es daher auch zunächst hier nur darauf ankommen, nicht den ganzen Bestand solcher Nachrichten, sondern nur ihr Vorhandensein überhaupt zu belegen, so ist dagegen das Verhältniss bei den noch weiter zu besprechenden
Nachrichten ein wesentlich anderes.

Notizen über die einzelnen Amtsverrichtungen und die
Geschichte der einzelnen Magistrate stehen insofern jenen oben
behandelten priesterlichen ganz gleich als schon ihr Vorhandensein allein auf eine rein annalistische Tradition schliessen
lässt. Dass dabei Fälschungen möglich und nachweisbar sind,
zeigt nur wie bedeutend gerade diese Reihe von Ueberlieferungen hervortrat.

Mommsen hat nachgewiesen, dass der Anfang der Censur
Liv. 4, 8 die Fälschung einer jüngeren Quelle und Kiessling,
dass wir ebenso zwei verschiedene Reihen von Lustren- und
Censusangaben zu unterscheiden haben, deren jüngere mit dem
Census des Valerius Poplicola Plut. zusammenhängt. Streichen
wir also diese jüngeren Angaben, so gewinnt dadurch der Rest
an unzweifelhafter Bedeutung. Die Angabe über die wirklich
erste Censur[2] gewinnt dadurch ebenso wie die über die älte-

---

[1] 7, 15 *de ambitu ab C. Poetelio trib. pl. auctoribus patribus tum primum ad populum latum est* ebd. 16 *M. M. cos. de unciario fenore a. M.
Duellio L. Menenio tribb. pl. rogatio est perlata et plebs eam aliquanto
cupidius scivit accepit.* Von den Stellen über die *leges fenerariae* 7, 21
und 27 gehört jedenfalls wol die letztere hierher. Dagegen gehört wol
auch die *l. Julia Papiria* Liv. 4, 30 eben so wie die früheren *leges de
multarum aestimatione* einer späteren Erzählung (oben p. 107).

[2] *Eo anno C. Furius Pacilus et M. Geganius Macerinus censores
villam publicam in campo Martio probaverunt; ibique primum census populi est actus.* 4, 22.

sten Census[1]. Solche Angaben über die Censoren[2] die Consuln[3] die Prätoren[4] und die Aedilen[5] mögen zum Theil eben so durch spätere Bearbeitung modificirt, ja in einzelnen Fällen rein fingirt sein, fasst man aber die Gesammtsumme der wiederkehrenden Notizen zusammen, so wird die Existenz und die wesentlich annalistische Fassung dieser Nachrichten ebenso wenig bezweifelt werden können als die jener wesentlich priesterlichen Reihe von Tempelweihen und anderen Cultusnachrichten.

Mit wo möglich noch grösserer Bestimmtheit gilt dieses aber endlich von den Witterungsangaben[6].

Es wäre allerdings denkbar, dass diese Nachrichten in die

---

[1] s. oben p 44.

[2] *aedes Salutis a. C. Junio Bubulco censore locata est, quam ex. bello Samnitium voverat; ab eodem collegaq. ejus M. Valerio viae per agros publica impensa factae 9, 43.*

[3] *4, 12: huli ab Xeriis per secessionem plebis a patribus ex acto voti eo ac facti sunt. 5, 31 Ii cm. magnos ludos fecere, quos M. Furius voverat Vejenti bello.*

[4] *Romani facti Acerrani lege ab L. Papirio praetore lata 8, 17. Eodem a. primum praefecti Capuam creari coepti legibus ab L. Furio praetore datis, cum utrumque ipsi pro remedio aegris rebus discordia intestina petiasent 9, 20.*

[5] *7, 16 Eod. ao C. Licinius Stolo u M. Popilio Laenate sua lege X milibus aeris est damnatus quod M. jugerum agri cum filio possideret emancipandoque filium fraudem legi fecisset. 10, 13: Eo ao plerisque dies dicta ab aedilibus quia plus quam quod lege finitum erat agri possiderent. nec quisquam ferme est purgatus vinculumque ingens immodicae cupiditatis injectum est. 7, 28: judicia eo ao populi tristia in feneratores facta, quibus ab aedilibus dicta dies esset, traduntur. 10, 23: Eod. ao Cn. et Q. Ogulnii aediles curules aliquot feneratoribus diem dixerunt — et ab aedilibus pl. — ex multaticia item pecunia, quam exegerunt pecuariis damnatis etc.*

[6] *4, 52: pestilentem annum inopia frugum neglecto cultu agrorum, ut plerumque fit, excepit — jam fames quam pestilentia tristior erat, ni dimissis circa omnes populos legatis qui Etruscum mare quique Tiberim accolunt ad frumentum mercandum foret subventum etc. 5, 13 Insignis annus hieme gelida ac nivosa fuit, adeo ut viae clausae, Tiberis innavigabilis fuerit. annona ex ante confecta copia nihil mutavit. — Tristem hiemem sive ex intemperie coeli sive alia qua de causa gravis pestilensque omnibus animalibus aestas excepit. cujus insanabili pernicie quando nec causa nec finis inveniebatur, libri Sibyllini etc.*

uns vorliegende Ueberlieferung aus verschiedenen Quellen zusammengeflossen wären, wie denn z. B. Schwegler die ältesten Prodigienangaben und Pestberichte auf die Commentarien der *XViri sacrorum* zurückgeführt hat (R. G. 2 p. 619), dem widersprechen aber zunächst die Stellen, wo die verschiedenartigsten Notizen hart neben einander offenbar noch in dem Zusammenhang ihrer ursprünglichen ersten Fassung stehen, wie die schon erwähnte 3, 31: *domi forisque otium fuit. annona propter aquarum intemperiem laboratum est. de Aventino publicando lata lex est* oder 5, 31: *css: magnos ludos facere quos M. Furius dictator voverat Vejenti bello. Eod. anno aedes Junonis reginae ab eodem dictatore eodemque bello vota dedicatur, celebratamque dedicationem ingenti matronarum studio tradunt* oder 6, 5 *Sedis Martis Gallico bello rota dedicata est a T. Quinctio Hirio sacris faciendis. tribus IV ex novis civibus additae etc.*, ganz wie 2, 21: *Signia colonia deducta. Romae tribus una et viginti factae. Aedes Mercurii dedicata.*

Auch die Nachrichten über die *libri Sibyllini* und die Anordnungen der *Xviri* stehen in solchen Gruppen[1]. Es sind eben Zusammenstellungen, wenn auch weniger umfangreich, so doch ebenso mannigfaltig, wie die annalistischen Notizen, die in den späteren Decaden regelmässig am Ende jedes Jahres wiederkehren und über deren Ableitung aus den *annales marimi* Niemand zweifelhaft ist.

§. 4. Uebereinstimmung der Livianischen und Diodorischen Annalenreste.

Ein anderer Umstand führt ebenfalls zu der Annahme, dass die in. der ersten Decade vorhandenen annalistischen Stücke schon früh wenigstens und eben als solche kurze Aufzeichnungen in Einem Werk vereinigt waren. Es kann nicht zweifelhaft sein, dass die kurzen Römischen Notizen Diodors nicht aber die breiteren Ausführungen eben demselben Annalenwerk entstammen, dessen Reste wir bei Livius finden. Für die

---

[1] 7, 27 *pestilentia coegit senatum imperare Xviris ut libros Sib. inspicerent, eorumque monitu lectisternium fuit. eodem ao Satricum ab Antiatibus colonia deducta restitutaque urbs, quam Latini diruerant. et cum Carthaginiensibus legatis Romae foedus ictum, cum amicitiam et societatem petentes renissent* u. auch 10 a. E.

späteren Stücke aus der Geschichte der Samniterkriege hat das
Nissen schon bestimmt ausgesprochen.

Aber auch in den früheren Partien ist an einzelnen Stellen
noch jetzt die Uebereinstimmung mit der alten Ueberlieferung,
die bei Livius fast übertüncht ist, deutlich erkennbar. Am deutlichsten Diod. 14, 93 und Liv. 5, 28, wo beide die Geschichte
des für Delphi bestimmten Weihgeschenks fast ganz in denselben Zügen erzählen, nur dass Livius die Namen der Gesandten, Diodor dagegen die Notizen bringt, dass die Schale
im Thesauros der Massalioten ihre Stelle gefunden und dass
die Nachkommen des Strategen Timasitheos während des ersten
Punischen Kriegs von den Römern in dankbarer Erinnerung
seiner Verdienste abgabenfrei erklärt worden seien. Noch auffallender fast ist die Uebereinstimmung in den kurz auf einander folgenden Stücken Diod. 16, 31   Liv. 7, 16[1] Diod.
16, 36   Liv. 7, 17[2] und Diod. 16, 45   Liv. 7, 19[3]. Erwägt man, wie sehr im Ganzen die jüngeren Erzähler, denen
Livius folgte, jene älteren Angaben umschmolzen und ausarbeiteten, so erkennt man hier, dass Diodor aus der bei Li-

---

[1] Livius:

Ab altero eae nihil memorabile gestum nisi quod legem — in castris tributim — tulit.

[2] Liv.:

concitatur deinde omne nomen Etruscum et Tarquiniensibus Faliscisque ducibus ad salinas perveniunt.

[3] Liv.:

in Tarquin: acerbe saevitum — ex — captivorum numera trecenti quinquaginta octo delecti — qui Romam mitterentur; vulgus aliud trucidatum. nec populus in eos, qui Romam missi erant mitior fuit, medio in foro omnes virgis caesi ac securi percussi. — res bello bene gestae ut Samnites quoque amicitiam peterent, effecerunt. legatis eorum comiter ab senatu responsum, foedere in societatem accepti.

Diod.:

'Ρωμαίοις δὲ πρὸς Φαλίσκους σινέστη πόλεμος καὶ μέγα μὲν οὐδὲν οὐδ' ἄξιον μνήμης ἐπετελέσθη, καταδρομαὶ δὲ καὶ πορθήσεις τῆς χώρας τῶν Φαλίσκων ἐγένοντο.

Diod.:

Τυρρηνοὶ δὲ διαπολεμοῦντες 'Ρωμ. ἐπόρθησαν πολλὴν τῆς πολεμίας χώρας καὶ μέχρι τοῦ Τιβέριως καταδραμόντες ἐπανῆλθον εἰς τὴν οἰκείαν.

Diod.:

'Ρωμ. πρὸς μὲν Πραινεστίνους δραχὰς πρὸς δὲ Σαμνίτας συνθήκας; ἐποιήσαντο, Ταρκυνίους δὲ ἄνδρας διακοσίους καὶ ἑξήκοντα δημοσίᾳ ἐθανάτωσαν ἐν ἀγορᾷ.

vius so behandelten Ueberlieferung nur immer einzelne Notizen gleichsam herauspflückte, offenbar um überhaupt nur eine Römische Notiz hier und da seiner Arbeit einzustreuen.

Dass es ganz dieselben Annalen waren, denen Diodor oder seine Quelle folgte, erhellt namentlich auch daraus, dass sich bei ihm auch jene unteritalischen Notizen finden, die Livius selbst in dieser so specifisch Römischen Ueberlieferung mit Recht auffielen. Gerade die Jahre, die bei Livius 4, 37 und 44 die Nachrichten von der Eroberung Kapuas und Kumäs enthalten, sind mit den zwischen liegenden und dem zunächst folgenden aus Diodors Fasten allerdings zwischen 12, 83 und 13, 2 ausgefallen [1]), dennoch findet sich die Eroberung Kumäs ein paar Jahre vor dieser Lücke [2]) eingetragen. Die ausführliche Fassung Diodors, verglichen mit der Stelle über Timasitheos bei ihm und Livius zeigt, dass diese Hellenischen Nachrichten gerade mit einer gewissen Ausführlichkeit gegeben waren, die Diodor als Grieche an beiden Stellen, Liv. oder sein Autor nur dort beibehielt. Spricht aber das Vorkommen gerade dieser Notizen bei beiden ganz besonders für die Gemeinsamkeit ihrer Urquelle, so wird man die ganz vereinzelten Notizen, die auch Diodor ausser der Kriegs- und Verhandlungsgeschichte giebt, auf jene Livianische Urquelle zurückführen müssen, die an solchen Nachrichten so reich ist.

Wenn wir Diod. 14, 16 eine Angabe über die Einführung des Solds finden Diod. 14, 102 über die Vejentischen Assignationen · Liv. 5, 30, Diod. ebd. 106 über die von den Consuln gegebenen *ludi magni* Liv. 5, 31 und Diod. 19, 10 über die Einrichtung der *Tribus Ufentina* und Falerina Liv. 9, 21, so sind diese wenigen Notizen von Diodor, der sonst bei seiner so flüchtigen und oberflächlichen Auswahl gar nicht auf dergleichen Rücksicht nahm, gleichsam zufällig mitgegriffen.

Wenn man sich diese heillos flüchtige Manier zu excer-

---

¹) Mommsen Chronol. p. 120 A. 227.

²) Diod. 12, 76: Καμπανοὶ μεγάλη δυνάμει στρατεύσαντες ἐπὶ Κύμην ἐνίκησαν μάχῃ τοὺς Κυμαίους καὶ πλείους τῶν ἀντιταχθέντων κατέκοψαν. προσκαθεζόμενοι δὲ τῇ πολιορκίᾳ καὶ πλείους προσβολὰς ποιησάμενοι κατὰ κράτος εἷλον τὴν πόλιν. διαρπάσαντες δὲ αὐτὴν καὶ τοὺς καταληφθέντας ἐξανδραποδισάμενοι, τοῖς ἱκανοὺς οἰκήτορας ἐξ αὐτῶν ἀπέδειξαν. Bei Liv. 4, 44 steht nur ein Auszug *a Campanis Cumae, quam Graeci tum urbem tenebant, capiuntur.*

piren deutlich vergegenwärtigt, so wird klar, dass es allerdings
unmöglich sein würde, sich aus solchen Excerpten den Gesammtcharakter des eigentlich zu Grunde liegenden Werks zu vergegenwärtigen, wol aber kann man aus ihnen constatiren, dass
dieses Werk wesentlich eben dasselbe war, aus dem bei Livius die betreffenden Notizen im Ganzen so viel vollständiger
und reicher uns erhalten sind.

Die vielfachen chronologischen und thatsächlichen Widersprüche erklären sich sowol aus der Leichtfertigkeit Diodors
wie aus den absichtlichen und unabsichtlichen Willkürlich-
keiten derjenigen Historiker, welchen Livius folgte.

Im Grossen und Ganzen aber führt die Uebereinstimmung
auf die Annahme hin, dass die annalistischen Stücke in Livius
erster Decade wesentlich aus Einem Werke stammen, dessen
Hauptbestandtheile und wesentlichen Charakterzüge wir auch
durch den Schutt und Dunst unserer heutigen Ueberlieferung
noch zu erkennen vermögen.

Kap. 2. Die Geschichte der älteren Römischen Annalistik vor Fabius.

§. 1. Zeit und Ort der ältesten Annalen.

Wir sind mit den bisher gewonnenen Resultaten bei der
Frage angelangt, woher jene älteste erkennbare Römische
Annalenarbeit stamme. Dass wirklich in ihr ein Denkmal der
ersten Jahrhunderte der Republik erhalten sei, ist ja jetzt allgemein anerkannt.

Livius Ansicht, dass der Gallische Brand fast alle oder
alle früheren bedeutenden Denkmäler zerstört habe, findet jetzt
nirgend wo ernsthafte Zustimmung. Im Gegentheil haben
bekanntlich alle unsere bedeutendsten Forscher anerkannt,
dass bald nach der Vertreibung der Könige eine wenn
auch einsilbige gleichzeitige Ueberlieferung begonnen haben
müsse, deren deutliche Reste uns erhalten seien. Niebuhr
und Schwegler nahmen als ihre Organe einzelne, verschiedene kurze Chroniken, daneben die Commentarien einzelner bedeutender Familien an[1], Mommsen dagegen bringt sie unmittel-

---

[1] Schwegler R. G. II p. 2 f.: Wann man in Rom den Anfang gemacht —
die Zeitereignisse alljährlich aufzuschreiben, lässt sich — nur annähernd be-

bar mit den ältesten Fasten in Verbindung und denkt sie sich
als eine officielle Aufzeichnung, die mit diesen nach dem Gallischen Brand hergestellt und zum Theil erheblich gefälscht sei.
Aber auch er scheidet diese älteren Aufzeichnungen (R. G. I 4 p.
466) bestimmt von dem *liber annalis* oder den *annales maximi*
des *pontifex maximus*.

Es erhellt, dass der Eindruck jener langen Reihe annalistischer Notizen bei Livius und Diodor unter dem Licht der
neueren historischen Kritik mit Nothwendigkeit zur Annahme
so früher gleichzeitiger Quellen drängt.

Niebuhrs und Schweglers Annahme verschiedener Chroniken
stammt unzweifelhaft mit aus der Voraussetzung, dass eine alle
diese Notizen umfassende Urquelle nicht so spurlos aus dem
Gedächtniss der Späteren verschwunden sein könne[1]. Wenn
aber die spätere Redaction der *annales maximi*, die sich bis
auf die Königszeit ausdehnte, auch diese Periode also umfasste[2])

----

stimmen. Sicherlich nicht sogleich nach dem Sturz des Königthums: den
Annalisten wenigstens haben keine Chroniken mehr vorgelegen, die dem
Einfall des Porsenna u. s. w. gleichzeitig wären. Wohl aber scheint nicht
lange darauf der Anfang mit historischen Aufzeichnungen gemacht zu sein,
in jedem Falle noch im Laufe des dritten Jahrhunderts der Stadt. Da-s
auch die geistlichen oder priesterlichen Schriften, — namentlich die Commentarien der Hüter der Sibyllinischen Bücher bis ins dritte Jahrhundert zurück
gereicht haben, sieht man aus den Prodigien, die aus dieser Zeit, zum Theil
mit grosser Genauigkeit berichtet werden. Von welcher Zeit an die Priester-
annalen, die *annales maximi*, geführt worden sind, lässt sich nicht mehr näher
ermitteln, da es hierüber an jeder glaubhaften Nachricht fehlt u. s. w.

[1]) Schwegler a. O. p. 3: Dass mehrere von einander unabhängige
Chroniken existirt haben und in den Händen unserer Annalisten gewesen
sind, sieht man aus den chronologischen Widersprüchen. Sie führen ein
und dasselbe Ereigniss oft unter verschiedenen Jahren auf, ja Livius erzählt z. B. den Feldzug, — den Dionys — ins Jahr 259 setzt, dreimal
unter den Jahren 251, 252 und 259, wovon der Grund offenbar darin zu
suchen, dass die verschiedenen Chroniken, in welchen die frühsten Ereignisse der Republik nur aus der Erinnerung oder mündlichen Ueberlieferung
aufgezeichnet waren, diesen Feldzug verschieden angesetzt und abweichend
erzählt hatten. Ueber den oben angeführten Fall, s. oben p. 56. Er betrifft eben nicht, wie Schweglers Ausdrücke selbst andeuten, eine wirklich
gleichzeitige annalistische Ueberlieferung.

[2]) Peter *Hist. Rom. rell.* p. XVI s. Die eigenthümliche Ansicht
Peters, die Herstellung der im Gallischen Brand untergegangenen Denkmäler sei bei dem ausserordentlich geübten Gedächtniss der Römischen

so begreift man, dass durch sie und vielleicht in ihr das ganze
frühere Werk verschwinden konnte.

Die von Mommsen ausgesprochene Ansicht, dass man sich
diese älteste Annalistik im nächsten Zusammenhang mit den *fasti*
zu denken habe liegt ausserordentlich nahe, wenn man sich vergegenwärtigt, dass die uns vorliegende Fastenredaction gerade
so weit hinaufzureichen scheint, ja noch etwas weiter als jene
Notizen. Es tritt nur ein Bedenken entgegen, waren die *Fasti*
doch unzweifelhaft von Anfang an in den Händen der *pontifices*
wie kam es, dass sich dann erst so spät ihre wirkliche Annalistik, das wirkliche Jahrbuch, ausbildete? Und ist diese
ganze älteste Geschichtschreibung die Arbeit dieses Priestercollegiums, woher dann gerade hier dieses specifische Interesse
für Hellenische Kulte und Hellenische Angelegenheiten? woher daneben das auffallende Zurücktreten[1] gerade der *pontifices* und ihrer Thätigkeit?

Dürfen wir den Bestand aller der annalistischen Nachrichten, die wir bei Livius oder Diodor finden, abgesehen von
späteren Einschiebseln, nicht auf einzelne verschiedene Privatchroniken, sondern auf Ein Werk zurückführen, das etwas
später als die Fasten begann, so werden wir erst durch eine
genaue Betrachtung des hier vereinten Bestandes verschiedener
Thatsachen Ort und Charakter seiner Entstehung und Fortführung constatiren können.

Und hier führt uns allerdings zunächst jenes so klar hervortretende Interesse für Hellenische Kulte und noch mehr
das für die Thatsachen der unteritalisch-hellenischen Geschichte
auf eine, wie mir scheint, ganz unverkennbare Spur. Von allen
Römischen Tempeln, die in der ersten Zeit der Republik entstanden, ja von allen überhaupt blieb der der Ceres des Liber
und der Libera am längsten in der engsten Verbindung mit
dem unteritalischen Hellenismus. „*Sacra Cereris*“ sagt Cicero

---

Pontifices leicht möglich gewesen, wird wohl wenig Zustimmung finden,
obgleich der Verf. meint „*nemo nescit, quam tenax fuerit sacerdotum Ro-
manorum memoria etc.*“

[1] Diesen Umstand hat offenbar auch Schwegler schon bemerkt,
wenn er in der oben p. 204 A. 1 angeführten Stelle die *commentarii* der
II viris sacrorum so hoch hinaufführt, dagegen den Anfang der *annales maximi*
ganz unbestimmt lässt.

p. Balbo 24 „*summa majores nostri religione confici caerimoniaque voluerunt, quae cum essent assumpta de Graecia et per Graecas semper curata sunt sacerdotes et Graeca omnia nominata. Sed quum illam, quae Graecum illud sacrum monstraret et faceret ex Graecia deligerent tamen sacra pro civibus civem facere voluerunt, ut ·deos immortales scientia peregrina et externa, mente domestica et civili precaretur. Has sacerdotes video fere aut Neapolitanas aut Velienses fuisse, foederatarum sine dubio civitatum. Mitto vetera proxima dico: ante civitatem Veliensibus datum de senatus sententia C. Valerium Flaccum, praetorem urbanum, nominatim ad populum de Calliphana Veliense, ut ea civis Romana esset, tulisse.* Die Geschichte der Gründung und Weihung dieses Tempels ist bei Livius 2, 22 ff. leider ausgefallen, weil Livius eben hier mit seinen Quellen plötzlich und schnell wechselte.

Wir haben sie also nur in der jüngeren Bearbeitung bei Dionys[1]) der, nachdem er die Gelobung des Tempels vor der Schlacht am See Regillus sehr ausführlich erzählt, mit kurzen Worten die· Einweihung unter das erste Consulat des Sp. Cassius, d. h. ·in das Jahr der Secession setzt. Nicht jene erste Ausführung, aber unzweifelhaft das letzte Datum stand in den annalistischen Notizen, von denen sich Livius 2, 21 a. F. abwendet, um erst ebd. 31 wieder dazu zurückzukehren.

Wir haben also zunächst hier in dem Cerestempel eine Gründung, deren Datum nach unserer jetzigen Chronologie wenige Jahre nach dem Anfang unserer Nachrichtenreihe fällt und deren Ursprung und stetig dauernder Charakter das deutlich hervortretende Interesse für die Hellenischen Institute in Rom und die Geschichte Unteritaliens erklärt. Mochten die Sibyllinischen Bücher aus Cumä oder Dikäarchia nach Rom gekommen sein[2]), sie hatten jedenfalls das Heimathsland mit den Priesterinnen der Ceres gemein. Mommsen hat R. G. I c. 13—15 den lebendigen und überall erkennbaren Einfluss der Chalkidisch-Dorischen Bildung Unteritaliens und Siciliens auf die älteste Römische Bildung so schlagend und eindringlich nachgewiesen, dass wir uns im Ganzen nur auf diese meisterhafte Darlegung berufen können.

[1]) Dion. 6, 17. 94 (oben p. 157 A. 2).
[2]) Becker Marq. 4 p. 296 f.

Für uns kommt es daneben aber auf zweierlei an 1) wie
weit sich gerade in diesem Theil der Hellenischen Welt
die Sitte annalistischer Aufzeichnungen nachweisen lässt und
2) welche Stellung der Cerestempel in Rom selbst einnahm, in
wie fern eben diese Stellung die Anlage und Fortführung solcher Aufzeichnungen nahe legte.

Was die erste Frage betrifft, so finden wir bekanntlich bei
Herodot, wo sie doch vorkommen könnten, keine Spuren un-
teritalisch-hellenischer Annalistik, dagegen ganz entschieden bei
Thukydides. Dass dieser die Verzeichnisse der Priesterinnen der
Argivischen Hera benutzte kann nach dem von ihm 2, 2 und 4,
133 mitgetheilten nicht zweifelhaft sein, ebenso wenig, dass diese von
Hellanikos schon vor ihm mit einer Reihe sagenhafter Data in die
frühesten Zeiten hellenischer Geschichte zurückgeführt waren[1].
Es wäre daher denkbar, dass aus diesen merkwürdigen Jahrbüchern sowol die wenigen vereinzelten annalistischen Notizen
Thuc. I, 13, wie die lange Reihe derjenigen stammte, die er
VI, 3—5 über die Geschichte der Colonisation Siciliens, soweit
sie von Hellenen ausgeführt ward, zusammenstellte. Erwägt
man aber, dass an der Spitze derselben die Weihung des Altars
des Apollon Archagetes bei dem Sikelischen Naxos steht[2] und
dass der Historiker dessen Existenz und Bedeutung für den
Cultus der Colonien noch seiner Zeit ausdrücklich hervorhebt,
so wird es sehr viel wahrscheinlicher, dass alle jene seine Angaben aus Jahrbüchern stammten, welche in den Chalkidischen
Colonien von jedem Anfang wenigstens bis auf die Herrschaft
Gelons in Syrakus hinabgeführt waren[3]. Damit ergiebt sich
also nicht allein das frühe Vorhandensein einer chalkidischen
Annalistik in den Sikelischen Colonien, sondern diese berührt
sich auch, soweit wir sie bei Thukydides verfolgen können, der
Zeit nach mit den Anfängen der Römischen Aufzeichnungen.

Was die zweite oben hervorgehobene Frage nach der po-

---

[1] C. et Th. Müller *Fragm. hist. Graecor.* I p. XXVII ss.

[2] a. O. 3: Ἑλλήνων δὲ πρῶτοι Χαλκιδεῖς, ἐξ Εὐβοίας πλεύσαντες
μετὰ Θουκλέους οἰκιστοῦ, Νάξον ᾤκισαν καὶ Ἀπόλλωνος Ἀρχηγέτου
βωμόν, ὅστις νῦν ἔξω τῆς πόλεώς ἐστιν, ἱδρύσαντο· ἐφ᾽ ᾧ ὅταν ἐκ
Σικελίας θεωροὶ πλέωσι, πρῶτον θύουσι.

[3] Sowohl die Geschichte Megaras a. O. 4, sowie die Camarinas 5 a.
E. ist bis auf die Zeiten Gelons geführt.

litischen Bedeutung des Cerestempels betrifft, so haben schon
Preller[1]) und Schwegler[2]) eine Reihe von Thatsachen zusammengestellt, die sie beweisen. Dass der Cerestempel am *forum
boarium* das politische Hauptheiligthum der Plebs war, braucht
hier nicht ausgeführt zu werden. Die neue plebejische Gewalt
des Tribunats erscheint von Anfang an ebenso unter seinen
Frieden gestellt, wie jeder Angriff auf die Verfassung als ein
Bruch desselben betrachtet und der eines solchen schuldig
erkannte als den Göttern dieses Tempels verfallen erachtet
wurde[3]).

Erwägt man diese Thatsache, so erscheint es nicht als Zufall, dass gerade die Priesterinnen dieses Tempels aus der
Fremde genommen und neben sie zur Verwaltung des Tempelfriedens und -guts ein besonderer plebejischer Magistrat gestellt ward, während andrerseits das Recht der politischen
Action auf Grund dieses Tempelfriedens wieder von der Aedilität getrennt und den Tribunen ohne jede Magistratsgewalt übertragen ward. Die ganz aus späteren Darstellungen der Sullanischen Zeit stammende Geschichte der älteren Republik hat
den Zusammenhang dieser so fein combinirten priesterlichen
und politischen Gewalt ganz verdeckt durch die roh und breit
ausgeführte Zeichnung des Tribunats, zu der man die Vorbilder
aus der Zeit der Gracchischen, Marianischen und Livianischen
Revolution nahm. Aus solchen Anschauungen stammt unzweifelhaft die Bezeichnung der Aedilen als „Diener der Tribunen"[4]),
in Wahrheit standen sie zwischen dem Priesterthum und dem
magistratslosen Tribunat als das wichtige Mittelglied, auf dessen
Kraft und Selbständigkeit die Bedeutung sowohl des Tempels
als des Tribunats beruhte. Die Analogie, die Mommsen zu dem
Verhältniss der Aedilen zu den Tribunen in dem der Quästoren
zu den Consuln gefunden hat[5]), trifft desshalb nicht zu, weil der
Consul eben nicht des Schutzes des Saturntempels und seiner
Beamten bedurfte, wie das Tribunat des des Cerestempels.

---

[1]) Röm. Mythologie p. 439 ff.
[2]) R. Gesch. II p. 255 und 276 f.
[3]) Schwegler a. O.
[4]) Die Stellen Becker II. 2 p. 292 A. 741.
[5]) R. G. I[4] p. 277 A.

§. 2. Die Aediles pl. und die Annalen.

Diese wichtige Mittelstellung der Aedilen war offenbar der Punkt, von wo aus sich ihre Bedeutung für „die inneren Angelegenheiten der Plebs"[1] so entschieden ausbildete. Fasst man sie genauer ins Auge, so wird man von ihr aus, ich möchte sagen, den inneren Zusammenhang aller oder der meisten jener Notizen erkennen, die, abgesehen von den Kriegsereignissen, den Hauptbestand jener ältesten Annalistik bilden. Dass diesem Bauernmagistrat die Sorge für den Getreidemarkt und dessen Bedürfnisse zunächst oblag, ist allgemein anerkannt[2]. Unter diesem Gesichtspunkt sind die Notizen über die auf den Stand des Getreidemarkts einwirkenden Witterungsverhältnisse in unsere Annalen gekommen. Dieser Zusammenhang tritt Liv. 6, 13 besonders klar hervor „insignis" heisst es „annus hieme gelida ac nivosa fuit, adeo ut viae clausae, Tiberis innavigabilis fuerit"; man sieht, die Stockung des binnenländischen Verkehrs wird hervorgehoben, aber im Sinne eines vorsorglichen Magistrats wird hinzugefügt „annona ex ante convexta copia nihil mutavit". Dass gerade für diese Zwecke die Beaufsichtigung der öffentlichen Wege in ihr Ressort fielen, liegt auf der Hand und so erklärt sich z. B. auch die Notiz 9, 43, dass durch die Censoren, offenbar durch eine ausserordentliche Massregel „viae per agros publica impensa factae."

Die gesetzlich geregelte Benutzung des ager publicus war für die Anforderungen einer gesunden Production eine Hauptbedingung: die Verfolgung derjenigen, welche „plus quam lege finitum erat, agri possiderent"[3] und der die Hutfreiheiten missbrauchenden pecuarii[4] gehörte unzweifelhaft, seitdem diese Verhältnisse fest geregelt waren, zum Ressort der Aedilen. Solche Fälle sind

---

[1] Schwegler II p. 274.
[2] Die Sorge der Consuln für den Ankauf des nöthigen Getreides auf ausländischen Plätzen, die allerdings durch eine Reihe von Stellen in früherer Zeit bezeugt ist (Hofmann de aedil. R. p. 64 f. Schwegler II p. 275) entspricht der Einsendung der Lieferungen aus den Provinzen (Becker II p. 821 A. 811) neben der die Thätigkeit für Sicherung und richtige Verwendung der gesammten und Ordnung der einheimischen Zufuhren offenbar schon früher und später Sache der Aedilen war.
[3] Liv. 10, 13.
[4] Liv. 10, 23. 47.

in unseren Annalen zum Theil einfach notirt (Liv. 7, 16. 10, 13),
zum Theil aber auch mit den Angaben über die Verwendung
der gezahlten Brüchen für Anlagen im öffentlichen Interesse
des Verkehrs und des Cultus.

Die Aufzählung der *leges fenerariae*[1]) und die der Verurtheilung einzelner *fenerarii*[2]) hängt mit dieser Stellung der
Aedilität ebenso wesentlich zusammen; sie erscheint nach allen ·
diesen Seiten als die Hüterin und Vertreterin der wirthschaftlichen Interessen der Plebs, wie das Tribunat als das Bollwerk
der persönlichen Freiheit.

Wie von dieser Stellung aus auch die auswärtigen Verhältnisse für sie in Betracht kamen, tritt 7, 27 in den
Worten hervor, mit der die Reduction des Uncialzinsfusses auf
den Semiuncialfuss und die damit verbundene Schuldenreguli-
rung charakterisirt wird *„sic quoque parte plebis adfecta fides
tamen publica privatis difficultatibus potior ad curam senatui
fuit. lexatae maxime res, quia tributo ac dilectu supersessum“.*

So gewiss die Aedilität mit Tributum und Aushebung
unmittelbar nichts zu thun hatte, jeder Krieg mit seinen militärischen und wirthschaftlichen Anstrengungen, jedes positive oder
negative Resultat der auswärtigen Politik griff in die Tagesbedürf-
nisse und -interessen der Plebs unmittelbar oder mittelbar ein.

Der innere Zusammenhang dieser Thatsachen wird klar
durch jene andern, dass seit dem Sturz der Decemvirn die
Senatusconsulta *„in aedem Cereris ad aediles plebis deferebantur“*[3])
und dass, wir wissen nicht seit wann, die Annahme und Feststellung aller Friedensverträge in den Tributcomitien erfolgte.
Wie auch immer der Bestand und die Bedeutung der *concilia
plebis* und der *comitia tributa* sich entwickelt haben mag, die
beiden angeführten Thatsachen beweisen, welch selbständiges
Interesse die Plebs und in ihrer Vertretung die Aedilität an
der Behandlung und Gestaltung der auswärtigen Verhältnisse
beanspruchte.

Dass aber die *senatusconsulta* und die ganze Reihe der
acta senatus gerade seit dem Decemvirat eine der Hauptgrund-
lagen der älteren Annalen bilden, tritt an einer Reihe von

---

1) 7, 16. 27. 42.
2) 7, 28. 10, 23.
3) Liv. 3, 55.

Stellen, die man auf sie wird zurückführen können, besonders deutlich hervor[1].

Man gewinnt den Eindruck, dass es wesentlich die Thätigkeit des Senats war, von der und deren Urkunden aus die betreffende Annalistik einer ganzen Reihe öffentlicher Geschäfte folgte, und unter diesem Gesichtspunkt gewinnen eben auch eine Reihe von Bemerkungen über Ereignisse der inneren Politik für uns den Ton einer wirklich gleichzeitigen Aufzeichnung[2], bei welchen das Verhältniss des Senats zu der gemeldeten Thatsache ausdrücklich hervorgehoben wird.

Ich weiss nun sehr wohl, dass die meisten der bis jetzt hervorgehobenen Züge auch in den späteren *annales maximi* sich wiederfinden. Die ganze Thätigkeit der Aedilität und die des Senats bilden auch da den Hauptbestandtheil der zusammengetragenen Thatsachen. Die Feier und Ausstattung der Spiele, die wir noch nicht erwähnt, eine der wichtigsten Functionen der Aedilität, kommt ebenso hier wie dort besonders in Betracht.

Diese Gleichmässigkeit spricht unzweifelhaft dafür, dass zwischen den späteren und früheren Aufzeichnungen irgend ein Zusammenhang bestand; dieser Zusammenhang könnte der sein, dass die früheren Stücke vollständig erst später hinzugemacht wurden zu den späteren oder der, dass sich die spätere breite Annalistik unter der officiellen Leitung des *pontifex maximus* aus einsilbigeren Anfängen ähnlichen Ursprungs im

---

[1] Liv. 5, 13: *libri Sibyllini ex senatus consulto aditi sunt.* 7, 27 *pestilentia — coegit senatum imperare Xviris, ut etc.* 9, 29: *Interamnam et Casinum ut deduceretur colonia sct. factum est, sed III viros creavere — insequentes css.* 7, 20 *pax populo Caeriti data indutiasque in C annos factas in senatusconsultum referri placuit.* 9, 43: *Marcius de Hernicis triumphans in urbem rediit statuaque equestris in foro decreta est.* 7, 19: *legatis (Samnitium) comiter ab senatu responsum. foedere in societatem accepti.*

[2] 7, 15: *de ambitu ab C. Poetelio trib. pl. auctoribus patribus tum primum ad populum latum est.* ebd. 16 *ab altero ese nihil memorabile gestum nisi quod legem novo exemplo ad Sutrium in castris tributim de cicesima eorum qui manu mitterentur tulit. patres quia ea lege haud parvum vectigal inopi aerario additum esset, auctores fuerunt.* ebd. 27: *semiunciarium ex unciario fenus factum et in pensiones aequas triennii, ita ut quarta praesens esset, solutio aeris alieni dispensata est. et sic quoque parte plebis adfecta fides tamen publica privatis difficultatibus potior ad curam senatus fuit.*

Zusammenhang mit den *fasti* allmälig ausbildeten. Beiden Hypothesen stehen die Thatsachen entgegen, 1) dass, wie oben p. 206 ausgeführt, diese früheren Stücke sich durch das Interesse für Hellenische Kultur und Hellenische Ereignisse so auffallend charakterisiren und zwar gerade nur diese früheren Stücke und 2) dass dagegen erst in den späteren Stücken das Interesse für die sämmtlichen höheren Priestercollegien sich zeigt, ja dass nun das *collegium pontificum*, das früher zurücktrat, in auffallender und bedeutsamer Weise entschieden in den Vordergrund tritt. Beides ist mit jenen beiden Annahmen nicht zu vereinen. Um so beachtenswerther aber tritt eben darum neben jene Hellenistischen Interessen schon hier der deutliche Zusammenhang mit der Aedilität und dem Senat. Dabei drängt sich eine Erwägung auf.

Ebenfalls in den Anfang der Republik, wie die Weihung des Cerestempels fällt die des Saturntempels und mit ihm war bekanntlich das Aerar der Quästoren verbunden, iu das die Senatusconsulta, wie es scheint, von Anfang an zur Verzeichnung im *commentarius quotidianus* ebenfalls gebracht wurden [1]. Könnte diese Thatsache nicht veranlassen, jene ältere Annalistik eher mit dem Saturntempel in Verbindung zu bringen als mit dem Cerestempel?

Unzweifelhaft wird man diese Frage verneinen müssen: jene hellenisirenden Züge und die mannigfaltigen Berührungen mit dem Amtskreis der Aedilität sprechen zu sehr für den letzteren. Dessenungeachtet verlohnt es sich wol, sich den Zusammenhang zu vergegenwärtigen, in welchem der Saturntempel und sein Magistrat, die Quästur, mit dem Cerestempel und seiner Aedilität stehen konnte und unzweifelhaft auch stand.

Das Aerar des Saturntempels war der Ort, wo bekanntlich die Feldzeichen der Legionen, die Beute ebenso deponirt wurden wie die bei öffentlichen Anklagen fälligen Strafgelder und später das Tributum [2]. Die Quästoren erscheinen somit als der eigentliche Schatz- und Kassenmagistrat des *exercitus* so-

---

[1] Mommsen *Sui modi usati da' Rom. nel conservare e pubblicare le leggi ed i senatusconsulti. Annali dell' inst.* XXX p. 192. N. 1.

[2] Becker II, 2 p. 348 und 352. Mommsen R. G. I⁴ p. 152. 251.

wol *civilis* als *militaris.* In dieser Stellung nehmen sie aber
auch den Magistraten innerhalb der ersten 5 Tage vor dem
Saturntempel den Amtseid ab und haben sie die Befugniss im
comitiatus maximus die peinliche Anklage zur Entscheidung
zu bringen. Vergegenwärtigt man sich die Gesammtheit dieser
Functionen in ihrem Zusammenhang unter sich und den Zusammenhang wieder aller mit dem Saturntempel, so kann meiner
Ansicht nach kein Zweifel sein, dass diese eigenthümliche
Schatz- und Controlbehörde wesentlich ihre Fassung und Stellung von der Weihung des Saturntempels wie Tribunal und
Aedilität von der des Cerestempels datirte. Ich möchte sagen
der Friede des Cerestempels ward dem kaum aufgerichteten
und verfassungsmässig gefassten des Saturntempels gegenüber gestellt. Schon dass die Quästoren verpflichtet waren, vor
der Berufung des *comitiatus maximus* behufs der *anquisitio* neben
den *patres* und Magistraten auch die *tribuni plebis* zur Berathung aufzubieten, schon diese Satzung beweist, dass zwischen
dieser und jenen Gewalten ein anerkanntes Verhältniss bestand[1].

So wenig wir bestimmt angeben können, wie sich das Verhältniss der Tribunen zum Senat allmälig ausbildete und wie
die Macht der Quästur allmälig abnahm, die Thatsache, dass
die Senatusconsulta sowohl in das Aerar des Saturn- als in den
Cerestempel schon früh deferirt wurden, zeigt, wie diese beiden
Tempel und ihre Magistrate vom Senat als wesentliche Glieder
der Gesammtverfassung betrachtet wurden.

So gewiss beide Tempel wenig Jahre nach einander geweiht, so gewiss Quästur, Tribunat und Aedilität in derselben Zeit
eingerichtet wurden, so nahe liegt es die Annalen, die gerade bis
in diese Jahre zurückreichen, in einem Verhältniss zu diesen Gewalten zu denken, das durch ihre gegenseitige Stellung bedingt war.

Die natürliche Bedeutung, die der Magistrat des *exercitus
civilis*, der *manubiae* und des Tributums für den Aedilen und
die ihm anvertrauten Interessen der *plebs* hatte, fand unzweifelhaft eben auch seinen verfassungsmässigen Ausdruck. Der
Quästor, mit dem die Plebs und später der einzelne Plebejer
über Tributum und Stipendium in Rechnung stand, war neben
dem Senat, der Tributum und Dilect beschloss, das wichtigste

---

[1] *Varro de l. l. VI*, 91.

Glied der Verfassung für den Aedilen, soweit er den Gesammtbestand der Plebs, ihren Frieden, ihre innere Ordnung und
Leistungsfähigkeit als den eigentlichen Gegenstand seiner
Thätigkeit betrachtete. Die Alten dachten unzweifelhaft an ein solches Verhältniss,
wenn sie erzählten, dass Sp. Cassius von Quästoren angeklagt,
sein Vermögen aber dem Cerestempel anheim gefallen sei [1].
Ob diese Darstellung richtig, lassen wir unentschieden. Treffen
wir aber in beiden Tempeln früh die Senatusconsulte und in
dem einen derselben bestimmt ein laufendes Journal, in das
alle Staatsacte eingetragen wurden, haben wir daneben in dem
andern die Spuren einer ältesten Annalistik verfolgt, welche
auf die Senatusconsulte besonders Rücksicht nimmt, so liegt es
nahe, diese beiden Thatsachen in Zusammenhang zu bringen.
Wir müssen sagen, der *liber annalis* des Cerestempels, so kurz
er anfangs sein mochte, stellte allmälig mit immer mehr Bewusstsein die grossen Posten aus dem politisch-religiösen Leben
der Republik wie in einem Hauptbuch zusammen, während der
Commentar der Quästoren die Uebersicht über den Gang der
Geschäfte von Tag zu Tag aufrecht erhielt und fortführte.

§. 3. **Weitere eigenthümliche Charakterzüge der ältesten Annalen.**

Die hier aufgestellte Hypothese scheint jedenfalls geeignet,
die Thatsache einer so früh entwickelten Annalistik von verhältnissmässig solcher Sicherheit, die aber nicht mit dem Anfang
der Republik beginnt, soweit möglich zu erklären.

Ein Cultusinstitut Chalkidischer Colonien ward an der
ersten Stiftung auf Latinischem Boden ebenso zur Anwendung
gebracht, wie wahrscheinlich an der ersten Chalkidischen Stiftung an der Sicilischen Küste, aber diese Römische Gründung
ward sofort ein wesentliches Glied der nun sich entwickelnden
Verfassung der Plebs. Wenn auch in den so sich bildenden
Aufzeichnungen die Hellenischen Interessen sich immer noch bemerkbar macken, so überwiegen doch weit die rein Römischen
Gesichtspunkte der mit dem Tempel so eng vereinigten plebejischen Magistrate.

Verfolgen wir von dieser Ansicht aus die Entwicklung

---

[1] Schwegler II B. 25, 12.

dieser Annalen weiter, so könnte auffallen, dass eben die
Priesterinnen der Ceres, ja dass der Tempel selbst so auffallend
zurücktritt. Die Annalen der Argivischen Hera rechneten
offenbar nach Jahren der priesterlichen Amtsverwaltung, sie
nahmen auf die Geschichte der Priesterinnen eingehend Rücksicht, Thukydides selbst hat offenbar daher das in seiner Erzählung so auffallende und interessante Stück über das Schicksal der Priesterin Chrysis 4, 133 entlehnt.

Zunächst muss nun dieser Analogie gegenüber hervorgehoben werden, dass der Cerescult, so gross seine politische Bedeutung war, sonst sich erst spät weiter entwickelt hat. Erst
177 finden wir die Spiele der Ceres zum ersten Mal von einem
plebejischen Aedilen gehalten, und fünfundzwanzig Jahre früher
— die erste Erwähnung derselben überhaupt — durch einen
ad hoc ernannten Dictator[1]. Allerdings wird das daneben erwähnte Ceresfest der Matronen alt sein, aber auch hier war
die leidenschaftliche Bewegung des Hellenischen Ritus wesentlich modificirt, und wenn auch im Gegensatz zu den sonstigen
Italischen Culten die Einweihung von Frauen gestattet war,
so nehmen sie doch wesentlich und specifisch Italische Formen an[2].

Bei einer Durchmusterung jener älteren Aufzeichnungen
tritt nun an verschiedenen Stellen ein, ich möchte sagen, matro-
nales Interesse zu Tage; unmittelbar mit annalistischen Stücken
in Verbindung erscheinen längere oder kürzere Ausführungen
aus der Geschichte der Römischen Frauenwelt[3]. Sie sind in

---

[1] S. Friedländer bei Becker-Marquardt IV p. 492. Die dort aufgestellte Vermuthung über den Ursprung der Spiele ist doch eben reine Vermuthung. Wenn die aediles pl. die Abhaltung der ludi plebei, wie es scheint
von Anfang an hatten, wie sollten dann die Cerealia ihnen nicht zugefallen sein, hätten sie überhaupt schon existirt, so lange die aediles pl.
existirten. Preller R. Myth. p. 434 hat die ludi Livius 9, 23 ohne
allen Grund auf die Cerealien bezogen und deshalb bei dem „C. Memmius
aed. qui Cerealia primus fecit" (s. Friedländer a. O.) nur an die von Cäsar
eingerichteten aediles Cereales gedacht.

[2] Preller a. O. p 432.

[3] B, 31: aedes Junonis reginae — dedicatur celebraturque dedicationem ingenti matronarum studio trudunt. Die Erzählungen von den zwanzig
des Verbrechens der Vergiftung überwiesenen Matronen 8, 18, von der

gewissem Sinne eben so bezeichnend wie jene öfter erwähnten
Hellenischen Interessen. Unzweifelhaft als die auffallendsten
und eigenthümlichsten müssen die Angaben über Anklagen und
Verurtheilungen von Vestalinnen betrachtet werden. Es ist
doch eine beachtenswerthe Erscheinung, dass der Cultus der
Vesta in der ganzen Annalistik dieser Periode hauptsächlich
erwähnt wird, soweit von ihren Priesterinnen ungesittete oder
sündhafte Uebertretungen ihrer heiligen Satzungen zu berichten
sind und dass der erste der so berichteten Fälle als etwas
Unerhörtes hingestellt wird, dass alle Mantik trotz wiederholter
und mannigfacher Versuche lange nicht auf einen solchen Frevel
zu rathen vermochte[1].

Sollte man nicht hierin die Einwirkung der Hellenischen
Cerespriesterinnen sehen, deren Cult gerade für die Matronen
der Republik von besonderer Bedeutung, und die den Vestalinnen gegenüber das Gefühl einer eifersüchtigen und misstraui-
schen Rivalität hatten?

Wie sehr nun aber auch solche Einflüsse bei der Abfassung
dieser Annalen des Cerestempels eingewirkt haben mögen, sie
waren doch zuletzt nicht Jahrbücher der Priesterinnen, sondern
des plebejischen Magistrats, der den Frieden und das Gut des
Heiligthums verwaltete. Mommsens scharfsichtige Beobachtung[2],
dass von 389 bis 663 der Stadt in der curulischen Aedilität
die beiden Stände so wechselten, dass die patricischen Collegien auf die ungeraden, die plebejischen auf die geraden Jahre
Varronischer Zählung treffen, hat weiter die Thatsache con-

Visceratio des M. Flavius und ihrer Ursache ebd. 22, von der Einrichtung
des Cultus der *Pudicitia plebeja* 10, 29 stehen mit entschieden annalistischen Angaben in so enger Verbindung, dass es kein Bedenken haben kann,
sie auf diese Quelle zurückzuführen. Anders verhält es sich damit bei Notizen wie 6, 25. 50 und 6, 4, da dieses ganze Stück so vollkommen überarbeitet erscheint. Immerhin aber zeigen auch diese Stücke, wie auffallend
die Matronen für diese ältere Geschichte der Republik in den Vordergrund treten.

[1] 2, 42: *prodigia coelestia, prope quotidianas in urbe agrisque osten-
tatia minax. motique ira numinis causam nullam aliam vates canebant publice privatimque, nunc extis nunc per aces consulti, quam haud rite
sacra fieri. qui terrores tamen eo evasere, ut Oppia virgo Vestalis damnata
incesti poenas dederit* (s. die ausführlichere Stelle Dion. 8, 89).

[2] R. F. I² p. 101 A. 70.

statirt, dass jedenfalls seit der Einsetzung der curulischen Aedilität die Reihe der Collegien, unabhängig von den Cousular-
fasten fortgeführt ward und in den ältesten Quellen vollkommen
sicher und unverwirrt erhalten war. Steht diese Vollständigkeit und Sicherheit der Aedilenliste, wie Mommsen weiter annimmt, mit der für jedes Kalenderjahr unentbehrlichen Feier
der *ludi Romani* in Verbindung [1], so sind wir berechtigt diese
Liste hinaufzuführen bis zu den ersten Aedilen.

Dann aber liegt es wenigstens für uns nahe, diese Adilici-
schen, von den consularischen unabhängigen Fasten eben mit
jenen alten Tempelannalen und zwar als ihre chronologische
Grundlage in Verbindung zu bringen.

Ja wenn Mommsen in der Hervorhebung der Fabischen Aedilitäten in Livius erster Dekade einen „deutlichen Beweis" dafür sucht, dass Livius hier hauptsächlich von Fabius abhängt,
so dürfen wir unsrerseits noch eine andere Schlussfolgerung
ziehen.

Jene auffallend häufigen Fabischen Aedilitäten stammen
eben vielleicht daher, dass die alten Annalen, die Grundlage
des Fabischen Werks, Aedilenannalen waren, jene Aedilitäten
wurden von Fabius nicht aus den Erinnerungen seines Hauses
in die allgemeine Darstellung eingeschoben, sondern von den
Aedilenfasten in seine Annalen allein aufgenommen. Oder
sollte es ein reiner Zufall sein, dass in der ersten Decade neben
jenen drei Aedilitäten keine einzige Fabische Prätur, dass dagegen in der dritten und folgenden Dekaden neben acht Fabischen Präturen nur eine Aedilität erwähnt wird? [2].

Daran schliesst sich noch eine andere Thatsache: es ist
allgemein anerkannt, dass die fünf- oder vierjährige Anarchie
welche unsere Fasten kurz vor die Annahme der *leges Liciniae* setzen, nur ein chronologisches Auskunftsmittel ist, um

-- -- --

[1] a. O.: „Gewiss hat es so viele Aedilencollegien gegeben als Römische Spiele ausgerichtet worden sind und haben also die Aedilenwahlen,
die ja von den Consulwahlen durchaus nicht abhingen, so oft stattgefunden
wie Kalenderjahre abliefen."

[2] Die Präturen 24, 9. 30, 40. 33, 24. 37, 47 (zwei), 40, 18 (zwei) 41, 33,
die Aedilität 30, 26. Von den einundfünfzig Jahren dieser Dekaden sind nur
26 curulische Aedilencollegien und auch diese nicht alle vollständig auf
uns gekommen s. Mommsen R. F. I p. 98 f.

den Ausfall von eben so viel Jahren in den Consularfasten zu
decken, der sich bei der chronologischen Ordnung der älteren
Geschichte herausstellte.[1])
Nun urgirt aber die gesammte alte Ueberlieferung mit
seltener Uebereinstimmung, dass während dieser fünf Jahre nur
die curulischen Magistrate, d. h. also das Consulat und die
Censur ausgefallen, Aedilen und Tribunen also fortgeführt
seien[2]). Mit den eben erwähnten Thatsachen zusammengehalten
spricht auch diese Ausführung dafür, dass den unklaren und
zerrütteten Consularfasten feste und vollständige ädilicische
gegenüberstanden.

Von der von uns über die älteste Annalistik aufgestellten
Ansicht aus erklärt sich die Uebereinstimmung unserer Gesammtüberlieferung über den Gang der Verfassungsgeschichte
in der einfachsten Weise.

Denn wenn wir auch eine doppelte oder dreifache Redaction
derselben nur in den verschiedenen Schichten der Livianischen
Erzählung nachgewiesen zu haben glauben, so haben wir eben
bei jener Analyse auch constatirt, dass diese verschiedenen
Redactionen eben wesentlich neue Thatsachen, neue Epochen
der Entwicklung nicht beibrachten. Der zum Theil grosse
Unterschied beschränkte sich vielmehr immer nur auf eine
andere Auffassung und Motivirung ein und derselben Reihe
von Facten.

Kann man aber weiter ebenso bestimmt behaupten, dass
es überhaupt nur Eine fest überlieferte Reihe von Thatsachen
gab, die uns auch ausserhalb Livius und Dionys entgegen tritt,
und wird man mit uns (s. unten) zugestehen, dass die auffallenden Abweichungen bei Diodor namentlich auf eine wirklich ursprünglich verschiedene Ueberlieferung nicht zurückgeführt
werden können, so erklärt sich diese Einstimmigkeit oder Ein-
förmigkeit der Ueberlieferung hier wie überall sonst am natürlichsten aus der Annahme Eines verhältnissmässig umfassenden Werkes.

Und dabei scheint mir nun ein anderer Umstand sehr

[1]) Mommsen Chronol. p. 204 A. 393.
[2]) Liv. 6, 35 *Comitia praeter aedilium tribunorumque plebi nulla sunt
habita. Licinius Sextiusque tribuni plebis refecti nullos curules magistratus creari passi sunt.*

beachtenswerth, der besonders scharf hervortritt, wenn wir
die grosse historische Periode des Attischen Demos mit der
mehr oder minder gleichzeitigen der Römischen Plebs vergleichen. Die Grundbestandtheile dieser ältesten Römischen
Ueberlieferung geben vor Allem neben der Kriegsgeschichte
eine so auffallend vollständige Geschichte der Römischen Plebs
und ihrer Entwicklung, eine viel vollständigere und sicherere
als wir sie vom Attischen Demos haben.

Welches Gewicht legt Herodot auf die Entwicklung der
Attischen Isegorie und wie unglaublich kurz und unsicher sind
seine Angaben über ihre eigentliche Entstehungszeit von Kleisthenes bis auf Themistokles! Nicht allein dass jede chronologisch
genaue Angabe durch die ganze Haltung seiner Erzählung fast
ausgeschlossen war, wie kurz hat er den für diese Erzählung
so wichtigen Zeitraum der Attischen Geschichte vom ersten
bis zum zweiten Perserkrieg behandelt! Die ausführliche Erzählung jenes concentrirt sich um die adliche Gestalt des Mil-
tiades, in der Darstellung des zweiten erscheint dagegen der
Retter von Hellas, jener Mann, der erst neuerlich an die Geschäfte gekommen, Namens Themistokles, der der Sohn des
Neokles hiess, in all seinen Schwächen. Der Geschichtschreiber,
der des Ruhms der Alkmäoniden und ihrer Verschwägerten
voll ist, erklärt mit keiner Silbe, wie es kam, dass dieses er-
lauchte Geschlecht in der grössten Zeit Athens vollständig aus
dem Vordergrund seiner Darstellung verschwindet. Die ganze
Erzählung, die für Themistokles egoistische Schwächen kein
Wort der Entschuldigung hat, aber die gegen die Alkmäoniden
laut gewordenen Beschuldigungen zurückzuweisen aufs Aeusserste
beflissen ist, stammt unzweifelhaft aus wesentlich adlichen
Kreisen. Ebenso stammen in der älteren Geschichte der Römischen Republik auch die Sagen von Brutus und Valerius
Poplicola, von den Thaten der Fabier und ihren sieben Consulaten, von Coriolan und der Dictatur des Cincinnatus aus
aristokratischer Ueberlieferung, aber streichen wir diese Bestandtheile, so bleibt vor allen eine chronologisch fest geordnete annalistische Geschichte von den Anfängen und Fortschritten plebejischer Freiheit als der eigentliche Kern der
älteren Geschichte bestehen. Dieser Kern ist allerdings durch
die Geschichtschreibung des 6. und 7. Jahrhunderts in detail-

lirte und motivirte Erzählungen breit geschlagen, nur an einzelnen Stellen, wie z. B. bei Diodors Notizen über die Verurtheilung des Cassius, Mälius und Manlius oder denen des Livius über die *lex de Aventino publicando* und eine Reihe anderer Gesetze liegt uns die ursprüngliche Fassung in ihrer ganzen Einfachheit vor, aber dass er unzweifelhaft gerade so bestand, dass er gerade diese und keine andern Nachrichten gab, ist die wichtige und beachtenswerthe Thatsache.

Die Redactionen des 6. und 7. Jahrhunderts verarbeiteten allerdings dieses Material, soweit wir sehen, entschieden im aristokratischen Sinne, aber gerade deshalb ist es um so bezeichnender, dass die Notizen für die innere Geschichte des Patriciats von Anfang der Republik an so unglaublich spärlich und unbedeutend geblieben sind. Wir können seine Geschichte nur in soweit verfolgen, als jeder Schritt, den nach unserer Ueberlieferung die Plebs vorwärts that, den Umkreis patricischer Macht zurückschob und reinigte. Jenseits dieser Linie hört für die Geschichte des Patriciats die Geschichte auf und beginnt die Sage und zwar in später und zweifelhafter Fassung. Während wir bei Herodot von dem Kampf der attischen Geschlechter der Pisistratiden, Philaiden, Alkmäoniden offenbar aus der unmittelbaren Tradition dieser Häuser unterrichtet werden, ist Alles, was uns, über die gleichzeitigen Kämpfe der Römischen Tarquinier, Fabier, Marcier berichtet wird, wie hoch man dessen Werth auch veranschlagen mag, doch auch im besten Falle immer den Wechselfällen einer langen, unzweifelhaft poetischen Ueberlieferung ausgesetzt gewesen.

§. 4.	Die Bedeutung Diodors für die weitere Geschichte der Annalen.

Die von uns bisher ausgeführte Annahme einer wesentlich plebejischen Annalistik, unabhängig von den Consularfasten begonnen und fortgeführt an dem Haupttempel der Plebs, führt nun aber nothwendig zu der Frage, wann und wie die Gesammtheit der so entstandenen Nachrichten mit den Consularfasten in Verbindung gebracht, wir möchten sagen, in diese hinübergeleitet wurde?

War die Chronologie der Aedilenfasten, die wir mit der Annalistik des Cerestempels in Verbindung denken, so fest und

vollständig, wie wir annehmen durften und die der gleichzeitigen früheren Consularfasten dagegen so unsicher und
schwankend, wie allgemein angenommen, so konnte der Versuch, das annalistische Material jener unter diese nach Jahren
zu vertheilen natürlich in sehr verschiedner Weise gemacht
werden. Diese Verschmelzung aber musste jedenfalls in derselben Zeit erfolgen, wo die bisher schwankende Fastenredaction
zum Stehen kam.

Mommsen hat in dem lehrreichen Abschnitt „über die
älteste Fastenredaction“ diese und „die älteste Redaction der
officiellen Pontificalchronik“ in das erste oder die ersten Jahrzehnte des 5ten Jahrhunderts, also in die Periode der Samnitischen Kriege gesetzt; er hat zugleich die Vermuthung ausgesprochen, dass Cn. Flavius, der Zeit- und Gesinnungsgenosse
des Ap. Claudius mit den Klagformularen auch den Kalender
und mit diesem auch die neuredigirten Fasten zuerst „buch-
mässig verbreitet habe“ [1].

Wenn wir auch eine so frühe Datirung der Entstehung
der Pontificalchronik nach unserer obigen Ausführung schon
desshalb nicht zugeben können, weil in den in diese Zeit fal-
lenden Annalenstücken die Pontifices noch eben so wenig wie
in den früheren hervortreten, so wird dagegen darüber kein
Zweifel sein können, dass allerdings in dieser Zeit die chronologische Befestigung der schon bestehenden Fasten und der
Römischen Annalistik oder die Verbindung der Consularfasten
mit den annalistischen Aufzeichnungen versucht und durchgeführt ward.

Den Gang dieser Redaction denken wir uns freilich anders,
nicht allein in der Folge der bisher entwickelten Ansichten,
sondern auch weil wir der von Niebuhr und Mommsen über
Diodors Fasten und Annalenstücke aufgestellten Ansicht nicht
zuzustimmen vermögen. Die Beurtheilung der Römischen Nachrichten Diodors ist für die ganze Auffassung und Beantwortung der hier vorliegenden Fragen von der grössten Wichtigkeit. Wir werden uns daher zunächst mit ihm zu beschäftigen
haben.

---

[1] R. Chronol². p. 209 f.

Niebuhr und Mommsen haben die schon vor ihnen häufig
ausgesprochene Ansicht wiederholt, dass Diodor jedenfalls die
Fasten, aber auch die Nachrichten des Fabius benutzt habe[1],
dass aber bei dieser Ansicht eine grosse Reihe von Confusionen
und leichtfertigen Umstellungen Diodors vorausgesetzt werden
müssen, hat die genaue Kritik seiner Fasten, wie Mommsen sie
R. Ch. a. O. ausgeführt, von Neuem ergeben. Dass andrer
Seits seine Nachrichten zum Theil die unverfälschten Stücke
einer sehr alten und guten Ueberlieferung bieten, daneben aber
sehr auffallende und unmöglich richtige Abweichungen von der
sonstigen Tradition, hat namentlich Schwegler R. G. II p. 22 ff.
ausführlich urgirt.

Die Römischen Nachrichten in den uns erhaltenen Büchern
Diodors B. 11—20 umfassen bekanntlich die Geschichte der
Republik von 486—302 v. Ch. Ihrer Hauptmasse nach unterscheiden sie sich von denjenigen, die wir in den Fragmenten
der verloren gegangenen Bücher treffen, durch eine auffallende
Kürze der Fassung. Das Verzeichniss der eponymen Magistrate, nach dem sie chronologisch geordnet, trägt trotz viel-
facher Lücken und Umstellungen ebenso das unverkenubare
Gepräge grosser Reinheit und entschiednen Alters wie die
Nachrichten überhaupt mit nur einigen, allerdings sehr auffallenden Ausnahmen, sich durch ihre knappe und correcte Fassung auszeichnen.

Es ist daher allgemein anerkannt, dass wir hier eine sehr
alte Ueberlieferung vor uns haben und zwar sowol was die
Fasten als was die nach ihnen geordneten Nachrichten betrifft.
Die Fragmente aus den vorhergehenden und nachfolgenden
Büchern zeigen keine Spur einer äusserlichen Fassung der
Römischen Geschichte. Die Geschichte des Pyrrhischen Krieges

---

[1] Niebuhr II, 192 „dass Diodor den Fabius gebraucht ist an sich
vorauszusetzen, da es schwerlich eine andere so vollständige Geschichte
vor dem Krieg des Pyrrhus in Griechischer Sprache gab, wie kurz sie
auch gefasst war". Mommsen R. Ch⁷. p. 125 „die Fasten des Diodor sind
von grosser Wichtigkeit, da sie ohne Zweifel aus den Annalen des Fabius
stammen", p. 127: „Alles, was über ältere Römische Geschichte bei ihm
steht, ist einfach aus Fabius abgeschrieben".

hat er wahrscheinlich aus Timäus[1], die des ersten Punischen
aus Philinos[2]) erzählt. Für die Geschichte der Königszeit hat
er Fabius gekannt, aber auch spätere, er hat jenem weder die
ganze Reihe der Albanischen Könige entlehnt, die lange nach
ihm erfunden ward, noch das Jahr der Gründung Roms, noch
die Regierungsjahre der einzelnen Könige. Erwägt man, dass
seine ganze Römische Chronologie von Leichtfertigkeiten aller
Art wimmelt, so hat es gar keine Bedeutung, dass die Gesammtsumme, die er für die Königszeit falsch herausrechnet,
zufällig mit der des Fabius stimmt, noch kann man mit irgend
einer Sicherheit von dem Jahre Ol. 75, 1 D. XI, 1 wirklich
sicher zurückrechnen[3], dass das erste Jahr der Republik nach
seiner Rechnung 69, 1 war. Aber selbst, wenn dies gestattet
wäre, so ist damit immer noch kein fester Halt gewonnen, um
den Zusammenhang zwischen Fabius und Diodors Chronologie in
irgend zuverlässiger Weise nachzuweisen. Wie allgemein bis jetzt
dieser Zusammenhang noch zuletzt von Mommsen angenommen
ist, so berechtigt erscheinen doch der einfachen Sachlage d. h.
vor allen der anerkannten grossen Verwirrung der Diodorschen
Fasten gegenüber, die Zweifel, denen Schwegler einen offenen
und entschiednen Ausdruck verliehen hat[4].

---

[1]) Droysen Gesch. des Hellenismus II p. 114 A. 36.

[2]) Diod. 23, 8. 24, 11.

[3]) Mommsen Chr. p. 127: „Er excerpirte den Fablus (?) benutzte aber
daneben, obwol es scheint nur für die Gründungstafel (?) eine spätere
Roms Gründung auf Ol. 7, 2 statt mit Fabius auf 8, 1, die Königzeit auf
244 statt mit Fabius auf 240 Jahre ansetzende Schrift. Nun brachte er Fabius ausschreibend das erste Jahr der Stadt auf Ol. 8, 1 (?), allein statt das
erste Jahr der Republik 240 J. später Ol. 68, 1 zu setzen, wie offenbar
nach Fabius Polybius thut (?) (Niebuhr I p. 276.), wodurch er mit dem
121. Jahr der Republik oder dem der Alliaschlacht richtig auf Ol. 98, 1
angelangt sein würde, rechnete er 244 Jahre auf die Königzeit, wodurch
ihm das erste Jahr der Rep. auf Ol. 69, 1 sich gestellt hat; das folgt
daraus, dass ihm das 24. Jahr der Republik Ol. 75, 1 ist". Was soll man
von einer solchen Kette von allgemeinen Voraussetzungen, die bei dem
gewissenhaftesten Schriftsteller nur mit Reserve anzuwenden, bei einem
Scribenten sagen, der, wie Mommsen selbst zugiebt, keinen Augenblick
vor den grössten Leichtfertigkeiten sicher ist?

[4]) Ein einziges Citat berechtigt noch nicht zu der Folgerung, dass
Diodor auch sonst Fabius als Quelle benutzt hat. Und was die Zeitrech-
nung betrifft, so weicht er von Fabius wenigstens in so fern ab, als er das

So weit ich sehe, veranlasste die unzweifelhaft alte Fassung der Fasten sowol wie der Nachrichten, sowol die früheren als Niebuhr und Mommsen als die Quelle Diodors den ältesten Historiker der Römischen Republik Fabius anzunehmen. Was jene, die Fasten betrifft, so muss jeder Deweis eben deshalb für unzureichend gelten, weil gerade die beiden festen Punkte der Fabischen Chronologie das Jahr der Erbauung der Stadt und der Alliaschlacht bestimmt von den Ansätzen Diodors differiren und dieser selbst in den uns erhaltenen Fasten eine so mass- und schrankenlose Confusion zeigt, dass jede Rechnung, namentlich über die erhaltenen Fasten hinaus, rein ins Bodenlose hinein operiren muss.

Was die Nachrichten dagegen betrifft, so ist hier, soweit ich sehe, nicht einmal der Beweis des Fabischen Ursprungs unabhängig von dem über den Ursprung der Fasten versucht worden: Niebuhr II p. 629 beruft sich für die Ableitung der Fasten aus Fabius einfach auf die Thatsache, dass „dieser selbst in der Geschichte als Diodors Quelle betrachtet werden muss", und Mommsen bemerkt, dass ausser der Ziffer 244 für die Königsjahre und der Albanischen Königsreihe" sonst Alles in der That, was über ältere Römische Geschichte bei Diodor steht, einfach aus Fabius abgeschrieben scheint".

Wie Mommsen daneben behauptet „dass Livius in der ersten Decade hauptsächlich von Fabius abhängt"[1], so haben auch wir allerdings eine Uebereinstimmung zwischen den fragmentarischen Notizen Diodors und der annalistischen Grundlage der Livianischen Erzählung nachzuweisen gesucht, da wir aber in den ältesten, Fabius entlehnten Theilen derselben zwischen diese annalistischen Stücke ausgeführte Erzählungen eingeschoben fanden, so konnten wir natürlich in jenen kürzeren Nachrichten nicht die Originalaufzeichnungen des Fabius sondern nur ein von ihm ausgeschriebenes Annalenwerk sehen. Nur so

Gründungsjahr Roms anders ansetzt als Fabius. Dass er sonst hin und wieder aus Fabius geschöpft hat z. B. seine vortreffliche Erzählung der Gallischen Katastrophe, ist allerdings nicht unwahrscheinlich, aber eine bestimmte Behauptung lässt sich hierüber nicht aufstellen. Röm. G. II pag. 24.

[1] R. F. I p. 97.

erklärte es sich, dass über·die wichtigsten Ereignisse der Verfasser sich mit diesen aphoristischen Notizen neben und mitten
in lebendig ausgearbeiteten Darstellungen begnügte. Indem
wir von dieser Beobachtung ausgingen, suchten wir Herkunft
und Charakter dieser seiner Quelle festzustellen. Die allerdings unverkennbaren Spuren eben derselben Ueberlieferung
bei Diodor beweisen daher für uns nur die Benutzung eben
jener Annalen, aber eben die Vergleichung mit der Livianischen
Erzählung und ihrer Zusammensetzung führen, unsrer Ansicht
nach, auf ein ganz anderes Resultat in Betreff der Quelle, aus
der Diodor sie entlehnt haben kann.

§. 5. Diodors Nachrichten nicht Fabischen Ursprungs.

Es ist zunächst von der Annahme auszugehen, dass Fabius
in seiner Erzählung die Grossthaten und die Helden seines
Geschlechts besonders berücksichtigte. Diese Ansicht ist so
natürlich und so allgemein anerkannt, dass es unnöthig scheinen
könnte, daran zu erinnern, wenn nicht gerade bei der hier behandelten Frage sie vollständig in den Hintergrund getreten wäre.
    Dass die Geschichte der sieben Consulate der Fabier in
ihren grösseren Stücken aus Fabius stamme, haben Niebuhr
und Schwegler wenigstens für das sechste Consulat ausdrücklich
urgirt, ebenso haben beide den Bericht über den Etrurischen
Feldzug des Q. Fabius Maximus in Livius zehntem Buch auf ihn
zurückgeführt[1]) und in diesem Sinne hob auch Mommsen die
Fabischen Aedilitäten der ersten Decade mit Recht als ein
Kennzeichen Fabischer Quellen hervor.   .
    Nach dieser Ansicht aber kann es kaum zweifelhaft sein,
dass auch die Geschichte der Niederlage der Fabier an der
Cremera, wie sie von Livius 2, 44 f. erzählt wird, ebenfalls Fabius gehört, wie wir das in der Behandlung der Stelle nachgewiesen zu haben glauben[2]).
    Tritt man mit dieser Ansicht der Gesammtheit der bei
Diodor IX—XX vorliegenden Nachrichten gegenüber, so fällt zunächst auf, dass in den eigentlichen Bestand seiner Erzählung
die eigentlich sagenhaften Elemente noch nirgend eingedrungen

---

[1]) Nbhr. II, 224 Vortr. I p. 94. Schwegler I p. 15.
[2]) s. oben p. 77 ff.

sind, dass aber an einer Reihe von Stellen auf eine neben der
eigentlichen Erzählung vorhandene andere Ueberlieferung Rücksicht genommen wird und dass diese Ueberlieferung, mit Ausnahme vielleicht einer Stelle, unzweifelhaft eine sagenhafte ist[1].
Zu diesen sagenhaften Stücken gehört aber vor allen die Geschichte vom Untergang der Fabier an der Cremera, die also
jedenfalls in seinem eigentlichen annalistischen Text nicht vorkam. Niebuhr hat von der Ansicht aus, dass Diodor eben Fabius sei, in der betreffenden Stelle nur eine Confusion Diodors
gesehen und die grosse Schlacht, neben der und als deren
Parallele der Untergang der Fabier erwähnt wird, zu einer
gleichzeitigen Niederlage des Consuls Menenius umgedeutet[2],
von der sonst in unseren Quellen eben gar Nichts vorkommt.
Ich meine, dass die Vergleichung der analogen Stellen auch
an der hier vorliegenden das Sachverhältniss klar legt: es
stehen sich eine annalistische und eine sagenhafte Version
gegenüber. So gewiss aber diese Fabiersage bei Fabius Pictor
gestanden haben muss, so gewiss war Diodors Grundtext hier
nicht Fabischen Ursprungs.

Noch weit schlagender ist meinem Gefühl nach eine andere
Betrachtung. Die schwersten und gefährlichsten Niederlagen
der Römer, von welchen die Geschichte der beiden ersten
Jahrhunderte der Republik zu erzählen hatte, waren die an der
Allia und im Passe von Lautulä, die erstere unter der Füh-
rung dreier Kriegstribunen, die letztere unter einem Dictator

---

[1] Diod. 11, 53: Ῥωμ. πρὸς Οὐηιεντιανοὺς ἐνστάντος πολέμου μεγάλη
μάχη σινέστη περὶ τὴν ὀνομαζομένην Κριμέραν. τῶν δὲ Ῥωμ. ἡττηθέντων
συνέβη πολλοὺς αὐτῶν πεσεῖν, ὥς φασί τινες τῶν συγγραφέων καὶ
τοὺς Φαβίους τοὺς τριακοσίους, συγγενεῖς ἀλλήλων ὄντας καὶ διὰ τοῦτο
μίᾳ περιειλημμένους προσηγορίᾳ. 12, 64 nach der Erzählung vom Sieg
des A. Postumius Tubertus „ἴδιον δέ τι καὶ παντελῶς ἄπιστόν φασι
πρᾶξαι τὸν Ποστούμιον“ folgt die Hinrichtung des Sohns. 14, 102: Ῥωμ.
τὴν τῶν Οὐεξίων χώραν κατεκληρούχησαν, κατ' ἄνδρα δόντες πλέθρα
τέσσαρα, ὡς δέ τινες, εἴκοσι ὀκτώ. κ τ. λ. ebd. 117 die Siege des Camillus über Volsker, Aequer, Etrusker, Kelten, die Tribunen verhindern
den Triumph. ἔνιοι δέ φασιν αὐτὸν ἀπὸ Τούσκων θρίαμβον ἀγαγεῖν ἐπὶ
λευκοῦ τεθρίππου καὶ διὰ τοῦτο δυσὶν ὕστερον ἔτεσιν ὑπὸ τοῦ δήμου
πολλοῖς χρήμασι καταδικασθῆναι· περὶ οὗ κατὰ τοὺς οἰκείους χρόνους
ἐπιμνησθησόμεθα.

[2] Niebuhr II p. 230 A. 457.

des Fabischen Geschlechts erlitten. Bekanntlich haben wir bei
Diodor die unzweifelhaft beste und älteste Erzählung der
Schlacht an der Allia und die einzige vollkommen nackte Án-
gabe der Niederlage von Lautulä, deren Furchtbarkeit bei Livius 9, 23 durch die Angabe verdeckt ist, dass ein neu er-
nannter Magister equitum und zwar ein Fabier den Succurs
herbeigeführt und so einen glänzenden Sieg möglich gemacht
habe[1]. Wie man auch über die Geschichte des ersten Kelten-
krieges denken mag, so darf jedenfalls behauptet werden, dass
die der Schlacht bei Lautulä in der Livianischen Version wahrscheinlich den Fabius, in der des Diodor ihm aber auf keinen
Fall zugeschrieben werden könne. Nicht allein nämlich, dass
bei Diodor die Niederlage offen eingestanden wird, sondern er
erzählt mit besonderem Nachdruck, dass der Dictator Q. Fabius
und der Magister equitum Q. Aulius sich bei Lautulä den Samniten entgegengestellt und mit grossem Verlust geschlagen
worden selen und fährt dann 19, 72 fort „als aber das ganze
Heer floh, hielt Aulius aus Ehrgefühl allein der Menge der
Feinde stand; ohne Hoffnung auf Sieg zeigte er das Vaterland,
soweit an ihm, unbesiegbar und so, indem er die Schande der
Flucht nicht mit seinen Mitbürgern theilte, fand er für sich
einen ruhmvollen Untergang". Dass diese Betrachtung in Mitten
einer ruhig fortschreitenden Erzählung gerade auf den eben mit
dem Magister equitum genannten Dictator das ganze Gewicht
einer leidenschaftlichen Anklage wirft, wird Niemand bestreiten.
Dass Diodor die allgemeinen Betrachtungen seiner Quellen mit
in seinen Text aufnahm, ist neuerdings nachgewiesen[2], ja es
hat sich ergeben, dass die rhetorischen Ausführungen über einzelne Thatsachen und Persönlichkeiten in einer Reihe von Abschnitten, wo seine Autoren Nichts der Art boten, durchaus
fehlen, dass sie dagegen entschieden in denen hervortreten, wo
er sich auch eben hierin aufs Engste an Ephorus anschloss[3].
Durch diese Resultate sind wir berechtigt, auch die hier in
Rede kommende Betrachtung nicht ihm sondern seiner Quelle

---

[1] S. Niebuhr III p. 207 ff.

[2] Niesen Krit. Untersuchungen p. 111 f.

[3] Volquardsen über d. Q. der Griechischen und Sicil. Geschichten bei
Diodor B. 11—16. Kap. 6.

zuzuschreiben, woraus sich wieder der Schluss ergiebt, dass
diese nicht in Fabius zu suchen ist.

Vergegenwärtigt man sich nun diese Darstellung, in der
die alte glorreiche Sage des Fabischen Geschlechts noch keine
selbständige Stelle gefunden, in der aber die furchtbaren Katastrophen von der Allia und Lautulä mit dessen Namen verbunden und in ihrer ganzen Grösse dargestellt waren, so wird
man jedenfalls nach den einfachsten Grundsätzen historischer
Quellenkritik Bedenken tragen müssen, diese Annalen sei es
als Redaction eines älteren Werks sei es als Originalarbeit
einem Schriftsteller dieses Geschlechts zuzuschreiben.

Es kommt aber noch eine weitere Beobachtung in Betracht.

Ausser der Darstellung des ersten Keltenkriegs und der
Niederlage von Lautulä sind die einzigen ausführlicheren Partien jene Geschichte des delphischen Weihgeschenks, das wir
oben p. 202 auf die ältesten Annalen hier u. bei Livius zurückführten, die Geschichte des Decemvirats und seines Sturzes und
die merkwürdige und oft benutzte Charakteristik des Censor
Appius Claudius[1].

Was zunächst diese letztere betrifft, so ist nicht allein ihre
Fassung und ihre ganze Richtung beachtenswerth, sondern eben
so sehr der Umstand, dass sie fast unmittelbar jener Stelle
folgt, in welcher dem grössten Fabier der Zeit, dem Hauptgegner jener Claudischen Censur die Niederlage von Lautulä
mit so leidenschaftlicher Bitterkeit vorgeworfen wurde.

Fast noch auffallender als diese jedenfalls ganz unfabische
laudatio des Appius Claudius ist aber die ganz singuläre Erzählung von der Revolution, durch welche die Herrschaft der
Decemvirn gestürzt wurde.

Diodor erzählt bekanntlich 12, 24 die Geschichte von der

---

[1] Diod. 20, 36. Mommsen, der die ganze Stelle R. F. I p. 307 A. 41
mittheilt, sieht in den Worten „πολλὰ τῶν πατρῴω νομίμων ἐκίνησε· τῷ
δήμῳ γὰρ τὸ πεχαρισμένον ποιῶν οὐδένα λόγον ἐποιεῖτο τῆς συγκλήτου“
„das Urtheil des Fabius". Uns scheinen sie ziemlich indifferent, nicht so
aber in dem Folgenden z. B. die Ausdrücke „αὐτοῦ δὲ μνημεῖον ἀθάνατον
κατέλιπεν, εἰς κοινὴν εὐχρηστίαν φιλοτιμηθείς. Sollten diese auch etwa
aus Fabius stammen?

Gesetzgebung des ersten Decemvirats und dann die der Ver-
ginia und des Appius Claudius im zweiten Jahr der Decemvirn,
ohne jedoch Namen zu nennen, bis zur Besetzung des Aventin
durch die vom Algidus herbeigeführten Legionen wesentlich im
Einklang mit der sonstigen Ueberlieferung[1]. Dagegen ist es
ein Widerspruch mit dieser wenn er nun weiter berichtet, dass
es den Decemvirn gelungen, gegen die Legionen „viele von der
jüngeren Mannschaft aufzubieten um mit den Waffen zu entscheiden", bis dann die wolgesinntesten unter den Bürgern,
aus Besorgniss vor einem bewaffneten Zusammenstoss, die Vermittlung zwischen beiden Parteien versucht und es wirklich zu
einem von beiden Seiten angenommenen Vergleich gebracht.
Man sieht von einer Anklage und Verurtheilung der Decemvirn, namentlich des Appius Claudius ist nicht die Rede, im
Gegentheil sie vertragen sich mit den Aufständischen und zwar
darüber, dass 1) zehn Tribunen mit den höchsten Freiheiten
allen städtischen Magistraten gegenüber gewählt werden und
diese gleichsam die Wächter der Freiheit der Bürger sein sollen,
und 2) dass von den jährlich gewählten Consuln der eine aus
den Patriciern, der andere jedenfalls aus der Plebs gewählt
werde, jedoch mit der Freiheit für das Volk, auch beide aus
der Plebs zu wählen, 3) dass die Tribunen nach jähriger
Amtsverwaltung wieder eben soviel Nachfolger bestellen
sollen, bei Strafe des Scheiterhaufens, wenn sie es nicht thun,
4) dass für den Fall, dass die Tribunen nicht einstimmig sind,
diejenigen Stimmen gelten, welche den betreffenden Antrag
nicht verhindern."

Daran schliesst sich noch die Notiz, dass die beiden
letzten der zwölf Tafeln erst von den folgenden Consuln abgefasst und mit den übrigen aufgestellt seien.

Niebuhr leitete diese Erzählung aus „höchst achtungs-
werthen Berichten her", welche nur Diodora „Leichtfertigkeit"
unauflösbar verwirrt habe, Schwegler meinte, dass sie „schwerlich aus einem Römischen Annalisten" abgeleitet sei, „es scheine

---

[1] Die Differenz, die Schwegler III p. 69 schon urgirt, dass die Aufständischen gleich auf den Aventin zogen, scheint mir im Vergleich mit
den weiteren oben notirten doch verhältnissmässig unbedeutender.

hier ein Grieche, etwa Timäus oder Hieronymus seine Quelle
gewesen zu sein [1].

Das Eigenthümliche der Darstellung liegt einmal darin,
dass das Decemvirat nur zum Behuf der Gesetzgebung eingesetzt erscheint [2], dann aber darin, dass ein Ausgleich stattfindet und dass in diesem der Plebs die beiden grössten Concessionen zugestanden werden, welche überhaupt die Entwicklung dieses Standes zur Rechtsgleichheit mit den Patriciern
bezeichneten, das Tribunat und die Theilung des Consulats
zwischen beiden Ständen.

Neben diesem ersten und umfassenden Erfolg der Plebs
steht in dieser Fassung der Geschichte der Republik nur der
andere, den die Censur des Appius Claudius verschaffen wollte.
Von dem Gesetz über die Zulassung der Plebs zum Consulat
heisst es: „dies thaten sie indem sie das Uebergewicht der Patricier herabzudrücken suchten. Denn diese Leute waren gleichsam Meister der Stadt durch ihren Adel und die Grösse des
ihnen von ihren Ahnen her folgenden Ansehens". Vom Censor
Appius „der sich selbst in seinen Anlagen ein unsterbliches
Denkmal hinterliess und seinen Ruhm im allgemeinen Wol-
ergehen suchte" heisst es dann ganz ähnlich, dass „diejenigen,
die sich mit ihrem Adel brüsteten, empört über ihn waren.
Er aber, im Ganzen und Grossen, wie er bei den Vornehmsten
all den Hass gegen sich aufgespeichert sah, hütete sich bei
irgend wem unter den anderen Bürgern anzustossen und
schützte sich gegen die Feindseligkeit der Edlen durch das
Wolwollen der Menge".

In dieser Darstellung entspricht der entschiednen Vorliebe
für die Politik des Appius Claudius das Bemühen, dem Decemvirat und namentlich der Persönlichkeit des Decemvirs Claudius
nicht allein das Gehässige zu nehmen, ja eben das Decemvirat
und den von ihm schliesslich acceptirten Vertrag zum Ausgang
aller plebejischen Freiheit zu machen [3].

---

[1] Niebuhr R. G. II p. 405 Schwegler III p. 69 f.

[2] Diod. 12, 22.

[3] Es ist, meiner Meinung nach, Gewicht darauf zu legen, dass Diodor
das Decemvirat nicht als eine für immer eingerichtete Behörde, wie die
von uns oben p. 45 ff. und 100 ff. besprochene ältere Quelle, sondern als

Hält man diese Züge zu Gunsten des Appius Claudius und
seines Ahnen mit der Art und Weise zusammen, wie aus der
Geschichte der Fabier die beiden schwärzesten und unerfreu-
lichsten Stücke entschieden hervorgehoben sind, so wird man
zunächst zugeben müssen, dass gerade in dieser so ausge-
prägten Haltung diesen beiden Geschlechtern gegenüber die
wunderbarste Eigenthümlichkeit der ganzen Arbeit liegt.

Es ist hier nicht der Ort ausführlich den Gegensatz beider
Geschlechter in der gesammten Geschichte der Republik zu
verfolgen. Nur darauf möchte ich aufmerksam machen, dass
alle bedeutenden Staatsmänner des Claudischen Hauses als die
Vertreter der Verkehrsinteressen und also der *plebs urbana*
gegenüber der *plebs rustica* erscheinen, dass dieser Richtung
eben jener Fabius Maximus, der bei Lautulä geschlagen war,
mit der grössten Energie entgegentrat, da er als Consul die
censorischen Maassnahmen des Claudius vollständig unbeachtet
liess und sie als Censor vollständig rückgängig machte[1].

§. 0.   Der Verfasser der Diodorischen Annalen.

Mommsen hat R. Chronol. 2 A. p. 209 ff. darauf aufmerksam gemacht, dass die Fastenredaction, wie sie uns jetzt vorliegt, in der Zeit kurz nach dem zweiten Samnitischen Krieg
erfolgt sein müsse und die Vermuthung ausgesprochen, dass
der Schützling und Parteigenosse des Appius Claudius, Cn.
Flavius wie die Publication d. h. die buchmässige Verbreitung
der Klagformulare und des Kalenders, so auch die der Fasten
bewerkstelligt habe.

Erwägt man nun, dass in derselben Zeit gerade der
Gegensatz zwischen der Politik des Fabius Maximus und Ap.
Claudius die öffentliche Meinung der Republik auf das Leb-
hafteste bewegen musste, so tritt uns hier, wo wir ja leider
überall auf Vermuthungen beschränkt sind, eine weitere Vermuthung ausserordentlich nahe. Sollte nicht die Redaction der
Römischen Annalen, der die betreffenden Nachrichten Diodors

Gesetzgebungscommission bezeichnet, dagegen die eigentliche Verfassungsänderung und zwar in der oben bezeichneten Fassung auf den mit den
Decemvirn geschlossenen Vertrag zurückführt.
[1] Liv. 9 a. E.

entlehnt sind, eine Arbeit eben des Cn. Flavius sein? Wenn man die Singularitäten der Diodorischen Nachrichten nicht aus einer Griechischen Quelle — was kaum denkbar — und nicht aus einer seiner so häufigen Confusionen erklärt, die denn doch grösser als alle sonst beachteten sein würde, so bleibt doch eben nur übrig, an eine ganz besondere Römische Quelle zu denken. Sie muss — dafür spricht die alte Fassung der Fasten und der kurzen annalistischen Notizen — sehr alt und durch eine ganz besondere Stellung ihres Verfassers bedingt sein. Cn. Flavius stand unzweifelhaft zu den Claudiern in jenem Verhältniss unbedingter Bewunderung und deshalb zu den Fabiern in dem entschiedner Feindseligkeit, wie sie uns eben in jenen Stücken der Diodorischen Annalen entgegentritt.

Was aber eine solche Annahme uns noch besonders nahe legt, ist, dass er selbst am Schluss jener Charakteristik des Ap. Claudius ausdrücklich erwähnt wird. „Das Volk" heisst es 20, 36 „diesen (den Edeln) widerstrebend und für die Ansichten des Appius Partei nehmend und entschlossen, die Erhebung seiner Standesgenossen zu sichern, wählte zum Aedilen der höheren Aedilität den Sohn eines Freigelassenen, Cn. Flavius, der zuerst in Rom als Sohn eines gewesenen Sclaven dieses Amt erhielt". Es liegt allerdings auf der Hand, dass die hierauf folgenden Worte ein unüberlegter Zusatz Diodors sind. Wenn er erzählt, dass „Appius nach Niederlegung seines Amts und aus Furcht vor dem Hasse des Senats unter dem Vorwand der Blindheit zu Hause blieb", so strafen ihn seine eigenen Fasten schon des zweitnächsten Jahrs Lügen [1], in denen Appius als Consul erscheint. Aber in dieser Thatsache liegt jedenfalls keine zwingende Veranlassung, auch die Notiz über Flavius nur auf Rechnung Diodors zu setzen. Selbst dann jedoch, wenn man dies thäte, so erscheinen die oben angeführten Umstände bedeutsam genug, um jenen Vertreter der *plebs urbana*, der unter dem Schutz der Claudischen Politik und als ihr vielleicht eifrigster Parteigänger die Aedilität gewonnen hatte, als den Urheber der Diodorischen Fasten- und Annalenredaction zu bezeichnen.

Im Zusammenhang mit der oben über die Aedilenfasten

---

[1] Diod. 20, 45.

und Annalen des Cerestempels aufgestellten Ansicht ist diese
Vermuthung um so wahrscheinlicher. Ein früherer Scriba, dem
eine bedeutsame politische Bewegung zur curulischen Aedilität
verholfen, Anhänger und eifriger Mitarbeiter einer vielfach an-
gefeindeten politischen Partei, voll von dem Gefühl seines Erfolgs und kühn in der Anwendung aller zu Gebote stehender
Mittel, das war der Mann, der den Versuch machen konnte,
das annalistische Material des Cerestempels und der Aedilität
in die Consularfasten einzutragen und gleichzeitig ihnen durch
einige Ausführungen diejenigen Zusätze zu geben, wie sie
seiner Verehrung für die Claudier und seinem Hass gegen die
Fabier entsprachen. Die verwegene Verschiebung der wichtigsten Thatsachen
aus der Geschichte der Plebs würde eben in der Leidenschaftlich-
keit eines solchen Unternehmens seine Erklärung finden. Auf
diesem Wege gelang es, selbst die grössten und wichtigsten
Errungenschaften der Plebs mit den Claudiern des Decemvirats in Beziehung zu setzen. Und, wie wir schon oben bemerkten, die zweite grosse Bewegung zu Gunsten des Standes
war nach einer solchen Darstellung die, welche die *plebs urbana*
so eng mit dem Censor Appius Claudius vereinigte. Dass eine
solche Fälschung sich fortpflanzte bis auf die Zeiten Diodors,
würde eher begreiflich, wenn diese Annalenredaction, unmittelbar aus den Geschäftskreisen der *scribae* entsprungen, innerhalb derselben unter der Autorität seines Verfassers, des ge-
feiertsten Standesgenossen, von Generation zu Generation ging.
Eben damit würde aber sehr wol stimmen, dass unabhängig von dieser Arbeit die Jahrbücher sowol des Cerestempels als die anderen Arbeiten der Art in Geltung blieben
oder Geltung gewannen.

Immer von Neuem wurde die Bedeutung der *plebs urbana*,
wie naturgemäss sie auch mit der Macht und Blüthe der Republik zunahm, zurückgedrängt, die *plebs rustica* und die Nobilität behaupteten noch länger als ein Jahrhundert ihr unge-
brochenes Uebergewicht. Dem mochte es entsprechen, dass
jene Annalenredaction des Cn. Flavius nie eine Geltung wie
sein Klagespiegel gewann und dass sie sich später nur in den
unscheinbareren Kreisen der *plebs urbana*, namentlich der
Schreiber, fortpflanzte.

Von dieser Ansicht aus darf man um so eher die Fasten
Diodors als eine von den anderen Redactionen unabhängige
gelten lassen. Scheint es doch mehr als wahrscheinlich, dass
nicht alle Abweichungen von den Fasten des Livius einer, von
denen der Capitolinischen Tafeln anderer Seits nur auf Rechnung des Griechischen Rhetors zu setzen sind.

Das Jahr der *leges Liciniae* z. B. fiel wol nicht durch des
letzteren Leichtfertigkeit aus, sondern der erste und ursprüngliche Redacteur strich es, als er die Theilung des Consulats
unmittelbar mit dem zweiten Decemvirat in Verbindung brachte.
Wenn dann eben in dieser Darstellung das dritte Jahr der
Decemvirn fehlt, so ist vielleicht dabei zu beachten, dass damit
auch die ungesetzliche Fortführung des Magistrats wegfällt,
die wenigstens die uns bei Livius und Dionys vorliegende
Ueberlieferung ausdrücklich hervorhebt. Und wenn nach Diodor
an der Spitze des ersten Decemvirats nicht Appius, sondern
Publius Claudius, Appius aber erst an der des zweiten genannt
wird, so konnte in einer solchen Erzählung auch von den Intriguen nicht die Rede sein, durch welche ebenfalls nach Livius der letztere seine Wiederwahl durchgesetzt haben sollte.

Ein ebenso beachtenswerther Zug in den Diodorischen
Fasten ist, dass vor dem, wie eben gesagt, gestrichenen Jahr
der Licinischen Gesetze nur ein Jahr der „Anarchie" notirt ist,
während unsere ganze übrige Fastenüberlieferung fünf oder
vier magistratlose Jahre kennt[1]. Vielleicht haben wir hier die
älteste und ächte Ueberlieferung der Thatsache, dass wirklich
vor der endlichen Annahme der Licinischen Gesetze eine Sisti-
rung der curulischen Wahlen entweder auf längere Zeit ermöglicht wurde, oder sich in kürzeren Perioden wiederholte, wie
Niebuhr III p. 28 es angenommen hat. Der Einwurf, dass ein

---

[1] Mommsen R. Chr. 2 A. p. 204 A. 893 sucht die Angabe von vier
Jahren als einen Irrthum der weniger guten Quellen hinzustellen, wobei er
freilich die Autorität des Fabius bei Gellius 5, 4 mit den Worten „F., wer
er immer war, kann sehr leicht sich verzählt haben" bei Seite schiebt.
Niebuhr II p. 360 f. fand in der betreffenden Stelle, wo er die Correctur
duodevicesimo für *duo et vicesimo* acceptirt, den Beweis einer Uebereinstimmung mit Diodor in Betreff der einjährigen Anarchie. Man wird ihm
kaum zustimmen können, aber ebenso wenig wird es statthaft sein, gerade
diese Angabe so wie Mommsen es thut zu erledigen.

Römischer Annalist unmöglich erst das in Folge einer „στάσις"
magistratlose Jahr eingetragen und dann die Gesetze, die so
zu Stande kamen mit dem folgenden Jahre gestrichen haben
könne, wird allerdings jedenfalls von denen gemacht werden,
die für alle Schwächen und Wunderlichkeiten unsrer altrömi-
schen Ueberlieferung am liebsten immer nur „die Griechischen
Rhetoren" verantwortlich machen.

Sucht man in den Eigenthümlichkeiten der Römischen
Nachrichten Diodors nicht das Non plus ultra einer solchen
Griechischen Rhetorenarbeit, sondern eine sehr eigenthümliche,
durchaus unabhängige Redaction der Römischen Annalen und
Fasten, allerdings stellenweis durch Diodor verschoben und
lädirt, so gewinnt dadurch die Geschichte der älteren Ueberlieferung an Mannigfaltigkeit und, wie Mommsen mit Recht bemerkt [1], an Zuverlässigkeit.

Unzweifelhaft traten neben diese Arbeit andere. Die Berechnung der Anarchie zu vier oder fünf Jahren war unzweifelhaft zunächst nur „eine auf einen längeren Zeitraum berechnete und nur, weil die genaue Unterbringung nicht thunlich
schien, hier zusammen eingelegte Füllung" [2] aber eben hier,
weil eine magistratlose Zeit schon in den älteren Annalen hier
notirt war. Dass einige vier, andere fünf Jahre rechneten,
zeigt die Verschiedenheit in der Beobachtung der auszufüllenden
Lücken. Es begreift sich, dass aber in beiden Fällen die
leges Liciniae als das Schlussresultat einer solchen Periode
stehen blieben.

Ein Zusammenhang zwischen der Redaction der Fasten und
dem Tenor der annalistischen Erzählung. wird auch unbewusst
angenommen werden müssen.

---

[1] Nachdem er R. Chr. p. 133 sein Resultat formulirt „dass unseren
sämmtlichen kalendarischen und annalistischen Quellen ein und dasselbe
in den Zahlen ganz, in den Namen wesentlich festgehaltene Eponymen
Verzeichniss zu Grunde liege" fährt er fort: „dessen durchgängige historische Zuverlässigkeit folgt freilich daraus noch nicht; diese stände vielmehr weit fester, wenn zwei ursprünglich verschiedene bald divergirende
bald übereinstimmende Ueberlieferungen vorlägen". Wir meinen, dass M
selbst erst die für ihn mit Recht unerfreuliche Uebereinstimmung vor
Allem durch eine gewaltsame Exegese und Emendation der Diodorischen
Ueberlieferung hergestellt hat.

[2] a. O. p. 205.

Es war auch in diesem Sinne zugleich eine Emendation
der Fasten und der Annalenerzählung, wenn der Decemvir Ap.
Claudius, in Diodors Erzählung so eigenthümlich aufgefasst, aus
dem Sohn des Appius Claudius cs. 269, wie er in der einen
Redaction erscheint, in der anderen zum Enkel eben desselben
wurde[1]), so dass sein erstes Consulat 283 nun seinem so ein-
geschobenen gleichnamigen Vater beigelegt ward.

Ich stehe eben so nicht an in den bei Liv. 2, 34—39 feh-
lenden Consulaten Spuren einer besonderen und eigenthümlichen
Fastenredaction zu sehen[*)], der auch Cicero *de rep.* 2, 35
folgte. Wir würden sie möglicher Weise weiter verfolgen
können, hätte Livius nicht später seine älteren Quellen fast
vollständig oder ganz verlassen.

Dass in unserer heutigen Fastenüberlieferung eine so auffallende Uebereinstimmung herrscht, erklärt sich doch einfach
genug aus dem Umstand, wir möchten sagen, dem Zufall, dass
die drei Denkmäler, auf welchen sie wesentlich beruht, Dionys
Archäologie, Livius Decaden und die Capitolinischen Fasten
wesentlich in denselben Jahrzehnten unter dem Einfluss derselben wissenschaftlichen Strömung abgefasst wurden und dass
die für die erhaltenen Theile des Dionys und Livius wichtigsten Quellen kaum ein halbes Jahrhundert vor dieser Zeit concipirt waren[*)].

Und selbst neben dieser Trias und in dieser Zeit bieten
die Fasten Diodors den Beleg für eine keineswegs ganz übereinstimmende chronologische Ueberlieferung, wenn man eben
nicht gewaltsam eine solche Uebereinstimmung zu erzwingen sucht.

§. 7. Die Entstehung der annales maximi.

Die bis hierher aufgestellten Hypothesen führen also zu
der Ansicht, dass die für uns erkennbare annalistische Ueber-

---

[1]) Schwegler II p. 569 A. 1—3.

[*)] Mommsens Bemerkung Chr. p. 119 „seinen Quellen indess können
sie nicht gefehlt haben, da sie späterhin bei Livius mitzählen" ist nur
zutreffend, wenn man mit M. annimmt, dass Liv. hier und später denselben
Quellen folgte, was wir entschieden in Abrede stellen.

[*)] Was namentlich die von Mommsen so sehr verwertheten Angaben
über die Jahresanfänge betrifft, so stammen sie, wie ich nachgewiesen zu
haben glaube, ihrem ganz überwiegendem Bestande nach erst ans Licinius
Macer. s. oben p. 28 f.

lieferung wesentlich durch plcbejische Magistrate vermittelt und
weitergeführt wurde, dass wesentlich nur Eine annalistische
Ueberlieferung kurz nach dem Anfang der Republik beginnend
den verschiedenen Redactionen zu Grunde lag. Daraus folgt,
dass die Annalen des Pontifex maximus jedenfalls erst später
zu setzen sind.

Dass die Consularfasten nicht von Anfang an mit einer
officiellen Annalistik des höchsten Priestercollegiums in Verbindung standen und dass eine solche verhältnissmässig spät
entstand, dafür spricht auch die von Mommsen R. G. I 4 A. p.
466 urgirte Thatsache, dass sich eine gemeingebräuchliche
Aera nicht bildete, obwol in den sacralen Verhältnissen nach
dem Einweihungsjahr des Capitolinischen Jupitertempels gezählt wurde, von wo ab auch die Beamtenliste lief. Es will
uns wenigstens scheinen, als hätte diese Acra allgemeine Anerkennung gewinnen müssen, wenn von Anfang an annalistische
Notizen und zwar die einzigen officiellen von den Pontifices in
die Fasten eingetragen wären, ja wenn nur die Annalen des
Pontifex maximus so früh, wie Mommsen für möglich hält, d. h.
schon um die Mitte des 4ten Jahrhunderts begonnen hätten.
War die Mondfinsterniss, auf die sich Mommsen für diese Annahme nach Cic. *de rep.* 1, 16 bezieht und die Cicero allerdings als die älteste der *annales maximi* citirt, wirklich die
früheste in ihnen notirte, so ist damit weder gesagt, dass der
Cicero vorliegende Annalentext nur so weit zurückreichte, noch
dass gerade diese Stelle ebenso wie andere noch frühere Notizen wirklich dem alten Text und nicht später vorgeschriebnen
Zusätzen angehörte.

Sollte nicht vielmehr eine andere Notiz uns auf das An-
fangsjahr der *annales maximi* hinleiten, die man schon länger
allerdings mit der Redaction derselben, freilich nicht in diesem
Sinn in Verbindung gebracht hat. Ich meine den Titel von
Julius Obsequens Prodigienverzeichniss: *Julii Obsequentis ab
anno urbis quingentesimo quinto prodigiorum liber.* Mommsen
(*Livi periochae ed.* Jahn p. XX) schloss daraus auf eine Notiz
in Livius zweiter Decade, aus der Obsequens den Schluss zog,
dass in jenem Jahr „die amtliche und regelmässige Verzeichnung der Wunder" begonnen habe. Bernays brachte (Rhein.
Museum 12 p. 436 ff.) diese Thatsache mit der anderen in

Verbindung, dass eben in jenem Jahre nach Livius (Censorinus c. 17 p. 47 ed. Jahn) in Folge mannigfacher Prodigien periodisch wiederkehrende Säcularspiele eingeführt wurden und schloss daraus, dass dies die Veranlassung gewesen „den Prodigien eine stehende Rubrik in den Annales maximi einzuräumen.“

Zunächst muss bei Beurtheilung dieser Stelle darauf aufmerksam gemacht werden, dass die Quelle des Julius Obsequens, als die auch Mommsen nach Wilmans und Mörners Vorgang, Livius annahm, keineswegs so nachgewiesen ist, wie gewöhnlich angenommen wird.

Es ist wol zu beachten, dass der unmittelbare Vergleich des Prodigienverzeichnisses mit den Angaben des Livius nur für zehn Consulate der 4. und 5. Decade möglich ist, weil die früheren Stücke desselben vom J. 605—664 verloren sind. Diese Abschnitte des Obsequens sind im Vergleich zu den folgenden zweiundsechzig ausserordentlich kurz, meist bedeutend kürzer gefasst als die Livianischen Parallelstellen.

Dessenungeachtet finden sich an drei Stellen Angaben, die im Livius fehlen: c. 3: *aruspicum jussu*, was Liv. 39, 22, c. 6 *ex Sibyllinis supplicatum*, was Liv. 40, 29 fehlt, c. 7 *nimbis continuis*, was jedenfalls mit dem parallelen Ausdruck *eadem tempestate* Liv. 40, 45 keineswegs stimmt. Diese unzweifelhafte Thatsache genügt jedenfalls, eine unmittelbare Benutzung des Livius durch Obsequens zweifelhaft zu machen. Damit steigt die Wahrscheinlichkeit, dass beiden als gemeinsame Quelle ein Werk zu Grunde liegt, das mit 505 begann und die Prodigien enthielt.

Bernays hat, indem er als dieses Werk die *annales maximi* bezeichnete, die Ansicht aufgestellt 1) dass diese damals zuerst die Prodigienverzeichnisse aufnahmen und dass daher 2) alle früheren Prodigienangaben wahrscheinlich gefälscht seien.

Nach den oben gegebenen Ausführungen sind wir natürlich weit entfernt, die zweite Annahme zu accepiren. Wir halten die allerdings in der ersten Decade viel spärlicheren Angaben für eben so ächt wie den ganzen Bestand annalistischer Nachrichten. Indem wir das thun, drängt diese unzweifelhafte Verschiedenheit zwischen den vor 505 und den nach diesem Jahr erhaltenen Angaben zu einer anderen Erklärung als der von Bernays gegebenen.

Zunächst muss freilich hervorgehoben werden, dass neben den Prodigien, die in der ersten Decade vorkommen noch die zu veranschlagen sind, welche jedenfalls in den ersten, nach Bernays Annahme, acht Büchern der zweiten Decade verzeichnet waren, denn erst im 19. Buch konnte jenes Verzeichniss Anwendung finden. Man würde voraussetzen dürfen, dass in diesen Jahren die Zahl der verzeichneten Prodigien allmälig zugenommen habe, was der Vermuthung Mommsens entsprechen würde, dass die früheren Notizen *„casu potius quam publica cura"* überliefert seien.

Für unsere Ansicht aber bleibt immer der Umstand vor allen beachtungs- und erklärungswerth, dass neben der entschiedenen Beachtung der *libri Sibyllini,* ihrer Befragung durch die X*viri sacrorum* und den daraus sich ergebenden Cultusmaassregeln [1] die *pontifices* und die ihnen zustehende *procuratio prodigiorum* [2] allerdings in jenen früheren Annalen so entschieden zurücktritt.

Die einfachste Erklärung dieser Thatsache und eben jener anderen, dass erst seit 505 ein vollständiges und exactes Prodigienverzeichniss existirte, ist, unserer Meinung nach, die Annahme, dass die *annales maximi* als officielle Arbeit des *pontifex maximus* und in ihnen ein solches Prodigienverzeichniss überhaupt erst in jenem Jahre begonnen wurden.

Der Anfang dieses letzteren weist uns darauf hin, dass erst damals die Römische Annalistik in die Hand des *pontifex maximus* überging. Dass der grosse Jurist Ti. Coruncanius, dessen Geist als allen Zeitgenossen überlegen, Cicero noch aus den *commentarii pontificum* entgegentrat [3], eine solche Neuerung vornehmen und durchführen konnte, braucht kaum hervorgehoben zu werden. Aber allerdings entspricht unserer bisherigen Ausführung der Umstand in höchst bezeichnender Weise, dass es eben dann der erste plebejische *Pontifex maximus* war, der diese *annales* gründete. Waren die ältesten Annalen eine

---

[1] oben p. 195 f.
[2] Becker — Marquardt IV p. 222.
[3] Brut. 14.

plebejische Arbeit, war ihre einzig erkennbare Umarbeitung
aus plebejischen Händen hervorgegangen, so war es dann wieder der grösste Schriftsteller, den die Plebs bis dahin hervorge-
bracht, der zuerst an der Spitze des Pontificalcollegiums Annalen für dieses stiftete, die er im Gegensatz gegen die vorhergehenden Arbeiten *maximi* nannte. Liegt in dieser Bezeichnung schon ausgesprochen, dass diese Annalen ausführlicher als
die vorhergehenden sein sollten und können wir das vollständige stehende Prodigienverzeichniss schon als eine solche Erweiterung bezeichnen, so erklärt sich andrer Seits aus all den
angeführten Umständen, dass manche [der, eigenthümlichsten
Züge jener älteren Annalen auch in diesen festgehalten wurden, dass die Interessen der Pontifices, so sehr sie hier sich
bemerklich machten, die althergebrachte Rücksicht auf die
Decemvirn und die Aedilen keineswegs verdrängte.

In dieser Verbindung erscheinen die *annales maximi* in
einem natürlichen, man möchte sagen, selbstverständlichen Zusammenhang mit den früheren Arbeiten. Lässt man daher
diese Auffassung gelten, so legt dagegen das Jahr ihrer Entstehung eine weitere Betrachtung nahe, die uns noch einmal
auf die Bearbeitung jener älteren Jahrbücher durch Cn. Flavius
zurückführt.

War der Uebergang nach Sicilien und der Krieg gegen
Carthago bei dem Volke gegen die Bedenken des Senats durch
die Consuln durchgesetzt[1]) und treten uns auch ferner bei den
ersten militärischen Maassregeln der Kriegstribun Claudius und
der Consul, der Sohn des Ap. Claudius Cäcus entgegen, so
darf der Anfang des Kriegs als ein grosser Erfolg jener
merkantilen Claudischen Politik bezeichnet werden, die wir
oben charakterisirten und mit der wir die Annalenredaction
des Cn. Flavius in Zusammenhang brachten. Das Jahr 505
zeigt uns die Claudier an der Spitze der Sicilischen Flotte und
Armee, im leidenschaftlichen Bemühen, dem Krieg durch einen
grossen Schlag ein Ende zu machen und nach furchtbarem
Misslingen in der heftigsten Opposition gegen den Senat. Die

---

¹) τὸ μὲν συνέδριον οὐδ' εἰς τέλος ἐπέρωσε τὴν γνώμην διὰ τὰς
ἄρτι ῥηθείσας αἰτίας — — οἱ δὲ πολλοὶ — ὠφελείας προδήλους καὶ
μεγάλας ὑποδεικνύντων τῶν στρατηγῶν ἔκριναν βοηθεῖν. Polyb. 1, 11.

Ernennung eines Libertinen seines Geschlechts durch den Consul Claudius, in frecher Verhöhnung des Senats, drückt die
ganze Spannung aufs Grellste aus: das Geschlecht, das die
Comitien in diesen Krieg hineingedrängt, als Vertreter der
Libertinen und entschiedener Gegner des Senats und der Plebs
auf der einen, die übrige Bürgerschaft und der Senat auf der
andern Seite.

Würde es dieser Sachlage nicht entsprechen, wenn damals
der erste plebejische *Pontifex maximus*, der Freund des M'.
Curius, des grossen Vertreters der *plebs rustica* neue officielle
Annalen begann, bewusst oder unbewusst im Gegensatz zu jener
Redaction der altplebejischen Annalen, die der Günstling des
Ap. Claudius verfasst und in Verbindung mit den *fasti* zu
dem Hauptgeschichtswerke der Republik zu machen versucht
hatte?

**Kap. 3. Die Geschichte der Gesammtüberlieferung der Römischen
Republik vor Fabius.**

**§. 1.   Die Entwicklung der Annalistik überhaupt und die der
Römischen für sich betrachtet.**

Haben wir in den vorstehenden Abschnitten die Vermuthungen über Zeit und Ort der ältesten Römischen Annalistik,
ihre Entstehung und Fortpflanzung aufgestellt, zu welchen die
genauere Betrachtung ihrer erkennbar erhaltenen Reste zu
führen schien, so empfiehlt es sich, die so aufgestellten Behauptungen noch von einer anderen Seite her zu betrachten.

Dass diese Annalenreste in ihrer Form und Fassung den
ältesten historischen Aufzeichnungen der modernen Völker
durchaus entsprechen, ist seit Niebuhr so oft hervorgehoben
worden, dass es überflüssig wäre, nochmals darauf hin zu
weisen.

Auch das ist allgemein anerkannt, dass neben diesem annalistischen Element bedeutende sagenhafte Bestandtheile in die
Geschichtschreibung der älteren Republik eindrangen. Niebuhr
hat Ursprung und Schicksale dieser Stücke ebenfalls nach der
Analogie der mittelalterlichen Geschichtschreibung darzulegen
versucht, so weit ich sehe, ist man ihm hier nicht gefolgt. Indem man überhaupt seine Hypothese über die Entstehung dieser

Ueberlieferung aus Volksepeu verwarf, hat man es, wie es scheint, für überflüssig gehalten, sich nach den Analogien bei den modernen Völkern, die er auch hier heranzog, weiter um zusehen.

Auf diesem Zusammenwirken von Annalistik und Sage beruht jedoch — das bezweifelt Niemand — die ganze Entwicklung der älteren Römischen und der mittelalterlichen Historiographie. Von dieser Seite aus daher werden wir noch die gewonnenen Resultate zu beleuchten haben.

Man kann im Ganzen und Grossen zwei verschiedene Wege der Geschichtschreibung bezeichnen, auf welchen die modernen Völker ihre Ueberlieferung festzuhalten und fortzupflanzen gesucht haben. Bei dem einen beginnt früb eine allerdings wortkarge, aber jedenfalls gleichzeitige und daher relativ durchaus zuverlässige schriftliche Aufzeichnung. Sie bildet sich meistens unter der Obhut priesterlicher Anstalten, so oft auch Stillstände eintreten mögen, doch allmälig, immer gleichzeitig fortschreitend, Schritt für Schritt immer vollständiger und lebendiger aus. Man wird die Geschichtschreibung Frankreichs und Deutschlands, die seit den *annales Scti Amandi* sich unter den Pipiniden entwickelte, auch die angelsächsische vor und nach Beda als die grössten und bedeutendsten Beispiele nationaler Literaturen der Art hinstellen können[1]. Als Beispiel einer so gestalteten städtischen Geschichtschreibung liegt dem Verf. besonders das der Lübschen Stadtchronik nahe, wie sie sich aus den *annales Lubecenses* des 13. und 14. Jahrhunderts immer vollständiger, mit ab und zu eintretenden Pausen, zu den reichen und lebendigen Darstellungen am Schlusse des 15. entwickelte.

Jenen alten Annalen verdanken wir, wie Wattenbach sagt „grossentheils die festen Grundlagen" der älteren Geschichte des Mittelalters." Ihre genauere Untersuchung hat auf dem Continent einen frühen Zusammenhang mit der alten Cultur der brittischen Inseln nachgewiesen. Dann aber, durch die neuesten Forschungen, hat man aus dem Inhalt den Zusammenhang festgestellt, in dem manche von ihnen mit dem Pipinidischen Hause, seinen politischen Zwecken und Erfolgen standen.

—————
[1] S. Wattenbachs „Deutschl. Geschichtsq. II § 3 f. § 19. Lappenberg Gesch. Englands I p. XLIV ff.

Wir glauben auch in den ältesten Römischen Annalen gerade
dies beides nachgewiesen zu haben: den Zusammenhang mit
einer fremden Cultur und die unmittelbare Einwirkung, die
specifisch Römischer Interessen und Gesichtspunkte sofort auf
die Anfänge dieser Aufzeichnungen. Wie die deutsche Annalistik mit dem Aufkommen der Pipiniden beginnt die Römische mit dem der Römischen Plebs.

Gerade diese letztere Behauptung wird, wie ich erwarte,
mannigfache Bedenken, im Sinne der bisher maassgebenden
Anschauungen hervorrufen. Fassen wir diesen gegenüber nochmals die verschiedenen Resultate unserer Untersuchung kurz
zusammen.

Unserer heutigen Ueberlieferung über die älteste Geschichte
der Republik liegt wesentlich eine Darstellung zu Grunde, die
im Zeitalter Sullas für die Zwecke und nach den Anschauungen der damals herrschenden Aristokratie verfasst wurde
(Abschn. II Kap. 3. § 2).

Diese Darstellung war die Umarbeitung einer älteren
Quelle, in der namentlich das Bild der Plebs diesen Sullanischen Anschauungen nicht entsprach: sie erschien dort von den
ersten Jahrzehnten der Republik an als ein mächtiger, selbst-
bewusster Stand, der mit Bewusstsein und Energie immer
grössere Forderungen aufstellte und durchsetzte (ebd. Kap. 2
§ 2).

Allerdings war auch diese Darstellung beeinflusst durch
die Anschauungen ihres d. h. des 6. Jahrhunderts, aber sie
war doch wesentlich nur einfach zusammengesetzt aus dem verschiedenen Material historischer Ueberlieferung, das Annalistik
und Sage ihr boten.

Die Spuren dieser rein aufgenommenen und sauber zusammengesetzten Stücke ihres historischen Mosaiks sind durch
die Tünche namentlich jener Sullanischen Redaction fast vollständig verwischt.

Was noch von den annalistischen Partien durch den Zufall erhalten, fragmentarisch zerrissen in einzelnen grösseren
oder kleineren Stücken existirt, bietet eben in seiner vollkommen
plan- und absichtslosen Verwahrlosung doch gewisse sehr auffallende und frappant hervortretende Züge. Ihr Inhalt führt
einer Seits auf unteritalische Beziehungen und Hellenische.

Cultusinteressen, andrer Seits auf alle diejenigen Interessen, die sich nirgend so wie in der plebejischen Aedilität vereinigt finden, die eben mit dem einzigen ganz Hellenischen Cerestempel in unmittelbarster Verbindung standen.

So auffallend dieses Resultat ist, es stimmt vollkommen zu der Auffassuug der Plebs, wie jener ältere Autor, als er eben diese Annalen in sein Werk aufnahm, sie gewann: eben eine solche Gemeinde, selbständig, selbstbewusst, von politischen Interessen bewegt und gehoben, war der Boden, auf dem im Cerestempel, unter der Leitung der plebejischen Aedilität, sich so früh eine so unabhängige und bedeutende Annalistik entwickeln konnte und umgekehrt, schon aus der Existenz einer solchen Annalistik durften wir schliessen, dass die Plebs keineswegs das ärmliche von Demagogen herumgerissene Gesindel gewesen, wie jene Sullanischen Quellen sie schildern.

Ward ·die Lateinische Buchstabenschrift von Kyme und Naxos, Maass und Gewicht von Sicilien her, der Kalender durch den der unteritalischen Hellenen wesentlich beeinflusst, so kann es nicht Wunder nehmen, in der ältesten Annalistik gleichsam einen Zweig der Chalkidisch-Sikeliotischen zu sehen (s. oben p. 207 u. 215).

Dass aber gerade die Plebs und nicht die Patricier diese Hellenische Sitte aufnahmen und ausbildeten, das entspricht der andern Thatsache, dass an dem plebejischen Cerestempel die ersten Hellenischen Sculpturen und Malereien angebracht wurden[1]) und auch der, dass bekanntlich die älteste Rüstung des Römischen Fusssoldaten die des Hellenischen Hopliten war, während die Ritter erst später die nationale Bewaffnung mit der Hellenischen vertauschten[2]).

§. 2. Die allgemeinen Züge mündlicher Ueberlieferung und die der Römischen historischen Poesie.

Die Frage nach der Form der patricischen Ueberlieferung führt uns zu jener zweiten Form historischer Tradition, auf die wir oben nur von fern hindeuteten.

Während sich in Deutschland, Frankreich und England früh eine wesentlich priesterliche, aber immer durch politische

---

[1]) Plin. hist. nat. 35, 12. Preller Röm. Myth. p. 139.
[2]) Polyb. 6, 37.

Gesichtspunkte bedingte Annalistik ausbildete, ward im Scandi-
navischen Norden, in einem grossen Theil des Slavischen Ostens
die Gesammtmasse der Ueberlieferung bekanntlich mündlich
fortgepflanzt. Die Formen, die dabei zur Anwendung kamen,
sind verschiedene.

Sie sind zunächst entweder poetische oder prosaische. Die
poetische Ueberlieferung historischer Stoffe unterscheidet sich
wieder nach Form und Zeit, dass das Volksepos wesentlich
einer früheren Culturperiode angehört, in der die Auffassung
und Motivirung der Thatsachen mythische Gestalten und Mächte
mit historischen zu grossen und weit reichenden Conflicten ver-
bindet, ist jetzt allgemein angenommen. Wesentlich einer
anderen Zeit gehört das historische Lied. Es giebt ein einzelnes
historisches Factum poetisch unter dem unmittelbaren Eindruck
des Erfolgs oder des Misslingens wieder, ohne jeden mythischen
Zusatz.

Gehört die Entstehung des Epos dem Heldenalter an, in
dem jedenfalls von einer gleichzeitigen schriftlichen Ueberlieferung noch nicht die Rede sein kann, so treffen wir das historische Bild auf ganz geschichtlichem Boden, neben der schriftlichen Aufzeichnung, gleichsam als den späten, nüchternen
Wiederschein der epischen Bewegung. Da wir uns hier nur mit
der Geschichte der Republik und nicht mit der der Königzeit
beschäftigen, so hat auch für unsere Untersuchung nicht das
Epos, sondern zunächst das historische Lied ein wirkliches
Interesse. Dort fehlt jede gleichzeitige schriftliche Ueberlieferung, hier treffen wir ihre unverkennbaren Spuren. Die Frage
nach der ihr zur Seite stehenden poetischen Tradition hat daher zunächst die Analogie des historischen Liedes der modernen Völker ins Auge zu fassen.

Es findet sich überall bei den modernen Völkern, wo
kriegerische Zustände die Ehre der Waffen, die Leidenschaften
und Tugenden einer streitbaren Bevölkerung besonders lange
lebendig erhalten haben; mit dem Vordringen geordneter Ver-
kehrsverhältnisse, mit der Befestigung friedlicher Cultur verschwindet es und wird von anderen lyrischen Erzeugnissen der
Volkspoesie verdrängt. Deshalb blühte es in Schweden länger
als in Dänemark, in England am längsten und eigenthümlichsten in den Grenzdistrikten gegen Schottland, in Spanien an

der Maurengrenze und im Maurenkrieg, in Serbien noch heut
zu Tage an der türkischen Grenze, während es an der Oest-
reichischen dem Liebeslied und der friedlichen Lyrik weicht.
Man wird noch weiter sagen können, dass das historische
Lied in vollster Mächtigkeit da blüht, wo die scharfe Scheidung
der Stände namentlich in Betreff der kriegerischen Ehre und
Leistungsfähigkeit noch nicht eingetreten. Dem entsprechen
die Formen einer einfachen, naiven Geselligkeit; in dieser nimmt
bei der Tafel, wie in Spanien, bei grösseren Gelagen für die
Begleitung grosser und künstlicher Tänze (Färöer, Ditmarschen) das historische Lied und sein Vortrag eine wesentliche und hervorragende Stellung ein.
Es ist in diesem Sinne der natürlichste und würdigste Ausdruck nationaler Leidenschaft. Keineswegs immer in scharf
ausgeprägter Schilderung giebt es die Grossthaten der einzelnen
Helden wieder wie die Lieder vom Cid, oder die „Jagd von
Cheviot", ebenso oft giebt es kurz zusammengefasst die bedeut-
samen Thatsachen einer einzelnen Gesammtunternehmung wieder. So fehlen neben den glänzenden Schilderungen von der
Ditmarser Sieg bei Hemmingstedt die kurzen Verse über ihre
Streifzüge nach Eiderstedt.
Die Periode dieser eigenthümlichen Ueberlieferungsform
ist zum Theil eine sehr lange. In Deutschland reicht sie, in
gewissem Sinne, erkennbar vom 10. bis ins 16. Jahrhundert.
Je schroffer die Scheidung der Stände, je seltener die Fehde,
je feiner die Cultur des Hauses, je grösser die Herrschaft der
Verkehrsinteressen wird, verliert sich diese Poesie immer mehr
aus der Geselligkeit und dem Interesse der höheren Stände; im
16. Jahrhundert fixirte sie die Buchdruckerkunst fast überall
im Moment ihres Untergangs für das noch immer lebendige
Bedürfniss der unteren Klassen, an einigen Stellen wie z. B. in
Holstein, ging sie dennoch spurlos, darf man sagen, verloren.
Dass sie auch hier bestand, macht ihre Blüthe in Dänemark
und Ditmarschen mehr als wahrscheinlich, ja die Holsteinische
Tradition des 15. Jahrhunderts über die Geschichte des 14.
beruht in wesentlichen Partien unverkennbar auf solchen Lie-
dern, die aber als solche eben vollständig untergingen, ehe die
Presse sie erreichte [1].

_____

[1] Ich verweise im Allgemeinen auf die bekannten Schriften Talvj's

Wir haben diese festen Thatsachen aus der Geschichte
des historischen Liedes hier zusammengestellt, weil die bedeutenden und durchschlagenden Analogien, die sie für die Betrachtung der Römischen Tradition bieten, weder von Corssen
in seiner bekannten Abhandlung, noch von Schwegler in der
ausführlichen Erörterung (Buch I, K. 23 und 24) hinreichend
gewürdigt sind.

Die bekannten Notizen Catos und Varros[1] constatiren,
dass Cato noch von der seiner Zeit untergegangenen Sitte wusste,
bei den Mahlzeiten *„de clarorum virorum virtutibus“* abwechselnd
„ad tibicinem“ Lieder zu singen. Varro erwähnte dagegen den
Vortrag der *„carmina antiqua“* bei der Tafel, nicht mehr durch
die Gäste selbst, sondern durch *„pueri modesti, assa voce ad tu-
bicinem“*. Cicero beklagt ausdrücklich den vollständigen Untergang dieser *„carmina“*. Wir können also vollkommen den Gebrauch des historischen Liedes constatiren, wie er in Spanien
z. B. ebenso bestand, den Vortrag bei den Gelagen durch die
Gäste, wir können die Veränderung verfolgen, durch die
dieser Vortrag von den Gästen an die *„pueri modesti“* überging und das vollständige Verschwinden der Lieder, wie in
Holstein, auch in Rom jedenfalls schon vor Ciceros Zeit.

Wir streiten hier nicht mit Schwegler über die Möglichkeit eines Römischen Volksepos, wir argiren nur seinen Bedenken gegenüber, dass z. B. die Ditmarscher ebenfalls „von
Haus aus ohne hervorstechende Anlage zu Kunst und Poesie
vielmehr ein nüchternes, praktisches, dem Erwerb zugekehrtes
Volk“ wie die Römer waren und dass nichtsdestoweniger das
historische Lied der Träger ihrer nationalen Ueberlieferung
und der Hauptschmuck ihrer Feste war. Ja „das spurlose Verschwinden der Lieder“, die Thatsache, „dass keines schriftlich
aufgezeichnet worden, erklärt sich einfach daraus, dass zur Zeit,
da sie aus der höheren Geselligkeit Roms verschwanden, keine

---

sowol die beiden Ausgaben der serbischen Lieder als die vortreffliche allgemeine Charakteristik dieser poetischen Erscheinungen. Für die ditmarsiche
und holsteinische historische Poesie auf Müllenhoffs Einleitung zu seiner
Sammlung der Sagen, Mährchen und Lieder der Herzogthümer Schleswig-
Holstein und Lauenburg.

[1] Die Stellen Schwegler B. I p. 54 A. 5.

Presse bereit stand, sie für den Bedarf der unteren Stände zu
fixiren; sie legten daher die letzte Periode ihres Daseins bis
zu ihrem Untergang wahrscheinlich nur in der mündlichen
Ueberlieferung immer tieferer Schichten zurück und Cicero und
Varro, als sie sich an ihr früheres Dasein erinnerten, konnten
kein fliegendes Blatt sammeln, das ihnen diese „carmina" erhalten hätte, wie die Drucke des 16. und 17. Jahrhunderts den
Forschern unserer Zeit.

Dann aber, wenn unzweifelhaft der Brauch historischer
Lieder im Zeitalter der Samniterkriege noch zu Rom bestand,
sind wir entschieden berechtigt, das nicht annalistische Material
der älteren Geschichte der Römischen Republik, was die ältesten Historiker mit dem annalistischen zusammenfügten, als
den Niederschlag solcher Gesänge zu bezeichnen.

Wir rechnen dahin nach der eben gegebenen Erörterung
auch Stücke wie die doppelte allerdings kurze Geschichte des
Kriegs gegen Pometia Liv. 2, 16 f. Es ist, wie allgemein anerkannt, die Geschichte desselben Kriegs, aber die Wiederholung braucht nicht auf zwei verschiedene Annalenwerke, sondern nur auf zwei verschiedene Lieder zurückgeführt zu werden,
welche ein und derselbe Annalist aufnahm.

Dass man für die Geschichte Coriolans, der Fabier, des
Cincinnatus eine alte poetische Quelle geleugnet hat[1] erklärt
sich nur aus der, wie wir meinen, unmotivirten Abneigung,
trotz jener so positiven Nachrichten die Bedeutung der „carmina antiqua" anzuerkennen.

Unzweifelhaft aber sind alle bedeutenderen Stücke dieser
Ueberlieferung, wie Schwegler mit Recht gegen Niebuhr hervorhob[2] patricischen Ursprungs; „alle gefeierten Namen der
älteren Römischen Geschichte sind Patricier" und wie berechtigt die genealogischen Bedenken gegen die patricische Herkunft des Brutus und Coriolan auch sein mögen, jedenfalls hat,
ehe eine wirkliche Geschichtschreibung entstand, das Patriciat
ihre „laudes" für sich und die Ehre seines Standes in Anspruch

---

[1] Für die Geschichte Coriolans auch in der Redaction des Livius
Mommsen Hermes III a. O., für die des Cincinnatus Schwegler R. G. II.
[2] II p. 60.

genommen. Verfolgt man die Spur einer solchen poetischen
Ueberlieferung weiter zu den doch unzweifelhaft dahin gehörigen Erzählungen von den Zweikämpfen des Valerius Corvus
und Manlius Torquatus, so vervollständigt sich dieser Eindruck
noch, wir haben es immer vor Allem mit patricischen Helden
zu thun.

Man wird nach dem was wir oben p. 220 über die gleichzeitige
Annalistik ausführten, hier zunächst das Verhältniss so bezeichnen können: das annalistische, allmälig sich vervollstän-
digende Gerüst der älteren Geschichte ist plebejischen, diese
Füllung patricischen Ursprungs.

Dieser Thatsache entspricht die schon oben a. O. erörterte
Analogie: auch in Athen finden wir, nach den Erzählungen
Herodots zu schliessen, die Thaten und Schicksale der Republik wesentlich zusammengefasst in den Ueberlieferungen der
grossen Geschlechter, ja wir haben an einer andern Stelle nachzuweisen gesucht, dass eine ähnliche Sitte der Ueberlieferung
zu Sparta die Verdienste der einzelnen Könige und die Grossthaten der aristokratischen Heergemeinde fixirte.

Nach dem, was wir von den spartanischen Vorträgen erfahren, wurden sie, allerdings nicht nur über die *laudes majorum,*
ebenfalls bei der Mahlzeit und in Anwesenheit der Knaben gehalten. Sie hatten dort eben zu Platos und Xenophons Zeit
eine pädagogische Bedeutung für die öffentliche Erziehung.
Sollte nicht aber der Römische und der Spartanische Brauch
auf jene uralte Stellung des Heldengesangs in der gräcoitali-
schen Sitte zurückzuführen sein, für die die Lieder des Home-
rischen Demodokos an der Tafel des Phäakenkönigs einen so
schlagenden Beleg geben?

So erscheint an den erkennbaren Punkten in Hellas wie
in Rom, wie verschieden die Form auch sein mochte, die Kunst
der mündlichen Ueberlieferung als die der herrschenden Geschlechter. Ihre Producte fixirte Herodot zum Theil für Athen
und Sparta in seinem Werke, in Rom dagegen wurden sie
wahrscheinlich Jahrhunderte lang nur mündlich fortgeflanzt.

In Athen bestand unzweifelhaft neben jenen Ueberlieferun-
gen der grossen Geschlechter keine öffentliche Annalistik. Diese
Thatsache ergiebt sich, wie allgemein anerkannt, aus den
Aeusserungen des Thukydides über die Geschichte Athens zwi-

schen dem Medischen und dem Peloponnesischen Krieg. Dass in
Sparta höchstens genealogische „Aufzeichnungen" bestanden,
wenn die von Plutarch erwähnten so weit hinaufreichten, ist
ebenfalls sicher. Dem entspricht die Annahme, zu der unsere
Untersuchung uns führt, dass die regierenden Geschlechter der
älteren Republik neben ihrer mündlichen Ueberlieferung an
historischen Aufzeichnungen nur Eponymenlisten kannten.
Man möchte vielleicht den Einwurf machen, dass es kaum
denkbar sei, dass neben der Reihe priesterlicher Denkmäler,
die man nothwendig den ältesten Zeiten der Republik vindi-
ciren müsse, es so durchaus für das Patriciat an historischen
Aufzeichnungen gefehlt haben solle. Dagegen wird zunächst zu
erinnern sein, dass wir überhaupt über den Umfang dieser Denkmälermasse vor den Zeiten der Gallischen Verwüstung Nichts
Sicheres wissen. Die bekannte Ansicht, dass der grösste Theil
derselben damals untergegangen [1] beweist, dass zur Zeit
der wirklich historischen und antiquarischen Literatur so gut
wie gar keine Denkmäler jener Periode bekannt waren. Auch
die scheinbar ältesten erhaltenen waren in verhältnissmässig
später Zeit niedergeschrieben [2].

Wie gross aber oder wie klein Zahl und Umfang dieser
schriftlichen Aufzeichnungen sein mochte, eine Reihe bezeichnender Analogien aus der Geschichte unserer bedeutendsten
Städte zeigt die Möglichkeit, dass trotz einer lang dauernden
mannigfachen schriftlichen Thätigkeit für die Zwecke der Gemeinde wie der Einzelnen die Anfänge sowol öffentlicher als
privater Geschichtschreibung ausserordentlich spät erfolgen.
Die Herausgeber unserer deutschen Städtechroniken haben
diese Thatsache für so bedeutende Gemeinwesen wie Nürnberg,
Augsburg und Braunschweig constatirt [3].

Wie ausführlich daher auch und wie alt die *commentarii
diurni* des Acrors sein mochten, wie hoch man die schriftlichen Aufzeichnungen der regierenden Häuser hinaufrechnen
mag, jedenfalls kann man aus diesen Thatsachen durchaus

---

[1] Die Stellen Schwegler I p. 38 f.
[2] Ueber das Argeerverzeichniss s. Jordan Topographie II p. 278 ff.
[3] Die Chroniken der deutschen Städte. Nürnberg I p. XXX, Augsburg I p. XXXVIII und namentlich Braunschweig I p. XXXVI f.

nicht auf ein ebenso frühes Interesse derselben Kreise für geschichtliche Aufzeichnungen oder auf die wirkliche Bethätigung desselben schliessen.

Dürfen wir mit Mommsen[1]) die Beamtenverzeichnisse des 408 gegründeten Monetatempels als wirklich alte Urkunden anerkennen, so ist es doch bezeichnend, dass auch in ihnen, so weit wir sehen, keine annalistischen Aufzeichnungen eingetragen waren, ja dass auch Licinius Macer nicht daran dachte sie nach dieser Seite für seine Fälschungen zu benutzen.

Das patricische Eponymenverzeichniss zu Rom hatte wie das Atheniensische keine, so zu sagen, ebenbürtige Annalistik sich zur Seite, wol aber eine reiche und lebendige mündliche Ueberlieferung. Gerade so sind aus der Zeit mündlicher Tradition als Denkmäler für die Geschichte Dänemarks einzelne Königsverzeichnisse erhalten[2]).

Dieses Uebergewicht der mündlichen Ueberlieferung, das lange Leben einer historischen Poesie, wie es für uns die Erzählungen von Valerius Corvus und Manlius Torquatus Heldenthaten unwiderleglich beweisen, erklärt sich, glaube ich, aus dem eigenthümlichen Gang der Römischen Kriegsgeschichte. Weil der Römische Bauer von Anfang an der Ehre des Kriegs gewürdigt war, weil er nie in die Söldnerheere Italiens, Siciliens und Griechenlands hineingerieth, weil sich daher das jährliche Aufgebot der Tribus allmälig in die tactisch vollendetste Truppe der bekannten Welt, die Grenzkriege der ersten sich in die grossen Feldzüge der folgenden Jahrhunderte verwandelten, durch diese wunderbare und ganz singuläre Entwicklung behielt, meinen wir, die Sitte des historischen Lieds so lange die ganze Kraft und Productivität ihres Jugendalters. Wie das historische Lied für den Engländer an der Schottischen, für den Serben an der Türkengränze sich mit dem stehenden Krieg ungebrochen fortpflanzte, so war es für den Römer der Volskerschlachten des vierten und dem der Keltenschlachten des fünften Jahrhunderts immer das gleiche Organ kriegerischer nationaler Erinnerung und Begeisterung. Eine

---

¹) R. Chr. p 210 A. 394 a.
²) Usinger D. Dän: Annalen und Chroniken des Mittelalters p. 8.

kriegerische Grenze, das Feld ihrer Schlachten und Siege gab
es für diese Bauernschaft immer diese Jahrhunderte hindurch.
Damit ist aber auch ausgesprochen, dass diese historische
Poesie, so entschieden die patricischen Häuser und deren
Geselligkeit ihre eigentlichen Träger waren, doch für das
historische Leben der Plebs eine nicht minder grosse Bedeutung hatte.

Giebt uns die Annalistik jener Jahrhunderte vor Allem die
Hauptthatsachen der Entwicklung der Plebs, so tritt uns aus
den unzweifelhaft alten Stücken dieser anderen Ueberlieferung
die Bedeutung der patricischen Geschlechter neben dieser Gemeinde und die ungebrochene Superiorität ihrer kriegerischen
Führung hervor. Der Gegensatz dieser beiden Ueberlieferungen, ich möchte sagen, ihr Gleichgewicht erklärt an seinem
Theil den eigenthümlichen Gang der Verfassungsgeschichte, soweit sie durch das Gleichgewicht der beiden Stände bedingt ist.

§. 8. Der Prozess der Verschmelzung schriftlicher und mündlicher Tradition und seine Vorbedingungen in Rom.

Wenn nun aber dieses Nebeneinander einer schriftlichen
und mündlichen Ueberlieferung in Rom unzweifelhaft die ersten
Jahrhunderte der Republik hindurch bestand, so fragt sich, wie
früh oder wie spät auch die letztere schriftlich erfasst, wann
sie mit der annalistischen verbunden ward.

In der Geschichte der modernen Völker macht sich hier,
so weit ich sehe, ein eigenthümlicher Unterschied bemerkbar.

Wo die Annalen früh sich ausbilden und sich in der stä-
tigen Weise entwickeln, wie wir oben ausführten, bleibt der unmittelbare Einfluss einer eigenthümlich ausgebildeten mündlichen Tradition zunächst ausgeschlossen. Karl der Grosse
hatte allerdings den Plan, die Heldenlieder der Deutschen
Stämme aufzeichnen zu lassen, Paul Warnefried hat zu seiner
Zeit die Sagen der Langobarden prosaisch fixirt, aber die Fränkische Reichsannalistik in ihrem Hauptstamm und in all ihren
mannigfachen Verzweigungen, so reich sie sich ausbildete, ha
sich von poetischen Elementen und den sagenhaften Darstellungen
der mündlichen Ueberlieferung auffallend rein gehalten. Solche
Erzählungen, wie sie Karl der Dicke über seinen grossen Ahn-

herrn zu St. Gallen aufzeichnen liess, sind nicht in sie eingedrungen.

Anders schon gestaltet sich das Verhältniss unter den
Ottonen: hier wo neben einer fast verkommenen Annalistik wie
mit Einem Schlage eine mannigfaltige literärische Thätigkeit
bedeutender Kräfte die Geschichte der Dynastie zu ihrem
Gegenstand macht, greift namentlich Widukind für die frühere
fast annalenlose Zeit auf die sagenhafte und die poetische
Ueberlieferung zurück. In Thietmar von Merseburg finden wir,
wie in Collectaneen, Annalenstücke und zwar gleichzeitige, die
er ausschrieb, neben die Erzählungen gestellt, die er der mündlichen Mittheilung seiner Zeitgenossen verdankte. Immer von
Neuem aber setzt die rein annalistische Form an; eben in dem
beschränkten Umfang scheint die Garantie zu liegen, dass nur
sichere und verbürgte Thatsachen ausgewählt und festgehalten
werden. Dass dabei die Ereignisse aus dem Leben des Verfassers selbst und die Interessen seines Klosters ebenso Beachtung finden wie die grossen Thatsachen der allgemeinen Verhältnisse, ist eine bekannte Beobachtung. Die Sicherheit und
Zuverlässigkeit nimmt ab, wo der Verfasser diese eng bemes-
senen Grenzen überschreitet und wie z. B Lambert das Detail
der grossen Geschäfte, die Bewegungen und Stimmungen der
Parteien in die mannigfachen Wendungen ihrer Kämpfe verfolgt.

Man gewinnt den Eindruck, dass eben das knappe Maass
der historischen Aufzeichnung dem Ueberwuchern der mündlichen Ueberlieferung, dem Einfluss unmittelbarer Stimmungen
und Auffassungen gleichsam einen Damm entgegenstellt.

Erst allmälig wird das Bedürfniss allgemeiner und bildet
sich die Fähigkeit aus, ein reicheres Material schriftlich zu
fixiren. Es ist unmöglich, die mannigfaltigen Phasen eines
solchen Uebergangs kurz dazulegen. Jedoch einige wesentliche
Punkte treten überall hervor.

Die Vervollständigung des Materials kann dadurch erreicht
werden, dass die Zahl der einzelnen berichteten Thatsachen
immer grösser wird, dass also in den Karolingischen Annalen
zu den Notizen über Heereszüge und Reichsversammlungen die
über die abgesandten und empfangenen Gesandtschaften die
über die Jagden und Feste der Könige endlich über die Dinge
hinzukommen, welche jene Gesandtschaften glaublich berichteten.

Gerade diese letzte Classe von Thatsachen zeigt, wie es nicht nur auf die Zahl, sondern auch auf die Sicherheit der Thatsachen ankommt.

Eine solche Zunahme der Thatsachen zeigen z. B. auch die Lübecker Jahrbücher, nur dass bei ihnen überraschend früh, eben durch Gesandtschaftsberichte, die Ereignisse des päpstlichen Hofes und die dort erhaltenen Nachrichten den engen Kreis der Chroniken erweitern.

Anderer Seits aber drängt in einzelnen Momenten das unmittelbare Interesse des Schreibers zu einer plötzlichen Erweiterung der Darstellung[1].

Indem aber namentlich auf dem ersten Wege die äussere Vollständigkeit dieser Arbeiten stätig zunimmt, wird die Unvollständigkeit der früheren Theile um so auffallender. Und hier nun beginnt, möchte man sagen, die Versuchung in den alten Bestand einsilbiger Notizen die lebendigeren und ausführlicheren Nachrichten der mündlichen Ueberlieferung einzutragen. Solche Interpolationen sind unzweifelhaft die sagenhaften Nachrichten über die Sächsischen Kaiser, die z. B. der *annalista Saxo* schon Sächsischen Quellen des 12ten Jahrhunhunderts entnahm. Vielleicht das lehrreichste Beispiel einer unbehülflichen Verschmelzung solcher sagenhafter, jedenfalls mündlicher Ueberlieferung mit einer schon vorhandenen Annalenarbeit bieten die Pegauer Annalen, wie sie Wattenbach a. O. p. 457 geschildert hat.

Versuchen wir es an der Hand dieser Analogien uns den Gang der Römischen Ueberlieferung zu vergegenwärtigen.

Die allmälige Zunahme der annalistischen Notizen führten wir auf das schrittweise Anwachsen ein und desselben Annalenwerks zurück, weil eine Reihe bedeutsamer Züge von den ersten wahrnehmbaren Anfängen bis zu den späteren weit vollständigeren Notizenmassen durchstehen. Auch hier glauben

---

[1] Ich meine Beispiele wie Erzbischof Wilhelms Zusatz zu den Reichenauer Annalen Wattenbach Dtschl. Geschichtsq. p. 246, Ekkeharts Bericht über den ersten Kreuzzug ebd. p. 374 oder den Brief über die Eroberung Lissabons in den Annalen von Disibodenberg ebd. p. 492 oder den über die Romfahrt Lothars III in der Sächsischen Reichschronik, der Quelle des *Annalista Saxo* ebd. p. 410.

wir noch in den uns erhaltenen Fasten zu erkennen, wie z. B.
die Gesandtschaften, der Bericht über Spiele, über die von den
Aedilen eingezogenen Strafgelder und die daraus beschafften
Denkmäler zu den Notizen über Tempelweihen, die Thätigkeit
der Orakelbewahrer, Gesetze, Verträge hinzukommen.

Es ist mehr als wahrscheinlich, dass in diesen Annalen
schon die ältesten, ausführlichen Berichte über die Decemvirn
und die Schlachten an der Allia standen, die wir bei Diodor
finden, den ersteren rücksichtslos gefälscht, den letzteren in
einer, wie es scheint, vollkommen reinen und ungetrübten Form.
Als eine solche Ausführung möchten wir aber auch den merkwürdigen Bericht über die Pest Liv. 3, 6 f. bezeichnen, über den
und seinen alterthümlichen Charakter wir schon oben p. 95
sprachen. Die einzelnen Corruptionen, die er erfahren, haben
doch den Eindruck eines hohen Alterthums nicht verwischen
können, die Notiz *munus vigiliarum — per se ipsi obibant,
circumitio ac cura aedilium plebi erat: ad eos summa rerum
ac majestas consularis imperii venerat"* gewinnt erst ihr rechtes
Licht, wenn wir sie auf eine Quelle zurückführen, für die
Stellung und Thätigkeit der Aedilität eine, wie wir ausführten,
ganz besondere Bedeutung hatten.

Die ebenfalls ausführliche Erzählung über das für Delphi
bestimmte Weihgeschenk, das wir bei beiden fanden und
p. 202 besprachen, ist eben ein solches ausführlicheres Stück.

Wir verzichten darauf in der Livianischen Erzählung noch
andere Partien als solche weitläufiger gefasste Annalenabschnitte
zu bezeichnen, der Zustand derselben, wie sie Livius seinen
jüngeren Quellen entnahm, macht jede Vermuthung weiter
ausserordentlich unsicher.

Die Diodorischen Stücke über die Schlacht bei Lautulä
und die Censur des Appius Claudius tragen nach dem oben
p. 227 ff. Bemerkten schon einen anderen Charakter. Sie gehören
einer Redaction, deren individuelle Zwecke uns selbst jetzt
noch unverkennbar erscheinen.

Keins dieser grösseren Stücke verräth eine ganz oder halb
sagenhafte Fassung, auch die wunderliche Geschichte des Decemvirats und der *leges Valeriae Horatiae* bei Diodor glaubten
wir nicht auf derartige Quellen, sondern auf eine absichtliche
Fälschung zurückführen zu müssen.

Aus dieser Annahme fliessen zwei Consequenzen 1) dass
bis in die Mitte des fünften Jahrhunderts die mündliche und
poetische Tradition überhaupt noch nicht in die Annalen eingedrungen war und 2) dass, da die Geschichte des Decemvirats
in der Diodorschen Fassung nirgend sonst in unsere Ueberlieferung aufgenommen ist, die alte Redaction und diese neuere
nebeneinander fortbestanden.

Was den ersten Punkt betrifft, so stimmt es damit sehr
wol, dass nach Catos oben erwähnter Aeusserung die Sitte des
historischen Lieds und seines Vortrags bei der Tafel zu derselben Zeit jedenfalls noch unverändert bestanden haben kann.
Die mündliche Ueberlieferung und die Annalen blieben so als
zwei selbständige und unvermischte Ueberlieferungsformen neben
einander bestehen, auch nachdem die Plebejer in das Consulat
und damit in die Führung der grossen Geschäfte eingetreten
waren. Es ist eine dafür sehr beachtenswerthe Thatsache, dass
z. B. |in der Geschichte der grossen Kriege aus dem Anfang
des fünften Jahrhunderts Livius Erzählung entschieden sagenhafte Stücke über die Patricier Valerius Corvus und Manlius
Torquatus bietet, dass dagegen der Plebejer C. Mänius, obwol
ihm eine Reiterstatue decretirt wurde, ebenso wie der grosse
Gesetzgeber und Feldherr dieses Standes C. Publilius in den
einfachen und nüchternen Umrissen einer offenbar annalistischen
Tradition uns vorgeführt werden. Wir werden unten 1) nachweisen, dass Fabius für die ganze Geschichte der Keltenkriege
zum Jahre 471 eine reine und unverfälschte annalistische
Ueberlieferung vorfand.

Wenn nach unserer Annahme die *annales maximi* nicht
allein im Jahre 505 begonnen, sondern auch in dieser ursprünglichen Form, ohne eine später angefügte Vorgeschichte,
von Julius Obsequens benutzt wurden, so ist es wahrscheinlich,
dass auch sie zunächst sich rein auf die schriftliche Fixirung
eines Bestandes gleichzeitiger Thatsachen beschränkten. Dass
diese neue Arbeit im Grossen und Ganzen sich an jene alten
plebejischen Annalen anschloss, erklärt sich schon daraus, dass
ihr Begründer ein plebejischer Pontifex war. So blieb der
Kern von Nachrichten, wie er sich dort allmälig ausgebildet

1) Abschn. IV Kap. 1 § 2.

auch hier bestehen, nur nach der priesterlichen Seite erweiterte
sich der Umkreis zunächst: die Aufnahme vollständiger Prodigienverzeichnisse war unerlässlich für ein Jahrbuch des
Pontifex maximus, aber es war dies nicht die einzige derartige
Veränderung, erst jetzt ward der Bestand und die Thätigkeit
aller drei grossen Collegien der Pontifices, Decemvirn und
Augurn in den Bereich der Annalistik gezogen und namentlich
jeder Sterbefall in denselben nebst der dadurch nothwendigen
Ergänzung genau bemerkt[1]. Unzweifelhaft hat sich nun aber
auch die Fassung der einzelnen Theile wesentlich vervollständigt und erweitert.

Wenn die bekannte Aeusserung Catos (Gell. 2, 28) nicht
nur von den *annales maximi* sondern auch von den älteren
gelten konnte, so dürfen wir jedenfalls die des Sempronius
Asellio über den allgemeinen Charakter der annalistischen Aufzeichnungen (ebd. 5, 18, 9) vor allen auf die *annales maximi*
als ihren ausgebildeten Urtypus beziehen. Die Worte lauten:
„*scribere bellum initum quo consule, et quo confectum sit et quis
triumphans introierit et eo libro quae in bello gesta sint iterare,
non praedicare, aut interea quid senatus decreverit aut quae lex
rogatiore lata sit neque quibus consiliis ea gesta sint: id fabulas
pueris est narrare non historias scribere*". Unzweifelhaft würden
sie im Allgemeinen auch von den plebejischen Annalen der
zweiten Hälfte des 5. Jahrhunderts gelten können, gewiss
aber von den *annales maximi*. Ja fasst man die hervorgehobnen
Angaben genauer, so dürfte man vielleicht schliessen, dass die
Ordnung der *annales maximi* die war, dass nach der kurzen
Angabe der Eröffnung, der Beendigung des Feldzugs und des
Triumphs dann erst der Feldzugsbericht und die Angabe der
Senatusconsulte und Rogationen folgte; bei dieser Ordnung
wäre nach den äusseren Thatsachen der militärischen Ereig-

---

[1] Liv. 3, 7 und 32 giebt nur bei den Pestjahren auch die Namen der
gestorbnen Priester, bei beiden auch den des gestorbnen Consuls; bei dem
letzten werden ausserdem *quattuor tribuni plebis* erwähnt. Dion. 9, 67 und
10, 53 lässt die Priesternamen aus und erwähnt nur die Consuln und Tribunen. Die späteren *annales maximi* die natürlich die Todesfälle fungi-
render Consuln erwähnen, die aller Mitglieder der grossen Collegien genau
angeben (Nissen Unters. p. 90), erwähnen, so viel ich weiss, nie den Tod
eines Tribunen.

nisse, die sich unmittelbar an die Consular- und Triumphalfasten anschlossen, das Material gefolgt, das die Senatsverhandlungen oder, vielleicht sagen wir bezeichnender, der *commentarius
quotidianus* des Aerars (s. oben p. 251) für äussere und innere
Geschichte ergab. Daran erst konnte sich, wie noch in den
jetzt erkennbaren Resten die Hauptmasse priesterlicher Nachrichten schliessen.

Es würde in einer solchen Anordnung, wenn eine solche
Vermuthung statthaft wäre, noch deutlich erkennbar sein, dass
diese Annalistik sich eben unmittelbar so an die Consularfasten anschloss, dass sie zu ihnen erst das urkundliche Material des Senats, dann das der Priestercollegien hinzufügte.
Jedenfalls war auch hier für die Aufnahme einer poetischen
oder sagenhaften Ueberlieferung nicht Raum, so lange diese
Annalen als wirkliche Jahrbücher von Jahr zu Jahr einfach
fortschritten.

Diesen Thatsachen gegenüber ist nun zunächst zu constatiren, dass von Privatannalen so früher Zeit d. h. vor dem Zeitalter des zweiten Punischen Kriegs kaum eine Spur zu entdecken ist[1].

Niebuhr und Schwegler haben die einmalige oder doppelte
Wiederholung der Volskerkriegs Liv. II, 17 f. auf verschiedene
Annalen zurückgeführt und in der gewiss alten Erzählung von
dem Vejenterkrieg von 274 cbd. 46 ein Stück einer Fabischen
Chronik geschen. Wir haben oben p. 249 in allen diesen
Stücken Reste jener so wol und voll beglaubigten historischen .
Poesie gesehen. Wenn die beiden neueren Forscher aus den
Worten des Livius am Schluss jener Fabischen Erzählung
*„funera deinde (consul) duo collegae et fratris ducit, idem in
utroque laudator"* geschlossen haben, dass Fabius Pictor sie den
von seinem Geschlecht aufbewahrten Laudationen entnahm, so
wird man jedenfalls zustimmen. Eben aber diese Laudationen
waren offenbar nur die späte Niederschrift einer alten poetischen Ueberlieferung. Die Schilderung der Schlacht mit allen
ihren heroischen Zügen trägt den poetischen Ursprung so deut-

---

[1] So auch Mommsen R. G. I p. 467: Von Privatchroniken findet
sich keine Spur.

lich an der Stirn wie die viel späteren Darstellungen von dem
Zweikampf des Valerius Corvus und Manlius Torquatus.
Leider haben wir nur, so weit ich sehe, dieses einzige
Beispiel, wo eine ausdrückliche Angabe die Vermuthung so
nahe legt, dass eine unzweifelhaft poetisch gehaltene Erzählung
Inhalt einer Laudatio geworden und in dieser Form für den
Annalisten aufbewahrt worden sei, der sie für seine Erzählung
benutzte. Aber sollten wir nicht mit Recht hier die Spuren
des Weges entdecken, auf dem manche der bedeutendsten Stücke
der mündlichen Ueberlieferung zunächst schriftlich fixirt und
für das Gedächtniss der vornehmen Familien auch dann erhalten wurden, als, jedenfalls längere Zeit vor Cato, das historische Lied von ihren Festgelagen verschwand? Die allerdings
nur ganz unbestimmt gehaltene Angabe Catos führt doch zu
der Annahme, dass jene Veränderung nach den letzten Sam-
nitenkämpfen allmälig eintrat. Das historische Lied wäre dann
auch in Rom wie bei den modernen Völkern in einer Periode
wo eine neue und schärfere Sonderung der Stände sich vollzog, von seiner bisher so hohen Stellung hinuntergesunken
oder vielmehr eben nur für die Bedürfnisse der neuen Zeit
auf andere Weise verwandt worden. Das Zeitalter, in dem der
neue Begriff der *nobilitas* sich ausbildete, wäre es gewesen, in
dem die die *carmina antiqua* erst von den Gästen der patricischen Gelage auf die *pueri modesti* übergegangen, dann ganz
dort ausser Gebrauch gestellt worden. Dass eine möglichst
lange Reihe von Laudationen für die Familien der Nobilität
um so mehr Sitte und Bedürfniss wurde, je fester die neue
Aristokratie sich gegen die übrige Bürgerschaft abschloss, liegt
auf der Hand: jene absterbende und diese energischer als früher
sich ausbildende Sitte berührten sich und, was durch jene ge-
schaffen, kam zum Theil wenigstens in dieser zu einer neuen
Verwendung. Dass die so gefassten Ueberlieferungen sehr leicht
und von selbst ihre chronologische Stelle in den Fasten fanden,
braucht kaum bemerkt zu werden, der ganze Zweck der Laudationen setzte sie, auch ehe sie in die Geschichtschreibung
eindrangen, in ein chronologisch klares Verhältniss zu dem
Eponymenverzeichniss. Dass die Coriolansage, wie allgemein
anerkannt, bei ihrer Aufnahme in die Annalen unzweifelhaft
an eine falsche Stelle gerieth, entspricht der anderen That-

sache, dass dieses Lied jedenfalls nie für eine Laudatio verwandt werden konnte.

§. 4. Zeit und Urheber der Verschmelzung beider Ueberlieferungen zu Rom.

Sind die hier gegebenen Ausführungen nur Vermuthungen, so entsprechen sie doch den beiden Thatsachen, dass Cato ungefähr den Untergang der *carmina antiqua* in dieselbe Zeit setzen musste, aus welcher Cicero die *laudatio* des Ap. Claudius über seinen Sohn als die älteste erhalten konnte.

Sie erklären aber auch an ihrem Theil die oben aufgestellte Beobachtung, dass die Annalen jener Zeit wahrscheinlich von allen Einflüssen nicht annalistischer Ueberlieferung sich rein erhalten hatten. Die Laudationen absorbirten zunächst dieses Material. Ebenso aber gibt unsere Ausführung die Erklärung, wie weit sich in Rom neben einer poetischen mündlichen Ueberlieferung überhaupt eine prosaische gleichfalls mündliche ausbildete. Wir müssen zu dem Schluss kommen, dass sich hier von solchen prosaischen fest fortgepflanzten Erzählungen historischen Stoffs keine Spur findet, wie sie Herodot massenhaft in Griechenland vorfand und wie sie von den modernen Völkern die Norwegische Aristokratie in Island mit so wunderbarer Sauberkeit und Sicherheit ausbildete. Die Ueberlieferung der grossen Geschlechter der ältesten Republik war überhaupt keine annalistische, sie wurde aber erst eine prosaische als ihre wesentlich poetische Ueberlieferung in den Laudationen sich fixirte.

Und damit stehen wir nun vor der Frage, wann und wie in Rom endlich die so weitergeführte mündliche Ueberlieferung in die Annalen eindrang.

Wir haben oben den Gang dieses Verschmelzungsprozesses bei denjenigen modernen Völkern geschildert, die schon früh Annalen anlegten und ausbildeten.

Ein andrer — und wir müssen auch dies ins Auge fassen — ist er da, wo Jahrhunderte hindurch nur oder fast nur die mündliche Ueberlieferung existirt, bis dann plötzlich ein historiographisches Genie diesen ganzen sagenhaften Stoff zusammenfasst und ihn als Vorgeschichte vor die zugleich niedergeschriebene Zeitgeschichte stellt. Die Griechischen Logographen haben

unzweifelhaft wesentlich so gearboitet, dass Herodot einer Fülle
solcher mündlicher Ueberlieferungen und zwar verschiedener
Nationalitäten gegenüber, die Kraft und Umsicht hatte, sie so
zusammenzufassen wie er es that, darin besteht seine literärische Grösse. Aber wir wissen doch zu wenig von seinen Vorgängern, um ihn ganz würdigen zu können. Viel deutlicher
noch und frappanter tritt uns das ganze Verfahren in der
historischen Literatur der modernen Völker entgegen. Die bekannten grossartigen Beispiele solcher massenhaften und plötzlichen Sagenfixirung sind ja im 12ten Jahrhundert Geoffried
von Monmouth für die Brittische, Cosmas von Prag für die
Böhmische und Saxo Grammatikus für die Dänische Geschichte.
Unzweifelhaft das vollendetste Deispiel der Art bietet der letztere. Aber gerade an ihm erkennt man klar, wie eine solche
mündliche Ueberlieferung, der keine irgend bedeutende Annalistik zur Seite, viel üppiger und rücksichtsloser sich entwickelt,
als eine, neben der die sich stetig ausbildende schriftliche
Zeitgeschichte eine gewissermaassen unbewusste Schranke und
Controle bildet.

In Rom trat, kann man sagen, beides ein: die alten Annalen nahmen endlich zum Theil die mündliche Ueberlieferung
in sich auf, die sich neben ihr gebildet und fortgepflanzt hatte,
man kann nicht leugnen, dass sie ihren wirklich historischen
Ursprung wie die Fabier-, Quinctier-, Coriolansage auch in diesem späten Stadium ihrer Fortpflanzung deutlich verräth. Dann
aber wurde auch vor diese Annalen eine Vorgeschichte gefügt,
die Sagen, die in den annalenlosen Jahrhunderten entstanden,
und in welchen der wirklich historische Kern zum Theil offenbar zur Unkenntniss umgebildet ist, zum Theil überhaupt nie
vorhanden war. So entstand bekanntlich das Ganze Römischer
Geschichte, das der uns erhaltenen Ueberlieferung zu Grunde
liegt, die Geschichte der Könige, vollkommen annalenlos und
die der älteren Republik auf ihrer annalistischen Grundlage.

Machen wir uns heute zu Tage die Entstehungsgeschichte
dieser Römischen Ueberlieferung einer Seits klar durch die
Analogien unserer mittelalterlichen Geschichtschreibung, so
dürfen wir andrer Seits sagen, in der Ueberlieferung der Römischen Republik treten uns die Grundgesetze einer solchen Entwicklung zum ersten Mal deutlich und consequent zu Tage.

Wir haben jedenfalls auf dem Gebiet der classischen Völker keine andere Stelle, wo das Nebeneinander einer alten stätig entwickelten Annalistik und einer eigenthümlich sich fortpflanzenden Sage, so deutlich erkannt werden kann wie hier.

Um so anziehender ist nun aber die Frage, wann und durch wen jener Act der Verschmelzung erfolgte, oder wann und durch wen er wenigstens eingeleitet ward.

Der Ausgangspunkt für diese Untersuchung ist die von Mommsen klar gelegte Thatsache, dass die Consularfasten „in allem Wesentlichen in der Hannibalischen Zeit und vielleicht schon früher dem Römischen Publicum vorlagen und dass spätere Aenderungen darin schlechterdings nicht nachweisbar und sehr wenig wahrscheinlich sind; dass aber dies Beamtenverzeichniss, wie es einem doppelten Zweck, der Jahrzählung und der Geschichtschreibung diente, so auch zwei verschiedenen Zählweisen einer kalendarischen und einer annalistischen unterlag"[1]. Der Hauptunterschied dieser beiden Zählweisen tritt nach derselben Untersuchung darin hervor, dass die kalendarische Jahrtafel die Jahre 421. 430. 445. 453 mit den Dictaturen ausfüllt, die bei den Annalisten zu den vorhergehenden Consulaten gestellt werden[2], dagegen aber das dritte Jahr der Decemvirn, das die Annalisten, obwol sie im 6. Monat abdankten, mitzählen, nicht in Rechnung bringt[3].

Diese unzweifelhafte Differenz der kalendarischen und der annalistischen Zählung führt aber, wie wir meinen, unvermeidlich zu der Annahme, dass die eine Fastenredaction, die kalendarische, nicht im Zusammenhang mit einer Annalenarbeit sondern eben nur als Jahresverzeichniss entstand und fortgeführt wurde, und dass daneben sich die andere Zählung in Annalen festsetzte und weitergeführt ward.

Wäre, wie Mommsen a. O. p. 209 ausführt, die älteste kalendarische Fastenredaction etwa um den Anfang des 5. Jahrhunderts zugleich mit der Pontificalchronik entstanden, „durch welche, wo nicht die Erzählung von den sieben Königen, so doch deren Regierungszeiten festgestellt wurden", so bliebe es

---

[1] R. Chronol. 2 A. p. 132.
[2] ebd. p. 115 f.
[3] ebd. p. 119.

nach allen Analogien vollkommen unerklärlich, wie die beiden
Rechnungen neben einander entstanden und die eine nur kalen-
darisch, die andere nur annalistisch verwandt worden sein
sollte. Wir dürfen vielmehr aus der von Mommsen constatirten Thatsache schliessen, dass das kalendarische Verzeichniss, das Werk der Pontifices, bei seiner Entstehung
und noch längere Zeit nachher mit keiner Annalenarbeit in
Verbindung stand, dass daneben, unabhängig von den Pontifices, ein Annalenwerk entstand, dessen Zählung für alle nachfolgenden Arbeiten maassgebend blieb.

Fällt daher, wie Mommsen eben vermuthet, die Abfassung
der Pontificalfasten in den Anfang des fünften Jahrhunderts,
so ist, nach unserer Ausführung, 1) die Pontificalchronik jedenfalls
später entstanden und 2) kann sie, da sie spätestens 505 entstanden sein muss, sich auch damals noch nicht über die früheren Jahrhunderte erstreckt haben, sonst würde sie unzweifelhaft ihre kalendarische Jahrzählung dafür verwandt und dadurch die ganze Römische Annalistik beeinflusst haben. Denn
die Möglichkeit, dass dasselbe Collegium bewusst und mit Absicht in seinen Fasten anders als in seinen Annalen zählte,
scheint uns eben so unannehmbar wie die andere, dass eine
so alte Pontificalchronik nicht einen unbedingten Einfluss auf
alle späteren Annalen geäussert haben sollte.

Bestätigt sich dadurch unsere oben p. 238 ff. ausgeführte
Behauptung, dass die *annales maximi* im Jahre 505 und zwar
mit diesem Jahre begannen, so folgt daraus auch weiter, dass
diese Annalenarbeit in der ersten Periode ihrer Existenz die
frühere Geschichte der Republik noch nicht umfasste.

An diese Thatsache schliesst sich nun aber die andere,
dass diejenige Annalenarbeit, die uns unzweifelhaft als die
älteste eines Privatmannes genannt wird, d. h. die des Fabius
Pictor gerade mit der Geschichte des ersten Punischen Kriegs
die streng annalistische Haltung verliess, wie sich daraus schon
ergiebt, dass Polybius ihn bekanntlich als gleich ergiebige und
gleich bedeutende Quelle für diese Zeit neben Philinos stellt.
Fabius ward also weniger annalistisch gerade da, wo die *annales maximi* begannen, und war es dagegen, nach der bekannten Aussage des Dionys, in den früheren Theilen seiner Arbeit,

für welche, nach unserer Ausführung, die älteren Annalen und nicht die *annales maximi* seine einzige Grundlage sein konnten. So tritt er denn, so weit unsere Nachrichten reichen, uns entschieden als derjenige entgegen, der zuerst die alten vorhandenen Annalen gleichsam zum Grundstock einer neuen Arbeit machte. Wir wissen bestimmt, dass er eine ausführliche Geschichte der Königzeit voranstellte und die seiner Zeit seit dem ersten Punischen Krieg anfügte. Dass er für diese Arbeit nicht die Redaction, wie sie bei Diodor vorliegt mit ihren Claudischen und antifabischen Anschauungen benutzte, liegt auf der Hand. Er kann nur die andere benutzt haben, die neben jener sich erhalten und weiter geführt hatte. Im Anschluss an unsere oben gegebene Auffassung müssen wir aber hervorheben, dass auch er wie der Diodorische Autor die Dictatorenjahre nicht zählte, dagegen gab er im Gegensatz zu diesem diejenige Geschichte des Decemvirats, die die widergesetzliche Regierung in einem dritten Jahre festhielt und dies mitzählte, und unzweifelhaft hat auch er die Jahre der „Anarchie" von dem Einen bei Diodor auf fünf gesetzt.

Wir werden von der Bedeutung dieser grundlegenden Arbeit in anderem Zusammenhang noch zu sprechen haben. Hier aber haben wir noch hervor zu heben, wie durch Fabius Eingreifen sich die Entwicklung der Römischen officiellen Annalistik gestaltete.

Dass die *annales maximi* zu irgend einer Zeit bis auf die Erbauung der Stadt zurückgeführt worden sind, ergiebt sich aus den wenigen Thatsachen, für die sie ausdrücklich citirt werden[1]. Wann es geschah, kann unserer Meinung nach aus der Stelle Dion. I, 74 nicht sicher geschlossen werden. Hat Polybius nach Niebuhrs unzweifelhaft richtiger Emendation dieser Stelle, sich für das Jahr der Erbauung auf die Autorität „τοῦ παρὰ τοῖς ἀρχιερεῦσι κειμένου πίνακος" berufen, so können darunter eben so gut die Fasten wie die Annalen verstanden werden. Ja, wenn Polybius, wie Mommsen a. O. A. 261 mit Rücksicht auf diese Stellen auch annimmt, „für die Römische Chronologie neben der Chronik des Fabius die Pontifical-

---

[1] Peter Histor. Rom. relliq. p. 3 f.

tafel benutzte", so wird es noch wahrscheinlicher, dass der
Griechische Schriftsteller seiner Zeit neben Fabius Annalen
keine officielle Annalenarbeit kannte, die so hoch hinauf-
reichte, sondern auf jener „Tafel" nur die Fasten verzeichnet fand.

Dann ist die nächste und erste Erwähnung einer Notiz
aus den *annales maximi* die Ciceros *de rep.* I, 16 über die
Finsterniss des Jahres 350, also aus der Zeit nach der Schliessung derselben durch Mucius Scävola. Ob die Vervollständigung derselben vor oder nach diesem Abschluss stattfand,
müssen wir dahin gestellt lassen. Nur Eins wollen wir erinnern.
Es würde allen unseren Analogien widersprechen, dass, wie
Mommsen anzunehmen nicht abgeneigt ist, die Pontifices die
ganze annalenlose Vorgeschichte von Anfang an corrigirt und
daran die streng annalistische und einsilbige Weiterführung
der Zeitgeschichte geschlossen hätten. Dagegen entspricht es
den Wahrnehmungen, die die sonstige Geschichte der Historiographie bietet, dass ein durch und durch annalisti-
sches Werk nach seinem Schluss im Interesse der Vollständigkeit endlich auch vorn durch ein möglichst reiches Material er-
gänzt wird.

Dass als solches Material auch die älteren Annalen benutzt
wurden, dafür spricht eben die Anführung einer Finsterniss, die
kaum anderswoher stammen konnte.

Fassen wir die verschiedenen Resultate unserer Betrachtung
endlich zusammen, so bestanden zu Ciceros Zeit nicht allein die
vervollständigten *annales maximi*, sondern auch noch alte Texte,
die wirklich erst von 505 begannen, wie sie Obsequens benutzte; von den älteren Annalen des 3. bis 5. Jahrhunderts
fand sich die eine Redaction, wie ihre Trümmer bei Diodor
vorliegen, noch vor, der alte ächte, unverfälschte Originaltext
war in Fabius Annalen und nur als ihr ärmlichster und verhältnissmässig unbedeutendster Theil erhalten. Er war in
ihnen untergegangen, wie Ekkeharts von Aura Chronik im
chronicon Urspergense oder die *annales Altahenses* im Aventin.

Aus der hier dargelegten Entwicklung ergab sich aber vor
Allem das Schlussresultat, dass Fabius Annalen, so weit sie
reichten, die eigentliche Grundlage der gesammten Annalistik

geworden waren, dass dagegen für die Zeit nach ihm die *annales maximi* mit ihrem unverkennbaren pontificalen Charakter die Grundlage der Stadt- und Staatsgeschichte bildeten.

Vierter Abschnitt.

Die Römische Geschichtschreibung von Fabius Pictor bis auf Valerius Antias.

Kap. 1. Fabius Pictor.

§. 1. Seine literarische Stellung.

Die Geschichte der Römischen Historiographie beginnt im Anschluss an die der Hellenistischen. Die allgemeine literarische Bewegung, an deren Anfang Ephorus steht, deren Höhepunkt Eratosthenes bezeichnet, umfasste allmälig die gesammte gebildete Welt des Mittelmeeres. Sie begann mit den gelehrten Arbeiten, durch welche Ephorus die Gesammtmasse der Griechischen Ueberlieferung zu fixiren suchte, kurz bevor Alexander den gesammten Osten der Hellenischen Wissenschaft erschloss. Die Gründung der Hellenistischen Reiche am Euphrat, Nil und der Propontis schufen für sie neue Aufgaben und neue Mittelpunkte, für diese neuen Dynastien bearbeiteten Berosus und Manetho die nationalen Ueberlieferungen von Babylon und Theben, in derselben Zeit suchte Timäos zu Athen die Geschichte des Westens wissenschaftlich zusammenzufassen. Alle diese Arbeiten greifen in die Gebiete zurück, die Thukydides als seiner Kritik unzugänglich aufgegeben hatte. Der Trieb nach möglichster Vollständigkeit des gesammelten Materials geht Hand in Hand mit dem nach einer übersichtlichen chronologischen Ordnung, so treten neben die uralten chronologischen Systeme Babylons und Aegyptens die erst neu fixirten der Griechischen Gelehrsamkeit. In diesen beiden wissenschaftlichen Richtungen gleicht die Historiographie des 3. Jahrhunderts vor Chr. auffallend der des Reformationszeitalters: die Entwicklung der Hellenischen Literatur damals und ihre Wieder-

belebung fast zwei Jahrtausende später brachten dieselben Wir-
kungen hervor: überall ist die Historiographie des 16. Jahrhunderts bemüht ein möglichst vollständiges Material in eine
möglichst feste Chronologie zu ordnen, so die nationalen Ueberlieferungen zu fixiren und neben einander zu stellen. In beiden
Perioden geht daneben eine grossartige Entwicklung der mathematischen und astronomischen Studien, philologische Arbeiten
voll der feinsten Akribie, getragen durch eine bis dahin unerhörte Gelehrsamkeit. Dieser ganze grosse geistige Prozess vollzieht sich beide Male in Mitten einer hohen geselligen Cultur,
hier wie dort bildet sich gleichzeitig ein politisches System des
Gleichgewichts aus in grossen Kämpfen, meist unentschieden,
alle durch Söldnerheere geführt. Die literärische Bewegung
und die politische stehen unzweifelhaft in Verbindung: in der
Periode grosser politischer Neubildungen suchen die Dynastien
oder die Staaten · die Bedeutung und Berechtigung ihres politischen Daseins durch das Alter und die Sicherheit ihrer Ueberlieferung zu beweisen.

In Mitten jener Hellenistischen Bewegung, gerade in der
Epoche der grössten und entscheidendsten politischen Kämpfe,
an dem reichsten Mittelpunkt des literärischen. Lebens, der
grösste unter den grossen Geistern seiner Zeit, fasste Eratosthenes mit einer staunenswerthen Allseitigkeit und Sicherheit
die ganze Bewegung auf dem Gebiet der historischen und
mathematischen Wissenschaften zu grossen Resultaten zusammen.

Derselbe gewaltige Geist construirte aus einer Reihe
Beobachtungen und Thatsachen die Geschichte der Bildung
des Mittelmeerbeckens und stellte mit klarem Bewusstsein den
Unterschied zwischen sagenhafter und historischer Ueberlieferung fest. Während der furchtbare Kampf der beiden grossen
westlichen Republiken Karthagos und Roms die Aufmerksamkeit
der östlichen Höfe immer mehr auf sich zog, sprach er aus,
dass der Gegensatz barbarischer und Hellenischer Bildung nicht
mehr stattbalt sei, diesen Völkern gegenüber, deren Staatsleben
so bewunderuswerth sei [1]).

Man sieht in diesen wenigen Thatsachen, wie die ganze

---

[1]) Strabo I a. E.

Bewegung sich immer mächtiger zugleich concentrirt, gleichsam in Einem Mann, und ausbreitet, allmälig über alle Formen der Cultur.

In dieser Zeit entstehen die ersten und zwar Griechischen Arbeiten Römischer Historiker. Dass sie auf die Hellenistische Welt berechnet und deshalb nicht Lateinisch geschrieben waren, haben Niebuhr und Mommsen mit Recht hervorgehoben. Sie sind aber auch ganz im Styl der Hellenistischen Historiographie entworfen und ausgeführt: selbst unsere spärlichen Nachrichten lassen keinen Zweifel, dass Fabius Pictor und Cincius Alimentus die Geschichte Roms von Anfang an darstellten, den ganzen Umfang, ohne Unterschied von Sage und Geschichte, bemüht diese Masse nach den bekannten chronologischen Systemen zu orientiren. An diese gelehrte Arbeit schloss sich bei beiden die Geschichte ihrer Zeit, die jenes furchtbaren Kampfes, über den einen Bericht aus Römischem Mund die gesammte οἰκουμένη schon längst zu vernehmen gespannt war und hier wahrscheinlich zuerst vernahm.

Wir haben einige wenige Thatsachen als Beweise für jenen gelehrten Zusammenhang und dieses politische Interesse. Wir hören, dass ein unbedeutender Hellenistischer Gelehrter, Eratosthenes jüngerer Zeitgenosse, von Fabius benutzt ward oder ihn benutzte[1]; als Scipio nach Asien ging, verpflichtete er sich König Philipp von Macedonien durch einen Bericht über seine früheren Feldzüge.

Jahrzehnte später sagt Polybius ausdrücklich, er halte eine eingehende Kritik Fabius Pictor gegenüber für unvermeidlich, weil manche seiner Leser dessen Darstellung unbedingt glauben könnten „indem sie nicht auf die Erzählung, sondern auf den Erzähler sähen" und in Betracht zögen, dass er ein Zeitgenosse der Ereignisse und zwar als Mitglied des Römischen Senats gewesen[2].

In diesen Worten liegt doch, dass gerade dieser Römische Senator mehr Aufsehen erregte als sein Mitsenator und Zeitgenosse Cincius.

Hatten die grossen Katastrophen des Hannibalischen Kriegs

---

[1] Schwegler I p. 414 über Diokles von Pepareth.
[2] Pol. 3, 9.

es Jahre lang wahrscheinlich erscheinen lassen, dass Roms
Herrschaft gebrochen und Rom selbst eine Beute Hannibals
würde[1]), hatte man nach der Schlacht am trasimenischen See
die Ausdehnung der Karthagischen Macht auf Hellas erwartet[2]),
so musste die unerwartete Wendung, dass Rom sich behauptet,
die Blicke aller politisch Gebildeten auf denjenigen Staatsmann
wenden, dessen Verdienst und Bedeutung Ennius später in jene
Verse zusammen fasste: *unus homo nobis cunctando restituit rem.*
Der Titel der Fabischen Annalen[3]) zeigte einen Verfasser, der
mit dem grossen Cunctator denselben Geschlechtsnamen führte,
gerade dieser Titel gewann, wie Polybius sagt, die Leser; wir
wissen, dass Fabius die Geschichte seiner Zeit ausführlich
schrieb und eben der Hannibalische Krieg wird als sein eigent-
liches Zeitalter bezeichnet[4]), wenn daher auch die Schlacht am
trasimenischen See das letzte Ereigniss ist, für welches er angeführt wird, so dürfen wir unzweifelhaft gerade die Geschichte der
folgenden Jahre als den bedeutendsten Theil seiner Arbeit bezeichnen.

Da aber Polybius hervorhebt, dass bis auf seine Arbeit
immer nur einzelne Theile des grossen Kriegs, die Italischen,
Spanischen oder Afrikanischen Ereignisse dargestellt seien[5]), so
ist es nicht unwahrscheinlich, dass auch Fabius sich auf die
Ereignisse in Italien, d. h. auf den eigentlichen Kriegsschauplatz
seines grossen Gentilen beschränkte. Hier trat bei ihm unzweifelhaft dessen Bild dem Leser in jener Auffassung entgegen,
der jener Vers des Ennius so beredten Ausdruck gab: im Gegensatz gegen seine staunenswerthe Umsicht und Besonnenheit
hatte auch er wie dann alle anderen dem Scipio nur eine ge-
niale und glückliche Verwegenheit zugeschrieben, was Polybius
als eine unbegründete und schiefe Auffassung bezeichnet[6]). Ja

---

¹) Pol. 3, 2.
²) Pol. 5, 104. cf. 101.
³) Pol. 3, 9: ἵνα μὴ πρὸς τὴν ἐπιγραφὴν ἀλλὰ πρὸς τὰ πράγματα
βλέπωσιν.
⁴) Dion. 1, 7. Liv. 22, 7. App. Hannib. 27.
⁵) Pol. 7, 7. 8, 4.
⁶) Pol. 10, 2: οἱ μὲν οὖν ἄλλοι πάντες αὐτὸν ἐπιτυχῇ τινὰ καὶ τὸ
πλεῖον ἀεὶ παραλόγως καὶ ταὐτομάτῳ κατορθοῦντα τὰς ἐπιβολὰς πα-
εισάγουσι.

wenn eben Polybius ausdrücklich als einen eigenthümlichen
Zug seiner eigenen Darstellung den Nachweis bezeichnet, dass
nach den grossen Niederlagen „die Besonderheit der Römischen
Verfassung am meisten zu den unerwarteten Erfolgen beige-
tragen“[1]), so liegt darin unzweifelhaft ein stillschweigender
Widerspruch gegen eine Erzählung, die die Rettung und den
Sieg der gewaltigen Republik wesentlich als das Verdienst ein-
zelner, ja einer einzelnen Persönlichkeit bezeichnete.

Können wir nur aus dieser offenen oder geheimen Polemik
des Polybius auf den Charakter der Arbeit und ihre Bedeutung für die Griechischen Leser, die Zeitgenossen beider Verfasser, schliessen, für die Römer bezeichnete Fabius bis an das
Ende der Republik, ja so lange es eine Römische Literatur
gab, den würdigen Anfang ihrer heimischen Historiographie,
mag er nur Griechisch oder in einer Griechischen und Lateinischen Bearbeitung gelesen worden sein.

Cicero und Livius[*]) stellen ihn allein, ohne Cincius, als
den ältesten an die Spitze der Annalisten, der Grieche Dionys
allerdings beide[*]).

Diese Thatsachen zeigen, was das Buch bei seinem Erscheinen bedeutete.

§. 2. Die Annalen in ihren einzelnen Theilen.

Die Annalen des Fabius waren allerdings keine officielle
Arbeit, sonst möchte man sie mit den grossen Arbeiten des
16. Jahrhunderts vergleichen, Zuritas Arragonischen Annalen

---

[1]) Pol. 3, 2: ὅτι μέγιστα συνεβάλετο αὐτοῖς ἡ τοῦ πολιτεύματος
ἰδιότης. κ. τ. λ.

[*]) Cic. de leg. 1, 2 Post annales pontificum — si aut ad Fabium —
aut ad Catonem aut ad Pisonem — venias, cf. de orat. 2, 12. Liv. 1, 44:
scriptorum antiquissimus Fabius Pictor. 2, 40: Fabium longe antiquissimum auctorem. Die Beweisführung, durch welche Peter Hist. Rom relliq.
p. LXXVI den Lateinischen Fabius Pictor weiter herabzurücken sucht, scheint
mir, schon diesen Stellen gegenüber, keineswegs schlagend. Dagegen ist durch
Mommsens Darlegung Chronol. Beil. 11 vollständig deutlich, wie Cincius
Annalen, natürlich nicht die, die Liv. und Dionys citiren, wahrscheinlich
nie besonders beachtet worden waren, vgl. auch Röm. G. I 4. A. p. 937.

[*]) Dion. 1. 16 ὧν εἰσι πρεσβύτατοι Κόϊντος Φάβιος Λεύκιος Κίγ-
κιος κ. τ. λ.

oder Arild Hvitfelds „Chronik des Dänischen Reichs": dieselbe
Mischung sagenhaften und historischen Materials, verschiedenster
Herkunft und Gestalt, zusammengearbeitet zu einer Gesammtdarstellung, vollständig wie keine frühere, eine halb gelehrte und
halb politische Arbeit, ganz durchdrungen von dem Standes-
und Rechtsgefühl ihres aristokratischen Verfassers.

Und freilich dürfen wir den Versuch machen, wenigstens
von einigen Stücken dieser Arbeit uns eine klarere Vorstellung
zu verschaffen.

Dass die Königzeit keineswegs so kurz und oberflächlich
dargestellt war, wie Dion. oft erwähnte Aeusserung vermuthen
liesse, zeigen seine eignen und Liv. Anführungen[1]. Schon sie
genügen zum Beweis, dass diese Erzählung überall eine einfachere und ursprünglichere Form der Sage gab, concretes Detail, bescheidenere Zahlen, die Widersprüche unverwischt, die
eine spätere gelehrte Kritik wegzuschaffen suchte[2]. Dazu
fehlen jene rein gelehrten Erfindungen, um die Verbindung mit
dem allgemeinen chronologischen System vollständig zu machen.

Mit Einem Wort die Königsage stand hier ganz so am Anfang der Darstellung wie der Inhalt der ersten zehn Bücher
des Saxo Grammatikus am Anfang jener Dänischen Chronik.

Dies können wir im Allgemeinen behaupten.

Ueber die ältere Geschichte der Republik glauben wir
nach den Untersuchungen des I. Abschn. bestimmter sprechen
zu dürfen.

Livius bezeichnet selbst 2, 21 die Mühe, die es ihm mache,
den älteren Quellen zu folgen. Er folgte also bis dahin älteren
Quellen (s. oben p. 54).

Die von ihm hier gegebene Darstellung liegt als ältere der
des Valerius Antias und dessen Bearbeitern zu Grunde.

Livius benutzte nie für dieselbe Erzählung mehr als Eine
Quelle.

---

[1] Liv. 1, 55 *eo magis Fabio, praeterquam quod antiquior est, credi-
derim quadraginta ea sola talenta fuisse, quam Pisoni, qui quadraginta
milia pondo argenti separata in eam rem scribit.*

[2] Dion. 4, 7: οἷς υἱοῖς εἶναι Ταρκυνίου γράφω τοὺς παῖδας ἀλλ'
υἱωνοῖς Δευκίῳ Πίσωνι τῷ Φρυγὶ συγκατατιθέμενος. ἐκεῖνος γάρ —
τοῖσθ' ἱστόρηκι μόνος. Niebuhr I, 384.

In Liv. Erzählung sind ganz kurze annalistische Notizen mit sagenhaften Erzählungen eng zusammengeschoben, wie in einer ersten Redaction zweier verschiedener Bestandtheile.

Gerade in einer Reihe sagenhafter Stücke, die wie die Coriolansage durch kurze Annalenstücke eingeklammert sind, wird entweder Fabius citirt 2, 40 oder sie behandeln Fabische Geschichte aus Fabischen Quellen 2, 44 ff. (s. oben p. 77 ff.) oder geben auffallende Fabische Notizen im Zusammenhang der Erzählung[1].

Wir nehmen daher alle diese von uns als ältere Stücke bezeichneten Partien des Liv. für Fabius in Anspruch, aber auch die, welche seine jüngste Quelle mit Valerius Antias zusammenarbeitete d. h. die ganze Geschichte der *rogatio Terentilia* und des Decemvirats in ihrer älteren Redaction[2].

Damit gewinnen wir also das Stück von der Begründung der Republik bis zum Sturz der Decemvirn.

Es will mir nun aber scheinen, dass eine wirklich unbefangene Betrachtung uns ein ebenso wichtiges Stück Fabischer Erzählung bei Polybius anzuerkennen gleichsam zwingen muss.

Es ist folgende Erwägung.

Dass Polybius sich in seiner Darstellung sehr eng an die ihm zusagenden Quellen anschloss, kann nicht bezweifelt werden, seitdem sich herausstellt, dass die grosse Uebereinstimmung zwischen seiner Erzählung und Liv. dritter Decade wenigstens an vielen Stellen nicht auf eine Benutzung des ersteren durch Liv. oder seine Quellen zurückgeführt werden kann[3].

Polybius selbst spricht den Grundsatz aus, dass man nur den Berichten von Zeitgenossen wirkliche Glaubwürdigkeit zuschreiben dürfe[4].

In seinen beiden ersten Büchern hat er sich selbst für die Geschichte des Achäischen Bundes durchaus Arats Denkwürdig-

---

[1] Liv. 3, 22 f. 29.
[2] s. oben p. 100 ff. 137.
[3] s. oben p. 18 ff. vergl. auch Friedersdorff *Polybius et Livius Scipionis rer. scriptores.*
[4] τὸ γὰρ ἀνωτέρω προσλαμβάνειν τοῖς χρόνοις ὡς ἀκοὴν ἐξ ἀκοῆς γράφειν, οὐκ ἐφαίνεθ' ἡμῖν ἀσφαλεῖς ἔχειν οὔτε τὰς διαλήψεις οὔτε τὰς ἀποφάσεις.

keiten angeschlossen. „Wir werden" sagt er 2, 40 „von dem,
was Arat vollbrachte, nur einen kurzen Auszug geben, weil er
über seine eigenen Thaten sehr wahrheitsgetreue und klare
Berichte zusammengestellt hat". Eben deshalb unterwirft er
dann (ebd. 56 ff.) die von manchen vorgezogene Darstellung des
anderen Zeitgenossen, Phylarch einer eingehenden Kritik.

Für die Römische Geschichte lag ihm für dieselbe Periode
vom Anfang des ersten bis zu dem des zweiten Punischen
Kriegs Fabius vor. Er bespricht sein und des Philinos Verhältniss zu den kriegführenden Parteien jenes grossen Seekriegs
im Allgemeinen I, 14 f., dann speciell das des Philinos und
behält sich eine genauere Betrachtung der Fabischen Nachrichten für seine weitere Darstellung vor (ebd. 15 a. E.). Erst
am Anfang des Hannibalischen Kriegs nennt er ihn wieder, um
ihm und seiner Darstellung von Neuem kritisch entgegenzutreten (3, 8 ff.).

Gerade hier, wie schon oben erwähnt, betont er das Ansehen und die Bedeutung dieser Quelle.

Zwischen jener ersten und dieser zweiten namentlichen Anführung des Fabius liegt das zweite Buch mit der Darstellung
der Römischen Keltenkriege.

Bekanntlich war Fabius der einzige Augenzeuge, der die
Geschichte des letzten Keltenkriegs vor Hannibals Einfall ausführlich beschrieben hatte. Nach den angeführten Thatsachen
kann es nicht bezweifelt werden, dass Polybius ihn bei der Abfassung seiner Erzählung sowol zur Hand hatte, als auch wörtlich benutzte. Diese selbst verräth durch einzelne Wendungen
den Augenzeugen und zwar einen solchen, der wahrscheinlich
als Kriegstribun sich unmittelbar betheiligte[1]. Die entschieden
dem C. Flaminius abgeneigte Stimmung entspricht der Stellung,

---

[1] Ich meine Stellen wie 3, 28, 11: μετὰ δὲ ταῦτα — ἴδιον ἦν καὶ
θαυμαστὸν τὸ συμβαῖνον οἱ μόνον τοῖς ἐν αὐτῷ τῷ καιρῷ τότε παροῦσιν,
ἀλλὰ καὶ τοῖς ποτὲ μετὰ ταῦτα δυναμένοις ὑπὸ τὴν ὄψιν λαμβάνειν
ἐκ τῶν λεγομένων τὸ γεγονός. u. 29, 2 δεύτερον δὲ πῶς οὐκ ἂν ἀπο-
ρήσαι τις καὶ νῦν καὶ τότε παρ' αὐτὸν ὧν τὸν καιρὸν κ, τ. λ. Die
Kriegstribunen treten wiederholt in den Vordergrund der Erzählung 20, 3.
27, 6. 28, 2. 33, 1—6 cf. Heyer De bellorum a Romanis cum Gallis inter
primum et secundum bellum Punicum gestorum scriptoribus. dissert. Regim.
1867 c. 2.

die der grösste Fabius diesem gegenüber während dessen
ganzer Laufbahn einnahm[1].

Mit dieser Geschichte des letzten vorhannibalischen Keltenkriegs steht nun aber die vorhergehende Darstellung aller
früheren in einem genauen Zusammenhang. Polybius leitet sie
mit der Bemerkung ein, er müsse sie geben um zu zeigen, auf
welche Stämme und welche Gebiete Hannibal seinen Plan zur
Vernichtung Roms hauptsächlich gegründet habe (2, 14). Er
schliesst die ganze Darstellung gleichsam zur Entschuldigung
mit der Betrachtung, dass der letzte Keltenkrieg was die Verwegenheit der Streiter, die Schlachten und die Verluste be-
treffe, keinem der früheren nachstehe, dass aber die ganze Geschichte dieser Kriege wie die der Perserkriege recht zeige,
was gegen die gewaltigsten Barbaren eine umsichtige und ver-
ständige Vertheidigung vermöge (ebd. 35).

Die Geschichte jener Kriege, wie sie Polybius 2, 18—21
von der Eroberung der Stadt bis auf die Zeit des Pyrrhos
giebt, widerspricht nun bekanntlich in ihrer ersten Hälfte bis
zum Anfang des dritten Samnitenkriegs unsrer sonstigen Ueberlieferung fast vollständig: die Kelten werden durch einen Einfall der Veneter veranlasst, das eroberte Rom in einem Vertrage
aufzugeben, von dem Erscheinen und dem Siege des Camillus
kein Wort, aber auch kein Wort von den vier Keltensiegen
und entsprechenden Triumphen, die bei Livius und in den
Triumphalfasten bis zum Anfang des fünften Jahrhunderts erwähnt, ja zum Theil sehr ausführlich dargestellt sind, nicht,
dass sie Polybius mit Stillschweigen übergangen hätte, sondern
er urgirt ausdrücklich, dass die Kelten dreissig Jahr nach

---

[1] Der einzige bedeutende Einwurf, der gegen die hier ausgesprochene
Ansicht gemacht werden könnte, liegt in der Angabe des Orosius IV, 13,
dessen genaue Angabe der Römisch-Campanischen Mannschaftsbestände,
für die er sich auf Fabius beruft: 348200 zu Fuss, 26000 Reiter mit der
des Polybius 2, 24: 250000 zu Fuss und 25000 Reiter entschieden nicht
stimmt. Sonst aber stimmen die allgemeinen Summirungen bei Pol. a. O. über
770000. Plin. h. n. 8, 24: 780000, Oros. a. O. u. Eutrop., ebenfalls mit Berufung auf Fabius 8, 5: 800000 der des Liv. ep. 20 von 800000 gegenüber
so nahe zusammen, dass man jedenfalls jene weit höheren Angaben als
mehr oder weniger allgemein gefasste Summirung auf Eine Quelle wird
zurückführen müssen.

jenem ersten und dann zwölf Jahr nach diesem zweiten Einfall in Latium erschienen, dass man aber beide Male und zwar das erste Römischer das zweite Keltischer Seits eine Schlacht absichtlich vermieden habe, dreizehn Jahre darnach hätten die Kelten Frieden geschlossen, den sie dreissig Jahre gehalten, bis sie mit den Etruskern verbündet 455 einen verwüstenden Einfall in das Römische Gebiet machten, von dem sie eine grosse Beute zu Hause brachten[1]; hier spricht Livius nur von einer *fama Gallici tumultus.* Erst die Schlacht von Sentinum, vier Jahre später[2], ist die erste Schlacht, die sich übereinstimmend bei Polybius und unseren Römischen Quellen erwähnt findet.

Polybius führt dann die Geschichte der Keltenkriege bis auf Pyrrhus weiter und schliesst 2, 20: „zwei sehr glückliche Resultate ergaben sich für die Römer aus diesen Kämpfen: nachdem sie sich an das Handgemenge mit den Kelten gewöhnt,[3] gab es für sie keinen schrecklicheren Anblick mehr: sie traten in den Kampf mit Pyrrhus als vollendete Fechter ein und dann gab ihnen das über die Kelten gewonnene Uebergewicht freie Hand erst gegen Pyrrhos, dann gegen Carthago".

Man sieht auch hier, welches Gewicht er gerade auf dieses Stück seiner Darstellung legt und zwar gerade darauf, dass die Römer schliesslich das militärische Uebergewicht über die Kelten davontrugen, das nach seiner Erzählung im ersten Jahrhundert ihrer Berührung mit diesen Barbaren vollkommen unentschieden war. Gerade also auch auf jenes Stück seiner Darstellung kam es an, das mit Liv. und den Triumphalfasten so gar nicht stimmt.

Eben diese Polybianische Darstellung ist nun aber wegen dieser Differenz von den Neueren, sowol Niebuhr[4] als Mommsen verworfen und die Livianische angenommen.

---

[1] καὶ περιβαλόμενοι λείας πλῆθος ἐκ μὲν τῆς Ρωμ. ἐπαρχίας ἀσφαλῶς ἐπανῆλθον 2, 19.

[2] *Romae terrorem praebuit fama Gallici tumultus* Liv. 10, 10.

[3] τοῦ γὰρ κατακόπτεσθαι συνήθειαν ἐσχηκότες ὑπὸ Γαλατῶν a. O.

[4] Niebuhr R. G. 3 p. 87: Das unbedingte Vertrauen, welches Polybius für die ihm nahen Zeiten gebührt, kann sich nicht auf so alte erstrecken, worüber er nur in den Annalen suchen und die Vorfälle eines Jahres leicht ganz übersehen konnte. — Sein Vorurtheil, dass Fabius immer für

Und doch drängt sich hier sofort die Frage auf: wenn es zur Zeit des Polybius schon eine Römische Darstellung gab, wie sie der Liv. zu Grunde liegt, würde dann Polybius nicht ebenso wie im 1sten und 3ten Buch Fabius gegenüber seine eigne widersprechende Erzählung hier im 2ten Buch hervorgehoben und vertheidigt haben? Jedenfalls war also eine der Liv. entsprechende Erzählung, soweit seine Orientirung reichte, damals noch nicht veröffentlicht, und bei Fabius auf keinen Fall gegeben.

Wir dürfen aber, glaube ich, weitergehen zu dem Schluss, dass der Polybianischen Erzählung auch hier Fabius zu Grunde liegt, wenn oder, wie wir meinen, da der letzte Keltenkrieg aus ihm stammen muss.

Dass Polybius Griechische Quellen ausschrieb, wie Niebuhr meint, ist mir deshalb unwahrscheinlich, da er offenbar in der oben angeführten Betrachtung 2, 21 hier seinen Hellenischen Lesern, die die Perserkriege und die Kelten in Delphi wol kannten, etwas Neues vorzutragen meint.

Dass aber ein solcher Bericht über das erste Jahrhundert der Römischen Keltenkriege gerade bei Fabius sehr wol stehen konnte, scheint mir aus folgenden Gründen sehr wahrscheinlich.

1) Unter jenen Triumphen, die bei Polybius nicht etwa ausgelassen sind, sondern für die es in dieser Erzählung keine Stelle gibt, ist kein Fabischer, obgleich der Keltenkrieg des Jahres 394 unter ein Fabisches Consulat fällt und aus diesem Consulat noch ein Triumph berichtet wird, aber über die Herniker.

2) Der erste bei Polybius erwähnte Sieg über die Kelten ist der des Fabius Maximus bei Sentinum.

3) Polybius stimmte in seiner Chronologie der älteren Republik und so auch über das Jahr der Einnahme Roms wahrscheinlich mit Fabius überein[1]. Er rechnet vom Jahr der Eroberung hier die Jahre der einzelnen Unternehmungen offenbar genau einem Annalisten nach.

---

die Römer übertreibe, machte ihn wenigstens geneigter, eine Darstellung für ächter zu halten, worin Römische Dinge verschwanden". Mommsen erzählt ebenso R. G. I 4te A. p. 337 im engsten Anschluss an Livius.

[1] Mommsen Chronologie 2. Ausg. p. 128.

4) Obwol die kurzen Angaben ja Auszüge einer breiteren
Darstellung sein könnten, so ist doch bei dem Mangel irgend
bedeutender Katastrophen und der doch so genauen chronologischen Sonderung der ereignisslosen Feldzüge viel wahrscheinlicher, dass die ganze Geschichte des ersten Jahrhunderts
der Keltenkriege auch in der Quelle des Polybius so kurz behandelt war. Dann aber stimmte das Verhältniss dieser Nachrichten zu der ausführlichen Erzählung des letzten Kriegs auffallend mit der Angabe des Dionys, dass Fabius die Geschichte
seines Zeitalters ausführlich, das Vorhergehende nur kurz dargestellt habe.

Nach allen diesen Betrachtungen scheint mir der einzige
Grund gegen die von uns befürwortete Annahme der, dass die
Ausdehnung der Fälschung dann auf Seiten der Liv. Erzählung
so gross und die Entstehung der Fälschungen auch so spät
angenommen werden muss, wie man das selbst nach Liv. bekannten Aeusserungen sich nicht eingestehen will.

Es ist wol zu beachten, dass Liv. eben jenes Geständniss
mitten in der Geschichte jenes Jahrhunderts am Ende des
achten Buchs ablegt „vitiatam memoriam funebribus laudibus
reor falsisque imaginum titulis, dum familiae ad se quaeque famam rerum gestarum honorumque fallenti mendacio trahunt. inde
certe et singulorum gesta et publica monumenta rerum confusa.
nec quisquam aequalis temporibus illis scriptor exstat, quo satis
certo auctore stetur.

Freilich das Letzte und Schlimmste, wozu wir uns genöthigt sehen, ist hier nicht gesagt: die reine Erdichtung der
Geschichte von vier Feldzügen ist doch noch etwas anderes, als
die Verschiebung von Ereignissen von den tituli der einen
in die der anderen Familie! Aber sollte in den „falsi
triumphi" doch nicht eine Andeutung eines Schadens der Art
stecken, wie wir ihn hier nachweisen?

Macht aber die Stelle nicht lebhaft den Eindruck, als habe
der Verf. seine älteste Quelle nachgesehen — unzweifelhaft war
das hier Fabius — und als er eine erschreckende Differenz
zwischen ihr und anderen Darstellungen fand, sich doch wieder gesagt, dass auch die älteste Quelle hier keine gleichzeitige sei?

Wir haben nach den bisherigen Erörterungen die Möglich-

keit, den Charakter der Fabischen Annalen für den Anfang
der Republik bis zum Sturz des Decemvirats und dann für die
Geschichte der Keltenkriege uns zu vergegenwärtigen.

Hier wie dort trafen wir in seiner Darstellung zwei ver-
schiedengeartete Bestandtheile: rein annalistische Notizen, und
breiter, lebendiger ausgeführte Erzählungen, als Material der
letzteren dort sagenhafte Ueberlieferungen von der Gründung
der Republik, den Kämpfen des C. Marcius, der Fabier, Quinctier, hier die Zeitgeschichte des Verfassers.

In dem grossen Zwischenraum zwischen dem Ende des
4. Jahrhunderts und seiner eigenen Zeit lassen sich zwei Stücke
ausführlicherer Erzählungen jedenfalls nachweisen: die Geschichte
des Q. Fabius Maximus muss Fabius im Detail erzählt haben,
darauf deuten die beiden einzigen Anführungen seiner Annalen
in den späteren Büchern der ersten Liv. Decade.[1]) Dass er
die Geschichte des ersten Punischen Kriegs im Römischen Interesse erzählte, sagt Polybius ausdrücklich, wo wir aber in
seiner Darstellung ihn als Quelle annehmen sollen, darüber ist
es schwerer, eine wahrscheinliche Hypothese aufzustellen[2]).

Nach der Geschichte des Keltenkriegs hebt Polybius die
Motivirung des Hannibalischen so bestimmt aus Fabius heraus,
dass wir hier seinen Standpunkt deutlich erkennen können.

Ob und welche grösseren Erzählungen in dem früheren

---

[1]) 8, 30. 10, 37. Dies nehmen auf diese Stellen gestützt auch Niebuhr 2 p. 9 und Schwegler I p. 15 an. Dass die bei Liv. gegebene Geschichte der Samnitischen Kriege viel später erst ihre vollständige Fassung
erhielt s. Nissen, der Caudinische Friede Rh. Mus. 25.

[2]) Polybius 1, 14 nennt ausdrücklich als Quellen für diese Partie ihn
und Philinos. Einzelne Strecken wie die ausführliche Geschichte der Belagerung von Lilybäum und namentlich der Ereignisse und Verhandlungen
auf Seiten der Belagerten verrathen unzweifelhaft eine ausführliche Kartha-
gisch-Griechische Quelle. (Pol. 1, 41 ff.) Von dieser Stelle an findet sich hier
und 56, 2 zweimal die Rechnung nach Jahren des Kriegs, während bis dahin die Angabe der Consulate vorherrscht. Ebenso finden sich in dieser
letzten Hälfte wiederholt Uebereinstimmungen mit Diodor, so 49, 3 und
51, 12 = Diod. 24, 5 und wieder 84, 5—7 = Diod. 25, 4. Ich sehe darin
die Spuren der Benutzung des Philinos, den Diod. 23, 8 für diesen Krieg
als Schriftsteller kannte. Die Verherrlichung des Hamilkar Barkas, die
von hier immer deutlicher hervortritt, stimmte nicht zu der Darstellung des
Fabius 58, 0.

Theil des Buchs standen, wie sich zu denselben die annalistischen Stücke in der, nach Dionys, im Ganzen so kurz gefassten
Arbeit verhielten, darüber wird es bei dem heutigen Stand des
betreffenden Materials sehr schwer sein, zur Klarheit zu kommen. Das aber dürfen wir unzweifelhaft annehmen, dass in der
Geschichte des Hannibalischen Kriegs die Persönlichkeit des
Q. Fabius Maximus entschieden in den Vordergrund trat. Das
ergiebt sich schon aus dem, was wir oben über die Bedeutung
der Arbeit für das damalige Publikum bis auf Polybius zusammenstellten.

§. 5. Die Fabischen Grundanschauungen von der Entwicklung der Röm. Verfassung.

So fragmentarisch und schwankend die Thatsachen auch
sind, die wir bisher über die Annalen, ihre Bedeutung und
ihren Inhalt gewonnen haben, die Wichtigkeit dieser ersten
Arbeit eines namhaften Römischen Geschichtschreibers für die
ganze spätere Entwicklung liegt auf der Hand. Dafür spricht
die von uns gewonnene Thatsache, dass seine Geschichte der
älteren Republik in ihren äusseren Formen noch mehr als ein
Jahrhundert später die Grundlage für zwei rasch auf einander
folgende Darstellungen bildete, ja dass sie es im Wesentlichen
immer blieb.

Ist dem aber so, so ist es vom entschiedensten Interesse,
wenigstens den Versuch zu machen, den Grundanschauungen
nachzugehen, die in dem, was wir von jener Darstellung noch
zu erkennen glauben, maassgebend hervor treten.

Zwei Mächte sind es, wie schon oben p. 67 ff. bemerkt, die
sich in dieser Geschichte der Republik von Anfang an gegenüber stehen.

Die Plebs erscheint in ihr keineswegs als der arme gedrückte Demos der späteren Darstellungen: als mit dem Tode
des Tarquinius Superbus die Möglichkeit einer Herstellung des
Königthums schwindet, beginnt zwar ihre Bedrückung sofort,
aber die erste Secession schon giebt ihr nicht allein das Tribunat, sondern auch das Recht, diejenigen, die ihre Sicherheit
und ihre Verfassung bedrohen, vor ihr Gericht zu ziehen. Wir
lassen es unentschieden, ob hier in ihrer Geschichte die *lex
Publilia* erwähnt ward. Jedenfalls besassen die Tribunen schon

das Recht, Versammlungen zu berufen und Rogationen an diese zu bringen, als die *rogatio Terentilia* den grossen Kampf um die Theilung der höchsten Gewalt eröffnete (oben p. 100). Diess und nicht die Abfassung eines geschriebenen Privatrechts war das Ziel, das im zweiten Decemvirat wirklich von der Plebs erreicht ward. Die Uebergriffe der neuen Gewalt fanden sie dann doch wieder schlagfertig und erfolgreich: sie setzte als einen dritten Sieg die Herstellung der alten Verfassung, des Consulats, des Provocationsrechts und der Schutzmagistrate durch.

Diese so unternehmende und selbstbewusste Gemeinde erlangt ihre Erfolge vor allem dadurch, dass sie und sie allein als das Fussvolk die Legionen bildet. Die 10 Legionen der ersten Secession fallen offenbar ganz mit dem Begriff der Plebs zusammen [1], die Legionen sind es, die den Fabiern gegenüber im Lager die Ansprüche der Plebs vertreten und unzweifelhaft hat diese ältere Erzählung auch die Secession sich als eine Secession der Legionen gedacht.

Erst die späteren Erzählungen fügten zu dieser dienstpflichtigen und dienstberechtigten Plebs das arme Gesindel des städtischen Demos hinzu.

Diese Heeresgemeinde kann von den Consuln nicht zum Sieg, d. h. zur Waffenleistung in der Feldschlacht gezwungen werden. Erst nachdem sie sich durch einen ausserordentlichen Eid den Fabiern zum Siege verpflichtet, sind diese ihres Gehorsams in der Schlacht gewiss. Hier liegt unzweifelhaft die Anschauung zu Grunde, dass „*ubi [ad] decuriatum aut centuriatum convenissent, ipsi inter sese decuriati equites, conturiati pedites conjurabant, sese fugae ac formidinis ergo non abituros neque ex ordine recessuros nisi teli sumendi aut petendi aut hostis feriendi aut civis servandi causa*“ Liv. 22, 38. Das Heer der Plebs bestand aus solchen verschworenen Waffenbrüderschaften [1], die in jenem Sinne nur unter sich verpflichtet waren.

---

[1] oben p. 76; so auch Mommsen R. F. I p. 161 die ältesten Römischen Staatsrechtslehrer haben in der That sich die Versammlung auf dem heiligen Berg, wo die bewaffnete Bürgerschaft die Plebs stiftet, — gedacht als ein *concilium plebis centuriatum*.

[2] Mommsen R. Forsch. I p. 332 f.: „Die uralte Sitte eidlicher Verbrüderung der Kampfgenossen begegnet zwar auch in Italien; die Altheitheilung, die gemeinsam fechten sollte, schwor sich unter einander zu in der Schlacht nicht vom Platze zu weichen — — (Liv. 22, 38) allein röm.

Dieser Plebs gegenüber erscheinen nun zunächst am deutlichsten in den Sagen der Marcier, Fabier, Quinctier, wie sie
unsere Erzählung giebt, diese grossen Geschlechter in ihrer
kriegerischen Mächtigkeit: die Fabier allein für sich ein Schlacht-
haufe von 306 Geschlechtsgenossen „*omnes patricii, omnes unius no-
minis*" (Liv.2,49) im Stande, allein den Grenzkrieg gegen Etrurien zu
übernehmen; C. Marcius an der Spitze einer Unternehmung,
für die die Sage keinen Consul kannte, also jedenfalls nicht an
der Spitze oder als Soldat eines consularischen Heeres, Käso
Quinctius auf dem Forum der Plebs gegenüber der Vorstreiter
der Patricier, dann an der Spitze seiner Mitgeächteten eines
patricischen Banditenhaufens als Eroberer des Kapitols (s.
oben p. 118 ff.).

Man sollte darnach in unserer Erzählung das Patriciat als
Stand der Plebs gegenüber in eben der Macht dieser geeinten
kriegerischen Massen erwarten, doch ist das, wie schon oben
p. 159 ff. erwähnt, nicht der Fall: in der Republik selbst scheinen
sich nur Senat und Plebs gegenüber zu stehen, man könnte
sagen, wie der eine Stand das Heer und die Volksversammlung,
bildet der andere die Rathsbehörde. Obwohl in den Sagen das
Bild jener grossen Adelsgeschlechter, jener patricischen Kriegs-
gewaltiger deutlich erhalten, es verschwindet in der zusammen-
fassenden Erzählung hinter dem Senat und dieser selbst, obwol ihn die Gründungssage der Republik zu einer patricisch-
plebejischen Rathsversammlung sich umbilden lässt, erscheint
doch allein als Vertreter und als alleiniger Ausdruck des patricischen Standes.

Wir betonen diese Grundzüge der Darstellung, die man
wird innere Widersprüche nennen können, zunächst nicht um
sie zu erklären.

Denkt man sich diese Verfassungsgeschichte weiter fortge-

---

rechtliche Folgen knüpfen sich an diesen Eidschwur keine und bezeichnend ist es, dass derselbe bereits im Hannibalischen Krieg überging in
einen gebotenen und den Officieren abzuleistenden Dienstaid". Ich finde
eine Spur dieses Eides eben in jenem alten Bericht der Fabischen Sage.
Ein Institut, das für die Legionen des fünften Jahrhunderts eine der
Grundlagen ihrer Heeresverfassung bildete, musste doch einem Schriftsteller noch lebendig sein, der seine Abschaffung im sechsten selbst mit
erlebt hatte.

führt, so liegt auf der Hand, dass eine solche Plebs den Kampf
um das Militärtribunat und die *leges Liciniae* nur als Macht
gegen Macht führte, nachdem für sie die zweite Secession nicht
eine Milderung ihrer Knechtschaft, die überhaupt nicht vorhanden war, sondern nur die Herstellung ihrer alten Verfassung an Stelle derjenigen bewirkt hatte, die sie selbst sich
gegeben.

Weiter aber können wir von der Geschichte dieses Kampfes
in dieser Redaction Nichts sagen.

Das Nächste, was wir aus Fabius Erzählung für unsere
Betrachtung mit Sicherheit ausheben können, ist die Geschichte,
die politische Gestalt des Q. Fabius Maximus.

Die eine Angabe, welche Liv. 8, 30[1]) hier aus ihm beibringt,
zeigt jedenfalls, dass die Erzählung nicht nur bei den äusseren
Thatsachen stehen blieb, sondern auch auf die Motive einging.
Leider fehlt uns jede weitere, unmittelbare Handhabe, um den
Umriss der Fabischen Darstellung festzustellen, dessenungeachtet
dürfen wir auch so dieselbe als die Grundlage des Bildes betrachten, was uns von diesem grössten patricischen Staatsmann
und Feldherrn der Samniterkriege erhalten ist.

Zweierlei tritt uns darin besonders entgegen: seine genaue
Verbindung mit dem Plebejer P. Decius Mus in drei Consulaten und in der Censur, dann diese Censur selbst. Ihr Charakter und ihre Resultate sind bekannt: sie stellte gegen die revolutionären Reformversuche des Ap. Claudius das Uebergewicht
der *tribus rusticae* und der *plebs rustica* her, indem sie die
turba forensis auf die vier *tribus urbanae* beschränkte.[2]) Wie
man über diese Maassregel auch denken mag, soviel ist allgemein zugegeben, dass durch sie das alte Stimmrecht der

---

[1]) *seu credere libet Fabio auctori eo factum, ne suae gloriae fructum
dictator caperet nomenque ibi scriberet aut spolia in triumpho ferret.*

[2]) Liv. 9 a. E.: *ex eo tempore in duas partes discessit civitas: aliud
integer populus fautor et cultor bonorum, aliud forensis factio tenebat,
donec Q. Fabius et P. Decius censores facti, et Fabius simul concordiae
causa simul ne humillimorum in manu comitia essent omnem forensem
turbam excretam in IV tribus conjecit urbanasque eas appellavit. adeoque
eam rem acceptam gratis animis ferunt, ut Maximi cognomen, quod tot
victoriis pepererat, hac ordinum temperatione pareret. ob eodem institutum
dicitur, ut equites id. Quinctilibus transveherentur.*

grundangesessenen Bauernschaft von Neuem als Grundlage der
Verfassung gesichert ward.

Die jedenfalls selten getrübte Uebereinstimmung des
grössten patricischen und des grössten plebejischen Heerführers
muss durch die gemeinsame Ueberzeugung von diesem politischen Grunddogma wesentlich bedingt gewesen sein und in
dieser Uebereinstimmung war unzweifelhaft auch ihr Einfluss
und ihre unerschütterliche Popularität vor den Comitien und
den Legionen begründet.

Wie weit alles dies bei Fabius hervortrat, wissen wir nicht,
aber gewiss trat es hervor im Gegensatz zu der Politik des
Ap. Claudius, es musste hervortreten im Gegensatz seiner
Censur zu der jener beiden Nachfolger.

Mommsen hat neuerdings[1]) nachgewiesen, dass bei den
beiden grossen Claudiern der älteren Republik, dem Decemvir
und Ap. Claudius Cäcus eine entschieden revolutionäre Richtung zu Gunsten der Plebs hervortrete und dass dieser Grundzug ihres Charakters in den absichtlichen Fälschungen späterer
Chronisten verdeckt und ihr Bild in das ultraaristokratischer
Vertreter des Patriciats umgezeichnet sei.

Bei einer genaueren Betrachtung tritt nicht ein einfaches
demokratisches Element bei ihnen zu Tage, sondern ganz entschieden die Förderung der Verkehrsinteressen und der städtischen und Marktbevölkerung gegenüber der einfachen bäuerlichen Politik ihrer Gegner. Diese Richtung machte Ap. Claudius den Decemvir zum Begründer einer geschriebenen „Civil-
processordnung"[2]) den Censor zum Urheber eines „erneuerten
und erweiterten Landrechts". „Dass Appius der Censor ferner die
bisher bestandene Bürgerqualification aus liegendem Besitz um-
schrieb in Geldsätze —, die Ernennung von Söhnen von Freigelassenen zu Senatoren und die von ihm veranlasste Wahl des
Cn. Flavius, eines Freigelassenen Sohn und eines Schreibers zu
einem curulischen Amt, die Verwendung der im Staatsschatz
aufgesammelten Gelder zu — der appischen Wasserleitung und
Landstrasse" waren, wie Mommsen mit Recht hervorhebt „Maassregeln, die eher nach Kleisthenes und Perikles aussehn als nach

---

¹) R. F. I p. 287 ff.
²) Mommsen a. O.

einem Staatsmann der Römischen Gemeinde" [1]. Alle diese
Maassregeln mussten im Gegensatz gegen die bisherige Politik
den Verkehr des eng vereinigten Rom und Capua zu einer
Macht entwickeln, wie die Republik sie bisher nicht gekannt,
den Verkehrsinteressen und den Verkehrsständen Zutritt in die
Volksversammlung und den Senat eröffnen wie nie zuvor. Und
fasst man die Claudische Politik von dieser Seite, so erklärt es
sich erst in diesem Zusammenhang, dass derselbe gewaltige
Patron des Römischen Handels und der Römischen Libertinen
der war, der gegen jeden nachgiebigen Frieden mit Tarent
stimmte, dass ferner sein Enkel bei den Comitien die Kriegserklärung gegen Karthago durchsetzte, die zu beschliessen der
Senat nicht den Muth hatte [2]. Und wenn dann in diesem gewaltigen Seekrieg ein Claudier, dessen Gottesverachtung den Schau-
der jedes gläubigen Römers erregte, vom Senat gezwungen einen
Dictator zu ernennen, einem Freigelassenen seines Hauses die
höchste Würde der Republik überträgt [3], so sehen wir doch
ganz deutlich dieselbe Richtung der Politik bis zur Eroberung
Sicillens in demselben Hause thätig im entschiednen Gegensatz
gegen die Majorität des Senats, den eben Fabius Maximus und

---

[1] „Man darf" sagt derselbe Verfasser R. G. 4te Ausg. I p. 459 „Ihn
darum noch nicht unbedingt einen Demokraten nennen, noch jener Oppo-
sitionspartei beizählen, die in Manius Curius Ihren Vertreter fand; in Ihm
war vielmehr der Geist der alten und der neuen patricischen Könige
mächtig, der Geist der Tarquinier und Cäsaren, zwischen denen er in dem
fünfhundertjährigen Interregnum ausserordentlicher Thaten und gewöhnlicher Männer die Verbindung macht". Soweit wir die gewaltige Gestalt
des M'. Curius zu erkennen vermögen, die Cato d. ä. Perikles und Epami-
nondas und Hamilkar Barkas gleichstellte (Plut. Cato maj. 8), war er im
Zeitalter des Ap. Claudius einer der gewaltigsten Vertreter der plebs
rustica und ihrer Interessen und stand im Senat mit der übrigen Majorität
dem Claudius gegenüber, der für den Tarentinischen Krieg d. h. für eine
Politik der merkantilen Interessen war.

[2] Liv. ep. 19: *Claudius Pulcher es. contra auspicia profectus juasit
mergi pullos, qui cibari nolebant, infeliciter adversus Carthaginienses pu-
gnavit, et revocatus a senatu jussusque dictatorem diçere Claudium Gliçiam
dixit sortis ultimae hominem* etc.

[3] Dass eben von diesem Gesichtspunct aus die Darstellung von Appius
Censur und seiner ganzen Politik, die wir bei Diodor fanden, unmöglich
aus Fabius stammen kann, darüber s. oben Abschn. III K. 2 §. 6.

P. Decius, die Führer der *plebs rustica*, von den neuen Claudischen Elementen befreit hatten.

Eine solche Uebersicht wird, meine ich, die Annahme als unabweislich begründen, dass der Gegensatz, wie er zwischen Claudius und Fabius scharf hervortritt, auch in der ältesten Fabischen Auffassung und Darstellung dieser Dinge zu Tage getreten sei: der Senat und die *plebs rustica* auf der einen, die Claudier, die *turba forensis* und die merkantilen Interessen auf der anderen Seite. Der Hass gegen diese revolutionäre Gens und ihre Libertinen musste bei der *plebs rustica* gerade ebenso gross wie bei dem Senat sein und wenigstens so alt als die Erinnerung an den Erbauer der *via Appia*, der seine gewaltigen politischen Doctrinen auf mehrere Generationen hin seinem Hause und seiner Gens vererbt zu haben schien.

Diese alte Auffassung war der Ausgangspunkt jener feindseligen Stimmung, die in unsrer heute erhaltenen Ueberlieferung gegen die Claudier so bestimmt vorwaltet und deren Erklärung mir durch die Erfindung spätrer Annalisten auch nach Mommsens scharfsinnigen Versuchen sehr problematisch erscheint[1].

War aber diese unzweifelhaft alte Antipathie gegen die Claudier schon bei Fabius zum Ausdruck gelangt oder nicht, jedenfalls muss er seinen grossen Geschlechtsgenossen als den grossen Protector der *plebs rustica* und diese als die Säule der Republik hingestellt haben d. h. auch in diesem Theil seines Werks erschien wie in dem früher besprochnen diese Plebs als eine ebenbürtige Macht neben dem Senat, nur dass die beiden grossen Factoren des Römischen Lebens hier ebenso einig wie dort verfeindet neben einander standen.

§. 4. Fabius Pictor und die Geschichte seiner Zeit.

Wir haben uns mit dieser Betrachtung schon dem Zeitalter des Fabius Pictor selbst genähert und stehen somit vor der Frage, wie sich in diesem vor allen die politische Bedeutung des grössten Fabiers entwickelt habe.

---

[1] Mommsen a. O. p. 315 vermuthet in Licinius Macer den Urheber der ganzen Auffassung. „Von einem besonderen Hader zwischen ihm und den Claudiern" fügt er hinzu „ist zwar Nichts bekannt; aber es standen

Gleich am Ende des ersten Punischen Kriegs begegnet uns eine Fabische Censur, die des M. Fabius Buteo u. C. Aurelius Colla. Die neueren Untersuchungen über die Reform der Centuriatcomitien neigen alle dahin, in diese Zeit eine bedeutende Veränderung, die Combination der Tribus und Centurienordnung zu setzen. Wir wissen, dass damals im Zusammenhang mit der Reduction des Münzfusses eine Erhöhung des Census und zugleich die Schliessung der Tribuszahl stattfand. Dass dadurch die aristokratische Abschliessung der Römischen Bürgerschaft den Latinern und Bundesgenossen gegenüber eine Thatsache ward, ist unzweifelhaft[1].

Unsere älteste Angabe der Servianischen Censussätze kennt nur die, die das Resultat dieser Reformen waren. Darnach dürfen wir mit Bestimmtheit behaupten, dass Fabius diese Reform überhaupt nur als eine Restauration der alten Ordnung ansah, wenn er sie überhaupt berücksichtigte; wir wissen bestimmt, dass er als die älteste von Servius geordnete Zahl die von 30 Tribus nannte[2]. Das Bild, das er sich von der Servianischen Verfassung machte, musste ihm von der Censusordnung nach der Schliessung der Tribus nicht zu sehr verschieden erscheinen d. h. nach dieser Anschauung war es den Römischen Staatsmännern gelungen im Ganzen und Grossen die Grundnormen des Steuer- Dienst- und Stimmrechts mehr als 2½ Jahrhunderte wesentlich auf denselben Grundlagen zu erhalten. Dass dabei die Plebs rustica sich damals eben so wie zur Zeit des Fabius Maximus und Decius Mus als den eigentlich berechtigten Träger dieser Rechte und Pflichten betrachtete ergiebt sich daraus, dass ihr grosser Führer C. Flaminius als Censor nochmals die Libertinen in die *tribus urbanae* verwies[3].

Aber die Stellung dieser Plebs ist um die Zeit des Hannibalischen Kriegs, soweit wir die Dinge erkennen können, we-

doch die letzteren in der Sullanischen und nachsullanischen Epoche in dem oligarchischen Lager und Macer und dessen Partei aufs Schärfste entgegen und vielleicht lässt sich auch derjenige von ihnen bezeichnen, der den Hass der Demokraten insbesondere auf sich zog u. s. w."

[1] Becker-Marquardt II, 3 p. 86 f.
[2] Dionys 4, 16.
[3] Liv. ep. 20: *Libertini in IV tribus redacti sunt, quum antea dispersi per omnes fuissent.*

senUich verändert. Gerade für die Beurtheilung des Fabius
Maximus ist es wichtig, sich das klar zu machen.

Am Ende des ersten Punischen Kriegs treffen wir die
höchsten und bedeutendsten Schichten der Römischen Bürgerschaft als die eigentlichen Träger der maritimen Politik[1], kurz
vor dem zweiten rief die *rogatio Claudia*, die die Rhederei der
Senatoren auf ein bestimmtes bescheidenes Maass beschränkte,
eine heftige Bewegung des gesammten Senatorenstandes hervor[2].

Es war eine natürliche Folge des Sieges über Karthago,
dass die regierenden Häuser in die grossen Geschäfte des
Mittelmeers, dessen Herrschaft sie erstritten, auch als Kauf-
leute einzutreten nicht anstanden.

Damit aber veränderte sich nothwendig ihr altes Verhält-
niss zur *plebs rustica*. Der bedeutendste Führer derselben
C. Flaminius erscheint deutlich in der offensten Opposition
gegen den Senat und die Senatspolltik. Unsere trümmerhafte
Ueberlieferung lässt uns nur ahnen, dass schon früher einmal
M'. Curius eine ebenso mächtige, vielleicht noch bedeutendere
Stellung an der Spitze der Plebs eingenommen[3], das Eigenthümliche des Flaminius ist, dass er mit M'. Curius verglichen
im Innern zu revolutionären Maassregeln nicht vorging: seine
Politik entwickelt sich vor Allem in dem Bemühen, das Uebergewicht der *plebs rustica* zu sichern und dieser selbst, der
ganzen auswärtigen Politik eine, so zu sagen, continentale Richtung zu geben.

Die Assignation in Picenum, die er als Tribun durchsetzte,
die leidenschaftliche Kühnheit, mit der er als Consul für die
Eroberung des Pothals focht, die Ausführung der grossen Ver-
bindungsstrasse zwischen Mittelitalien und dem Keltenland, die
er als Censor bewirkte, Alles das zeigt ihn uns in derselben
Richtung thätig, für die Römische Plebs ein neues Ackergebiet

---

[1] Pol. 1, 59: διὰ τὴν τῶν προεστώτων ἀνδρῶν εἰς τὰ κοινὰ φιλο-
τιμίαν — προσευρέθη ἡ πρὸς τὴν συντέλειαν κ. τ. λ.

[2] *novam legem — Q. Claudius trib. pl. adversus senatum atque uno
patrum adjuvante C. Flaminio tulerat, ne quis senator — navem, quae plus
quam CCC. amphorarum esset, haberet. — res per summam contentionem acta
invidiam apud nobilitatem maiori legis Flaminio, favorem apud plebem
alterumque inde consulatum peperit.* Liv. 21, 63.

[3] Plut. Cato maj. 8, cf. oben p. 285 A. 1.

zu gewinnen, reicher als jedes andere, das die Nordküste des
Mittelmeers bot.

Jedem dieser Schritte tritt der Senat entgegen. In unseren
Quellen haben wir nur die Ansichten der regierenden Häuser
die ganze erhaltene Tradition ist voll von der tiefsten Abneigung gegen ihn: wir erkennen es deutlich, dass Alles der senatorischen Politik entschieden widersprach. Leider genügen die
uns erhaltenen Thatsachen nicht, die Einzelheiten dieses grossen politischen Kampfs deutlich zu erkennen. Es ist sehr wahrscheinlich, dass er mittelbar oder unmittelbar zu dem Prozess
führte, der im ersten Iahr des Hannibalischen Kriegs den Consuln des vorhergehenden Jahres gemacht und in dem Livius
verurtheilt, Aemilius Paulus gegen die Verurtheilung nur mit
Mühe gedeckt ward [1]).

Die beiden Parteien die sich gegenüber stehen sind unverkennbar: Senat und Plebs, diese, in voller, selbständiger,
sieghafter Bewegung gegen den Norden, beschuldigt den Senat,
die Verwicklungen im Süden, schliesslich den Krieg mit Karthago im engsten Parteiinteresse, gegen die grossen Interessen
der Republik herbeigeführt zu haben. Dass man dabei einen
neuaufkommenden kaufmännischen Geist als das eigentliche
Motiv der Senatspolitik betrachtete, das beweist die Popularität
der lex Claudia; in dem Gang dieses grossen Kampfes war sie
ein Versuch, dem Senat mit der Möglichkeit des grossen See-
handels die Erträge seiner eignen Politik abzuschneiden.

Dasselbe Gesetz, das die Concurrenz der Nobilität matt
legte, musste aber dem nicht senatorischen Kaufmann um so
erwünschter sein, und in diesem Sinne eröffnete der Führer der
plebs rustica, Flaminius, wenn er dafür stritt, zugleich dem
kaufmännischen Bestandtheile der Plebs neue Aussichten.

Es scheint, dass er gerade dadurch in den letzten Jahren
seiner Wirksamkeit dem Senat so furchtbar ward: mit jener
lex Claudia fasste er auch in den nicht rusticanen Elementen
der Plebs festen Fuss: der Senat sah sich von allen Seiten

---

[1]) Liv. 22, 35: L. Aemilium Paulum, qui cum M. Livio ca. fuerat
et damnatione collegae et sua prope ambustus eraserat. Ein Claudius war
unter den Belastungszeugen s. ebd. 29, 37: M. Livius — vendere equum
C. Claudium jussit —, quod falsum adversum se dixisset testimonium.

umgangen und bedrängt [1]). Es war wahrscheinlich kein Zufall, dass nach seinem Tode der Erbe seiner Führerschaft dem Senat gegenüber der Sohn eines städtischen Gewerbetreibenden ein *homo novus* der *plebs urbana Terentius Varro* war[2]).

Wir wollen es nicht unerwähnt lassen, dass bei dem Prozess der Consuln Livius und Aemilius C. Claudius Nero zu den Belastungszeugen gehört hatte[3]). Die plebejischen Claudier, den Sieger von Clastidium und den Tribunen, der jene *rogatio* einbrachte, treffen wir ganz auf Seiten jener antisenatorischen Politik.

Wie dem auch sei, jedenfalls war hier dem Senat gegenüber verbunden, was zur Zeit des Ap. Claudius Cäcus sich schroff gegenüber gestanden: die *plebs rustica* und *urbana*, jene noch immer im Anspruch ihrer politischen Präponderanz aber mit den bisher entgegenstehenden Elementen vereinigt zum gemeinsamen Kampf gegen den Senat.

Das ist die Lage der Parteien, denen Fabius Maximus gegenüber als der eigentliche, unbedingte und unentbehrliche Führer der Senatspolitik erscheint.

Die Bewegung, an deren Spitze Flaminius stand, durch seinen Tod zeitweilig unterbrochen, fand an Varro einen neuen Führer. Es war das Glück oder eine tiefe politische Berechnung, welche Hannibal gerade mitten hinein in diese tief verfeindeten Parteien seinen Angriff führen liess.

In unserer Ueberlieferung treten, wie schon oben erwähnt, hauptsächlich zwei Anschauungen über die Schicksale der Römischen Republik Hannibal gegenüber, entgegen: die eine schreibt das Verdienst ihrer Rettung vor allen, ja allein Fabius

---

[1]) Niebuhr Vortr. II p. 87: Flaminius mag ein hitziger, unüberlegter Mensch gewesen sein, ich bin aber überzeugt, dass er Nichts weniger war als ein Revolutionär. Mommsen R. G. I 4. A. p. 602: Er war ein politischer Parteigänger, durch seine Bemühungen, die Macht des Senats zu beschränken, in die Höhe gekommen, durch die — gegen ihn — gesponnenen Intriguen auf die Regierung erbittert, durch die wol gerechtfertigte Opposition gegen deren parteilichen Schlendrian fortgerissen zu trotziger Ueberhebung über Herkommen und Sitte.

[2]) *Patrem lanium fuisse ferunt, ipsum institorem mercis filioque hoc ipso in servilia ejus artis ministeria usum* Liv. 22, 25.

[3]) s. p. 289 A. 1.

zu, die andere legt das ganze oder doch das Hauptgewicht auf
die innere Festigkeit des Staatsbaues selbst. Als den Urheber
jener ersten dürfen wir ohne Zweifel Fabius Pictor bezeichnen,
die zweite hat, wie es scheint, literarisch zuerst Polybius ausgesprochen.

Es kommt hier also auf den Versuch an, jener ersten Auffassung, so weit eben möglich, nachzugehen.

Wir haben oben zwei Stücke aus der Geschichte des Fabischen Hauses nachgewiesen, welche unzweifelhaft von dessen
Historiker behandelt waren: das eine umfasste dessen Thaten
in den Jahren vor der Schlacht an der Cremera: schon hier
erscheinen die aufeinander folgenden Consuln des Geschlechts,
man kann sagen dies selbst, als die grossen Vermittler zwischen
Senat und Plebs; weil der Senat schliesslich die nach dem
Urtheil der Fabier billigen Forderungen der Plebs zu bewilli-
gen sich weigert, übernehmen diese selbst statt der Legionen
den Etruskischen Krieg, in dem sie fallen.

Das andere bedeutende Stück war die Geschichte des
älteren Q. Maximus. Er steht an der Spitze des Senats und
mit P. Decius an der Spitze der Plebs, er vertritt beider her-
gebrachte Rechte und Interessen gegen die Angriffe des Ap.
Claudius.

Dass der jüngere Q. Maximus Anfangs eine solche Stellung
mit nichten einnahm, ergiebt sich aus den hervorgehobenen
Thatsachen. Bis zum Tode des Flaminius unzweifelhaft der
Vorfechter des Senats, gewinnt er erst seitdem einen immer
weiterreichenden Einfluss auf die Comitien; seit der Schlacht
bei Cannä fällt er ihm vollständig zu: wir sehen ihn in jener Zeit
die Theile vor sich, vor den Mauern Roms unmittelbar in die
Abstimmung der Comitien, die erleitet, eingreifen[1]. Seine
Autorität steht auch bei ihnen fest, bis dann das neu auf-
steigende Gestirn des P. Scipio sein Ansehen zu verschatten
beginnt.

Wenn nun Polybius bemerkt, nicht der einzelne Mann, sondern die Verfassung selbst habe die Republik gerettet, so
liegt darin die Ansicht ausgesprochen, dass in der Zeit, wo

---

[1] Liv. 24, 8 f.

Fabius so an der Spitze des Staats stand, eben an dieser Verfassung nicht gerührt worden sei.

Das entspräche im Grossen und Ganzen dem Charakter
Fabischer Politik, wie er in jenen früheren Perioden uns entgegen tritt.

Wir kennen aus jenen Perioden ebenso wenig wie aus dieser eine *lex Fabia*, die Grösse des Geschlechts liegt in der
Sicherheit und Umsicht, mit der sie die grossen Gewalten der
Republik im Felde und daheim, als Consuln, Dictatoren und
Censoren zu verwerthen wissen.

Aber aus den uns vorliegenden Thatsachen ergiebt sich
doch, dass unter der Leitung des letzten grossen Fabiers wichtige Veränderungen angegriffen wurden, geeignet der Verfassung
selbst eine andere Gestalt zu geben, wäre man auf der neuen
Bahn nur weiter gegangen.

Alle älteren Annalen, also auch·Fabius berichteten, dass
Maximus durch die Wahl der Comitien zum Dictator bestellt
wurde, eine jedenfalls auffallende Neuerung, die erst der viel
spätere Cölius zu erklären und aus den Zeitumständen zu motiviren suchte[1]. Wenige Jahre später, als nach dem Tag von
Cannä Fabius Ansehen am höchsten stand, brachte die *senatus
lectio* des Fabius Buteo einfach die gewesenen Magistrate und
diejenigen in den Senat, die im Felde eine Auszeichnung
erhalten[2]. Man sieht, wie grosse Concessionen durch solche
Maassregeln den Comitien gemacht wurden. In derselben Zeit
aber, schon bei der Aushebung für die Cannensischen Legionen
ward jene alte oben erwähnte[3] *conjuratio* der Truppen abgeschafft, d. h. die letzte Spur der alten Waffenbrüderschaft ge-

---

[1] Liv. 22, 31: *Omnium prope annales Fabium dictatorem adversus
Hannibalem rem gessisse tradunt: Coelius etiam eum primum a populo
creatum dictatorem scribit: sed et Coelium et ceteros fugit uni cri Cn. Servilio, qui tum procul in Gallia provincia aberat, jus fuisse dicendi dictatoris, quam moram quia exspectare territa jam clade civitas non poterat, eo decursum est, ut a populo crearetur, qui pro dictatore esset; res inde
gestas gloriamque insignem ducis et augentis titulum imaginis posteros, ut
qui pro dictatore fuisset dictator crederetur, facile obtinuisse.* Der Schluss
der Stelle zeigt deutlich, dass auch Fabius Pictor zu der Majorität der
Annalen gehörte, gegen die Livius hier polemisirt.

[2] Liv. 23, 22 f.

[3] s. oben p. 281.

tilgt und statt dessen auch hier der Eid an den Commandirenden eingeführt. Indem die Bedeutung des Wahlrechts der Comitien steigt und die Ehre des Dienstes zugleich einen Anspruch auf den Senat giebt, wird die Legion fester noch als
bisher unter das militärische Imperium zusammengeschlossen.
Jedenfalls sollte dadurch zweierlei erreicht werden, die Rivalität zwischen Senat und Comitien sollte beschwichtigt, die
Disciplin der Legion straffer gefasst werden.

Es war die Zeit, in der dann dieselben Comitien eine Theilung der von ihnen übertragenen Dictatur beschlossen.

Man fühlt die alten Grundfesten der Verfassung wanken
Eben jene Vereinigung der *plebs rustica* und *urbana* dem Senat gegenüber giebt der Volksversammlung einen Charakter wie
nie zuvor, wie lange nachher nicht, die ganze gewaltige früher
so bäuerlich woldisciplinirte Masse erscheint durch den Einfluss
städtischer Demagogen vollkommen demoralisirt [1].

Nach dem Tage von Cannä verschwindet diese Bewegung,
über jene *senatus lectio* hinaus die Spuren jener Concessionen-
politik.

Dann eben kommt die Zeit, wo man Fabius der Comitien
und der Legionen vollständig Herr sieht, wie seinen grossen
Altvordern.

Lag nicht der Hauptgrund dieser Veränderung darin, dass
der Krieg selbst in seinem Fortgang die alten Gegensätze be-
schwichtigen musste? Der weit greifende Abfall der *socii* und
ihre Wiederunterwerfung eröffnete in Italien selbst ohne alle
Assignationen der *plebs rustica* eine Masse von *ager publicus*,
vor allem jenen *ager campanus*, der bis an das Ende der Republik das Kleinod und der Lieblingssitz derselben war.

Somit war einer der Hauptstreitpunkte, um die Flaminius
gekämpft, erledigt.

Wir mussten diese Dinge ins Auge fassen: für die Betrachtung auch des Historikers Fabius sind sie gewiss von Bedeutung.

In denjenigen Stücken, die wir hier aus seiner Darstellung

---

[1] Niebuhr Vortr. I p. 98 f.: Zum ersten und vielleicht einzigen Mal
in der römischen Geschichte zeigen sich jetzt Elemente, wie wir sie in
Athen zu Cleons und Hyperbolus' Zeit ganz gewohnt sind u. s. w.

heranziehen können, steht er unzweifelhaft auf dem Standpunkt seines grossen Geschlechtsgenossen.

Es entspricht dessen Stellung genau, wenn der Annalist, wie Polybius ihm vorwirft, parteiisch den Karthagern alle Schuld des ersten und zweiten Punischen Kriegs zuschob. Eben darauf kam es an, nachzuweisen, dass der Senat an dieser Wendung der Römischen Politik keine Schuld trage.

Und ebenso deutlich, wie wir schon hervorgehoben, tritt in der Geschichte des Keltenkriegs die tiefe Abneigung gegen C. Flaminius zu Tage.

Weiter freilich gehen die Annalen nicht, die wir bis jetzt unmittelbar in unserer Ueberlieferung auf Fabius zurückführen können.

Wo er selbst handelnd auftritt mit dem Bericht über seine Gesandtschaft nach Delphi und die Verhandlung mit dem Orakel, spricht noch aus Liv. Darstellung[1]) dieselbe Römische Deisidämonie, die Polybius so auffiel, und die in unserer Tradition einen wesentlichen Charakterzug des Q. Maximus und seiner Politik bildet.

In diesen Zügen wenigstens decken sich die Anschauungen und Urtheile des Staatsmannes und des Historikers.

Dass dieser wie jener in Scipio nur einen vom Glück unglaublich begünstigten, grossherzigen Abenteurer sah, haben wir oben erwähnt.

Und so endeten nach diesen Spuren diese Fabischen Annalen in einer Darstellung, welche die Politik des Q. Fabius Maximus nach allen Seiten vertrat und zur Anschauung brachte.

Es fragt sich nun aber, ob und in welcher Weise die Auffassung der eigenen Zeit die historische Darstellung der Vergangenheit bedingte und wie sich in der Gesammtanschauung des Annalisten seine eigene unmittelbare Stellung abspiegelte.

Wir wissen jetzt durch Mommsens Untersuchungen, dass

---

[1]) Liv. 28, 11: Sollte nicht auch in der Stelle Liv. 22, 35: *praeteritis aliquot fortibus ac strenuis viris, quia in tali tempore nulli novus magistratus videbatur mandandus* eine Bemerkung erhalten sein, durch welche sich Fabius über eine fehlgeschlagene Hoffnung tröstete?

die Patricier noch bis zu Ende der Republik im Senat und
dadurch in der Verfassung eine besondere Stellung behaupteten, dass die patricischen Senatoren, die *patres* in des Worts
eigenster staatsrechtlicher Bedeutung, allein das Recht auf die
Stelle des *princeps senatus* hatten, ja, dass sie als Patriciersenat in gewissen Fragen allein das Recht der *auctoritas*, der
Bestätigung von Volksbeschlüssen hatten.

Wir können mit Bestimmtheit sagen, dass die älteste Quelle
des Liv. also Fabius diesen ursprünglichen und noch zu Recht
bestehenden Begriff und das Institut kannte[1], gehörte er doch
selbst mit Q. Fabius Maximus zu diesen patres. Dessen ungeachtet oder vielleicht gerade deshalb tritt aber in seiner Erzählung der Gegensatz der beiden Stände, wie er dort zuletzt
practisch blieb, ganz zurück hinter dem von Senat und nicht
populus, sondern Plebs. Das gilt, wie oben p. 280 ff. 288 erwähnt,
für die älteste wie für die jüngste Geschichte der Republik. Senat
und Plebs stehen·sich bei ihm nach dem Tode des Tarquinius
Superbus ebenso gegenüber wie beim Tode des C. Flaminius.
Der Grund dieser durchstehenden Auffassung des Senats möchte,
wie schon bemerkt, die Stellung sein, welche die *patres* zur
Zeit, da Fabius schrieb, im Senate und in der ganzen
Republik einnahmen.

Allerdings sahen wir damals eine Reihe plebejischer
Staatsmänner an der Spitze der Comitien, in geheimer oder
offener Opposition gegen den Senat, dessen Mitglieder sie sind,
Sp. Carvilius, C. Flaminius, Sempronius Longus, Terentius
Varro, so vereinsamt sie zum Theil der senatorischen Majorität gegenüber stehn, sie gehören doch dem Senat an, aber damit ist auch gesagt, dass es gleichzeitig keinen patricischen
Demagogen giebt, wie die Claudier des Tarentinischen und
ersten Punischen Kriegs.

Im Gegentheil: in jener gewaltigen Bewegung der vereinigten *plebs rustica* und *urbana*, wie wir sie oben p. 290 kurz
schilderten, bilden offenbar die *patres*, d. h. die patricischen
Senatoren, den einzigen festen und ungebrochenen Kern con-
servativen Widerstandes.

Damit stimmt es sehr wol, dass dem Patriciersenat ein

---

[1] Mommsen R. F. I p. 218 ff.

wirkliches Recht der Bestätigung und der Verwerfung nur in
religiös-staatsrechtlichen Fragen, namentlich in Auspiciensachen
geblieben war[1]), und dass am Anfang des Hannibalischen Kriegs
gerade auf diesem Felde der Senat sein Ansehen Flaminius
und den Comitien gegenüber zu behaupten sucht, dass er nach
dessen Tode die Vernachlässigung dieser Angelegenheiten als
Grund der furchtbaren Katastrophen hervorhebt[2]).

Und ebenfalls stimmt es damit, dass nur dem Patriciersenat
das Interregnum gehörte[3]) und dass die Opposition im Interregnum das letzte Mittel sah, die Freiheit der Comitien zu beschränken[4]).

Bilden aber die Rechte der patricischen Senatoren den
Grundpfeiler für die Macht des ganzen Senats, so ist anderer
Seits der patricische Senat überhaupt, wie Mommsen nachgewiesen, die einzige nur patricische politische Behörde der Republik und das Patriciat selbst, seit Jahrhunderten geschlossen
immer schwächer durch das Aussterben einzelner Geschlechter
und Familien, musste in diesem Senat mit Recht eine volle,
genügende Repräsentation seiner Standesrechte und Standes-
interessen sehn.

Auf beiden Seiten also drängte die Lage der Verhältnisse
dazu, einmal im Senat eine vorwiegend patricische Behörde zu
sehn und andrer Seits das Patriciat als eine politische Macht
eben nur hier thätig und wirksam zu erkennen. Auf diesem
Wege konnte die Bezeichnung des Patriciersenats, der *patres*
allmälig zugleich für den ganzen Senat und für das ganze
Patriciat gebraucht werden. Man wird es dann aber auch nicht
unwahrscheinlich finden, dass ein Schriftsteller, der jene vielleicht schwerste und glorreichste Zeit des Patriciersenats als
Mitglied desselben miterlebt und dann beschrieben hatte, in
seiner Darstellung Senat und Patriciat so fast vollständig sich
decken liess, wie es, unserer Ansicht nach, Fabius gethan.

_ .. .—

[1]) Mommsen R. F. I p. 241 f.
[2]) Liv. 22, 9.
[3]) Mommsen ebd. p. 234 ff.
[4]) Liv. 22, 34: *plebejos nobiles jam eisdem initiatos esse sacris et con-
temnere plebem, ex quo contemni patribus desierint, coepisse. cui non id
apparere, id actum et quaesitum esse, ut interregnum iniretur, ut in patrum potestate comitia essent?*

Man kann bestimmt sagen, dass diese älteste Quelle sehr
wol den Patriciersenat von dem plebejischen Theile desselben,
die *patres* von den *conscripti* unterschied, auch die patricischen
Senatoren von den übrigen Mitgliedern des Standes, dass sie
die *nobilitas* als aus beiden Ständen gebildet erkannte, aber
dessenungeachtet, indem sie den Eindrücken der grossen Verhältnisse und den eigenen Erfahrungen folgte, wurden ihr
schliesslich die *patres*, gleichsam als der erprobte Kern des
Senats und der Nobilität, die eigentliche Bezeichnung des aristokratischen Elements der Verfassung und dachte sie sich den
Senat von Anfang an eben als gleichbedeutend mit dem
Patriciat.

Ganz in ähnlicher Weise gestaltete sich in dieser Erzählung das Bild der Plebs.

Wir sahen oben, dass sie in den Anfängen der Republik
die Plebs und die Legionen als zwei congruente, sich gleichsam vollkommen deckende Factoren dachte, dem entsprach es,
dass in der Geschichte des älteren Fabius Maximus das Bild
der *plebs rustica* als der eigentlichen Plebs ihr gegenwärtig
war: aber in der Periode des jüngeren Maximus, in dem Zeitalter unseres Autors selbst traten *plebs rustica*, so bestimmt
diese sich noch unterschied, und *urbana* in Einer grossen Bewegung dem Senat und der Nobilität gegenüber: die Kämpfe
des Fabius Maximus mit dieser Plebs bildeten den Hauptgegenstand dieser Geschichte der Republik.

Man kann sagen, unter den Händen des Erzählers gestaltete sich der Charakter der *plebs Romana* ebenso um wie der
Begriff der *patres*: hier, wo sich das Bild der inneren Kämpfe
der Republik erst in einem ergreifenden Detail entwickelte,
tritt die *plebs rustica*, jene alte Römische Bauerschaft zurück:
die Römische Plebs wird zum wirklichen Demos, in dem die
Elemente einer hauptstädtischen Masse den Verhandlungen und
Bewegungen, den Versammlungen und den Sprechern einen
wirklich demagogischen Ton verleiben.

Diese Thatsache wird um so wichtiger, wenn wir uns erinnern, dass in dieser Geschichte Roms ausser jener alten Parabel des Menenius Agrippa vielleicht gar keine, jedenfalls sehr
wenige Debatten der früheren Zeit vorkommen, dass die ganze

breite Darstellung der ältesten Verfassungskämpfe, wie sie
Dion. und Liv. geben, fehlte. Wir haben im Beginn dieser Betrachtung die Historiographie jener Zeit mit der des 16. und 17. Jahrhunderts verglichen und Fabius mit den aristokratischen Annalisten der
modernen Nationen zusammengestellt.

Wie ein Naturgesetz politischer Ueberlieferung zeigt sich
bei diesen allen die unbewusste Neigung, die Anschauungen
ihrer Standespolitik auf die ältesten Zeiten zu übertragen und
eben dadurch für die eigene Stellung das Recht eines unvor-
denklichen Herkommens zu gewinnen.

Wenn Fabius den Gegensatz von Senat oder *patres* und
Plebs oder Comitien schon auf die älteste Republik übertrug,
so kann und darf man darin dieselbe Neigung erkennen, das
Ergebniss eines beschränkten und hoch gespannten aristokratischen Bewusstseins. Aber soweit wir sehen und wie wir schon
erwähnten, ist ihm damit doch dasjenige Bild dieser Verhältnisse, das er in seiner älteren Tradition fand, nicht vollständig
abhanden gekommen: die deutlichen Spuren desselben bleiben
in seiner Erzählung stehn.

Jenes unbewusste Bestreben aber, die Dinge vor Jahrhunderten ebenso zu sehn wie in der Gegenwart und das Maass
der beobachteten Veränderungen auf ein Minimum zu beschränken, erklärt sich bei ihm mehr vielleicht als sonst irgend
wo aus den Eindrücken seiner eigenen Zeit.

Niemals war der Andrang der äusseren Ereignisse und
der inneren Bewegung für den Bestand der Verfassung so be-
drohlich gewesen wie in den ersten Jahren des Hannibalischen
Kriegs. Selbst der gewaltige Mann, den er als den Retter des
Staats hinstellte, hatte, wie oben p. 292 angedeutet, eine Zeitlang nachgeben, wesentliche Grundbegriffe der Verfassung
opfern zu müssen geglaubt. Dann aber nach dem Tage von
Cannä, ehe man auf dieser Bahn weiter schritt, war er der
äussern und innern Stürme durch die Gunst der Götter Herr
geworden. Der letzte grosse Fabier, der eine Zeitlang allein
als Vertreter des Senats unterliegen zu müssen schien, der
dann unaufhaltsam zu grossen Concessionen gegen die Plebs
gedrängt ward, war endlich als Vermittler zwischen den beiden
grossen Kräften, vollständig ebenbürtig den grossen Altvordern

seines Geschlechts, ein Vertheidiger des Senats, ein Lenker der
Legionen und Comitien, wie sein gleichnamiger Ahn, an der
Spitze der Republik stehn geblieben.

In dem Gefühl dieser wunderbaren Erfolge und Rettungen,
wie nahe lag da nicht einem Mitglied desselben Standes, desselben Geschlechts, derselben Behörde, einem Gesinnungs-
genossen voll historischen Sinnes und politischen Eifers die
unbewusste Anschauung, dass diese unverwüstlichen Geschlechter und Stände und Institute seit dem Anfang der Republik
trotz aller äusseren und inneren Kämpfe wesentlich dieselben
geblieben seien.

§. 5. Der Gesammteindruck der Fabischen Annalen.

Denkt man sich dieses Buch in der Gesammtheit der Hellenistischen Literatur zur Zeit, da die Römer sich mit Rhodus
und Eumenes verbündet gegen Syrien wandten, da die grosse
Frage die öffentliche Meinung beschäftigte, ob die Republik
sich unmittelbar in Asien festsetzen oder ein System unab-
hängiger Staaten bestehen lassen werde, welche Stelle mussten
diese Annalen nicht allein in der, wie es scheint, zahlreichen
monographischen Literatur des Hannibalischen Kriegs, sondern
überhaupt einnehmen.

Neben Arats vielgelesene und viel kritisirte Denkwürdigkeiten
trat hier die Arbeit eines Römischen Staatsmannes und Senators, die
unerwarteten Erfolge der Römischen Politik waren hier ebenso geschildert, wie in jener Vertheidigungsschrift des grossen Achäischen
Strategen der trostlose Verfall der griechischen Verhältnisse.

Es war die erste Geschichte Roms aus der Feder eines
Römischen Schriftstellers, nicht zu umfangreich — Polybius
urgirt auch dies Moment für das damalige Lesepublicum 3, 32
— in seinen Anfängen mit bescheidener Gelehrsamkeit nach
dem Muster der Griechischen Historiker chronologisch geordnet, eine kurze, keineswegs gleichmässig ausgeführte Geschichte
dieses wunderbaren Staates, der nach dieser Chronologie in
derselben Zeit wie Athen seine Tyrannen vertrieb und sich
eine freie Verfassung gab; die Geschichten von Brutus, Coriolan, den Fabiern und Cincinnatus unter dem Eindruck der Siege
von Zamä, Kynoskephalä und Magnesia von einem Römer zum
ersten Mal erzählt und von Hellenen zum ersten Mal gelesen,

und dann nach den Thaten des älteren Fabius Maximus die
erste Römische Geschichte der Kämpfe mit Karthago. In diese
Geschichte war das Bild der Barciden und namentlich Hannibals noch nicht mit den Umrissen eingetragen, wie es heute,
zumeist wohl aus Silens Werk stammend, alles Uebrige über-
schattet, die Barciden erschienen hier vor allen als die gefährlichen Feinde der Karthagischen Verfassung, die Gründung
einer Karthagischen Monarchie als das Ziel ihrer unheimlichen
Politik[1]) und was Hannibal in jener Zeit über den tiefen Rö-
merhass seines Hauses Scipio erzählte, war noch nicht zur allgemeinen Kunde gelangt[2]). Ebenso trat Scipio in dieser Darstellung zurück, die vielleicht seine Feldzüge nur oben hin
oder gar nicht erzählt hatte.[3])

Man braucht nur diese Abzüge zu machen, so hebt sich
das Bild des Fabius von selbst als der Mittelpunkt der ganzen
Darstellung heraus.

Hatte die Republik, deren Freiheit so alt wie die Verfassung des Kleisthenes war, auf die alle Republiken des Ostens
ihre Hoffnungen jetzt stellten, Athens und Spartas Blüthe lang
überdauert, so standen noch jetzt Männer desselben Hauses
an ihrer Spitze, das ihr in ihren ersten Tagen hinter einander
sieben Konsuln gegeben.

Kap. 2.   Die Zeit von Fabius bis Polybius.

§. 1.   Die Römische officielle Geschichtschreibung nach Fabius.

Wir hielten zur Beurtheilung des Einflusses, den die politische Entwicklung Roms auf die späteren Bearbeitungen seiner
Verfassungsgeschichte äusserte, einen Ueberblick über die Geschichte der Römischen Historiographie für nothwendig.

Den Ausgangspunkt dafür bildet Fabius Pictor.

In diesem Sinne ward es versucht, die Stellung dieses

---

[1]) Pol. 3, 6 ff.
[2]) ebd. 3, 11 f.
[3]) Stammt nach Friedersdorff *Lic. et Polyb: Scipionis rerum scriptores* die ganze Geschichte der Scipionischen Feldzüge aus einer jedenfalls
nicht Fabischen Monographie, so dürfen wir die obige Behauptung um so
mehr urgiren.

Schriftstellers im allgemeinen Zusammenhang der wissenschaftlichen Bewegung, die erkennbaren Bestandtheile seines Werks und
darauf die Hauptzüge seiner Auflasssung und Darstellung festzustellen.

Er steht als Historiker neben jenen ersten Anfängen Römischer Poesie, deren vielversprechende Originalität wir noch
in den wenigen Fragmenten des Cn. Nävius erkennen.
Man hat neuerdings hervorgehoben, dass die Entwicklung,
welche Nävius eingeschlagen, nur zu bald verlassen ward, dass
der Einfluss Griechischer Muster die naive Kraft, die sich hier
gezeigt hatte, brach und der Literatur eine andere weniger
schöpferische Richtung gab.

Fabius Annalen waren von Anfang an kein Erzeugniss
Lateinischer Literatur, Griechisch geschrieben, wenn auch vielleicht früh Lateinisch bearbeitet[1], gehörten sie bei ihrer Entstehung jener reichen Hellenistischen historischen Literatur an,
in deren Mitte, auf deren Höhe die Arbeiten des Eratosthenes
standen. Ging Nävius unmittelbar aus der geistigen Bewegung
der Italischen Nation hervor, so war Fabius Buch auf die Interessen der allgemeinen Hellenistischen Bildung politisch und
literarisch berechnet.

Wir haben schon oben hervorgehoben, dass er bei seinen
Zeitgenossen seinen plebejischen Mitarbeiter auf demselben Gebiet, den Cincius unzweifelhaft ganz in Schatten stellte.

Es ist eine ebenso beachtenswerthe Thatsache, dass erst
mehrere Jahrzehnte nach ihm in Rom selbst Cato als Greis eine
Arbeit über die Geschichte Roms und Italiens versuchte und
dass er in dieser Arbeit die Geschichte der Könige ausführlicher, die der älteren Republik gar nicht, die Geschichte der
Punischen Kriege kurz, erst die seiner Zeit ausführlich behandelte[2]. Man sieht, was die Geschichte Roms betrifft, so

---

[1] Mommsen R. G. 4. A. p. 937 A.
[2] S. Mommsen R. G. I 4. A. p. 940. Jordan M. Catonis q. ext p. XXIII.
Peter hat Hist. Rom. relliq. p. CXXXV gegen meine früher (Polyb. p. 141)
vorgetragene Ansicht über Catos Origines ausführlich polemisirt, obwol er die Stelle Gracchen p. 214 kannte, in der ich dieselbe dadurch zurück nahm, dass ich auch meiner Seits annahm, Cato habe die Geschichte
der Republik erst vom Anfang des 1. Punischen Kriegs gegeben. Dass
damit die von Peter bekämpfte Erklärung des Titels „Origines" wegfällt,

waren nicht allein die Maasse des Fabischen Werks gewissermassen eingehalten, es scheint als ob er eine Wiederbearbeitung
der älteren Geschichte für unzweckmässig hielt.

Man ist veranlasst zu glauben, dass diese Periode überhaupt für das staatsmännische Publikum jener Zeit wenig Interesse hatte. Polybius hebt bekanntlich hervor, dass die be-
bedeutendsten völkerrechtlichen Urkunden jenes Zeitraums, die
Karthagisch-Römischen Verträge von den bedeutendsten Männern nicht gekannt[1], noch viel weniger im Original verstanden
wurden.

Die Zeitgeschichte, der sich vorwiegend das Interesse zuwandte, ward in den *annales maximi* weiter geführt. Kennen
wir sie auch nur aus den späteren Bearbeitungen, so zeigt
sich doch auch hier, dass sie ausführlich und nach welchen
Gesichtspunkten sie weiter geführt wurden, zum Theil nach
denen des Priestercollegiums, das sie verfasste und überwachte,
dann aber auch nach denen der officiellen Verwaltung.

Das Publicum, für das diese Staatsannalen verfasst und
geschrieben wurden, war jedenfalls nicht das eigentlich staatsmännische, für das die Kenntniss der grossen Geschäfte sich
aus den Erfahrungen jedes Tags und jeder Stunde ergab,
sondern die Bürger- und Bauernschaft des souveränen *populus
Romanus*, der in Krieg und Frieden neben jenen Grossen der
Republik unmittelbar an den Geschäften betheiligt aber viel
ungenügender orientirt war.

Der ganze Bestand der *annales maximi*, soweit wir ihn

---

liegt auf der Hand. Natürlich hat jeder Verf. das Recht, aufgegebene und
vom Autor selbst verworfene Meinungen zum Gegenstand seiner Polemik
zu machen, nur wird man eben diesen Autor, schon im Interesse des
Bücher kaufenden Publikums von der Pflicht freisprechen, solche Ansichten gegen eine solche Polemik zu vertheidigen.

[1] Pol. 3, 26 über die Karthagischen Verträge: „τίς οὐκ ἄν εἰκότω;
θαυμάσειε Φιλῖνον τοῦ συγγραφέως, οὐ διότι ταῦτ' ἠγνόει, τοῦτο μὲν
γὰρ οὐ θαυμαστόν, ἐπεὶ καθ' ἡμᾶς ἔτι καὶ Ρωμαίων καὶ Καρχηδονίων
οἱ πρεσβύτατοι καὶ μάλιστα δοκοῦντες περὶ τὰ κοινὰ σπουδάζειν ἠγνό-
ουν κ. τ. λ. Mir scheint, Polybius hätte diese Stelle ganz unmöglich
schreiben können, wenn, wie Mommsen Chronologie p. 822 vermuthet,
Cato diese Verträge ans Licht gezogen und Polybius sie durch seine mündliche Mittheilung kennen gelernt hätte.

übersehn, ist zunächst auf diese Leser berechnet, er ist nur aus dieser seiner eigentlichen Bestimmung erklärlich.

Man darf wie überall, so auch bei diesem Institut die ganz individuellen Eigenthümlichkeiten der Römischen Verfassung nicht aus den Augen lassen. Eine der wichtigsten war eben die, dass der Bürger, dessen Stimme in den Comitien entschied, zugleich zum Dienst in der Armee, den der Senat festsetzte, verpflichtet war, dass also diese grosse Stadt- und Landgemeinde, wenn sie über Krieg und Frieden abstimmte, unmittelbar über ihr eigenes Blut, ihre eigenen Dienste verfügte. Gewiss lag hierin eine grosse Schwäche der Verfassung, als die Republik die erste Grossmacht geworden, aber zugleich war es eben diese doppelte Thätigkeit des Bürgers als souveränen Stimmers und Wählers und dienstpflichtigen Legionars, was der Bürgerschaft und der Verfassung ihre scheinbar unverwüstliche Lebenskraft, der Legion ihre unvergleichliche militärische Haltung gab.

Wir haben an einer anderen Stelle[1]) etwas ausführlicher erörtert, dass eine solche Bürgerschaft und Armee nothwendig aus kleinen Grundbesitzern bestehen musste, und gezeigt, wie diese Majorität von Bauern im Sinne echtrömischer Politik das Zusammenwirken von Senat und Comitien erst möglich machte, wie für diese Majorität ein Bestand grosser geschäftsrechts- und kriegserfahrener Häuser nothwendig war und sich aus dem Bedürfniss solcher grosser „politisch-militärischer Firmen" der Begriff und das Wesen der nobilitas ergab.

In den Jahrzehnten nach dem Hannibalischen Krieg trat, wie gesagt, Senat und Volk von Rom in die ferner liegenden Verhältnisse des Ostens als leitende Grossmacht ein.

Gleich die ersten Verhandlungen über diese Fragen, über die Kriegserklärung gegen Philipp III, hatte die Schwierigkeit gezeigt, den kleinen Mann, die eigentliche Majorität der Comitien, auf diesem neuen Felde den Anforderungen einer Grossmachtpolitik zugänglich zu erhalten.

Die Hauptaufgabe der laufenden Stadtchronik ward daher

---

¹) Das Verhältniss von Heer und Staat in der Römischen Republik in Sybel Hist. Ztschr. VII p. 138 ff.

von jetzt an, durch eine officielle Darstellung der grossen Geschäfte diese Masse der souveränen Bürger, soweit es wün-
schenswerth war, über die Lage der Republik nach innen und
aussen zu unterrichten. Eben weil die Hauptleistung des Bürgers der Kriegsdienst
war, erscheint hier ein so auffallendes Detail über die jährlich
verwandte Truppenzahl, die jedesmalige Vertheilung der Gar-
nison- und Feldarmeen, ihre Formirung aus Bürgern und *socii*,
das Verhältniss dieser beiden Bestandtheile. Damit aber war
auch die Nothwendigkeit gegeben, über den Gang der grossen
Geschäfte, Gesandtschaften, Krieg und Verhandlungen eine Zusammenstellung zu geben, mit der man jene Leistungen und
ihre Vertheilung erst zu motiviren im Stande war. Man kann
sagen, eine der Hauptaufgaben der *annales maximi* war es,
über die Verwendung der militärischen Leistungen für die
grossen Zwecke der Republik der Bürgerschaft mit dem Jahresschluss eine Darstellung zu bieten, die die Politik des Senats
und seine Verwaltung rechtfertigte. Die neuere Kritik hat
schlagend nachweisen können, in wie unglaublich grober Weise
dabei diese officielle Zeitgeschichte Thatsachen entstellte oder
unterdrückte. Sie hatte dabei gerade so wie die diplomati-
schen Mittheilungen an unsere heutigen Landesvertretungen
ihr Publikum und nur ihr officielles Publikum im Auge und,
wenn wir die Bestandtheile und die Bildung desselben sonst
nicht kennten, so könnte die Art dieser Zusammenstellungen es
uns schon zeigen, wie niedrig man dabei die Kritik und Ein-
sicht der Leser veranschlagte. Nehmen wir an, dass die betreffenden Stücke in Liv. 4.
und 5. Dekade trotz späterer Ueberarbeitungen im Ganzen In-
halt und Haltung der ursprünglichen Erzählung wiedergeben,
so war dieselbe in beiden Rücksichten höchst charakteristisch:
gefälschte oder übertünchte Gesandtschafts- und Kriegsberichte
zum Theil im Stil der Napoleonischen Bulletins berechnet auf
Leser voll von einem hohen Gefühl kriegerischer und nationaler Ehre, daneben aber scheinbar sehr scharfe kritische
Aeusserungen über die militärischen oder politischen Fehlgriffe
einzelner leitender Staatsmänner, keineswegs immer richtig und
keineswegs überall da, wo andere Quellen uns noch viel grössere
Schwächen der Römischen Politik zeigen, aber unzweifelhaft

nur vorgebracht, um in dem Publicum das Bewusstsein zu erhalten, man sage ihm Alles und es selbst überschaue die Dinge
richtiger.

Schon dass das Ganze wesentlich als eine Geschichte der
Senatsverhandlungen, als ein Auszug der Berichte an den
Senat gefasst ist, musste dem nicht senatorischen Leser das
Gefühl eines gleichsam controlirenden Einblicks in die Lei-
stungen der leitenden Behörde und der einzelnen leitenden Staats-
männer geben [1].

Rechnet man dazu die genaueren Berichte aus dem ganzen
Umfang des Sacralwesens, Prodigien, Procuration derselben,
Gelübde, ihre Ausführung, Feste und Bauten, so steht der Leser,
dem dieses Jahrbuch sein politisches Material beschaffte, lebendig vor uns, eine merkwürdige Mischung bürgerlichen und sol-
datischen Republikanismus und jener tiefen und strenggläubi-
gen Religiosität, ohne welche jener auf die Länge überhaupt
nicht zu behaupten ist.

Neben der officiellen Stadtchronik bildete sich aber damals
eine andere in gewissem Sinne officielle Geschichtschreibung
ebenfalls aus bescheidneren Anfängen zu bedeutendem Umfang
aus. Jeder weiss, dass wir von den Leichenreden sprechen.

Die ausführliche und lebendige Beschreibung, die uns Polybius 6, 53 ff. von dem ganzen Gebrauch hinterlassen hat, zeigt,
wie glänzend er sich damals gestaltet hatte.

In den Leichenbegängnissen der grossen curulischen Familien gaben diese eben jener Bürgerschaft, der die *annales
maximi* jährlich über die Staatsgeschäfte Rechenschaft legten,
einen solchen Bericht über die politischen und militärischen
Leistungen aller ihrer Mitglieder, seitdem einer von ihnen die
grossen Aemter bekleidet hatte. Es war wie in einzelnen
Deutschen Landschaften bei einer Beerdigung alle Zimmer und

---

[1] Ueber den Inhalt und die Fassung dieser späteren Theile der *annu-
les maximi* s. Nissen Unters. I c. 5, namentlich p. 91: „Wir bemerken in
dem annalistischen Theil bei Livius nicht selten eine Ausdrucksweise,
welche an einen officiellen oder officiösen Zeitungsschreiber der Gegenwart gemahnt. Es ist dies ganz besonders im Betreff der Senatsverhandlungen der Fall. Der Kern der Sache wird immer hinter einem Schwall
von Phrasen verborgen und entgeht seiner eigentlichen Bedeutung nach
dem Schreiber."

Schränke des Trauerhauses geöffnet stehn, um dem ganzen
Kreis der Verwandten und Freunde einen Einblick in den wirthschaftlichen Bestand der Familie zu verschaffen.

Auf dem *forum Romanum*, an der Leiche eines gewesenen
Magistrats, entfalteten zu Polybius Zeit die auf einander folgen-
den Laudationen der Bürgerschaft selbst Alles, was der Staat
der Familie des Verstorbenen verdankte: je grösser diese
Leistungen gewesen, zu um so sichereren Erwartungen weiterer
Verdienste empfahl sich das noch lebende Geschlecht.

Wir müssen annehmen, dass schon Fabius für die ältere
Geschichte seines Hauses solche Laudationen benutzt hatte[1],
wir wissen, dass einzelne aus der Zeit des Hannibalischen
Kriegs über einzelne Thatsachen der sonstigen Ueberlieferung
widersprachen[2], im Grossen und Ganzen dürfen wir behaupten, dass in den nächsten Jahrzehnten die Fälschung
der älteren Geschichte durch diese Darstellungen noch lange
nicht die spätere Ausdehnung gewonnen hatte[3]. Aber das
erhellt doch, dass in diesen beiden Gattungen historischer
Darstellung, den Annalen und den Leichenreden die Rücksicht
auf denselben grossen Leser- und Hörerkreis, die Römische
Bürgerschaft, mit bestimmten überwiegend praktischen Zwecken
einseitig vorwaltete. In diesem Sinne hatte auch Cato die Geschichte seit dem ersten Punischen Krieg behandelt als eine
erhebende Beispielsammlung für den Römischen Leser und
eine ausführliche documentirte Darstellung seiner eigenen Verdienste[4].

Es ist das eben einer der eigenthümlichsten Züge in jener
Epoche, dass diese intacte Römische Plebs in der heroischen
Einfachheit ihrer bäuerlichen Cultur an die Spitze jener so
hoch entwickelten οἰκουμένη gehoben wird, deren Schicksale
sie von nun an leiten und bestimmen sollte. Unzweifelhaft
trafen damit zwei politische Massen auf einander, so verschieden an intellectueller und politischer Entwicklung wie sie nur
gedacht werden können. Wie durch eine Naturnothwendigkeit

---

[1] Die Zusammenstellung der laudationes Peter a. O. p. XXXI und
oben p. 259.
[2] Liv. 27, 27.
[3] oben p. 278.
[4] s. Jordan a. O. p. LIII.

daher bildeten sich jene alten Formen Römischer Ueberlieferung jetzt zu den Zwecken aus, diesem allmächtigen und doch
so beschränkten und einseitig entwickelten souveränen Volk
von Rom zugleich das Gefühl und Verständniss seiner Stellung
und ihrer Aufgaben zu erhalten und zu erweitern.

§. 2. Die Römische Politik nach Fabius.

Die leitenden Staatsmänner der Republik konnten weder
in den Annalen noch in den Laudationen das finden, was sie
an historischer Orientirung brauchten. Und doch war die Veränderung ihrer Weltstellung eben dieselbe wie die der ganzen
Republik: bisher nur Karthago und den barbarischen Völkern
des westlichen Mittelmeeres gegenüber, traten sie jetzt unter
die Monarchien und Republiken des Ostens.

An einer anderen Stelle haben wir darzuthun versucht,
welche Aufgaben sich dadurch für die grosse Politik Roms nach
innen und aussen ergaben, wie sie aufgefasst, mit welchen Mitteln ihre Lösung versucht ward [1].

Zweierlei trat dabei hervor. Sofort nach der Beendigung
des Hannibalischen Kriegs erscheint als leitender Gesichtspunkt
der inneren Politik die Erhaltung des kleinen Grundbesitzers
als der Majorität der Römischen Bürgerschaft. Das Gefühl,
dass auf der Erhaltung desselben die Existenz und die Leistungsfähigkeit der Republik beruhe, ist der leitende Beweggrund
für die innere Verwaltung von da an bis zur Zeit des Bundes-
genossenkriegs.

Damit aber hängt die auswärtige Politik auf das Engste
zusammen.

Der Plan, im Osten ein unabhängiges Staatensystem unter
der Leitung Roms zu bilden, war keineswegs nur der Ausdruck
eines schwärmerisch idealen Hellenismus, er war wesentlich
motivirt durch die Einsicht, dass, so lange der Bauer das

---

[1] Die Gracchen. B. I c. 5 p. 85 ff. Mommsen R. G. B. II 1 c. 8. hat
die hier hervorgehobenen Gesichtspunkte nur im Einzelnen gelten lassen,
im Ganzen verurtheilt er die Politik des Flamininus und der Scipionen als
eine solche „die die Erbärmlichkeit der Hellenischen Staatsverfassungen
über literarischen und künstlerischen Reminiscenzen vergass, um — un-
ausführbaren Idealen nachzustreben“ p. 718. Wir müssen uns dem gegenüber auf unsere a. O. gegebenen Ausführungen beziehen.

Grundelement der Legion blieb, man die Einrichtung neuer Provinzen, d. h. neuer Garnisonen so viel wie irgend möglich beschränken müsse.

Dieses Bedürfniss, Legionen zu sparen und die Scheu vor einer Erweiterung der Kriegslast tritt in den Annalen gleich nach dem Hannibalischen Krieg ganz deutlich zu Tage. Die innere ˙ Politik der Republik verfolgte vor allen das Ziel, den Bestand des kleinen Grundbesitzers zu erhalten und die Vertheilung der Rechte und Pflichten der Bürgerschaft so zu ordnen, dass dieser ihr Kern, die eigentliche *plebs rustica* in möglichster Leistungsfähigkeit blieb.

˙ Das Hauptorgan für solche Maassnahmen war wie zu Appius Claudius und Fabius Maximus Zeit die Censur: in den grossen Anordnungen der Censoren dieser Periode treten daher die verschiedenen Ansichten der leitenden Staatsmänner immer auf diese Hauptaufgabe gerichtet schöpferisch zu Tage: die Geschichte dieses Magistrats vor Allem zeigt das innere Leben der Republik, bis zu jenem Zeitpunkte, wo die Erfolglosigkeit der censorischen Reformen eine furchtbare Thatsache geworden und die Erhaltung der Römischen Bauernschaft als die wichtigste Aufgabe der Verwaltung aus den Händen der Censoren in die der Volkstribunen übergeht[1].

Da man aber vor der Gracchischen Zeit im Innern zu keinem Abschluss kam, so stieg dadurch in dem oben angedeuteten Zusammenhang die Wichtigkeit der auswärtigen Verhältnisse. Die Neuordnung des Mittelmeerstaatensystems hing wesentlich von der Frage ab, wie weit die Römische Provinzialverwaltung sich ausdehnen sollte, das hiess für den Römischen Staatsmann, wie viel Armeen jährlich aufgestellt, wie weit diese Garnisonen sich erstrecken sollten. Eine Politik, die die Behauptung der Römischen Hegemonie mit dem geringsten Aufwand solcher militärischer Leistungen erreichte, war nicht allein für die abhängigen Staaten, sondern auch für die Bürgerschaft eine politische Wohlthat. Hier also lag der Punkt, wo die genaueste Kenntniss der Machtverhältnisse des Ostens, die richtige Würdigung der verschiedenen Staaten, ihrer Entwicklung und

---

[1] Gracchen B. II.

ihrer Ansprüche für den leitenden Staatsmann auch den inneren Fragen gegenüber immer uneutbehrlicher ward.

Dazu kam, dass in dieser Zeit die Interessen und die Mittel des Römischen Kaufmannstandes reissend sich ausdehnten und dass diese Theile der Bürgerschaft die Ausdehnung der Provinzen ebenso heftig befürworteten, wie man ihr von jener anderen Seite widersprach.

Es ist vollkommen deutlich, dass nach einander die übrigen grossen Plätze des Mittelmeeres Gegenstand dieser merkantilen Herrschsucht wurden: von dem Versuch, Rhodus in die Katastrophe von Macedonien zu verwickeln bis zn dem entsetzlichen Untergang Karthagos und Korinths wächst diese kaufmännische Politik im Innern und den auswärtigen Angelegenheiten der Republik.

Auch hier berührte sich die innere Fortbildung der Bürgerschaft und die auswärtige Politik.

In wie weit äusserten nun diese grossen politischen Aufgaben, der daran sich knüpfende Kampf der Ansichten und Parteien ihren Einfluss auf die historische Literatur der leitenden Kreise?

Ausser den vollständigen Büchern und den Fragmenten des Polybius ist uns nur sehr wenig von derselben erhalten.

Die spärlichen und kurzen Stücke aus Calpurnius Pisos Annalen, aus den Geschichten des Coelius Antipater, Sempronius Asellio u. a. genügen kaum, uns von dem Charakter des einzelnen Schriftstellers eine ungefähre Vorstellung zu verschaffen.

Zunächst aber, wenn wir sie alle zusammenfassen, tritt doch in diesen grösseren oder kleineren Resten, sowol bei Polybius wie bei den bedeutenderen seiner Römischen Zeitgenossen Ein Grundzug zu Tage: eine entschiedene Reaction gegen die bisherige Römische Geschichtschreibung. ·

Polybius stellt sich, wie schon oben p. 270 f. 279 ausgeführt, in entschiedene Opposition gegen Fabius: nur da, wo dieser allein ihm als Quelle vorlag, hat er sich unmittelbar ihm angeschlossen, seine Darstellung der Pläne und Thaten des Scipio setzt er entschieden der bisherigen Auffassung, also auch der des Fabius entgegen. Für den ersten Punischen Krieg hat er ·jedenfalls neben ihm Philinus, für die des Hannibalischen Kriegs

ebenso eine Karthagische Quelle benutzt und zwar die, die auch
Antipater für die Geschichte dieser Periode gebrauchte, den
Sikelioten Silenos, der unmittelbar in Hannibals Umgebung das
Material für seine Arbeit sammelte. Damals also trat auf die-
sem Wege zuerst das volle Bild des grossen Barciden in die
Ueberlieferung ein, wie sie uns heute vorliegt.

Für die allgemeine Geschichte nach dem Hannibalischen
Krieg bildeten die *annales maximi* gleichsam eine officielle
Fortsetzung des Fabius.

Es steht durch die neueren Untersuchungen fest, dass Polybius auch hier gerade diese Quelle nicht benutzte. Nannte
Sempronius Asellio, sein jüngerer Zeitgenosse, ihre zusammen-
hanglose und ungeschulte Darstellung „eine Fabelei für Kinder
und keine Geschichtschreibung"[1], so hat er selbst merkwürdig
genug, die Geschichte des Syrischen Kriegs nicht aus Römischen, sondern vor allen aus Rhodischen Berichten zusammengestellt[2].

Diese entschiedene Wendung gegen die bisherige Ueberlieferung und gegen jene populär-officielle Darstellung der Römischen Geschichte übersehen wir in ihren nächsten Resultaten deutlich nur in Polybius bewundernswerther Universalgeschichte.

Es ist, als ob er sich im unmittelbaren Gegensatz gegen
die *annales maximi* dächte, gegen eine Geschichtschreibung,
die nur für die Leitung und Orientirung der Massen berechnet,

---

[1] Gell 5, 18: „*id fabulas pueris est narrare, non historias scribere.*"
[2] Nissen a. O. II c. 18 § 4: Aus den von Polyb. gegebenen Notizen
16, 14 ff. ergiebt sich, dass die Rhodischen Geschichtswerke auch die Ereignisse des Peloponnes eingehend und im Detail darstellten. Dass Polyb.
sie bei seiner ganzen Composition wesentlich in Betracht zog, darauf führt
auch die Stellung, die er in ihr den Rhodischen Verhältnissen gleichsam
als einer selbständigen Partie einräumte, in der Uebersicht 3, 4 und in
der Ausführung 5, 88—90. Das so häufige Hervortreten der Rhodischen
Diplomatie wie z. B. 5, 63 und 100, und der Rhodier als der eigentlichen
Vertreter des Seefriedens wie 4, 47 (καὶ πάντες ἐνεκάλουν οἱ πλοϊζόμενοι
τοῖς Ῥοδίοις διὰ τὸ δοκεῖν τούτους προεστάναι τῶν κατὰ θάλατταν) cf.
ebd. 19 legt die Vermuthung nahe, dass die Polybianische Darstellung
nach den verschiedensten Seiten hin sich der Rhodischen Geschichtschreibung unmittelbar anschliessen könnte und anschloss.

wenn er sein Buch für die „ἄνδρες πραγματικοί", für die Leiter
der grossen Geschäfte bestimmt, wenn 'er die Wahrheit das
Auge der Geschichte nennt und nur die Berichte unmittelbarer
Augenzeugen für zuverlässig erklärt. Unzweifelhaft freilich
dachten weder er noch einer der grossen Staatsmänner seiner
Zeit so gut von jenen officiellen Römischen Staatsannalen, um
sie überhaupt als für ihre Zwecke beachtenswerth gelten zu
lassen: in jenen Aeusserungen sehen wir nur jenes staats-
männisch-wissenschaftliche Bedürfniss ausgesprochen, das Polybius für ein nothwendiges Ergebniss seiner gewaltigen Zeit
hielt, dem er durch seine 40 Bücher gerecht zu werden suchte.

Dass und wie diese neue Richtung zur Geltung kam, bezeichnet in der Geschichte der historischen Forschung und Darstellung einen höchst bedeutenden Wendepunkt.

§. 3. Die historische Anschauung im Zeitalter des Polybius.

Das Zeitalter des Eratosthenes, in dem Fabius Pictor schrieb,
war auf diesem Gebiet staunenswerth fortgeschritten: wir sahen
in Eratosthenes selbst jene grosse schöpferische Vereinigung
historischer und exacter Wissenschaft, die mit gleicher kritischer
Nüchternheit und genialer Combination die Thatsachen zusammenstellte und erklärte. Er war auf der Bahn des Aristoteles sicher und unaufhaltsam fortgeschritten: in dem nächsten
Jahrzehnt nach dem Hannibalischen Krieg belebte diese grosse
wissenschaftliche Bewegung die Höfe und Museen des Ostens
mit immer neuen Entdeckungen und Anschauungen. Es ist ein
grossartiges Schauspiel, wenn wir in Mitten dieser wissenschaftlich überreichen Cultur Scipio und Hannibal sich begegnen und
die grossen Erinnerungen ihrer Vergangenheit austauschen sehen.
Mit welcher Aufmerksamkeit man auch diesem Ereigniss folgte,
das beweisen die Erzählungen, die darüber verbreitet waren.

Je deutlicher man diese wunderbaren Erscheinungen ins
Auge fasst, um so klarer zeigt sich dann aber auch, wie sich
Alles in den nächsten Jahrzehnten veränderte.

Wir haben früher jenes Zeitalter in wissenschaftlicher Bedeutung mit der modernen Bildung des 16. und 17. Jahrhunderts verglichen. Von dem Standpunkt des Eratosthenes aus
war die Bahn zu den Resultaten gleichsam vorgezeichnet, welche
die historischen Disciplinen am Ende des 18., im Anfang des

19. Jahrhunderts mit Riesenschritten erreichten. Dass es damals nicht schon zu solchen Resultaten kam, dass die höhere
wissenschaftliche Entwicklung mit dem Tode des grossen Alexan-
driners abbricht, fällt gewiss nicht zufällig mit dem steigenden
Uebergewicht Roms im Osten zusammen.

Jene nationale Selbständigkeit der Hellenistischen Reiche,
der politische Wetteifer der grossen Höfe und seine geistigste
Frucht, die wissenschaftliche Production einer Reihe grosser
Institute, erlahmte unter der drückenden Atmosphäre der Römischen Hegemonie. Aber es kamen noch andere Ursachen
hinzu. Eratosthenes hatte die Römische Verfassung und die
Römische Politik nur neben die Karthagische gestellt, sie war
jetzt immer mehr theoretisch und praktisch als die erkannt,
der sich eben keine andere überhaupt vergleichen lasse. Wie
die politisch gebildete Gesellschaft des modernen Europa im
17. Jahrhundert Venedig, im 18. und bis in unsere Tage England als das unerreichte Ideal praktischer Staatsweisheit betrachtete, so die Zeitgenossen des Polybius Rom.

In diesem Venedig und England der Hellenistischen Gesellschaft lebte aber unendlich viel weniger von dem doctrinären
Raffinement, von dem kosmopolitischen Esprit, der die Zeitgenossen Sarpis und Humes zu einer grossen, in sich verwandten
Gesellschaft machte. Rom brachte in die neue Welt, die ihm
ehrfurchtsvoll und mit unheimlichem Staunen ihre Pforten öffnete,
einen Geist rücksichtslos praktischer Nüchternheit, die dieser
selbst seit Jahrhunderten vollkommen abhanden gekommen war.
Was Polybius bemerkt von dem Unterschied der nüchternen
Sparsamkeit und Zuverlässigkeit des Römischen Geschäftsmannes
und der genialen Liederlichkeit und Schwindelei des Hellenischen [1], eben das trat in der ganzen Führung der Kriegs- und
Friedensgeschäfte unzweifelhaft ebenso zu Tage.

Im Gegensatz zur genialen Auffassung und Anschauung
einer seit undenklichen Zeiten überbildeten, wissenschaftlich
und politisch überreifen Cultur hat dieser stahlharte Tact nüchternen Geschäftsverstandes, wie er uns bei Polybius entgegen
tritt, etwas Erfrischendes, ja Erhebendes. Er hat sich offenbar
in der für ihn ganz neuen Atmosphäre des Römischen Staats-

---

[1] Pol. 6, 56.

und Geschäftslebens gesund gebadet:' die Illusionen des Achäischen Patriotismus sind ihm vor dem hellen und unbarmherzigen
Licht, das ihm hier aufging, wie Nebel verschwunden. Was
uns heute in seinem Buch allein so übermächtig entgegentritt,
war nicht etwa nur die Eigenthümlichkeit dieses nüchternen
Kopfs, sondern der Grundton der staatsmännischen Schule der
Curie und des Forums, wie er in einem allerdings dazu bean-
lagten Schüler zum vollen Ausdruck gelangte.

Eben deshalb ist sein Buch das wichtigste Zeugniss für den
geistigen Prozess, der sich damals vollzog, für die Art und
Weise, in welcher die Römische Staatserfahrung und Staatsraison sich zu den Resultaten der Hellenischen Politik und Historiographie stellte.

War Fabius wesentlich hervorgegangen aus der allgemeinen
literärischen Bewegung seiner Zeit und konnten wir bei ihm
zum Theil dieselbe Methode der Zusammenstellung und Ordnung
der Facta, dieselbe Kritik und Unkritik wahrnehmen, wie bei
seinen Hellenistischen Vorgängern oder Zeitgenossen, so steht
Polybius zu der ganzen bisherigen historischen Literatur in
bewusster Opposition.

Er kritisirt mit derselben Entschiedenheit die Schlachtbeschreibungen des Ephorus wie die des Kallisthenes, die Angaben des Aristoteles und des Timäus, die Hypothesen des Eratosthenes sind für ihn eitel Phantasien, der ganzen übrigen
Literatur setzt er seine „strenge“, nur auf die praktische Ausbildung des Geschäftsmannes gerichtete Darstellung entgegen[1].

Allerdings hat er selbst mit bewundernswerther Klarheit
und Schärfe seine Quellen gewählt, seine Nachrichten gesammelt
und die Geschichte der Gründung der Römischen Weltherrschaft
in einer Uebersichtlichkeit entworfen und ausgeführt, dass die
alte Literatur kaum eine ähnliche Arbeit ihm zur Seite stellen
konnte, eben so wenig wie die neuere. Es ist eine Leistung,
wie sie vielleicht nur in jener grossen Epoche der Weltgeschichte
einmal möglich war, da das nüchternhelle Licht der Römischen
Staatsraison alle Nebel durchbrach und ihre Strahlen auf wenig
Stunden bis in die fernsten Winkel und Schluchten jener wunderbaren Hellenistischen Welt warf.

---

[1] Pol. 9, 1.

Diesen Eindrücken gegenüber schwanden alle bisherigen
kümmerlich zusammen, das richtige und feine Gefühl für sie
ging verloren. Denn das ist das Eigenthümliche der Polybianischen Kritik: aus ihren Einwürfen erhellt, dass dem Verfasser
selbst gerade das abhanden gekommen, was Aristoteles und
Eratosthenes erst langsam gewonnen, der Begriff der historischen Entwicklung, das Verständniss ihrer Gesetze und dadurch
bedingt die Möglichkeit der historischen Combination. So verwirft er die Angaben des Aristoteles über Kreta, weil die
gegenwärtigen Einrichtungen der Insel ihr widersprechen, so
tadelt er Timäos wegen seiner Schilderung der Karthagischen
Umgegend zur Zeit des Agathokles, weil sie mit dem Bild
seiner Zeit nicht stimmt und so tritt er den grossartigen Com-
binationen des Eratosthenes über die Configuration Europas
mit der banausischen Sicherheit des nackten gesunden Menschen-
verstandes entgegen. Hatten Plato und Aristoteles für die Aufeinanderfolge der verschiedenen Verfassungsformen eine bestimmte Ordnung, gleichsam ein historisches Gesetz gefunden,
so verschiebt sich unter den rohen Händen dieses nüchternen
Praktikers gerade die beachtenswertheste Thatsache: er stellt
die Tyrannis nicht zwischen Aristokratie und Demokratie, wie
eine Fülle von Beispielen forderte, sondern offenbar nach reinem
rationellen Calcul in den Uebergang vom Königthum zur Aristokratie[1].

Man wird sagen dürfen: dies an sich staunenswerthe und
grossartige Geschichtswerk bezeichnet mit schneidender Klarheit den beginnenden Verfall der historischen Disciplinen. Der
Verfasser, wie hoch er sich mit Recht über Köpfen wie Timäos
und Ephorus fühlte, hatte schon keine Ahnung mehr, wie gewaltig die historische Kritik und Intuition des Aristoteles und
Eratosthenes seine Pragmatik überragte. Man braucht nur
einen Blick in Strabos Einleitung · zu seiner Geographie zu
werfen, um zu erkennen, wie dann von hier aus bis auf Strabo
jene grossen Errungenschaften der Wissenschaft den Epigonen
immer vollständiger abhanden kamen.

Hier ist es nun für diejenigen Fragen, welche uns speciell
beschäftigen, für den Gang der Römischen Verfassungsgeschichte

---

[1] S. Nitzsch Polybius p. 21 f. 106.

von dem grössten Interesse zu beobachten, wie sich Polybius
zu der Römischen Verfassung seiner Zeit stellte.

§. 4. Die neue Auffassung der Römischen Verfassung.

Wir haben oben gesagt, Rom sei damals für die politische
Welt ebenso das politische Ideal geworden, wie es für die heutige bis vor Kurzem England war. Diese Analogie ist namentlich nach einer Seite hin sehr anregend.

Wir sind jetzt vollkommen klar darüber, dass in der Zeit,
wo die unbedingte Bewunderung der Englischen Verfassung am
höchsten gestiegen, das Bild, was man sich von ihr machte, ein
durchaus falsches war: nicht nur bei den Ausländern, die sie
in London studirten, sondern auch bei den Inländern, die jene
Schilderungen Montesquieus und de Lolmes mit Genugthuung
und vollkommener Zustimmung anerkannten.

Es hat einer langen politischen Lehrzeit und tiefgehender
wissenschaftlicher Studien bedurft, ehe jene so oft wiederholten
banalen Sätze von der wunderbaren Dreitheilung der Gewalten
und ihrem Gleichgewicht, von dem Recht der Steuerbewilligung,
der Stellung des Parlaments und der Krone auf die Norm der
historischen Wirklichkeit zurückgeführt wurden.

Vergegenwärtigt man sich die Stellung der Hellenistischen
Cultur und der Römischen Verfassung zur Zeit des Polybius, so
wird man leicht sehen, dass eine richtige Auffassung im weiten
Kreise ihrer Bewundrer fast noch schwerer war als die der
Englischen diesseits des Canals zur Zeit Montesquieus.

Die Römische Republik, das ganze System der Italischen
Bundesgenosseuschaft bildete eine von der übrigen Welt so
durchaus und ganz verschiedene Erscheinung, wie England für
den Continent es nie hat sein können. Eben dieser Gegensatz,
der überall zu Tage tritt, war von dem fremden Beobachter
zunächst zu bewältigen und konnte zunächst nur bewältigt werden mit den Begriffen und Vorstellungen seiner eigenen Ueberlieferung. In der Hinsicht stand der Exulant Polybius zu Rom
gerade wie der Exulant de Lolme zu London.

Aber zu diesen allgemeinen, in der Natur aller historischen
Dinge begründeten Umständen kamen gerade damals in Rom
ganz besondere hinzu.

Ich habe schon oben darauf hingewiesen.

Die grosse Frage der inneren Römischen Politik war die
Erhaltung und die innere Organisation jener *plebs rustica*; die
Zerstörung Korinths und Karthagos bezeichnet für die Geschichte
. dieser Frage einen Wendepunkt. Jahrzehnte lang hatten die
leitenden Staatsmänner durch censorische Maassregeln jene
wichtigsten Elemente der Bürgerschaft zu erhalten, zu erfrischen,
neu zu ordnen versucht. Diesen Bemühungen lag die vollkommen correcte Anschauung zu Grunde, dass der Kern der
stimmfähigen und dienstpflichtigen Bürgerschaft der kleine Eigenthümer sein musste, wie ers früher gewesen. Es war einer der ·
eigenthümlichsten Vorzüge der Republik, dass fast ebenso lange
als die *plebs rustica* ein Magistrat existirte, in dessen Hände
die Ordnung des Stimmrechts und der Dienstpflicht fast vollständig gelegt war. Die Censur hatte sich jedenfalls seit mehr
als 1½ Jahrhunderten als der Regulator der Verfassung be-
thätigt[1].

Nun aber erlahmte ihre Leistungsfähigkeit sichtlich, nach
dem Fall Karthagos war die Herrschaft des Römischen Capitals
allmächtig, damit aber verfiel der rusticane Theil der Plebs,
der kleine Eigenthümer, das Zeitalter der Latifundien brach
unaufhaltsam herein.

Die innere Römische Politik der leitenden Kreise schwankte
eine Zeit lang hin und her: man sieht es selbst in unsrer so

----

[1] Mommsen hat R. G. I 4te A. p. 799 f. eine Charakteristik der Censur
gegeben, nach der sie erst „der Angelpunkt der späteren Verfassung ward"
und „dieses ursprünglich unbedeutende und mit der Quästur auf einer Linie
stehende Amt sich mit einem ihm zu sich durchaus nicht zukommenden
äusseren Ehrenschmucke und einer ganz einzigen aristokratisch-republika-
nischen Glorie umgab". Wenn ich an der oben und in den „Gracchen"
ausgesprochenen Ansicht festhalte; so bemerke ich nur, dass die bekannte
Erzählung über die Gründung und die ursprüngliche bescheidne Gestalt
der Censur Liv. 4, 8 nach Mommsen selbst Chronol 95 f. einer späteren
Quelle angehört, dass in der Uebertragung des Lustrums, des grossen Sühn-
opfers an diesen Magistrat schon ein Beweis für seine von Anfang an anerkannte Wichtigkeit liegt und dass diese hervorragende Stellung dieses
höchsten Finanzmagistrats ganz der des Tamias in der Athenensischen
Republik entspricht. Vielleicht nirgends spricht sich das, ich möchte sagen,
natürliche Bedürfniss einer höchsten Weihe für die finanziellen Gewalten
eines republikanischen Staatswesens so klar aus wie in dem Umstand, dass
die Florentiner verschiedene Aufgaben ihrer Finanzverwaltung und Wahl-
ordnung nicht Bürgern, sondern Mönchen bestimmter Klöster übertrugen.

trümmerhaften Ueberlieferung. Die Censur beginnt in ihren
Leistungen still zu stehen, die Tragweite dieser, wie es bisher
schien, so segensreichen Gewalt wird immer geringer, und statt
ihrer Anordnungen scheint man einer durchgreifenderen Reform
zu bedürfen. Langsam gewinnt der Gedanke einer neuen Acker-
gesetzgebung Boden. Dass C. Lälius, der Vertraute des jüngeren
Scipio, ihn aufgab, verschaffte ihm bei der lebhaft besorgten
Nobilität den Namen des „Weisen"[1].

Unter diesen Bewegungen in dem Kreise der Staatsmänner,
denen Polybius so nahe stand, erwuchsen die Pläne der Gracchen, der Gedanke einer Wiederherstellung der *plebs rustica.*
Die einfachen Thatsachen der folgenden Jahrzehnte, die ganze
Anlage und der ganze Gang der beiden Gracchischen und der
beiden Livischen Gesetzgebungen beweisen, dass es sich immer
am letzten Ende um die Verjüngung der Römischen Bürgerschaft handelte, dass alles Andere nur Vorbereitungen und
Handhaben für die Erreichung dieses Hauptzweckes sein sollten[2].
In dem Kampf gegen diese Reformen ging Polybius Freund,
der jüngere Scipio, unter.

Von diesem Gesichtspunkt aus ist der Standpunkt zu beurtheilen, den die Politik Römischer Staatsmänner zur Verfassungsgeschichte einzunehmen begann, nachdem Polybius sich in Rom
eingewohnt und sein Urtheil über die Republik festzustellen
begonnen hatte.

---

[1] Plut. Tib. Gracchus I. 8. S. Gracchen p. 241.
[2] Diese Behauptung ist durch Mommsens Darstellung der Gesetzgebung
des C. Gracchus durchaus nicht widerlegt. Es muss schon auffallen, dass
Gracchus selbst seinen ganzen Plan, nach Mommsen die Gründung einer
monarchischen Verfassung, durch die *rogatio de civitate sociis danda* nothwendig in Frage stellte, wie denn Mommsen selbst II 4te A. p. 120 f. dieses
Gesetz ganz ausserhalb des Zusammenhangs der übrigen behandelt. Ganz
dieselbe unbegreifliche Stellung nimmt dieselbe Rogation ein unter denen des
Livius Drusus ebd. p. 216; beide Male stellen die Gesetzgeber ihre Pläne,
wie sie Mommsen formulirt, von vorn herein in Frage. Dagegen wird Alles
einfach erklärlich, wenn eben die Schöpfung einer neuen *plebs rustica* durch
Latiner und *socii* das eigentliche Hauptziel, Alles andere nur vorbereitende
Maassregeln waren. Ist es nicht auch auffallend und der Mommsenschen
Ansicht entschieden widersprechend, dass wir bei Cicero den Vorwurf, die
Monarchie gewollt zu haben, gegen Tib. Gracchus wiederholt, gegen Cajus,
soviel ich weiss, nie erhoben finden?

Er selbst und seine Landsleute, von vorn herein überzeugt
von der Vortrefflichkeit der Römischen Institute, mussten in
den befreundeten Römischen Kreisen nur um so mehr Zustimmung finden, je weniger diese selbst geneigt wurden, auf Reformen einzugehen, deren Unausführbarkeit auf dem einen Wege
der Censur constatirt war, deren Gefährlichkeit auf dem andern
durch tribunicische Rogationen von Jahr zu Jahr grösser erschien. Je klarer sich so eine conservative Politik entwickelte
desto geneigter waren ihre Träger für eine Betrachtungsweise
die mit den Maassen Griechischer Theorie das wundervolle
Ebenmaass und Gleichgewicht, die daraus folgende innere Festigkeit des Römischen Staatsbaus nachwies.

Unzweifelhaft ist auch hier Polybius' praktischer Blick
gereift durch die Auffassung seines Römischen Umgangs: in
seiner Beschreibung der militärischen Einrichtungen, der Aushebung, der Organisation der Legion, des Lagers, in der Betrachtung über die Bedeutung der Leichenfeierlichkeiten, in den
Bemerkungen über die Macht und Einfachheit des Römischen
Volksglaubens, überall hören wir durch die Darstellung für den
Hellenischen Leser gleichsam die erläuternde Stimme seiner
Römischen, staatsmännischen Mystagogen hindurch, welche ihm
den Werth und das innere Leben aller dieser Institute und
Erscheinungen bis ins Detail erläuterten.

Dann aber zeigt sich auch hier jene, man darf so sagen,
hellenistische Reaction: wie er selbst und seine Römischen Zeitgenossen an die Stelle Römischer Annalistik die Erzählungen
Griechischer Quellen setzten, so wird schliesslich doch der
innerste Charakter der Republik nach Griechischen Kategorien
festgestellt.

Die Fragmente, welche uns von dieser Beschreibung erhalten, die Stellung des Buchs, dem sie entnommen, ihr Inhalt:
es ist Alles bezeichnend.

Wir haben schon oben bemerkt, dass Polybius diese Schilderung nach der Erzählung der Niederlage von Cannä in seine
Geschichte einschob. Das war die Stelle, wo Fabius Pictor den
Cunctator als die eigentliche Säule des wankenden Staates
dargestellt hatte. Für Polybius und seine Scipionische Auffassung war es nicht der einzelne Mann, sondern die Eigenart des
Staats selbst, was ihn damals erhalten hatte.

Wie nach Silens Schilderung das Bild Hannibals, wie aus der Scipionischen Ueberlieferung das des Africanus in seiner Arbeit dem des grossen Fabius entgegengestellt ward, so hier, möchte man sagen, das der Republik selbst. Es liegt auf der Hand, mit welchem Interesse auch in Scipionischen Kreisen diese Partien gerade an dieser Stelle gelesen wurden. Diese Charakteristik des Römischen Staats war für sie der Gegenbeweis gegen die Behauptung, dass Fabius allein den Staat gerettet, dann aber auch ebenso der Beweis, dass gerade diese Verfassung in diesem Zusammenhang der Gewalten so in sich vollendet sei, dass sie keiner Reform, wie sie von andrer Seite gefordert ward, bedürfe.

Bekanntlich geht die Schilderung des Polybius von dem Grundgedanken aus, dass sich hier die drei Staatsformen, Monarchie, Aristokratie und Demokratie vereinigt fänden, vertreten durch die Consuln, den Senat und die Volksversammlung. Er stellt also ebenso wie Fabius[1]) Senat und Volksversammlung sich als Adel und Volk einander gegenüber. Er bezieht sich ausdrücklich hier auf die Erklärung seiner Römischen Zeitgenossen, es sei sehr schwer, ein Uebergewicht der einen oder der anderen Gewalt nachzuweisen[2]).

Nachdem er die Functionen jedes jener drei Factoren festgestellt, entwickelt er in der bekannten Auseinandersetzung, wie zwischen ihnen bei aller Selbständigkeit des einzelnen doch wieder ein unauflösbares Verhältniss gegenseitiger Abhängigkeit bestehe. Eben daraus erklärt sich für ihn die merkwürdige Erscheinung, dass „die Leistungsfähigkeit sich so gewaltig entwickle, wenn eine gemeinsame äussere Gefahr zu gemeinsamen Rathen und Thaten zwinge" und dass in den Zeiten ungetrübten Wolergehens, wenn ein Theil überwuchern wolle und über das rechte Maass erstarke, doch am Ende, da keiner ganz unabhängig sei und die Richtung des einzelnen gegenseitig gehemmt und gebrochen werden könne, keiner von den Theilen ein Uebergewicht an Macht und Ansprüchen gewinne[3]).

---

¹) S. oben p. 159 ff. 282.

²) Pol. 6, 11: οὕτω δὲ πάντα κατὰ μέρος ἴσως καὶ πρεπόντως συνετέτακτο — ὥστε μηδένα ποτ᾽ ἂν εἰπεῖν δύνασθαι βεβαίως, μηδὲ τῶν ἐγχωρίων πότερ᾽ ἀριστοκρατικὸν τὸ πολίτευμα σύμπαν ἢ δημοκρατικὸν ἢ μοναρχικόν.

³) ebd. 18.

Mitten in der Geschichte des Hannibalischen Kriegs, hart
hinter jenen furchtbaren Katastrophen, in die die Politik der
Plebs unter ihren Demagogen den Staat gestürzt, erscheinen
diese Behauptungen dem unbefangenen Leser jedenfalls in einem
eigenthümlichen Licht. Wo war doch hier, so lange Flaminius
gegen den Willen des ganzen Senats, seine Politik durchsetzte,
das Gleichgewicht der Gewalten? Nur die letzte erst von drei
furchtbaren Niederlagen, eine immer entsetzlicher als die andere,
hatte die Macht des Senats und „die Monarchie" des Consulats
wiederhergestellt.

Aber die doctrinäre Zuversicht, die hier den historischen
Thatsachen so unbefangen entgegentritt, erscheint in einem eben
so eigenthümlichen Licht, wenn wir ihre Ausführungen mit den
Ansprüchen des eigenen Zeitalters zusammenhalten.

Die Hauptfrage war auch hier das Verhältniss des Senats
und der Volksversammlung zu einander.

Polybius sagt ausdrücklich, „wenn man sich in Abwesenheit
der Consuln in Rom aufhält, scheint die Verfassung ganz aristokratisch. Das ist auch die Ueberzeugung vieler Hellenen
und ebenso vieler unter den Königen, weil der Senat fast alle
ihre Angelegenheiten bestimmt"[1]. Seine Beschreibung der
Thätigkeit des Senats macht fast den Eindruck als sei sie nach
dem Bilde gezeichnet, das sich dem Leser der *annales maximi*
auch in ihrer heutigen Redaction darstellt. Der Senat erscheint
hier wie dort als der Mittelpunkt der ganzen Verwaltung. Die
Aufstellung und Ausrüstung der Armeen, die Anordnung über
die Vertheilung der Provinzen, Empfang und Erledigung der
Gesandtschaften, die hohe Gerichtsbarkeit über Latiner und
Bundesgenossen treten an beiden Orten ganz entschieden in
den Vordergrund des Bildes. Ja es ist, als habe er jene so
bewegten Debatten über die Bewilligung der Triumphe im
Sinne, die uns Liv. zum Theil merkwürdig ausführlich überliefert, wenn er bemerkt, „der Senat hat auch die Macht, die
Erfolge der Commandirenden in die Höhe zu schrauben oder
zu verkleinern, denn die sogenannten Triumphe — können sie
nicht halten — wenn der Senat nicht zustimmt."

Und doch legt er das Hauptgewicht fast in die Souveränität

---

[1] ebd. 13 a. E.

der Comitien, trotz der grossen Macht von Senat und Consuln
„bleibt", wie er sagt, „dem Volk ein sehr wichtiger Theil der
Verfassungsgewalten". Er rechnet dahin vor allen die Blut-
gerichtsbarkeit, die Wahlen, die Gesetzgebung und „was", wie
er sagt, „das Wichtigste ist", die Berathung über Krieg und
Frieden. „Ja über Bündniss, Frieden und Vertrag", heisst es 6, 14,
„ist es das Volk, das Alles bestätigt und entweder annimmt
oder aufhebt, so dass man wieder darnach mit Recht sagen
könnte, das Volk habe den grössten Theil der souveränen Gewalt und die Verfassung sei eine Demokratie". Man wird die
Wahrheit dieser Betrachtung nicht in Abrede stellen; aber gerade seine Auffassung dieser Demokratie zeigt die Einseitigkeit
des Gesammtbildes.

Die brennende Frage seiner Zeit war die über die Zusammensetzung dieses Römischen „Volks", über die Erhaltung
und Herstellung seiner bäuerlichen Elemente. Es ist ausser
allem Zweifel, dass dies immer mehr der Angelpunkt der inneren
Politik wurde. Um so beachtenswerther ist es, dass die Darstellung des Polybius diese Frage ganz bei Seite schiebt. Die
Abhängigkeit des „Demos" vom Senat beruht ihm einmal darauf,
dass der Senat „für die meisten Prozesse die Richter giebt"
und dann, was er mit besonderem Nachdruck erörtert, dass die
gesammte Finanzverwaltung, Ausgaben und Einnahmen unter
dem Senat steht[1], weil bei dem System der Verpachtungen und
Licitationen „fast alle Bürger, so zu sagen, in diese Geschäfte
verwickelt sind". Er legt also das Hauptgewicht entschieden
nicht auf die rusticanen, sondern, man erlaube den Ausdruck,
die publicanen Elemente der Bürgerschaft, diejenigen, welche durch
die grossen Geschäfte sowol des Einnahme- als des Ausgabe-
budgets unmittelbar ihren Unterhalt und ihren grösseren oder
geringeren Verdienst zogen.

Fragt man nach der Berechtigung dieser Auffassung, so
müssen wir auf die Bemerkungen zurückgreifen, zu welchen
uns die Fabischen Annalen veranlassten.

In ihnen trat im Anfang das Bild der *plebs rustica*, so weit
wir sehen konnten, deutlich als die eigentliche Bürgerschaft

---

[1] ebd. 13: ἡ σύγκλ. πρῶτον μὲν ἔχει τοῦ ταμιείου κυρίαν. κ. τ λ.
und dann die ausführliche Darstellung ebd. 17.

hervor, sowol in der Geschichte der älteren Republik als in
der des älteren Fabius; noch die Anfänge des jüngeren Fabius
Maximus, das Tribunat des C. Flaminius mussten dies Element
als das eigentlich maassgebende des Römischen „Demos" erscheinen lassen. Aber allerdings im Verfolg seiner politischen
Laufbahn erschien Flaminius an der Spitze noch ganz andrer
Massen, eben die Vereinigung der *plebs rustica* und *urbana*
machte die Politik der Comitien so furchtbar, dass ihr selbst
der Cunctator zeitweilig unterlag. Erst nach dem Tage von
Cannä beschwichtigte sie sich, löste sich jene unerhörte Combination und trat fast unbewusst die *plebs rustica* wieder in
ihre alte Stellung, ja unter den alten Einfluss des Senats zurück.

Ein Griechischer Leser traf also in der ersten ausführlichen Darstellung eines bedeutenderen Abschnitts der Römischen Geschichte, die ein Römer verfasst, in Fabius Geschichte
des Hannibalischen Kriegs ein Bild des Römischen Demos, das
von dem des Attischen bei Thukydides wenig oder gar nicht
verschieden war: eben eine grosse Masse, in der sogar die
städtischen Elemente und ein städtischer Demagog wie Varro
den Ton angaben. Das eigentliche, specifische Hauptelement
der Römischen Plebs verschwand darin.

Allerdings drängte nun, wie wir wiederholt bemerkt, dies
Element gerade, die *plebs rustica* ihre Erhaltung oder ihr Untergang als der wesentlichste Gegenstand der inneren Politik
mit Gewalt wieder in den Vordergrund, aber, unvermögend sie
zu lösen, suchten sich dann Staatsmänner wie Scipio und Lälius
von ihr los zu machen. Eine Auffassung der Verfassung, wie
sie bei Polybius vorliegt, gab ihnen dazu die Möglichkeit, oder
eröffnete nicht eine solche Auffassung den Ausweg, jene ganze
Frage als irrelevant, nicht den Kern der Sache treffend bei
Seite zu schieben?. Die Hellenische Betrachtungsweise bot hier
in der Theorie von der Mischung der drei Staatsformen und
ihrem wunderbaren Gleichgewicht ein ganzes Arsenal von Beweisen, um die Bedenken und die Reformvorschläge Römischer
Praktiker *ad absurdum* zu führen.

Hier vor allen scheint mir der Punkt zu liegen, an welchem
eine neue, wesentlich Hellenische Auffassung, ich möchte sagen
in das Herz der Römischen Politik eindrang.

Es ist ein wunderbarer Prozess, indem jene grosse Strö-

mung praktischer Staatsraison über die wissenschaftliche Welt
des Ostens scheinbar befruchtend, eigentlich verwüstend hinein-
bricht und doch nun umgekehrt die Betrachtungsweise Hellenischer
Politik wie eine ebenso mächtige und schicksalsschwere Gegen-
strömung die wichtigsten Begriffe, die productivsten Gesichtspunkte Römischer Politik überfluthet und versandet.

Ist diese Auffassung richtig, so haben wir auch gleichzeitig
den Weg gefunden, auf dem sich das Bild der Römischen Plebs,
bei Fabius deutlich erkennbar, allmälig zu verschieben begann.
Auf demselben Wege sollte es sich später bis zur Unkenntlichkeit umgestalten.

Da, wo Polybius von der *rogatio agraria* des Flaminius berichtet[1]) nennt er ihn „den ersten Urheber dieser Art von De-
magogie" und die Maassregel „den Anfang der Verschlechterung
des Römischen Demos". Sehen wir recht, so trifft in dieser
Stelle die tiefe Erbitterung seiner Römischen Freunde gegen
die agrarischen Reformen unmittelbar zusammen mit jenem
Mangel an tieferem historischen Sinn, der ihn selbst nirgends
über die Vorstellungen und Anschauungen seiner Zeit hinaus
kommen liess. In diesen Worten liegt der Beweiss, dass er
für den früheren Charakter und die historische Entwicklung
der Plebs, ihren Zusammenhang mit der des Römischen Gebiets
durchaus kein Verständniss hatte. Das Bild des Römischen
„Demos" seiner Zeit ist ihm eben so maassgebend wie es das
Bild der Kretensischen Verfassung Aristoteles gegenüber war.
In einer solchen Auffassung liegt aber eben hier die Wendung
vor, indem die politische Debatte in die ruhige Arbeit historischer Ueberlieferung zerstörend einbrach. Wir haben uns
als den Vordersatz die politische Behauptung zu denken, dass
· jede agrarische Reform eine verbrecherische Revolution, dass sie
für die Plebs kein Bedürfniss sei, als den Nachsatz die historische, dass vor Flaminius keine ähnliche Assignation wie die
des *ager Picenus* vorgekommen, dass erst durch ihn die Plebs
solche Ansprüche zu machen gelernt habe.

Die Folge dieser beiden Behauptungen war, dass die Gegner

---

[1]) 2, 21: *Γ. Φλαμινίου ταύτην τὴν δημαγωγίαν εἰσηγησαμένου καὶ
πολιτείαν, ἣν δὴ καὶ Ῥωμαίοις ὡς ἔπος εἰπεῖν φατέον ἀρχηγὸν μὲν
γενέσθαι τῆς ἐπὶ τὸ χεῖρον τοῦ δήμου διαστροφῆς.*

der Reform auch die frühere Geschichte der Plebs allmälig
ihren Anschauungen entsprechend umzuformen suchen mussten.

**Cap. 3. Die ältere Verfassungsgeschichte unter dem Einfluss
der Reformbewegungen.**

**§. 1. Die agrarischen Debatten in ihrem Einfluss auf die Ge-
schichtschreibung überhaupt und Anschauungen der Verfassungsgeschichte.**

Wir treten hier unmittelbar an diejenige Frage heran, die
uns überhaupt zu den vorstehenden Erörterungen veranlasst
hat, nemlich an die, auf welchem Wege sich in Rom die Vorstellungen von der älteren Verfassung, namentlich von der
älteren Plebs bilden konnten, die wir in den jüngeren Stücken
des Dion. und Liv. finden.

Wir haben gesehen, dass in der älteren Quelle des Liv.,
als welche wir entschieden Fabius annehmen, die eigenthümlichen
Anschauungen jener spätern, sich noch nicht vorfinden. In der
Erzählung des Polybius verschieben sich zuerst die ursprüng-
licheren Züge. Sie bildet dadurch für uns die Gränze und wir
haben die Periode vor uns, die von Polybius zu Valerius Antias
reicht. Die Aufgabe ist, die Veränderungen festzustellen, welche
sich in ihr in den Vorstellungen von der älteren Verfassung
vollzogen.

Es ist das Zeitalter der grossen und erschütternden Bewegungen von der Gracchischen bis zur Sullanischen Gesetzgebung.

Der eigentliche Gegenstand dieser langen Reihe revolutio-
närer oder conservativer Maassregeln war — wir müssen das
immer von Neuem urgiren — der *civis Romanus* selbst, seine wirthschaftliche und politische Stellung. Alles drehte sich nicht zunächst um die Formen der Verfassung, sondern um die Existenz
und die Beschaffenheit der *plebs rustica*. Von der Gesetzgebung des Ti. Gracchus bis zum Schluss des Bundesgenossen-
kriegs folgen sich die grossen Versuche hart aufeinander, durch
agrarische Rogationen oder durch die Aufnahme der *socii* in
das Bürgerrecht den Stand des kleinen Grundbesitzers herzustellen. Sulla löste dieselbe Frage im Sinne einer brutalen
Militairrevolution durch die Proscriptionen und Assignationen,
die Massen des Italischen Grundbesitzes in die Hände seiner
Legionen brachten.

Daraus aber ergiebt sich eine weitere Betrachtung. Das Römische Volk gerieth durch diese Wendung der inneren Politik in eine viel gespanntere Stellung zu den übrigen Gewalten als bisher. Je entschiedener die Majorität des Senats sich gegen die agrarischen Maassregeln erklärte oder für oder gegen die Erweiterung des Bürgerrechts Stellung nahm, desto mehr nahm der politische Kampf zwischen Senat und Volk den einseitigen Charakter eines Streits um das Mein und Dein an. Bisher waren die *annales maximi*, wie wir oben p. 304 ausführten, gleichsam die amtliche Darstellung der Senatspolitik für das Lesepublicum der Comitien gewesen. Aus dieser ihrer Aufgabe erklärte sich ihre ganze Fassung.

Jetzt ward dieser grosse, eigenthümliche Leserkreis aus seiner bisherigen so beschränkten, so abhängigen und doch so grossartigen Stellung herausgerissen. Die gefährliche Wendung, vor der Scipio und Laellus zurückgescheut, trat mit der Gracchischen Agitation ein: in dem Fortschritt dieser agrarischen Bewegungen ging die alte Autorität des Senats unrettbar verloren.

Die Folgen dieser Veränderungen mussten sich, wie mir scheint, an der officiellen Stadtchronik nothwendig bemerklich machen.

Unter dem Pontificat des P. Mucius Scävola, des Freundes der Gracchen wurden die *annales maximi* geschlossen.[1] Die Gründe für diese Maassregel erfahren wir nicht, aber es ist klar, dass die Methode ihrer Redaction, wie wir sie jetzt noch erkennen, für diese wildbewegte Zeit nicht mehr ausreichte.

Man könnte zweifelhaft sein, ob ihre Schliessung vom Senat oder von Scävola ausging, ob die Majorität der Nobilität die Ueberzeugung gewann, das ganze Institut sei unnütz, oder ob der *Pontifex maximus* sich der Aufgabe entzog, weil er selbst bei seiner Hinneigung zur Gracchischen Politik sich zum Annalisten des Senats nicht hergeben wollte, oder endlich ob die allgemeine Stimmung der gebildeten Kreise in dieser Art von Geschichtschreibung nur einen barbarischen Ueberrest einer

---

[1] *Erat enim historia nihil aliud nisi annalium confectio: cujus rei, memoriaeque retinendae causa ab initio rerum Romanarum usque ad P. Mucium pontificem maximum res omnes singulorum annorum mandabat literis pontifex maximus — potestas ut esset populo cognoscendi. Cic. de or. 2, 12.*

früheren Periode sah. Wir haben die Urtheile des Cato und Asellio schon angeführt, die diese Stimmung aussprachen. Dessen ungeachtet aber steht es fest, dass trotz der Schliessung der *annales maximi*, eine bedeutende Anzahl Römischer Geschichtschreiber, dass gerade Staatsmänner wie Calpurnius Piso und Fannius die annalistische Form nicht allein festhielten, sondern dass im Grossen und Ganzen die Geschichte der Republik, soweit die *annales maximi* reichten, auf Grundlage derselben weiter bearbeitet ward. Damit wird es mehr als wahrscheinlich, dass die amtliche Geschichtschreibung nicht vom Senat, sondern von dem *Pontifex maximus* selbst in Opposition gegen den Senat ausser Gebrauch gesetzt ward.

So ist es einer der auffallendsten Züge dieser ganzen Periode: jene unbeholfene, verachtete Staatsannalistik, die Polybius und seine Kreise vollkommen bei Seite liegen liessen, wird jetzt, nachdem sie officiell still steht, als ebenbürtig in den Kreis wissenschaftlicher oder politischer Beachtung eingeführt. Ursprünglich nur darauf berechnet, die öffentliche Meinung der Comitien in der richtigen Fühlung mit der Politik des Senats zu erhalten, wird sie jetzt die Grundlage einer Reihe literärischer Darstellungen, welche sie festhalten, bearbeiten, weiterführen. Auf diesem Wege ist sie für bedeutende Strecken der Römischen Geschichte der Kern unseres heutigen Quellenbestandes geblieben.

Die sonderbare Erscheinung erklärt sich eben aus dem Umstand, dass die öffentliche Meinung der Comitien zu immer heftigeren Bewegungen gegen den Senat vorging. Um so höher stieg der Werth einer Darstellung der früheren Geschichte, die von Anfang an darauf berechnet war, die Politik des Senats unter dem günstigsten Lichte darzustellen.

In eben diese Periode müssen wir aber auch die massenhafte Ausbildung der Laudationen setzen. Nach der oben p. 275 ff. gegebnen Ausführung war zur Zeit des Polybius die Geschichte der Keltenkriege noch frei von einer ganzen Reihe falscher Triumphe, die ihr dann später die Gestalt gaben, wie sie jetzt bei Liv. vorliegt. Polybius kannte noch Nichts von diesen der seinigen widersprechenden Erzählungen. Sie werden also nach ihm entweder entstanden oder in die Geschichtschreibung eingeführt sein. Wir sind durchaus berechtigt, was sich so für diese eine Periode der älteren Geschichte ergiebt, auch auf andere anzuwenden d. h. wir dürfen das Zeitalter von Polybius bis auf Antias als das der überwuchernden Laudationenliteratur bezeichnen.

Wesentlich aristokratische Formen der Ueberlieferung erscheinen also hier mit einer merkwürdig zähen Beharrlichkeit angewendet, das Bild der alten Republik, die Bedeutung der regierenden Familien nach allen Seiten festzuhalten, zu vervollständigen, in ein immer glänzenderes Licht zu stellen. Diese Arbeiten werden gemacht und für die öffentlichen Zwecke der Republik verwandt, für die Privatlecture vervielfältigt, während die andere Seite politisch-literärischer Entwicklung, die Beredtsamkeit der Gerichte und der politischen Debatte sich ebenso reich, ja noch reicher ausbildet. Es ist eben dies, in gewissem Sinne, das Zeitalter der höchsten nationalen Blüthe Römischer Beredtsamkeit; wie Cicero selbst es bezeichnet, erreichte in den beiden „grössten Rednern“ ihrer Zeit, Crassus und Antonius der Lateinische Ausdruck die erste volle Reife.[1]

Je mehr die grossen Debatten der Republik sich auf die inneren Fragen und auf sie fast allein richteten, desto mehr trat die Römische Geschichtschreibung aus dem innigen Zusammenhang mit der Hellenistischen Literatur. Die merkwürdige Bewegung, die zu Polybius Zeit und noch in dem Werke des Cölius Antipater durch Hellenistische Quellen die Römische Ueberlieferung verdrängte, steht allmälig still. Bewegungen der Gracchischen und nachgracchischen Jahrzehnte riefen alle Kräfte Italiens wach und förderten in der leidenschaftlichen Erregung der Parteien eine Lateinische Literatur zu Tage; unmittelbar bedingt durch die Bedürfnisse der grossen Tagespolitik. In einer solchen Atmosphäre hob sich die Beredtsamkeit nicht allein des Römischen Forums sondern ganz Italiens[2] zu der Höhe der Attischen, die Geschichtschreibung dagegen sank.

Vergleicht man die Anfänge und den Fortgang der Griechischen Geschichtschreibung, so tritt, meine ich, zu Tage, wodurch

---

[1] Cic. Brut. 44: *Quod idcirco posui, ut dicendi Latine prima maturitas in qua aetate exstitisset, posset notari et intelligeretur jam ad summam paene esse perductam, ut eo nihil fere quisquam addere posset, nisi qui a philosophia, a jure civili, ab historia fuisset instructior.*

[2] Cic. Brut. 46.

ihre lange Blüthe im Gegensatz zu dieser Italischen Entwicklung bedingt war.

Seitdem sich im Bereich der Hellenischen Welt eine historische Literatur bildet, ist es nie zur unbedingten Herrschaft
eines Staats, einer Macht gekommen: Herodots Beobachtung
und Darstellung bewegt sich zwischen Asien und Europa, Sparta
und Athen, Thukydides und Xenophons ebenso unter dem Ringen
der Griechischen Mächte, unsre Ueberlieferung über Alexander
zeigt noch heute den Gegensatz der Persischen und Hellenisch-
Makedonischen Auffassung, sowie diese Factoren in der Universalmonarchie verschwanden, bildeten sich die Diadochenreiche,
ihre Rivalität und auf diesem Boden eine neue Geschichtschreibung aus, aus ihr dann entwickelten sich die literärischen
Leistungen des Eratosthenes und Polybius als Rom sich ihrem
Staatensystem als leitende Macht entgegenstellte und sie seine
Hegemonie endlich anerkannten.

Wir haben oben p. 314 ausgeführt, ein wie tiefer Gegensatz die Wissenschaft des Eratosthenes von der staatsmännischen Praxis des Polybius trennt. Die geschäftserfahrne
Nüchternheit der Römischen Politik trat in ihm der wissenschaftlichen Cultur des Hellenischen Ostens hemmend, man
könnte sagen, versteinernd entgegen. Sie steht von da an still,
während gleichzeitig der Einfluss der Republik nach allen Seiten
jede andere selbständige nationale oder dynastische Politik
unterdrückt. Eben diese beiden Thatsachen stehen in dem Zusammenhang von Wirkung und Ursache.

Von Herodot bis Polybius hätte nie eine Macht die Hegemonie des Ostens länger als ein Jahrzehnt an sich gerissen, in
den zwei Menschenaltern, nach dem Erscheinen des ersten Römischen Geschichtswerks war die der Römischen Republik
immer unbedingter zur Anerkennung gekommen. Nachdem Polybius sein Werk vollendet, waren die Parteien des Forums die
einzigen Mächte, die im Stande waren, grosse politische Zwecke
mit grossen politischen Mitteln zu verfolgen.

Es ist bis jetzt noch nicht möglich, die originalen Darstellungen dieser Parteikämpfe, wie sie von den Zeitgenossen
gegeben wurden, in der uns vorliegenden Ueberlieferung sicher
nachzuweisen, doch haben wir gewiss einen Auszug aus Sullas
Memoiren in der Plutarchischen Biographie, Spuren der Ruti-

lischen treten an verschiednen Stellen zu Tage[1], und es ist ferner wahrscheinlich, dass Plutarch und Appian die Geschichte der Gracchen wesentlich nach Fannius Annalen erzählten[2]. Schon diese Vermuthungen genügen, um uns von jener ganzen Gruppe staatsmännischer Geschichtschreibung ein Bild lebendiger und geistreicher Auffassung zu geben. In ihr war dasselbe politische Leben thätig, was in den Staatsreden der Periode, selbst in den wenigen erhaltnen Fragmenten so gewaltig zu Tage tritt.

Diese Reden selbst bildeten einen bedeutenden Bestandtheil z. B. der Fannischen Annalen.

Um so beachtenswerther ist es nun aber, dass die Darstellungen der älteren Geschichte der Republik, soweit wir sehen, meistens in die unmittelbarste Verbindung mit der Zeitgeschichte gesetzt wurden. Die Form der Annalen, auf die man immer wieder zurückkam, bot dazu die einfache äussere Veranlassung. Von Cassius Hemina bis auf Valerius Antias werden uns eine Reihe von Werken genannt, die die Geschichte vom Ursprung der Stadt bis auf die Gegenwart führten[3].

Dadurch trat aber die ältere Geschichte bewusst oder unbewusst in eine gefährliche Verbindung mit den Gesichtspuncten der tiefbewegten Gegenwart. Die Geschichte Roms,

---

[1] Ich mache nur darauf aufmerksam, dass die Charakteristik des Vaters des Pompejus, die sich nach Plut. Pomp. 37 a. E. bei Rutilius fand und den Sohn mit solcher Erbitterung erfüllte, uns ebenso bei Granius XXXV ed. Bonn. p. 29 begegnet „nequissimum hominem" -- παμπόνηρον.
[2] S. Peter. Die Quellen der Röm. Lebensbeschreibungen des Plut.
[3] S. Peter hist. R. reliq. p. CLXVI über Cassius Hemina p. 135, Calpurnius Piso p. CCXI, Sempronius Tuditanus p. CCXXXX, Cn. Gellius. Sehr wahrscheinlich gehören auch die Annalen des C. Acilius, die Livius in der Uebersetzung des Claudius benutzte, hierher (Nissen Unters. p. 40 f.), der einzige Einwurf, den Peter a. O. p. CCLXXXXVIII gegen Nissens Annahme vorgebracht, ist nicht stichhaltig; das bekannte Fragment Gell. 9, 18 stimmt mit Liv. 6, 42 keineswegs vollständig: dort tritt der Kelte mitten in einer heftigen Schlacht — maxime proelio commoto atque utrisque summo studio pugnantibus — auf, hier nach heftigen Kämpfen „in vacuum pontem Gallus procssit". Führt die sonst vollständige Uebereinstimmung auf eine gemeinsame, wol poetische, Quelle, so ist die Einfügung der Scene in die übrige Erzählung doch nicht dieselbe. Ebenso könnte man aus dem Vorkommen der bekannten Rede des Menenius Aprippa immer auf dieselbe unmittelbare Quelle schliessen.

herausgehoben aus dem wissenschaftlichen Gesammtleben einer
politisch gleichberechtigten Welt, gleichsam nur auf sich selbst
gestellt, gerieth dadurch unter den Einfluss der immer heftiger
sich ausbildenden Parteianschauungen. Wenn ein Schriftsteller
wie Polybius und wenn die bedeutenden Staatsmänner seiner Zeit,
wie wir oben sahen, nur nach den Maassen der damaligen Verhältnisse politische Institute und ihre Entwicklung beurtheilten,
um wie viel mehr musste eine solche beschränkte Auffassung
um sich greifen, nachdem die auswärtigen Verhältnisse immer
mehr an Bedeutung verloren und im Innern sich die verschiednen Richtungen immer schärfer entgegen traten.

Bekanntlich gehört eine auffallend grosse Zahl der uns
erhaltnen Fragmente Römischer Historiker der Geschichte der
Königzeit an, der Verfassungsgeschichte der Republik weit
weniger. An jenen können wir das Aufkommen neuer Ansichten
und Thatsachen sehr deutlich verfolgen und zwar nach beiden
Richtungen, der demokratischen und aristokratischen.

Cassius Hemina erzählte, dass Romulus und Remus einstimmig von den Hirten zu Königen gewählt seien, eine Thatsache, auf welche man sich dem Senat gegenüber berief, als die
Comitien die Wahl des jüngeren Scipio zum Consul trotz der
L. Villia durchsetzen wollten[1]. Eine historische Behauptung
derselben Richtung war die des Junius Gracchanus, dass zur
Zeit der Könige die Quästoren schon vom Volke gewählt worden seien[2].

In der Darstellung der Servianischen Verfassung war die
ursprüngliche Auffassung die, dass die Centurie eben hundert
Köpfe umfasste nnd also die starke Centurienzahl der ersten
Classe auf die grosse Zahl Wolhabender schliessen lasse, erst
in der jüngeren Darstellung tritt die Ansicht hervor, die Centurien der höheren Classen seien schwächer an Kopfzahl und
das Uebergewicht der Wolhabenden in der Stimmordnung ein
künstlich gemachtes gewesen[3]. So konnte man erzählen entweder, um diese Stimmordnung von Anfang an als eine Un-
gerechtigkeit hinzustellen, oder im Gegentheil, um das Miss-

---

[1] Gracchen p. 240.
[2] Mommsen R. G. II p. 456 A.
[3] Gracchen p. 210.

verhältniss der Stimmen als einen durch hohes Alter geheiligten Grundzug des Instituts zu bezeichnen.

Ebenso tritt die verschiedne Richtung der Schriftsteller in den Erzählungen über Numas wiederaufgefundnen Sarg und dessen Inhalt zu Tage. Der einfachen Skepsis des Cassius Hemina stellt sich hier die Darstellung des Calpurnius Piso, wie es scheint, entschieden entgegen, er benutzte wahrscheinlich diese Thatsachen um Numas Autorschaft für das pontificische Recht gleichsam urkundlich zu belegen [1].

Für die Verfassungsgeschichte der Republik ist der Einfluss der Parteiansichten bei einzelnen namentlich angeführten Schriftstellern, wie schon gesagt, viel weniger zu constatiren. Im Grossen und Ganzen aber lässt sich die allmälige Veränderung sehr wol wahrnehmen, sowol die der politischen Ansichten wie der historischen Auffassung [2].

Ein sehr bezeichnendes Beispiel ist folgendes. Die Volksversammlung erscheint in Polybius Darstellung der Verfassung als die eigentlich bestätigende und beschliessende Gewalt, richterlich, legislativ und für die auswärtigen Angelegenheiten durchaus unabhängig vom Senat [3]. Davon, dass zu dieser ihrer Thätigkeit irgend wie und irgend wo ein Vorbeschluss des Senats gehöre, ist nirgends eine Andeutung hier zu finden, das Gewicht wird vielmehr umgekehrt darauf gelegt, dass wichtige Maassregeln des Senats ihrer Bestätigung bedürfen. In diesem Sinne wird vom Tribunen gesagt, dass er allein verpflichtet sei, den Willen des Volks auszuführen. Und in der That liegen aus der Zeit des Hannibalischen Kriegs und später eine Reihe von Fällen vor, wo der Senat auch über Gegenstände seiner Competenz, wie Dictatorenernennung und Provinzenvertheilung den Beschluss der Comitien durch die Tribunen einholen lässt [4].

Dann aber werden aus der Zeit des Polybius und nach

---

[1] D. Gracchen p. 212 u. Niesen Unters. p. 235 f.

[2] Für die Auffassung des Caudinischen Friedens hat Niesen Rhein. Mus. B. 25, für die des Sp. Cassius, M. Manlius und Sp. Mälius Mommsen Hermes B. V. die Einwirkung des Parteilebens dieser Zeit im Einzelnen nachgewiesen.

[3] S. Mommsen R. F. I p. 209 A. 63. und Hofmann D. Röm. Senat p. 130 A. 40.

[4] Marquardt II, 3 A. 464.

ihm ein paar Verhandlungen erwähnt, bei denen doch die Ansicht zu Grunde liegt, dass für sie nicht sowol der Senatsbeschluss einer Bestätigung durch die Comitien bedürfe, sondern
dass ein Beschluss der Comitien ohne den Vorbeschluss des
Senats nicht gesetzliche Kraft habe[1]. Mir scheint, dass in
den leidenschaftlichen Verhandlungen über die *leges Appulejae*
diese Anschauung jedenfalls mit einwirkte. Ein Jahrzehnt
später tritt dann die aristokratische Partei mit der Ansicht auf,
dass „nach den früheren, längst aufgelösten Verfassungsbestim-
mungen überhaupt Nichts ohne Vorbeschluss des Senats an die
Volksversammlung gebracht werden könne" und stellt diese
Grundbestimmung in voller Ausdehnung her[2].

Liegt nicht hier der allmälige Uebergang in der Stellung
des Senats, in seinen Ansprüchen klar vor, bis es ihm gelingt
sie durchzusetzen und zwar auf Grund einer historischen Ausführung, von der vorher keine Erwähnung? Auf die Zuverlässigkeit dieser Behauptung kommt es uns hier weniger an
als auf die Thatsache, dass sie ein sehr wesentliches Glied in
der Kette aristokratischer Ansichten und Ansprüche bildete.

Wir haben aber schon oben hervorgehoben, dass den Kern-
punct der damaligen Kämpfe die Maassregeln bildeten, die eine
Herstellung einer möglichst unabhängigen und leistungsfähigen
Bürgerschaft bezweckten. Sowol die agrarischen Rogationen,
als die *de civitate sociis danda*, beide in ihrem Zusammenhang
endlich waren hierauf vor allen berechnet. Gegen diese Aufgaben traten alle übrigen in Schatten. Somit ist gegeben, dass
von allen Fragen der Verfassungsgeschichte diejenige nach dem
ursprünglichen Charakter der *plebs* die brennendste ward. Wie
Polybius seiner Zeit ihre Hauptbestandtheile auffasste, sahen
wir oben p. 321. Er legte das Hauptgewicht auf die merkantilen und in den grossen Geschäften der *vectigalia* und *ultro-*

---

[1] Trotz Hofmanns und Mommsens Einwendungen muss man unzweifelhaft die Stelle Liv. 88, 86 doch so verstehen, dass eben die Frage con-
trovers war; sie lautet: *Huic rogationi quatuor tribuni pl., quia non ex
auctoritate senatus ferretur, quum intercederent, edocti populi esse non senatus jus suffragium quibus velit impertiri, destiterunt incepto.* Dasselbe
gilt von der von Hofmann unzweifelhaft richtig interpretirten Stelle Plut.
Mar. 4.
[2] Appian b. c. I, 59.

tribula betheiligten Elemente, der kleine Bauer trat ihm vollständig zurück, ja die Assignationen, die rusticane Politik eines C. Flaminius erschien ihm als eine heillose und unerhörte Neuerung. Das Wenige, was wir aus den Reden der Gracchen wissen, zeigt, wie ganz anders ihre Auffassung war. Die Aeusserungen des Tiberius, die uns Plutarch erhalten [1], stellen den Mangel an Grundeigenthum als das Zeichen des tiefsten, unverschuldeten Verfalls der Plebs dar. Obgleich er die frühere Lage derselben nicht erwähnt, so bildet doch offenbar zu seiner Schilderung diejenige Zeit den Gegensatz, in welcher das bäuerliche Grundeigenthum die Grundlage ihrer Selbständigkeit bildete.

Wir haben oben nachgewiesen, dass auch Fabius die alte Plebs so auffasste, dass die *tribus rusticae* die eigentliche kriegspflichtige, stimmberechtigte Bürgerschaft bildeten, neben der die *turba forensis* und die *libertini* eine untergeordnete Stellung einnahmen.

Die beiden Auffassungen, jene des Polybius und diese der Gracchen standen sich gegenüber: ihr Gegensatz musste sich mit der Fortführung jenes grossen politischen Kampfs immer mehr vertiefen und verschärfen.

Dabei ist es nun aber ein jedenfalls sehr beachtenswerther Umstand, dass einer der heftigsten Gegner des Ti. Gracchus [2], Calpurnius Piso, Verfasser von Annalen war, welche die ganze Geschichte der Stadt in grosser Ausführlichkeit und eingehendem Detail umfassten.

Aus der Geschichte der Königzeit sind uns eine Anzahl Fragmente dieser Arbeit erhalten. Sie zeigen, dass er zum Theil mit unglaublicher Geschmacklosigkeit die Einfachheit der alten Ueberlieferung zu beleben, ihre Widersprüche auszugleichen suchte. Seine Schilderung von König Romulus bedächtiger Nüchternheit ist bekannt, ebenso, dass er zuerst ausrechnete, unmöglich könne der jüngere Tarquinius der Sohn

---

[1] Ti. Gr. 9: ὡς τὰ μὲν θηρία τὰ τὴν Ἰταλίαν νεμόμενα καὶ φωλιόν ἔχει καὶ κοιταῖόν ἐστιν ἑκάστῳ καὶ κατάδυσις, τοῖς δὲ ὑπὲρ τῆς Ἰταλίας μαχομένοις καὶ ἀποθνήσκουσιν ἀέρος καὶ φωτός, ἄλλου δ' οὐδενὸς μέτεστιν.

[2] S. Gracchen Peter b. R. r. p. CLXXXX.

des älteren gewesen sein und ihn deshalb zu seinem Enkel
machte.

Für uns kommt es hier mehr darauf an, wie sich ein
Staatsmann von der so scharf ausgesprochnen Richtung dieses
Annalisten in seinen historischen Anschauungen zur älteren Ge-
schichte der Republik stellte.

Dass er über die Zahl der ersten Tribunen, über die Erweiterung derselben von den übrigen Quellen differirte[1]), zeigt
uns nur die Selbständigkeit seiner Darstellung.

Sucht man nach weitern Haltpuncten für eine solche Betrachtung, so fallen, wie mir scheint, zwei Fragmente ins Gewicht, in denen er die politische und wirthschaftliche Fähigkeit der Libertinen gegenüber sowol der Nobilität wie der *plebs
rustica* durch Beispiele belegte. Das eine ist des bekannten
Scriba Cn. Flavius[2]), das andere das eines Libertinen, dessen
besonnene, fleissige und erfolgreiche Ackerwirthschaft die Miss-
gunst seiner bäuerlichen Nachbarn soweit trieb, ihn der Zau-
berei anzuklagen[3]). Namentlich diese letzte so lebendig vor-
getragne Erzählung zeigt doch sehr deutlich, wie der Verfasser
die Stellung der Libertinen inmitten der alten Geschlechter der
plebs rustica auffasste. Hier wenigstens ist der Gegensatz
zwischen ihrem Fleiss und Unternehmungslust zu dem bornirten
Bauernverstand ihrer Neider und Gegner sehr scharf gezeichnet.
Wer mit einer solchen Auffassung der *plebs rustica* und der
lex Sempronia gegenüberstand, der theilte höchst wahrscheinlich
auch für die früheren Zeiten der Republik die Auffassung, der
wir bei Polybius begegneten, d. h. ihm trat auch da die Bedeutung der *plebs rustica* ganz zurück. Mir ist es sehr wahrscheinlich, dass mit dieser Ansicht auch die Nachricht zusammenhängt, dass die *manumissio per vindictam* ihren Namen von
dem Sclaven Vindicius erhalten, der die Verschwörung der
Aquillier den ersten Consuln verrieth und dass von da an die
Rechtsansicht stamme „*ut qui ita liberati essent in civitatem accepti viderentur*“[4]), das alles musste doch zeigen, wie hoch schon

[1]) Liv. 2, 58.
[2]) Gell. 6, 9.
[3]) Plin. hist. nat. 18, 6.
[4]) Liv. 2, 5: *quidam vindictae quoque nomen tractum ab illo putant.
Vindicio ipsi nomen fuisse etc.*

die älteste Bürgerschaft der Republik das Verdienst ihres ersten
Freigelassnen gehalten und an welche wichtige Thatsachen sich
das Recht dieses Standes knüpfe.

§. 2. Die veränderte Auffassung und Darstellung der Plebs.

In dem Vorstehenden haben wir eine Reihe von Factoren
zusammengestellt, die auf die Umgestaltung der Römischen Verfassungsgeschichte von Polybius bis auf Antias jedenfalls ein-
wirken musste: die wiederholte Bearbeitung der *annales maximi*,
die Ausbildung und Zunahme der Laudationen, der Fortgang
und die wachsende Heftigkeit der Parteikämpfe, die Neigung
politische Maassregeln durch die ältere Geschichte als verfassungsmässig zu belegen, die Stellung einzelner Geschichtschreiber,
eben Pisos in den Parteikämpfen, ihre Art zu arbeiten, ihre
politische Ansicht über einzelne Fragen, wie die Bedeutung der
Libertinen.

Um die Gesammtwirkung von diesem allem wenigstens annähernd zu ermessen, kommt es darauf an, den damals vorliegenden Bestand der älteren Geschichte der Republik sich zu
vergegenwärtigen.

Es wird wesentlich der gewesen sein, den wir oben Abschn. 2
K. 2 §. 2 bei Fabius nachzuweisen suchten.

Schon bei ihm traten Senat und Plebs als die eigentlichen
bestimmenden Factoren sich gegenüber, obwol ihm im Senat
der Unterschied der *patres* und *conscripti*, der Patricier und
Plebejer noch gegenwärtig war. Die Plebs erschien als vollständig widerstandsfähig schon vor der Secession, denn sie war
das Fussheer in seinen Waffenbrüderschaften. Seit der Secession bis zum Schluss des Decemvirats hatte sie in gewissem
Sinne das Schicksal der Republik in ihrer Hand.

Ihre erste grosse Bewegung führte zur Einsetzung des
Tribunats, Coriolan unterlag ihrem Angriff, ihre zweite Bewegung setzte die Theilung der höchsten Gewalt in der Form
des Decemvirats durch und sie war es wieder, die eben diese
Verfassung, sobald sie sich dazu erhob, wieder mit der alten
vertauschte und bereitwillig auf die Theilung der höchsten Gewalt verzichtete. Für diese kräftige und selbstbewusste Gemeinde bedurfte es nicht der hinterlistigen und ehrgeizigen

Demagogen, die erst spätere Erzähler in das Bild ihrer Kämpfe hineinzeichneten.

Ebenso sehr traten aber auch die agrarischen Verhandlungen noch zurück, denn beachten wir die Geschichte derselben, so ergiebt sich dafür Folgendes mit grosser Wahrscheinlichkeit. Wie einsilbig auch die Thaten und der Sturz des Sp. Cassius dargestellt war, die von ihm angeregte *rogatio agraria* trat in der Geschichte der sieben Fabischen Consulate bedeutend und lebendig hervor. Von da an trat sie ganz zurück. Wir können aber hier noch weiter gehen. Für die Geschichte der zweiten grossen agrarischen Agitation, die der *leges Liciniae* sind zwei Umstände zu beachten: das Zeitalter der Keltenkriege, in das sie fällt, war bei Fabius ausserordentlich kurz, wahrscheinlich rein annalistisch behandelt. Damit aber stimmt es, dass diese ganze Periode vom Krieg mit Veji bis zur Annahme der *leges Liciniae* in der so übereinstimmenden Ueberlieferung bei Dion. und Livius voll ist von Licinischen Einflüssen. Dadurch wird die Vermuthung nahe gelegt, dass erst Licinius Macer durch seine Bearbeitung dieser Partie ihre vollständigere Fassung gab[1]), dass jedenfalls die unselige Rolle, welche hier

---

[1] Der P. Licinius Calvus, den Livius 5, 12 als den ersten plebejischen Militärtribunen nennt, ist in der dort gegebenen Namensliste nicht der einzige, sondern einer von vier Plebejern: s. Mommsen R. F. I p. 95 f. Diodor giebt aber ans seinen jedenfalls zuverlässigeren Fasten (s. Mommsen im Hermes V p. 271) nur drei Namen und darunter nicht den des Licinius. Erwägt man nun, welche bedeutende Rolle gerade diesem Licinius in der breit gehaltenen Geschichte der folgenden Jahre Liv. ebd. 18. 20 eingeräumt ist, so kann über die Quelle dieser Geschichte des Vejentischen Kriegs kein Zweifel sein. Dass Plutarch für die Geschichte dieser Zeit im Camillus Dionys hauptsächlich benutzte, ist eben so gewiss (Peter: Quellen Plut.) wie dass die Liv. und Plut. Erzählungen auffallend übereinstimmen. Wenn nun nach Liv. 9, 38 Licinius die drei Niederlagen an der Cremera, Allia und bei Candium mit dem Omen der *tribus Faucia* als *principium* in Verbindung brachte und Plutarch Cam. 19 und Liv. 6, 1 die Schlacht an der Allia auf denselben Tag mit der an der Cremera setzte, so stammt jedenfalls auch diese Combination aus Licinius. Dass die ganze Geschichte der *leges Liciniae* wesentlich dem Licinius verdankt wird, ist um so mehr zu vermuthen, da, worauf Mommsen Corp. inscr. I p. 89 schon hingewiesen, die Assignationen, die mit der Geschichte des Manlius verwebt Liv. 6, 16, wie diese ganze Geschichte bei Liv. und Dion. die Spuren einer jüngeren Redaction nur zu deutlich zeigt. Mommsen Hermes V a. O. cf. Niebuhr II p. 686. Schwegler III B. 35, 7.

die Fabier vor und bei dem *dies Alliensis*, und die kleinliche,
welche die Frauen des Hauses bei den *rogationes Liciniae* spielen,
nicht von Fabius, sondern von einer fremden und späteren Hand
ihnen angewiesen ward.

Müssen wir aber die ausführlichere Darstellung dieser agrarischen Bewegungen aus den älteren Annalen streichen, so
reducirt sich überhaupt ihre Erzählung vom Anfang der Censur
bis zu den *leges Liciniae* wahrscheinlich auf ein sehr bescheidnes
Maass. Wie kurz und unsicher sie gehalten waren, dafür zeugt
die wunderliche Erzählung Diodors 12, 25, der die Theilung
des Consulats mit der Herstellung des Tribunats hinter das
Decemvirat setzte und die übrigen Licinischen Gesetze nirgend
erwähnt, ja, wenn Livius und Dionys für diese Periode ganz
überwiegend spätere und späteste Quellen, für die Geschichte
des Camillus beide die Licinische Darstellung benutzten, so ist
zu vermuthen, dass jenes ganze Stück Piso noch in einer
sehr knappen und wenig imposanten Erzählung vorlag. Es
kam für ihn daher mehr darauf an, das ältere Stück bis zum
Decemvirat für seine Anschauungen zu redigiren, als dies spätere etwa weiter auszuführen.

Dass Calpurnius Piso eine solche Darstellung nicht einfach
in seine Annalen aufnahm, dürfen wir aus dem schliessen, was
wir über seine Behandlung der Königzeit wissen. Einzelne
Differenzen zwischen seiner Erzählung und der älteren Darstellung haben wir schon oben p. 333 ff. hervorgehoben. Fragen
wir dann aber weiter nach dem Charakter seiner Erzählung, so
dürfen wir zweierlei mit Bestimmtheit behaupten.

1) Piso konnte das Bild der Plebs, wie es Fabius gezeichnet,
nicht gelten lassen. So stimmte es nicht mit seiner Politik der
Gracchischen *plebs rustica* gegenüber.

2) Ganz unzweifelhaft aber gehört die Geschichte der
Schuldnoth als Vorgeschichte der ersten Secession nicht ihm,
sondern Valerius Antias an. Das beweist das fast exclusive
Vorherrschen Valerischer Notizen in dieser Redaction.

Wir werden aus den bis hierher zusammengestellten Thatsachen nie einen wirklich stringenten Schluss ziehen können,
aber man wird zugeben, dass sie eine Vermuthung über den
Charakter der Calpurnischen Annalenredaction für diese Partien
nahe legen. Es ist wahrscheinlich, dass in ihr zuerst das

Fabische Bild der alten Plebs in seinen entscheidensten und
kräftigsten Zügen wesentlich retouchirt ward. Die Behauptnng,
dass die Plebs nicht auf den *mons sacer*, sondern auf den
Aventin secedirte, dass ihr zuerst nicht fünf, sondern nur zwei
und später erst fünf Tribunen zugestanden wurden, werden
nicht die einzigen Abweichungen von der älteren Erzählung
gewesen sein[1].

Es ist sehr wahrscheinlich, dass hier die Auswanderung auf
den einen der sieben Hügel sich nicht nur auf das Heer, sou-
dern eben auch auf die ganze städtische Plebs bezog, dass mit
Einem Wort der Unterschied der eigentlichen Plebs und der
turba forensis, der *plebs rustica* und der *libertini* vollständig
verwischt ward. Und wie gross oder gering man diese Wahrscheinlichkeit anschlagen mag, es ist ebenso wahrscheinlich, dass
diese Erzählung, wie sie hier nur erst von zwei, erst später
von fünf Tribunen wusste, so auch die Concessionen der ersten
Secession möglichst niedrig veranschlagte. Mir wenigstens
scheint eine solche Verschiebung und Vervollständigung der vorliegenden Darstellung genau der Manier zu entsprechen, die
wir aus den vollständigeren Fragmenten aus der Königzeit bei
dem Verfasser kennen.

Sicherer dürfen wir das Folgende aussprechen: wenn schon
in Sullas erstem Consulat die Ansicht feststand, dass „in alter
Zeit nichts ohne Vorbeschluss des Senats an die Comitien gekommen"[2] so musste diese Ansicht unzweifelhaft in einem
älteren Annalisten ausgesprochen und durchgeführt sein. Soweit
die Fabische Erzählung bei Liv. vorliegt, findet sich in ihr nur
an einer Stelle dieser Zusammenhang zwischen Senats- und
Comitienbeschluss bestimmt erwähnt[3]. Dann aber beantragen
auch die Fabier eine Assignation zuerst im Senat[4], jedoch dabei

[1] Liv. 2, 23, 58 s. Mommsen R. F. I p. 182 A. 10: „Augenscheinlich
wissen die ältesten Zeugen nur vom heiligen Berg und geschieht durch
Hineinziehen des Aventin der Erzählung Gewalt, die den Stempel der im
Lager verlaufenden Insurrection deutlich an sich trägt".

[2] oben p. 332.

[3] Liv. 2, 2: *Brutus ex senatusconsulto ad populum tulit, ut omnes
Tarquiniae gentis exules essent.*

[4] ebd. 48: *Itaque principio anni censuit (cs.) priusquam quisquam
agrariae legis auctor tribunus existeret, occuparent patres ipsi suum
munus facere, captivum agrum plebi quam maxime aequaliter darent.*

scheint die Ansicht zu Grunde zu liegen, dass die Tribunen
berechtigt seien unabhängig vom Senat eine solche Rogation
an ihre Comitien zu bringen. Das widerspricht jenem so allgemein ausgesprochnen Satz und wir müssen daher annehmen,
dass er in dieser Allgemeinheit erst in einer späteren Erzählung
durchgeführt war und zwar, da er nach unsrer Annahme bei
Valerius schon vollständig feststand[1], unzweifelhaft vor ihm,
möglicher Weise also bei Calpurnius. Man wird zugeben, dass
eine solche Stellung des Senats zur Volksversammlung sich als
annehmbare Consequenz für diesen Annalisten herausstellte,
wenn er die Plebs sich von Anfang an in einer untergeord-
netern Stellung dachte, als Fabius sie gefasst.

Die Maassregeln, zu denen der Senat gegen die Rogationen
der Gracchen und Saturninus für seine Rogationen gegen den
Senat schritt, beweisen, wie die Unabhängigkeit der Tributcomitien
vom Senat eine der brennenden Fragen der Periode war. Und
gerade wenn, wie Mommsen mit Recht urgirt[2], der Senat rechtlich Nichts dagegen einwenden konnte, lag die Versuchung nahe,
in der ältesten Geschichte der Republik die Präcedenzfälle zu
suchen und zu finden, aus welchen sich, wie wir oben p. 332
hervorhoben, für alle Volksversammlungen die Nothwendigkeit
eines Vorbeschlusses des Senats ergab.

Mit diesen Vermuthungen können wir nur den Weg andeuten, auf dem das Bild der älteren Verfassung sich allmälig
zu der Form umgestaltete, welche wir bei den späteren Annalisten, zunächst bei Valerius nachwiesen. Je heftiger die agrarischen Kämpfe sich gestalteten, um so entschiedener musste
die Ansicht in der Geschichtschreibung Platz greifen, dass auch
in den ältesten Zeiten der Republik schon der Gegensatz
zwischen Reich und Arm das Grundmotiv der ständischen
Kämpfe gewesen, dass dagegen die Scheidung der *plebs rustica*
und der übrigen Bevölkerung nur ein Act censorischer Verwaltung sei, dass also schon von den ältesten Zeiten die verschiednen Elemente ebenso nebeneinander den Character der
Plebs bestimmt, den Einfluss des Senats ermöglicht hätten wie
in den Jahrzehnten nach Polybius.

---

[1] s. oben p. 180.
[2] Mommsen R. F. 1 pag. 206 f.

§. 8. Die Folgen für das Detail der Erzählung.

Man wird zugeben, dass eine solche Ansicht, zu der Behauptung führen konnte, dass Patriciat und Plebs Nichts anderes bedeute als Reich und Arm und dass daher der Mangel des Connubiums nicht eine Folge ständischer Scheidung, sondern ein Resultat gesetzgeberischer Willkür sei. Es bedurfte nicht der Unwissenheit eines Griechischen Rhetors, um solche Ansichten dem Römischen Lesepublicum vorzuführen. Sie entsprangen aus den politischen Stimmungen der Römischen Parteien selbst und sind, wie auffallend sie uns erscheinen mögen, nur ein Beleg für die leidenschaftliche Entwicklung einer politischen Debatte, die auf die Geschichtsdarstellung einen unbegränzten Einfluss gewonnen hatte.

Die Folgen davon mussten aber auch die Erzählung überhaupt an andern Stellen wesentlich afficiren.

Am klarsten scheint mir das in der Geschichte desjenigen Hauses vorzuliegen, das in seinen grössten Staatsmännern dem Einfluss der *plebs rustica* am bestimmtesten widerstrebt hatte, ich meine die Claudier. Wir haben oben ausgeführt, dass Fabius den Character des Decemvirs und des Appius Cäcus jedenfalls klar erfasst haben musste, schon im Gegensatz zu den censorischen Maassregeln des älteren Fabius Maximus. Waren jene Claudier wesentlich als Vertreter der *turba forensis* und ihrer merkantilen Interessen dem alten Annalisten Gegenstand entschiedner Abneigung, so verschob sich dies ihr Bild, wenn dieser Gegensatz der *plebs rustica* und *urbana* innerhalb der Geschichte der Plebs übertüncht ward. Auf diesem Wege erklärt sich dann aber auch am einfachsten, wie unter den Händen, die diese Veränderung anbrachten, aus den grossen Demagogen der *plebs urbana*, den Gegnern der *tribus rusticae*, Feinde des Volks überhaupt und somit die schroffsten Vertreter aristokratischer Ansprüche und Interessen wurden. Mit dieser Verzeichnung scheint hier gerade ein andrer Act annalistischer Willkür zusammenzuhängen, dessen Spuren man längst entdeckt, dessen Urheberschaft man späteren Annalisten zugeschrieben hat.

In der uns noch vorliegenden Ueberlieferung sind noch deutliche Spuren erhalten, dass der Ap. Claudius cs. 263 und der Decemvir in der älteren ein und dieselbe Person waren, dass nur eine spätere Hand sie zu zweien aus einander schnitt und dann auch den so gewonnenen älteren ebenso in einer pein- lichen Anklage sterben liess wie den Decemvir[1]. Die ältere Ueberlieferung ist uns gerade in dieser Strecke nicht mehr er- kennbar. Wir wissen namentlich nicht, ob sie überhaupt die Geschichte der *rogatio Publilia* irgend ausführlich gab[2]. In diese hinein ist die Figur jenes neugemachten Claudius mit be- sonderem Nachdruck geschoben. Dass aber der ältere Ap. Claudius schon vor dem Decemvirat in der älteren Darstellung als Freund der Plebs erwähnt war, hat man vielleicht mit Recht aus den Worten des Liv. 3, 33 geschlossen „*regimen totius magi- stratus penes Appium erat furore plebis. adeoque novum sibi in- genium induerat, ut plebicola repente omnisque aurae popularis captator evaderet pro truci saevoque insectatore plebis*"[3]. Giebt man die Bedeutung dieser Stelle zu, so erhalten wir für diesen Appius Claudius der älteren Ueberlieferung ein eben so doppel- seitiges Verhältniss zur Plebs wie bei Ap. Claudius Cäcus, wenn wir nur die unpopuläre Seite der *plebs rustica*, die popu- läre der *plebs urbana* zukehren. Der Geschichtschreiber, der diese zusammengehörigen Seiten zerschnitt, wollte eben die Möglichkeit einer solchen Doppelseitigkeit nicht gelten lassen, er machte so aus dem ebenbürtigen Vorgänger des Cäcus zwei, einen offnen Aristokraten vom reinsten Wasser und einen ver- schmitzten Intriguanten, innerlich eben so aristokratisch wie jenen. Von diesem Act kritischer Willkür datirte dann aber unzweifelhaft das Bild, das die gesammte spätere Ueberlieferung von den Claudiern fest hielt.

Wenn man erwägt, dass eine solche Vervollständigung der genealogischen Reihen in der älteren Geschichte der Stadt nur noch einmal bei den Turquiniern begegnet und dass hier Cul- purnius Piso aus Vater und Sohn, Grossvater und Enkel machte und den Vater einschob wie hier der Consul des J. 233 ein- geschoben ward, so hat die Vermuthung doch einigen Halt, dass

---

[1] Schwegler 2 p. 569 A. 1 ff.

[2] s. oben p. 68 ff.

[3] „Diese Stelle setzt offenbar voraus, der Decemvir sei eine und die- selbe Person mit dem — gegen die Plebs feindlich gesinnten Consul des J. 283" Schwegler a. O.

derselbe Annalist in dem Charakterbild der Claudier diese Aen-
derung vornahm. Dann aber würde ihm auch die Ausführung
der Geschichte der *rogatio Publilia* unzweifelhaft zum Theil ·
wenigstens gehören.

Indem wir in diesen Vermuthungen den zum Theil deut-
lichern, zum Theil fast verwischten Spuren der Parteiannalistik
nachgehn, bleiben wir vor der jüngeren Redaction der Geschichte des Decemvirats und der *rogatio Terentilia* stehn, wie
diese nach Valerius bei Dion., jene aus einer noch jüngeren
Quelle bei ihm und Liv. vorliegt. Und hier allerdings drängt
sich die Frage auf, ob nicht vielleicht schon Piso hier gerade
so entschieden gegen die ältere Quelle reagirte, dass er der ·
rogatio Terentilia und dem Decemvirat eine ganz andere Bedeutung gab, als Fabius für sie beanspruchte?

Wir können auch hier nicht bestimmt antworten, weniger
noch als auf alle früheren Fragen, das aber wird man zugeben,
dass wer die Plebs von Anfang an mehr als armen Demos denn
als mächtige und schlagfertige Bauerschaft dachte und wer aus
dem echten Ap. Claudius der alten den der späteren Ueberlieferung herausschnitt, dass der, sage ich, geneigt sein konnte,
in den ganzen zwölf Tafeln von Anfang an nur eben das zu
sehn, worin seiner Zeit allein ihre Bedeutung lag, die älteste
schriftliche Redaction des Privatrechts.

Wir sind mit dieser langen Reihe fragmentarischer Thatsachen und mehr oder weniger begründeter Hypothesen an den
Punct gelangt, von welchem wir ausgingen. An dem Ende der
literärischen und politischen Bewegung, die wir so betrachteten,
stand die historische Arbeit des Valerius Antias. Was wir oben
p. 172 ff. 184. über sie festzustellen suchten, was wir dann über
die ihm vorhergehende Entwicklung ausführten, ist, meine ich,
geeignet, das Bild einer merkwürdigen literärischen Bewegung
zu einer gewissen Vollständigkeit darzulegen.

Was für die Königzeit bei der grösseren Anzahl der erhaltnen Fragmente noch deutlicher feststellt, kann doch im
Ganzen auch für die ältere Geschichte der Republik angenommen werden: die ganze Ueberlieferung lebnte sich in allen
den verschiednen Redactionen wesentlich an ein und dieselbe
erste Redaction an, wie sie in den Annalen des Fabius Pictor
vorlag. Er nimmt für die Römische Verfassungsgeschichte die-

Stelle ein, die Zurita für die Geschichte Aragons, Tschudi für
die der Eidgenossenschaft, Hvitfeld für die Dänemarks vom
16. bis zum 19. Jahrhundert behaupteten[1]. Diese aristokratische Geschichtschreibung des 16ten, 17ten und 18ten Jahrhunderts versteinerte gleichsam, weil in derselben Zeit die Entwicklung der ständischen Verfassungen stillstand und der
wachsenden Macht des Königthums erlag. Die Römische trat
erst nach jenem Beginn ihrer Annalistik in eine weltherrschende
Stellung ein, umfassender als je eine Aristokratie vor und nach
ihr sie erlangt hat. Sie nahm gleichzeitig den Bestand der
wissenschaftlichen und politischen Cultur der Hellenistischen
Welt in ihren Bildungskreis auf: einen Moment, in einigen
Schriftstellern schien der Gedanke lebendig durchzudringen, das
so gewonnene Material für die Geschichte der Republik eingehend zu verwerthen. Polybius, Antipaters Arbeiten waren in
dieser Richtung von der grössten Bedeutung.

Dann aber tritt doch die Wendung ein, welche die Geschichte der Römischen Historiographie vielleicht von allen
übrigen unterscheidet.

Die Verwerthung Hellenistischer Quellen durch Polybius und
Antias reichte doch nur bis zu der Gränze der Zeit, für welche
Fabius als Zeitgenosse aufgefasst werden konnte. Er selbst und
manche seiner Nachfolger haben für die Königzeit die Hellenistische Chronologie und Historiographie benutzt, ja Cato hatte
in seinen *origines* die ausserrömische Geschichte Italiens unzweifelhaft zum Theil aus solchem Material bearbeitet.

Für die Geschichte der Republik vom ersten Consulat bis
zum ersten Punischen Krieg hatte, so weit wir sehen, bis auf
Polybius eine solche Verwerthung Griechischer Arbeiten nicht
stattgefunden. Wenigstens ist uns heute keine Spur davon
sichtbar. Vielleicht darf man in dieser Thatsache auch einen
Beweis dafür sehen, welchen bedeutenden Eindruck gerade hier
die Darstellung des Fabius gemacht hatte. Sie war, wie wir

---

[1] Die *annales maximi* werden nur an einer Stelle Cic. de leg. I, 2 so
genannt, dass man sie als seine Vorgänger betrachten könnte. Die bedeutenden Stücke Fabischer Geschlechtsgeschichte in unserer Ueberlieferung
machen es aber weit wahrscheinlicher, dass diese von ihm stammt und dass
er also wirklich als *auctor antiquissimus* für die ganze Ueberlieferung der
Ausgangspunkt war.

oben p. 269 ausführten durch den Stand und die Stellung
ihres Verfassers empfohlen in einer Zeit in das Hellenische
Lesepublicum eingetreten, wo die unerwarteten und unerhörten
Resultate der Römischen Republik Aller Aufmerksamkeit auf
ihre „wunderbare Verfassung" gelenkt hatten. Der Eindruck
einer wol begründeten Autorität geht doch bis auf Livius und
Dionys [1]) vor dem merkwürdigen Buche her. Und doch wenn
unsere Zeugen darin übereinstimmen, dass diese Erzählung
gerade für die ältere Periode der Republik zum Theil sehr
einsilbig war und wenn die Stücke, die wir von ihr nachweisen
können, vollständig diesen Vorwurf bestätigen, wie nahe lag
dann die Aufgabe für einen anderen Römischen Staatsmann und
Historiker, wie Fabius, das reiche Material, was noch zu Polybius Zeit meist unbeachtet in Rom aufgehäuft war, nur zur
Vervollständigung seiner zahlreichen Lücken zu verwerthen.

Dass dies ergiebiger Weise geschehen konnte, ist nicht
zweifelhaft. Die politischen Kreise des nachpolybianischen Roms
waren historischer Auffassung und Darstellung fähig, das beweist die uns heute noch vorliegende Geschichte ihrer Zeit,
trotz der zum Theil ungeschickten secundären und tertiären
Redactionen, in welchen sie erhalten. Das merkwürdige Phä-
nomen ist eben dies, dass offenbar in der Zeit von den
Gracchen bis auf Sulla die Geschichtschreibung für diese freiste
Aristokratie der Welt, im Besitz eines unschätzbaren und frei
verfügbaren Materials nur und allein durch die Gesichtspuncte
der Tagespolitik bestimmt wurde. In Mitten einer hochculti-
virten Welt, in der die alten Gegensätze der Culte und der
Culturen sich immer mehr verwischten, in den allein herrschenden Kreisen entbrannte ein politischer Kampf um die Grundbegriffe ihrer Verfassung, von welchen eben nur diese herrschenden Kreise eine lebendige Einsicht, für welche sie allein
das politische Gefühl hatten. Die Stellung von Senat und Comitien, die ursprüngliche Bedeutung, das ursprüngliche Recht
der Plebs an der Stimmordnung der Centurien wie am *ager
publicus* bildeten die eigentlichen Objecte dieses Streits, die

---

[1]) Die Hauptstelle bei Dionys ist jedenfalls 7, 70, sein Tadel über
seine chronologischen Ungenauigkeiten 4, 30 tritt dagegen zurück.

Frage nach dem Recht und der Ordnung der Magistrate war in den damaligen Debatten nur eine Frage zweiter Ordnung. Man hat die unentwirrbare Confusion staatsrechtlicher Vorstellungen bei Liv. und Dion. immer nur aus der Unkenntniss dieser Autoren in Sachen der Verfassung erklärt und aus den sicheren Normen der Magistrate, ihrer Gewalt und ihrer Begränzung geschlossen, dass die staatsmännische Ueberlieferung über die Grundbegriffe der Verfassung überhaupt vollkommen sicher und fest sich fortgepflanzt habe[1]. Dass wir diese Seite der Verfassung deutlicher und im klarern Zusammenhang vor uns sehen als jene andere, die Rechte und den Charakter von Senat und Comitien, beruht aber offenbar nur eben auf jenem Umstand, dass diese und nicht jene Hauptgegenstand des politischen Kampfes war.

In diesem politischen Kampfe kam es allerdings nicht dazu, dass jene erste grundlegende Darstellung der älteren Geschichte von irgend einer Seite her vollständig bei Seite geschoben und durch eine neue ersetzt ward. Dionys, der die einschlagende Literatur wol vollständig beherrschte, hat keine gekannt, die von der uns erhaltnen in wesentlichen einzelnen Thatsachen differirte. Zu einer solchen Arbeit fehlte es dieser Zeit an Sammlung und wissenschaftlicher Ruhe. Desto eifriger aber ward das vorhandne Material immer von Neuem nach den Doctrinen der jemaligen Partei von den Annalisten durch Ausschmückungen vervollständigt, die, je öfter dies Verfahren sich wiederholte, die Grundlinien der ältesten Darstellung auf das Gefährlichste verwirren mussten.

Oder meint man, dass zur Zeit, wo die Standeseitelkeit der herrschenden Familien in den Laudationen eine systematische Geschichtsfälschung trieb[2], die Verfassungsgeschichte nur weiter geschrieben und von den grossen Tagesrichtungen selten berührt worden sei?

Eben jene Laudationenliteratur auf der einen und die furchtbare Confusion der Livianischen und Dionysischen Verfassungsgeschichte auf der andern Seite beweisen, wie die Annalen beschaffen waren, die neben jenen entstanden, die in diesen

---

[1] Dies ist bekanntlich die Grundanschauung Rubinos. S. oben p. 2.
[2] S. oben p. 306 f.

nur ohne jeden tieferen kritischen Sinn verarbeitet sind. Ja,
wie von zwei Seiten drang eine zügellose Fälschung in die
Geschichte ein: der Annalist des siebenten Jahrhunderts redi-
girte nicht allein seinen alten Fabischen Text um, er schweisste
zugleich das Material der immer zunehmenden Leichenreden
massenhaft in die betreffenden Stellen ein.

Man darf sagen, eine Geschichtschreibung, so getränkt und
gesättigt von dem Geist bewusster oder unbewusster Fälschung,
wie die Römische während dieser Periode gewesen sein muss,
gehört zu den seltensten und unheimlichsten Erscheinungen.

§. 4. Valerius Antias.

Valerius Antias wird uns erst erklärlich eben als der Abschluss einer solchen Entwicklung. Was wir von ihm an scheinbar räthselhaften und überraschendeu Zügen kennen, seine Lust
Thatsachen und Zahlen zu lügen, die lächerliche Manie, sein
Geschlecht überall in den Vordergrund der Verwicklungen und
Ereignisse zu schieben, jene Uebertragung der Zeitverhältnisse
in die Geschichte der ältesten Republik, die Sucht, die wir an
ihm nachwiesen, mit seinen Annalen unmittelbar politisch zu
wirken, das Alles erscheint nach der vorhergehenden Betrachtung nicht sowol als die Eigenthümlichkeit einer besonders halt-
losen und gewissenlosen Persönlichkeit, sondern mehr als die
natürlichen Triebe eines Geistes, der unter den Einflüssen einer
solchen literärischen und politischen Entwicklung gross geworden war. In ihm schliesst endlich zu einer letzten festver-
wachsnen Masse zusammen, was sich bisher neben und aufeinander entwickelt und geschoben hatte: Parteidoctrin, Familienstolz,
Lust und Unbefangenheit der Erzählung und der Eifer, durch
seine Arbeit eine politische Richtung soweit möglich zu fördern.

Bei ihm ist das Alles allerdings in höchster Potenz anzu-
treffen, aber deshalb ward er offenbar in den Kreisen, in denen
eine solche Geschichtschreibung entstanden, besonders beachtet,
um nicht zu sagen, geschätzt. Wem seine Eigenschaften als
Schwächen auffielen, der übersah, wie Livius im Anfang, dass
die Vorbilder und Keime dazu sich in seinen Vorgängern allmälig soweit entwickelt, um diese Consequenz und letzte Frucht
zu treiben.

Nun ist aber zur weiteren Beurtheilung eben des Valerius
sowie seiner nächsten Nachfolger Folgendes noch zu beachten.
Wir können uns von der Erzählung des Antias, nach unseren Untersuchungen, nur von Anfang der Republik ein deut-
liches Bild machen. Betrachten wir diese Partie, ehe wir auf
die Stücke eingehen, die uns sonst noch erkennbar sind.
Gerade für den Anfang war es möglich, sein Verfahren
ganz deutlich zu erkennen. Es stellt sich heraus, dass er hier
die ältere Quelle, wie sie bei Liv. vorliegt, nur einfach Valerisch
überarbeitet hatte.

Von Erfindung neuer Thatsachen war hier wenig zu bemerken, so bedeutend ist die Stellung des Valerius Poplicola
schon in jener ältesten Ueberlieferung. Aber schon bei der
Einsetzung des ersten Dictators schob er einen Valerius an die
Stelle des T. Lartius, der ihm dort vorlag. Hier an diesem
Puncte setzt die Geschichte der Schuldnoth ein, welche, wie
wir öfter erwähnt, so ganz mit Valerischen Beziehungen durch-
webt ist, dass sie zweifelsohne unserem Autor ihren Ursprung
verdankt und nur ihm allein.

Wir haben hier zwei Stücke, die sich wesentlich unterscheiden, das eine rein nach einer anderen Quelle nur überarbeitet, das andere wesentlich neu erfunden. Es fragt sich
wie der Verfasser im weiteren Verfolg gearbeitet hat, ob wesentlich auf die eine oder auf die andere Weise.

Im Ganzen wird es doch nach den angestellten Detailunter-
suchungen festzuhalten sein, dass er den Tenor der ihm vorliegenden Darstellungen wesentlich festgehalten. Dass er in die
Coriolansage wieder eine Reihe Valerischer Persönlichkeiten
einfügte, wird Niemand in Abrede stellen, wenn wir auch für sie
nirgends die reine Fassung seiner Erzählung erhalten haben.
Gehört ihm, was eben so unzweifelhaft, die Geschichte vom Tod
des M. Valerius im Kampf mit Herdonius[1]), so hat er hinter
denselben allerdings die Scene von der Einholung des Cincinnatus als *consul suffectus* aus der Erzählung von dessen Dictatur
herübergenommen. Neu erfunden ist dann doch aber diese
Schilderung auch nicht, nur translocirt, wie das zur Glorificirung
des Poplicola mit einer Reihe von Thatsachen geschah.

_____

[1]) S. oben p. 116 ff.

Nur an einem Punct blieben wir im Unklaren. Gehört die
veränderte Auffassung der *rogatio Terentilia* und der Zwölf-
tafelgesetze, wie sie unzweifelhaft nur aus ihm bei Dion. X.
vorliegt, nur ihm, oder einer anderen Quelle?
Wir haben schon oben p. 339 die Möglichkeit hervorgehoben, dass Calpurnius Piso der Urheber derselben sei. Wir
haben früher schon bemerkt, dass gerade hier mit Ausnahme
des Consuls des J. 298 so auffallend wenig Valerische Spuren
vorkommen. Halten wir daher hier jene Möglichkeit fest, dass
jene jüngere Fassung Piso gehört, so gestaltet sich das Bild
unseres Verf. für diese Partie für ihn weniger ungünstig.

Er begann die Geschichte der Republik in Mitten einer
tief bewegten Zeit, voll von der vermittelnden Stellung, die
einer seiner Gentilen zwischen der Sullanischen Aristokratie
und dem Römischen Volk eingenommen hatte oder eingenommen
zu haben glaubte.

In den ältesten Quellen trat der erste grosse Valerier als
der Begründer und Erhalter der Republik allgemein anerkannt
entgegen. Vergegenwärtigt man sich die Stellung des Valerius
Flaccus am Schlusse des ersten Bürgerkriegs und die wuchernde
Mächtigkeit der gentilicischen Geschichtsbildung, so wird es
mehr als wahrscheinlich, dass wenn nicht früher so eben damals eine Reihe falscher Tituli in den Atrien dieser Familien
entstanden waren, welche die Verdienste des Geschlechts um
die erstehende Republik wesentlich erweiterten. Von dieser
Bewegung getragen arbeitete der Annalist der *gens* in ihrer
Richtung weiter. An die alten Quellen entlehnte Geschichte
des Poplicola schloss sich, unzweifelhaft seine Erfindung, die
der Schuldnoth, also eine ganz neue Geschichte der Secession
an, jene merkwürdige Darstellung der durch das *nexum* zum
Aufstand gedrängten Plebs, nicht ohne Kenntniss des alten
Rechts erdacht, und nicht ohne ein gewisses Talent der Schilderung vorgetragen, aber ohne Halt und Zusammenhang mit
der übrigen Darstellung. Denn hatten auch, was wir für wahrscheinlich hielten, seine Vorgänger das Bild der Plebs schon
wesentlich in das des armen Demos umgezeichnet, so war doch
die Wendung neu, dass die Verarmung derselben seit der Vertreibung der Könige fühlbar geworden und durch die Secession
und ihre Vereinbarungen sistirt sein sollte. Der Verf. fand

keine Spur einer *lex*, die auf dies Verhältniss zu beziehen gewesen, und, wie oft bemerkt, verschwindet noch heute in unsrer
Ueberlieferung nach der Secession jede Spur nicht der Armuth,
aber einer ähnlichen Verschuldung und einer ähnlichen Agitation[1]).
Beachtet man alle diese Umstände, so lässt sich vermuthen,
was Valerius zu dieser Darstellung veranlasste. Sie erklärte
ihm vielleicht, wie jene gewaltige, grundbesitzende Plebs, die
er in den älteren Quellen fand und der arme Demos der späteren ein und dieselbe Gemeinde sein konnte. Aber es ist bezeichnend, dass diese grössere Umbildung der ganzen ihm vorliegenden Ueberlieferung *in majorem Valeriorum gloriam* die
einzige geblieben zu sein scheint, die er in dieser Ausdehnung
wagte. Nicht einmal eine *lex Valeria* hat er zu ihrem Abschluss,
wie es scheint, erfunden. Von hier ab beschränkte sich seine
Redaction vielleicht überhaupt auf einzelne, grössere oder kürzere Einschiebsel, er erfand zu den Ereignissen Valerische
Acteurs, wie er zu den Schlachten die Namen der Gefallenen
erfand. Die grössten und bedeutendsten Helden seiner Gens,
wie den Gegner des Decemvirats und den grossen Sieger der
Kelten- und Samniterkriege entnahm er unzweifelhaft der
schon vorhandnen Ueberlieferung.

Dafür sprechen bei jenem die *leges Valeriae*, bei diesem der
Umstand, dass die Schilderung seines Zweikampfs sich wörtlich,
wie sie Livius giebt, bei einem Antias gleichzeitigen Annalisten fand.

Das Bild seiner Arbeit in den späteren Theilen können
wir uns natürlich nicht mehr vollständig deutlich machen. Bestimmt dürfen wir zweierlei sagen:

1) Für die Geschichte der Kelten, des ersten Samniterkriegs, des folgenden Aufstands der Campanischen Garnisonen
wird die ausführlichste Redaction der Geschichte des Valerius
Corvus ihm gehören[2]).

2) Die Redaction der Geschichte des Camillus und der
leges Liciniae, wie sie uns bei Liv. und Plutarch vorliegt, gehört
ihm nicht[3]).

---

[1]) S. Ihne Röm. Gesch. I.
[2]) Liv. 7, 42.
[3]) S. oben p. 336.

Daraus aber folgt, dass in seinen Annalen diejenige Partie der älteren Verfassungsgeschichte die ausführlichste war, die wir nach unsrer Untersuchung jetzt noch bei Plutarch, Livius und Dionys ziemlich vollständig übersehn, von Anfang der Republik bis zum Sturz der Decemvirn. Es ist dafür sehr beachtenswerth, dass Liv. die Geschichte der Schuldnoth der Plebs zur Zeit der Kelteukriege und der damit zusammenhängenden *leges* und Maassregeln in einer Reihe auffallend kurzer, fast annalistischer Stücke giebt[1]), ohne einer andern ausführlicheren Quelle zu erwähnen. Wenigstens wahrscheinlich wird es dadurch, dass diese kurzen verfassungsgeschichtlichen Notizen aus derselben Quelle stammen, der Polybius die kurzen kriegsgeschichtlichen der Keltenzeit entlehnte[2]). Valerius setzte dann an die Stelle dieser Kriegsgeschichte zum Theil seine Valerische, die Verfassungsgeschichte aber liess er stehn, ohne sie wie im Anfang der Republik umzuarbeiten. Und doch ist bei der letzten dieser Maassregeln ein P. Valerius betheiligt[2]).

Lässt man diese Ansicht gelten, so tritt die Bedeutung jener ersten Partien aus dem Anfang der Republik noch klarer uns entgegen, später trat wenigstens in den erkennbaren Strecken die Verfassungsgeschichte gegen die Kriegsgeschichte zurück, die Feldzüge des Valerius Corvus gegen Kelten und Samniten, die ganze Geschichte des ersten Samnitenkriegs war hier zuerst wahrscheinlich in einer Ausführlichkeit erzählt, wie bei Fabius die Thaten des ersten Fabius Maximus im zweiten und dritten Samniterkrieg.

Dass er die Geschichte des zweiten Punischen Kriegs ausführlich erzählt, darüber kann kein Zweifel sein, wie ich glaube jedenfalls mit Benutzung sehr guter Quellen, aber nicht allein des Fabius.

Seine Bearbeitung der *Annales maximi* führte dann die Geschichte weiter wie bei andern seiner Vorgänger und Zeitgenossen. •

---

1) Sie stehen Liv. 7, 15—17. 21.
2) s. oben p. 273.
3) a. O. 21.

§. 5. Licinius Macer.

Wir haben in diesem Abschnitt den Nachweis versucht, wie die Anschauungen des Fabius Pictor durch den Einfluss der verschiedenen Stimmungen und Parteien und nur dadurch in diejenigen Übergehen konnten, die wir als die des Valerius Antias constatirt zu haben glauben. Die verfassungsgeschichtliche Tradition der römischen Republik, deren letzter grosser Niederschlag die Erzählungen des Livius und Dionys sind, bewegt sich wesentlich zwischen diesen beiden Polen. Eben deshalb glauben wir zunächst hier die Untersuchungen, die uns beschäftigten, abschliessen zu können. Indessen haben wir bei der Untersuchung des Livius und Dionys das Resultat gewonnen, dass jene beiden Hauptreductionen der ältern Römischen Geschichte in einer dritten Quelle vereinigt ebenfalls hier benutzt wurden, und wir haben als diese Licinius Macer vermuthen können.

Wir werden daher hier noch kurz anzudeuten haben, was der Charakter und die Bedeutung dieser dritten Quelle war.

Zunächst müssen wir nach den Wahrnehmungen, die uns die Detailuntersuchung derselben bei Livius und Dionys bot, eben die schon erwähnte Thatsache urgiren, dass es sich hier wesentlich nur um die geschickte oder ungeschickte Contamination jener beiden schon vorhandenen Erzählungen handelt. Was Licinius Macer neu hinzuthat, also namentlich die oft besprochenen Fasten des Monetatempels und die Geschichte einzelner Gesetze wie die der *lex Icilia*, oder was er wegliess, wie die von Valerius erst beigebrachten *leges de multarum aestimatione*, alle diese positiven oder negativen Veränderungen haben doch den Grundcharakter seiner Erzählung nicht wesentlich afficirt, soweit wir denselben durch eine Parallelisirung des Livius und Dionys constatiren können.

Es ist in der Detailuntersuchung dieser beiden Erzählungen nachzuweisen versucht worden, was das Resultat davon war, dass Licinius in dieser Weise zwei sich zum Theil sehr widersprechende Darstellungen zusammenschob. Er brachte dadurch den Eindruck hervor, dass die Plebs nicht in so ununterbrochenem Fortschritt sich entwickelt habe, wie das bei den beiden früheren Darstellungen schien. Gerade die Wendung, durch welche er von der einen zur andern Erzählung überging, sollte dem Leser den Eindruck geben, dass der Gang dieser politischen Entwicklung sich in mannigfachen Compromissen vor und rückwärts bewegt habe. Dadurch gelang es ihm nun, den Eindruck wesentlich zu schwächen, welchen der frühere Theil der Römischen Verfassungsgeschichte und die ersten anderthalb Jahrhunderte plebejischer Selbständigkeit bei Fabius oder aber bei Valerius auf den Leser machten. Das Bild dieses Kampfes wurde mannigfaltiger, wechselvoller und dadurch anziehender. Es kam aber für Licinius Macer wol noch ein anderes Motiv hinzu, um ihm eine solche Darstellung zu empfehlen. Es liegt nämlich auf der Hand, dass erst auf diesem Wege die *Rogationes Liciniae* in das glänzende Licht gestellt wurden, mit dem in unserer heutigen Ueberlieferung sie und der Kampf um sie die gesammte frühere Geschichte der Plebs überstrahlen. Licinius nahm aus Valerius die Bilder der vermittelnden Valerier und aller der Demagogen, mit denen jener seine Verfassungsgeschichte ausgestaltet hatte. Ihnen gegenüber erscheinen bei Livius und Plutarch-Dionys seit dem vejentischen Krieg die Licinier an der Spitze der Plebs besonnen, umsichtig und als die Vertreter einer gesunden vermittelnden Politik, der es gelingt, die Conflikte vor und nach der Eroberung Roms durch die Kelten in der glücklichsten und segensreichsten Weise zu lösen.

Es ist sehr zu bedauern, dass uns Diodor so wenig und so unzuverlässiges Material bietet, wie wir oben p. 229 ff. nachgewiesen, um wenigstens von ihm aus. diese Erzählung controliren zu können, da sie unglücklicher Weise bei Livius und in Plutarchs Camillus uns wesentlich in derselben Redaction erhalten ist. Eben dieser Umstand aber legt die Vermuthung nahe, dass dies die einzige ausführliche Darstellung dieser Jahre war. Nach der von uns hier angestellten Betrachtung tragen wir kein Bedenken als ihren Urheber Licinius Macer zu bezeichnen.

Peter hat uns neuerlich den Einwurf gemacht, dass es undenkbar sei, dass Licinius Macer sobald nach Valerius Antias in der von uns vermutheten Weise seine bekannte Arbeit ausgeschrieben und für seine Darstellung verwerthet habe. Ich verweise hier nur auf die Analogien, welche Ranke in seiner berühmten ersten kritischen Untersuchung in der Geschicht-

schreibung des 16. Jahrhunderts für ein solches Verfahren bietet.
Es wäre leicht, aus der neuesten Literatur der letzten Jahre
an sehr berühmten Werken der englischen und französischen
Literatur ein ähnliches Verfahren nachzuweisen, von dem freilich
die renommirten deutschen Bearbeiter keine Ahnung haben.

Hier aber in diesem Fall ergiebt eine auch nur oberfläch-
liche Betrachtung der Römischen Zeitgeschichte, wie natürlich,
man möchte sagen selbstverständlich, ein Staatsmann wie
Licinius Macer auf eine solche literärische Leistung hinge-
führt wurde.

Das Werk des Valerius Antias war, wie wir wiederholentlich ausgeführt, hervorgegangen aus den politischen Bewegungen
der Sullanischen Zeit. Es war geschrieben, um den Beweis zu
führen, dass die *gens Valeria* in den Anfängen der Republik
nach der Vertreibung der Könige bis auf das Decemvirat eine
ebenso vermittelnde Stellung mit Erfolg behauptet habe, wie
sie der damals grösste Mann des Valerischen Geschlechts zwischen der Sullanischen Aristokratie und der Cinnanischen Demokratie einzunehmen glaubte, als er die Dictatur Sullas beantragte. Die Annalen des Valerius waren also wesentlich
darauf berechnet, das Bild der Sullanischen Zeit mit der Geschichte der frühern Republik, ja der Republik überhaupt, in
einen, ich möchte sagen, versöhnenden Zusammenhang zu
bringen. Licinius Macer hat bekanntlich vor Allem in den Bewegungen eine Rolle gespielt, welche den furchtbaren Druck
der Sullanischen Verfassung zu brechen und die Rechte der
geschlagenen Partei herzustellen beabsichtigten. Wir haben
bei der kritischen Untersuchung der Geschichte des zweiten
Decemvirats schon darauf hingewiesen, dass für die Darstellung
dieser Gewaltherrschaft von Licinius die Züge und Farben der
Sullanischen Verhältnisse benutzt wurden. Ein Schriftsteller,
der unter diesen Eindrücken damals die Geschichte der Republik aus einer politischen Anschauung schrieb, wie wir sie
eben Licinius zuschreiben mussten, fand sich das Buch des
Valerius gleichsam als einen Hauptgegner gegenüber. Und so
meine ich erklärt es sich vollständig, dass und wie Licinius
die Darstellung dieses seines nächsten Vorgängers benutzte.
Es kam ihm darauf an, diese ja auch später noch so viel ge-
lesene Arbeit womöglich durch die seinige zu ersetzen und so

zu verdrängen. Dass er dazu vor allen den Vater der Römischen Geschichte, als welchen das gesammte gebildete Rom
Fabius immer noch betrachtete, heranzog, war natürlich. Wie
ungeschickt uns heute auch die so zusammengeschweisste Erzählung erscheint, sie war viel mehr eine politische als eine
wissenschaftliche Arbeit, mit kühner Verwegenheit entworfen
und ausgeführt in einer Zeit leidenschaftlichster politischer Aufregung, dictirt von dem Hasse der siegreichen Partei und von
dem maasslosen Ehrgeiz eines Staatmanns, der sich später nach
seiner ersten totalen Niederlage den Tod gab.

Hatte Valerius den mittelbaren Urheber der Sullanischen
Verfassung durch die erfundenen Erzählungen von den früheren
Verdiensten seiner Altvordern gegen die unzweifelhaften Angriffe erbitterter Gegner decken und dieses Haus der Gunst
der öffentlichen Meinung neu empfehlen wollen, so lag dem
Werk des Licinius ein ebenso persönliches politisches Motiv zu
Grunde. Seine Erzählung strich nicht die Verdienste der Valerier aber sie drückte die ganze Bedeutung der Periode herab,
welche Antias hauptsächlich für die Glorificirung seines Hauses
benutzt hatte; um so schlagender aber stellte sie ihren Verdiensten die erfolgreiche und unzweifelhaft segensreiche Wirksamkeit der Licinier entgegen, als deren einer der Verfasser
selbst die Zustände anzugreifen versuchte, welche aus jener
Vermittlung des Valerius Flaccus und der Sullanischen Dictatur
hervorgegangen waren.

Mir scheint eine solche Betrachtung diesen beiden Schriftstellern gegenüber vollkommen berechtigt, ja unabweisbar zu
sein. Dass Licinius dabei die massenhaft angewachsenen Fälschungen der Laudationen ebenso wie sein Vorgänger benutzte,
müssen wir natürlich annehmen. Dann aber liegt es auch auf
der Hand, dass in der leidenschaftlichen Hitze einer solchen
Erzählung staatsrechtliche und chronologische Widersprüche
nicht in Betracht kamen, ja sie sind bei einem solchen Verfasser noch viel eher zu erklären als bei jenen spätern Schriftstellern, die wie Livius und Dionys in dem stillen Schatten
ihrer Arbeitsstube als reine Literatoren das Material ihrer
Quellen ruhig und nach ihrer Meinung sauber zusammenstellten.

Allerdings war es eine wunderbare Fügung, dass Livius
und Dionys bei diesen ihren Arbeiten gerade diese beiden

Werke für die ältere Geschichte der Republik benutzten, in welchen die Leidenschaften der politischen Parteien mehr als irgendwo sonst ihre unheilvollen Spuren zurückgelassen hatten. Es erklärt sich das aber sehr einfach aus der Annahme, dass diese beiden Geschichtswerke gerade, die unter der Sullanischen Verfassung auf aristokratischer und demokratischer Seite entstanden waren, wegen dieses ihnen angeborenen Charakters für das letzte halbe Jahrhundert der Republik diejenigen Darstellungen blieben, aus denen der Römische Leser am häufigsten und liebsten seine Kunde über die ältesten Römischen Verfassuugskämpfe nahm.

www.ingramcontent.com/pod-product-compliance
Lightning Source LLC
Chambersburg PA
CBHW020240290326
41929CB00045B/705